五四运动在辽宁档案史料

纪念五四运动 100周年

辽宁省档案馆 编

辽宁民族出版社

图书在版编目（CIP）数据

五四运动在辽宁档案史料：纪念五四运动100周年 / 辽宁省档案馆编. —沈阳：辽宁民族出版社，2020.3
ISBN 978-7-5497-2227-3

Ⅰ. ①五… Ⅱ. ①辽… Ⅲ. ①五四运动—史料—辽宁 Ⅳ. ①K261.106

中国版本图书馆CIP数据核字（2020）第046035号

五四运动在辽宁档案史料
WU-SI YUNDONG ZAI LIAONING DANG'AN SHILIAO

出版发行者：辽宁民族出版社
地　　址：沈阳市和平区十一纬路25号　邮编：110003
印 刷 者：辽宁鼎籍数码科技有限公司
幅面尺寸：210mm×285mm
印　　张：33.25
字　　数：400千字
出版时间：2020年3月第1版
印刷时间：2020年3月第1次印刷
责任编辑：李　璜
封面设计：杜　江
责任校对：文　君

标准书号：ISBN 978-7-5497-2227-3
定　　价：400.00元

网　　址：www.lnmzcbs.com　邮购热线：024-23284335
淘宝网店：http://lnmz2013.taobao.com
如有印装质量问题，请与出版社联系调换　联系电话：024-23284340

《五四运动在辽宁档案史料——纪念五四运动100周年》

编辑委员会

编辑说明

2019年是五四运动100周年。100年前的5月4日，在首都北京爆发了一场以先进青年知识分子为先锋，广大人民群众参加的彻底反帝反封建的伟大爱国革命运动。五四运动是中国近现代史上具有划时代意义的重大事件，它揭开了中国新民主主义革命的序幕，促进了马克思主义与中国工人运动的结合，也为中国共产党的建立从组织上和思想上做出准备。

五四运动的消息传到辽宁后，奉天等地学生立即响应，奔赴各校相互联络。奉天第一中学、奉天第一师范学校、奉天工业学校、奉天商业学校等校学生纷纷走上街头游行抗议，散发传单、张贴标语，进行革命宣传。在奉天青年学生的带动影响下，商人罢市、学生罢课、抵制日货等活动在抚顺、安东、朝阳、锦西、彰武、绥中等各地此起彼伏，《新青年》《民生丛刊》等进步报刊不断传播，全省掀起了响应五四爱国运动的高潮。但在日本帝国主义的干涉下，奉天当局采取高压政策对爱国运动严加防范，封锁外交消息、禁阅京沪报章、取缔学生活动、迫害进步师生……辽宁地区广大青年不畏强暴，奋起进行反帝爱国主义运动，对帝国主义和封建势力给予沉重打击，也对辽宁的政治、经济、社会、文化等方面产生了深远的影响，客观上促进了社会主义思潮在辽宁的传播。

为深入贯彻落实习近平总书记在纪念五四运动100周年大会上的重要讲话精神，在新时代传承发扬伟大五四精神，为决胜全面建成小康社会、实现中华民族伟大复兴的中国梦而凝聚人心力量；同时也为加强对五四运动史料的整理、保护和研究，为后人继承和发扬五四精神留下历史记忆，辽宁省档案馆特从馆藏中选取相关档案，整理编辑出版了这部《五四运动在辽宁档案史料——纪念五四运动100周年》。

《五四运动在辽宁档案史料——纪念五四运动100周年》共辑入档案139件，主要选自馆藏《奉天省长公署》《奉天市商会》等全宗，时间跨度为1915年5月至1924年7月，内容主要包括：（一）巴黎和会交涉档案。1919年7月17日，外

交部转发的中国政府巴黎和会全权大使顾维钧在巴黎和会发言说帖，对日本要求获得德国在山东利益据理批驳。（二）五四学生运动档案。五四运动爆发后，奉天省长公署为防范学生集会转发北京政府国务院电文，商界、学界也纷纷转发北京政府电文，较为详尽地描述了5月4日北京学生运动的全过程，真实记录了北京政府镇压学生运动及上海等地声援的事实。（三）辽宁各界声援五四运动档案。五四运动爆发后，辽宁学生、工人、市民等积极响应，在各地开展罢工、罢课、罢市及抵制日货等活动，呼吁力争山东、惩办卖国贼、释放被捕学生……（四）五四运动后马列主义在辽宁传播档案。五四运动后，《新青年》《民生丛刊》《资本论》等80余种进步印刷品传入辽宁，促进了社会主义思潮在辽宁的传播，为辽宁工人阶级觉悟的提高，为日后中国共产党组织在辽宁的建立和发展，奠定了思想基础。

本书按时间顺序排列，文件不做分类。文件标题均由编者拟写，力求简要并准确地反映文件内容。为保存档案的历史原貌，本书采用影印出版，未进行任何人工加工与更改。

由于编者水平所限，书中舛误之处亦在所难免，敬请识者指正。

目录

九	奉天辽沈道尹公署为俄国过激派已吸收华工数万人事给海城县公署的训令	一九一九年三月十三日	〇二四
十	奉天督军公署等为招录职员及学生时勿收录由俄回国人员事给奉天省立第二师范学校的训令	一九一九年三月二十四日	〇二六
十一	《盛京时报》登载有关日本在巴黎和会上动态的消息《行将提议山东问题》	一九一九年四月二十四日	〇二八
十二	全国和平联合会为就山东问题倡议社会各界共筹救国良策呼吁政府力争外交援助事给奉天总商会的快邮代电	一九一九年五月三日	〇三〇
十三	奉天辽沈道尹公署为对由俄回国华工进行详细登记事给海城县公署的训令	一九一九年五月五日	〇三二
十四	奉天省长公署政务厅为5月4日北京各校学生借口青岛问题游行集会并约合学界再次集会事给奉天省立第五师范学校的函	一九一九年五月六日	〇三四
十五	奉天全省警务处为秘密查禁宣传革命罢工共产等思想的印刷品《进化杂志》《工人宝鉴》等事给海城县警察所的训令	一九一九年五月六日	〇三六
十六	奉天省长公署为京师学界以专门以上各学校学生名义通电各省举行纪念会抗议青岛外交问题事给义县公署的训令	一九一九年五月九日	〇三九
十七	试署绥东县知事高鸿飞为查禁传单《全国国民呼吁团呼吁书》事的呈及热河道尹公署的指令	一九一九年五月十日	〇四一

十八	奉天省长公署为青岛问题政府正力争以完全主权交还中国应静候并防范奸人鼓惑事给海城县公署的训令	一九一九年五月十六日	〇四七
十九	邮件检查委员刘杲为报查获哈埠学校涉及山东问题信件2件事的呈及滨江道的批	一九一九年五月十七日	〇四九
二十	奉天东边道尹公署为留日学生聚集北京政府驻日使馆请愿并推举代表梁方钦凌柄等人回国活动事给宽甸县公署的训令	一九一九年五月二十六日	〇六〇
二十一	奉天省长公署为凤城县查获《中华国民自救宣言》等传单事给奉天交涉署的训令	一九一九年五月二十八日	〇六二
二十二	全国和平联合会为倡议群策解决青岛问题并请代转通函事给奉天总商会的函	一九一九年五月二十九日	〇六八
二十三	奉天省长公署为再有因青岛问题闹事行为学生一律斥革交警看管学校校长严予惩处事给奉天省立第四师范学校的训令	一九一九年五月二十九日	〇六九
二十四	奉天省长公署为学生爱国行动应恪守在一定范围之内不可意气用事激生事端事给奉天省立第二师范学校的训令	一九一九年五月三十日	〇七二
二十五	奉天全省警务处为严查因青岛问题逾轨闹事学生勿得疏忽纵容事给黑山县警察所的训令	一九一九年五月三十一日	〇七五
二十六	奉天省长公署为妥加劝导因青岛问题纠众滋事紊乱秩序行为事给奉天商务总会的训令	一九一九年六月三日	〇七八

二十七	奉天省长公署为按照刑律严惩散布传单同盟罢工等妨害地方秩序行为事给沈阳县公署的训令	一九一九年六月五日	〇八〇
二十八	奉天省长公署为妥切劝导学界风潮宁息严防地方秩序扰乱事给海城县公署的训令	一九一九年六月五日	〇八二
二十九	全国和平联合会为倡议共同声援学生运动事给奉天总商会的快邮代电	一九一九年六月六日	〇八四
三十	奉天省长公署为严密查禁《兵士须知》事给海城县公署的训令	一九一九年六月六日	〇八六
三十一	热河道尹公署为国务院电北京严厉制止学生集会演说事给热河省立师范学校的训令	一九一九年六月六日	〇八八
三十二	安东县公署为防范学生爱国行为过激滋生事端事给安东县后潮沟国民学校的训令	一九一九年六月七日	〇九二
三十三	奉天省长公署为奉天高等师范学校查获《救国日报》等煽惑人心印刷品事给宽甸县公署的训令	一九一九年六月十日	〇九四
三十四	奉天全省警务处为严加防范学界因青岛问题受爱国风潮煽动聚众滋事事给黑山县警察所的训令	一九一九年六月十一日	〇九六
三十五	奉天省长公署为政府宽大处理北京学生运动事给海城县公署的训令	一九一九年六月十二日	〇九八

序号	题名	日期	页码
三十六	北京王揖唐曾毓隽为北京学潮『真相』及徐世昌内阁改组事给东三省巡阅使张作霖的电	一九一九年六月十四日	一〇〇
三十七	奉天高等检察厅为受北京罢市风潮影响殖边银行纸币再迟1个月开兑事的布告	一九一九年六月十六日	一〇二
三十八	奉天省长公署为天津发现过激派传单应加意防缉其党徒潜入事给奉天高等检察厅的训令	一九一九年六月十七日	一〇四
三十九	海城县公署为京师学生运动政府本从宽大处理请劝导工商各界勿生误会事给牛庄商会的训令	一九一九年六月十七日	一〇六
四十	奉天省长公署为严行禁阻排日风潮勿令任意指斥以慎邦交事给宽甸县公署的训令	一九一九年六月十七日	一〇八
四十一	奉天省长公署为京师各校风潮渐平沪津各商埠先后开市请地方官吏负起维护治安职责事给宽甸县公署的训令	一九一九年六月二十日	一一〇
四十二	奉天省长公署为嗣后各学生应安心向学恪守学规行动不越范围国家自当维护事的训令	一九一九年六月二十一日	一一四
四十三	奉天省长公署为教育部电傅岳棻就任教育次长代理部务及北京学潮渐平事的训令	一九一九年六月二十二日	一一六
四十四	热河道尹公署为教育部电交通总长曹汝霖已免职北京各校不日当可恢复原状事给热河省立师范学校的训令	一九一九年六月二十八日	一一八

四十五	吉林省长公署为日本借口五四运动派军舰多艘在沪登岸事给吉林交涉署的训令	一九一九年六月二十九日	一二〇
四十六	日本驻奉天领事馆为朝阳县学生游行抵制日货事给奉天交涉署的函及译件	一九一九年六月三十日	一二二
四十七	奉天省长公署为查获京奉铁路锦站工人罗四印制抵制日货传单事给黑山县公署的训令	一九一九年六月三十日	一三〇
四十八	奉天督军公署等为京津沪发生罢课罢工风潮外交吃紧事给海城县公署的训令	一九一九年七月二日	一三三
四十九	奉天省长公署为上海和重庆发生涉及日本天皇画像事件事给宽甸县公署的训令	一九一九年七月四日	一三五
五十	锦县劝学所为禁止学生无故结队游行事给锦县城乡各学校的函	一九一九年七月八日	一三七
五十一	《泰东日报》刊发有关俄国近状的消息《对过激派之通牒》	一九一九年七月十日	一三八
五十二	外交部为转发中华民国代表在巴黎和会上交涉山东问题的说帖事给吉林交涉署的函	一九一九年七月十七日	一四〇
五十三	奉天省长公署为在奉天省城及营口安东等地加派邮件检查员事给奉天交涉署的训令	一九一九年七月三十日	一七〇

序号	题名	日期	页码
五十四	热河都统姜桂题为认真查禁朝阳县商民抵制日货行为事给朝阳镇守使及朝阳县知事的电稿	一九一九年八月十八日	一七三
五十五	热河道尹公署为教育部函北京大学学生孟寿椿等10名已保释狄福兴等3名均改入优待室预审事给热河省立师范学校的训令	一九一九年八月二十九日	一七四
五十六	奉天省长公署为京师警察厅强制解散北京新华门外各界代表集会及各界联合会代表赴公府请愿事给宽甸县公署的训令	一九一九年九月三日	一七七
五十七	热河都统公署为取缔《星期评论》《每周评论》等刊物事给热河全区警务处的训令	一九一九年九月八日	一八〇
五十八	宽甸县公署为严密防范随时干涉各界联合会等非法团体活动事给宽甸县警察事务所的训令	一九一九年九月九日	一八二
五十九	教育部为就北京学生罢课请愿事件请各校职教员等悉心研讨教育问题事的训令	一九一九年九月二十七日	一八三
六十	教育部为就京外各校学生因山东问题罢课请愿行为对学校教育提出要求事的训令	一九一九年九月二十七日	一八五
六十一	奉天全省警务处为严密防范俄列宁政府在中国传播过激主义印刷品事给海城县警察所的训令	一九一九年九月二十七日	一八八
六十二	奉天督军公署等为巴黎和会用协约国共事国名义通知各国对于俄国实行严厉政策事给奉天交涉署的训令	一九一九年十月二十八日	一九二

七十二	奉天省长公署为山东问题应静待政府之策划如有趁机煽惑扰乱社会秩序者应分别制止逮惩事给海城县公署的训令	一九二〇年二月十一日	二二六
七十三	教育部为学生集会按照学校管理规程规范事给奉天省长公署的咨	一九二〇年二月十一日	二二八
七十四	奉天省长公署为学风日变大总统责成各督军省长都统及警察长官对于妨碍治安行为依法逮惩事给宽甸县公署的训令	一九二〇年二月十一日	二三三
七十五	奉天省长公署为限制学生集会事给奉天教育厅及各道尹等的训令	一九二〇年二月二十五日	二三六
七十六	热河都统公署为美国过激派在上海联络中国工党领袖等组织中华全国农工联合会事给热河道尹戚朝卿的训令	一九二〇年二月二十六日	二三八
七十七	奉天省长公署为学生对日举动有贻人口实之处应取缔排日事给宽甸县公署的训令	一九二〇年二月二十六日	二四二
七十八	奉天省长公署为查获俄列宁政府传播过激主义印刷品事给奉天交涉署的训令	一九二〇年二月二十七日	二四四
七十九	奉天省长公署为严惩结党集会游行妨碍交通骚动市面等行为构成犯罪者交由司法官厅办理事给宽甸县公署的训令	一九二〇年二月二十七日	二五三
八十	宽甸县公署为调查辖境内妨害秩序行为事给奉天省长公署的呈	一九二〇年三月四日	二五七

序号	题名	日期	页码
九十	奉天省长公署为检查邮件防止学生受煽惑罢课事给东三省邮务局等的函及给教育厅警察厅的训令	一九二〇年四月二十日	二八八
九十一	奉天全省警务处为严密防范俄人禁止过激主义书籍并监视及约束回国华工事给黑山县警察所的训令	一九二〇年四月二十二日	二九〇
九十二	众议院魏福锡为上海等地发生学生罢课工商界罢市罢工等行动请设法预防等事给东三省巡阅使张作霖的禀	一九二〇年四月二十三日	二九二
九十三	奉天全省警务处为胡五姑娘由上海至大连营口及奉天省城等地宣传过激主义事给海城县警察所的训令	一九二〇年四月二十五日	二九五
九十四	内务部为对于各校学生罢课行动应依法制止并加派便衣军警侦查监视学生行动事给各省督军省长等的快邮代电	一九二〇年四月二十七日	二九八
九十五	松沪护军使署为上海学生游行演讲阻断交通军警制止戒严情形事给东三省巡阅使张作霖等的快邮代电	一九二〇年四月三十日	三〇〇
九十六	教育部为华北运动会因学潮未平缓办各学校及体育会暂缓派人与会事给奉天省长公署的电	一九二〇年五月一日	三〇七
九十七	《东三省公报》登载有关查禁鼓动过激思想之书报的短评及新闻	一九二〇年五月四日	三〇八
九十八	奉天省长公署为上海学生以革命名义游行罢课军警制止并实行戒严事给奉天省教育厅的训令	一九二〇年五月六日	三一〇

九十九	奉天省长公署为俄人过激党勾结中国工界团体应严加防范等事给奉天交涉署的训令	一九二〇年五月六日	三一二
一〇〇	奉天教育厅为严密侦查与防范过激派之函电印刷品事给奉天省立第一师范学校的训令	一九二〇年五月六日	三一六
一〇一	国务院内务部教育部为严行取缔学生联合会及各界联合会等组织制止并速惩罢课罢市等行为事给各省督军省长等的电	一九二〇年五月七日	三一八
一〇二	《盛京时报》登载的评论《俄京列宁克拉士》《学潮之前因后果》	一九二〇年五月八日	三二二
一〇三	《盛京时报》登载有关上海学潮的新闻《五月一日之劳动大会》《天津学生又有新计划》	一九二〇年五月八日	三二四
一〇四	奉天东边道尹公署为地方政府加派便衣及军警侦查及监视学校和学生行动事给宽甸县公署的训令	一九二〇年五月八日	三二六
一〇五	奉天省长公署为防止学生罢课商界罢市工人罢工事给奉天省各道尹教育厅等的训令	一九二〇年五月十日	三二八
一〇六	《东三省公报》登载有关因学潮仍请以傅岳棻实任教育总长等内容的国内要电	一九二〇年五月十四日	三三〇
一〇七	《盛京时报》登载的新闻《北京学界反对罢课之通电》《北京学界又有新决议》	一九二〇年五月十五日	三三二

一〇八	凤城县劝学所为县境各校并无罢课情形事给凤城县公署的呈	一九二〇年五月十七日	三三四
一〇九	凤城县劝学所为查禁《解放与改造》一书事给凤城县各学校的函	一九二〇年五月十八日	三三六
一一〇	《盛京时报》登载关于学生回校的消息《京师学潮平息》、有关全国各界联合会宣布暂停运动的消息《沪上形势渐归平静》	一九二〇年五月十八日	三四〇
一一一	奉天东边道尹公署为请晓谕闽案及鲁案政府态度并制止所辖境内各学校罢课行为事给宽甸县公署的训令	一九二〇年五月二十一日	三四二
一一二	全国商会联合会奉天省事务所为岫岩商会提议共同提倡国货事给奉天总商会的函	一九二〇年五月二十五日	三四六
一一三	热河都统公署为龙华护军使卢永祥电工党及学生联会总会利用五四运动纪念在上海开会宣传无政府的革命等思想事给热河全区警务处的令	一九二〇年五月二十六日	三五〇
一一四	海城县警察第三区官蒋世昌为报遵查境内无过激党前来传布过激主义事的呈及海城县警察所的指令	一九二〇年五月二十六日	三五四
一一五	热河道尹公署为教育部修正学业成绩考查规程一学期中缺席超过三分之一者不得升级或毕业事给热河省立师范学校的训令	一九二〇年五月二十九日	三五六
一一六	奉天全省警务处为全国各界联合会在上海法租界秘密开会事给黑山县警察所的训令	一九二〇年五月三十一日	三六〇

编号	题名	日期	页码
一二五	奉天教育厅为省城中等以上各校学生已放假回籍请各地派警严行监察禁集会讲演及散布传单事的训令	一九二〇年十二月三十一日	四二五
一二四	奉天教育厅为处理各校学生运动情形事的呈及奉天省长公署的指令	一九二〇年十二月三十一日	四一八
一二三	河南省督军赵倜河南省长张凤台为宣布『学潮真相』事的电	一九二〇年十二月二十日	四〇五
一二二	奉天全省警务处为俄国政府派遣代表计划于各地设立宣传所事给海城县警察所的训令	一九二〇年十一月五日	四〇三
一二一	奉天东边道尹公署兼安东交涉员公署为北京政闻报发表过激派文章《过激派与中国论说》事给抚顺县公署的训令	一九二〇年十月二十三日	三九七
一二〇	热河都统公署为查禁福建漳州印行过激主义书报事给热河道尹公署的训令	一九二〇年七月七日	三七四
一一九	《东三省公报》登载张国辉署名文章《驳日本关于山东问题交涉之经过宣言》	一九二〇年七月二日	三七二
一一八	奉天实业厅为查禁《光明杂志》《进化丛书》等印刷品事给奉天总商会的函	一九二〇年六月二十九日	三六九
一一七	奉天东边道尹兼安东交涉员公署为转发外交部与日方交涉山东问题致日方的节略事给宽甸县公署的训令	一九二〇年六月二十一日	三六四

一三五	奉天洮昌道尹公署为延吉查获宣传共产主义的韩文日报事给昌图县公署的训令	一九二一年六月六日	四八二
一三六	奉天辽沈道尹公署为过激主义思想在各省教育机关青年会团体及学子中传播事给海城县公署的训令	一九二一年九月二十日	四八五
一三七	奉天省长公署为严加查察留俄回国华人以防过激主义传播事给奉天辽沈道尹兼交涉员的训令	一九二三年六月二十七日	四八七
一三八	奉天教育厅为凡在学潮中有阴谋及嫌疑的教职人员概不予荐举任用事给盖平县公署的训令	一九二三年九月二十五日	五〇〇
一三九	锦县地方审判厅为锦县靴行争取增加工资集体罢工案给靴行代表于德海的刑事判决书	一九二四年七月三十一日	五〇六

一 奉天巡按使公署为日本方面要求在期限内同意其提出的『二十一条』修正案事给奉天交涉署的饬（一九一五年五月八日）

奉天巡按使公署飭第　號

為密飭事民國四年五月八日准

外交部七日電開宣密本日三鐘日使交最後通牒除第

五號顧問、學校、病院用地、軍械、揚子江鉄路布敎五項允

脫離此次交涉日後另行協商外餘要求照日本二十六日

修正案完全同意限九日下午六鐘答復如到期無滿

足答復當取必要手段等語日使口氣尚望和平諒無

意外仍希鎮靜政府明日會議如何議決由政事堂續

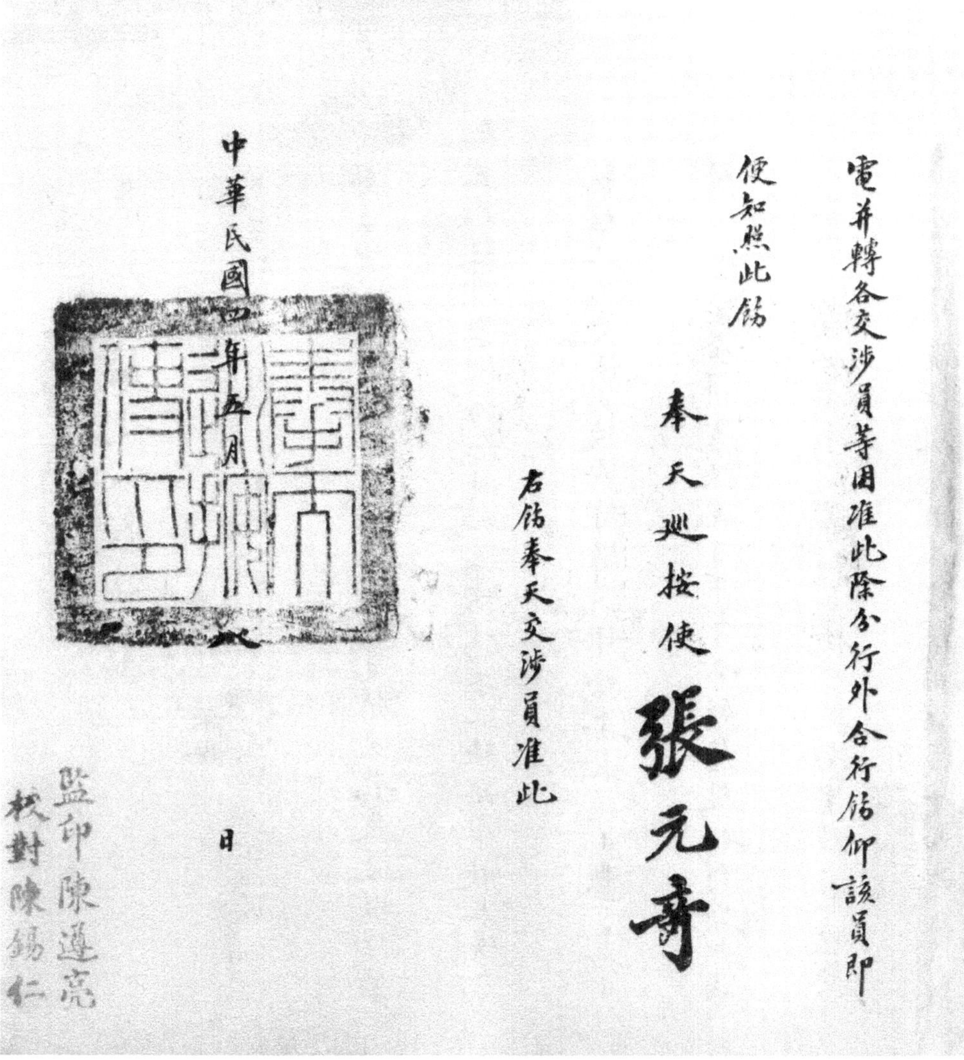
電并轉各交涉員等因准此除分行外合行飭仰該員即
便知照此飭
奉天巡按使 張元奇
右飭奉天交涉員准此
中華民國四年五月 日
監印陳邁亮
校對陳錫仁

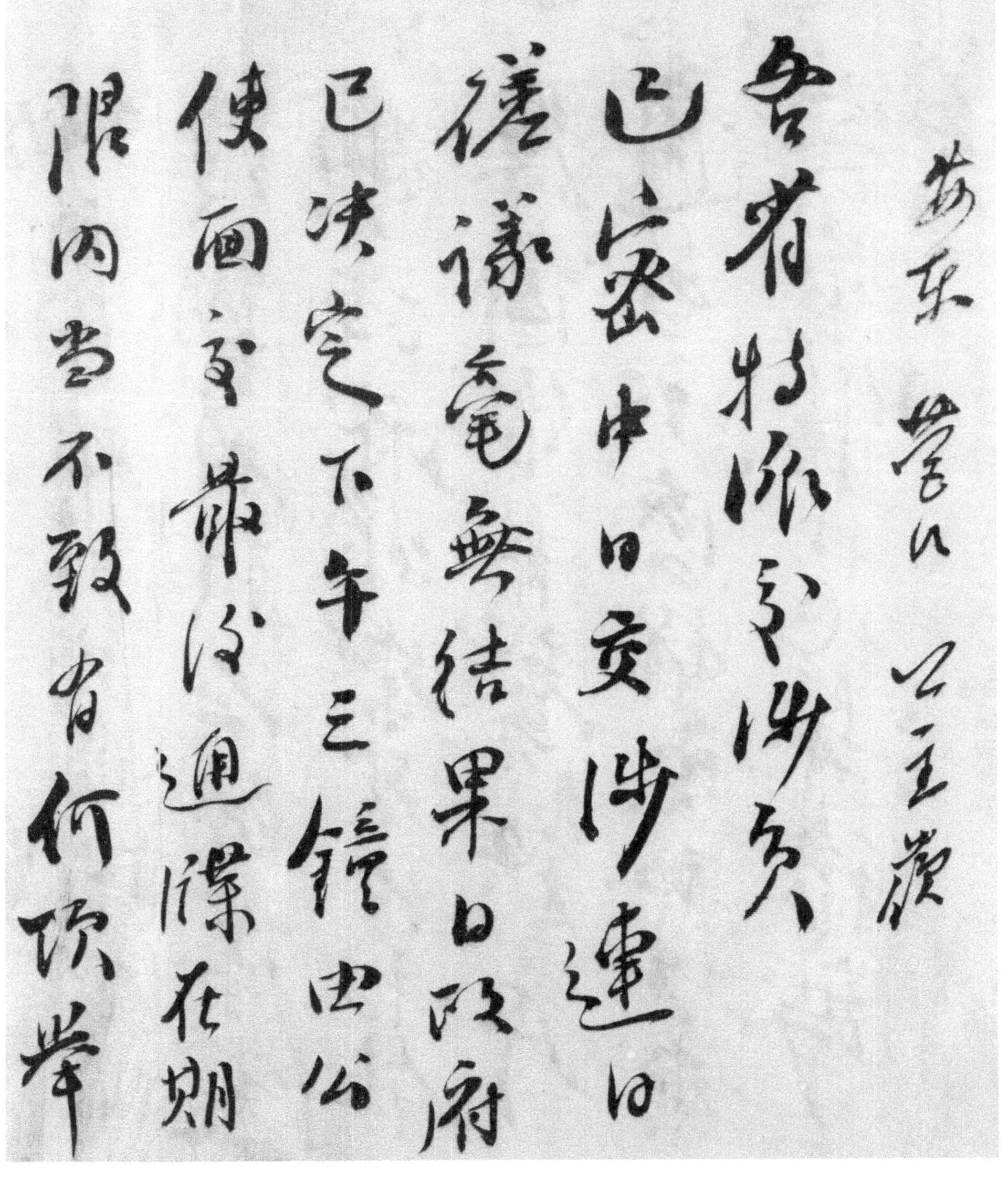

会者特派专员
赴密中日交涉连日
磋议毫无结果日政府
已决定下午三钟电公
使面交最后通牒在期
限内当不致有何举

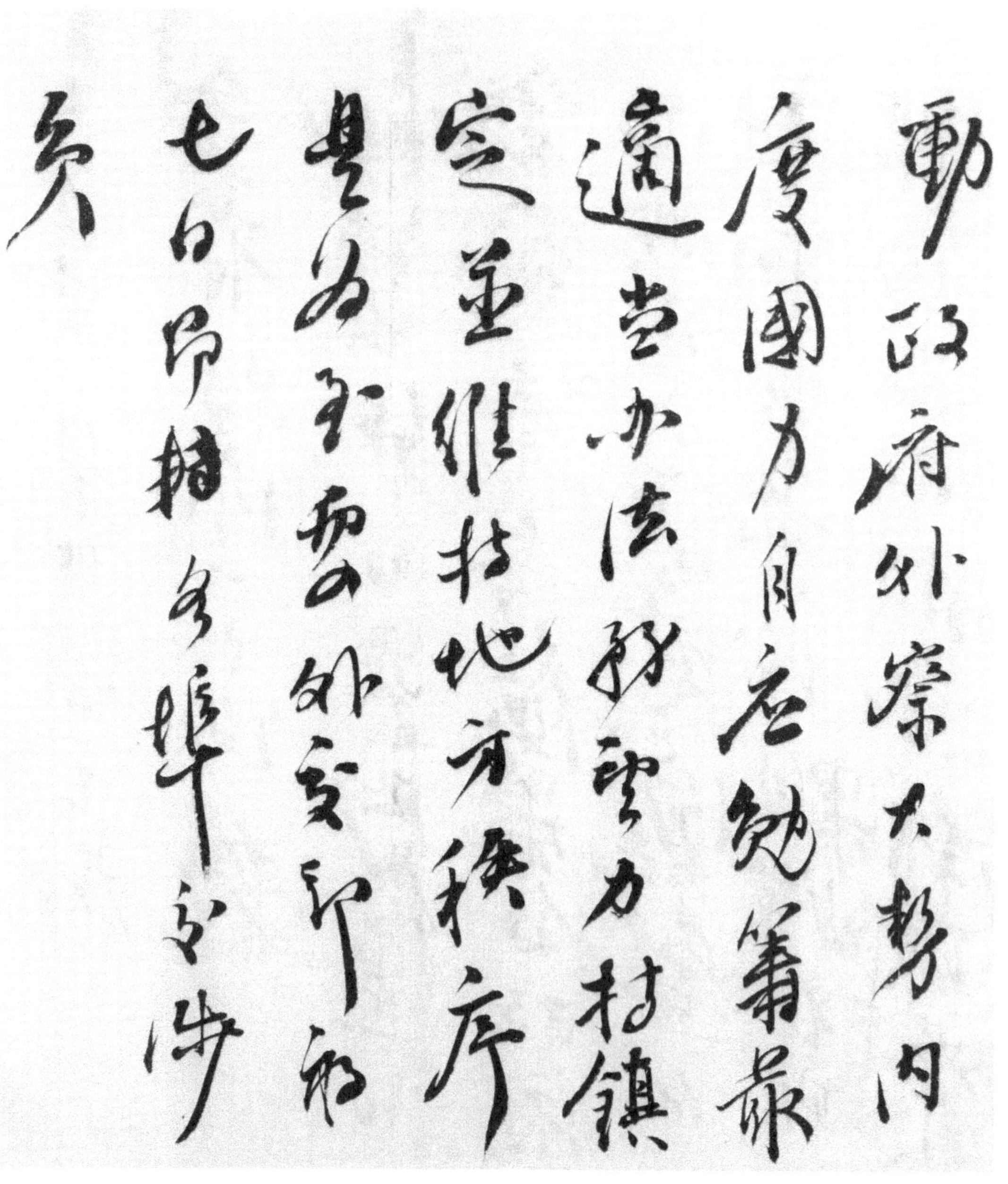

動政府外察大勢內
度國力自應勉籌最
適當辦法務要力持鎮
定並維持地方秩序
是爲至要外交部
七日即轉各埠分會
爲

一 奉天巡按使公署为日本军界不满足于『二十一条』各项条款欲制造新的借口进行要挟事给海城县公署的饬（一九一五年五月二十七日）

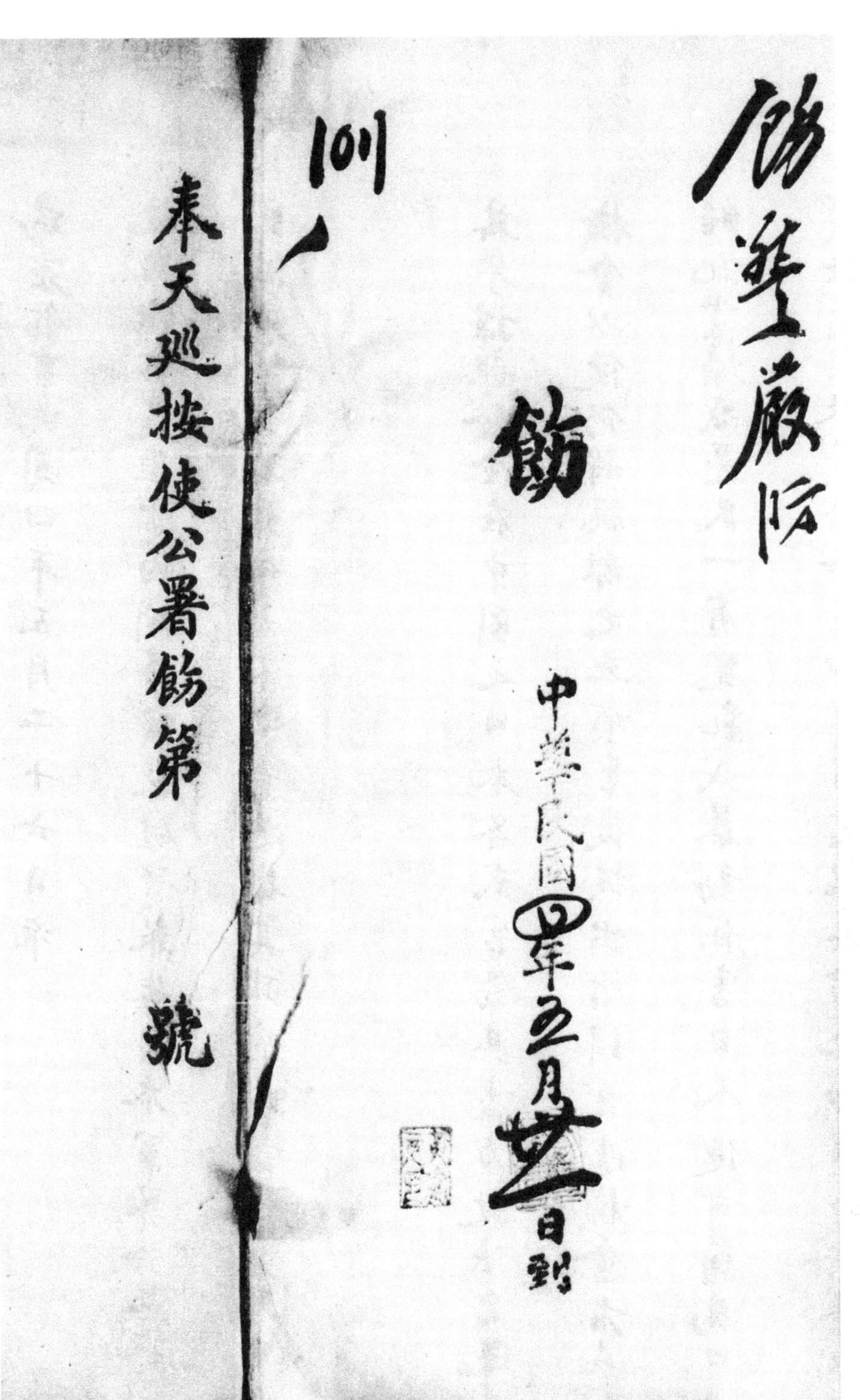

为密饬事民国四年五月二十六日准

駐奉辦事處徑電内開華密據確實報告日本軍界於此次

交涉未能制我死命尤不滿意迭與其政府駁論衛突現由

其參謀部發令在中國之日本各武官飭其盡力設法自造

機會以便仍將脱離之五項重復提出所謂自造機會者乃

結亂黨煽惑愚民一有變亂或暴動傷害日人便可藉爲口

實任意要挾等語務望切實留意認真防範勿墮奸術奉

諭轉達等因准此除分行外合行飭仰該知事即便遵照一體

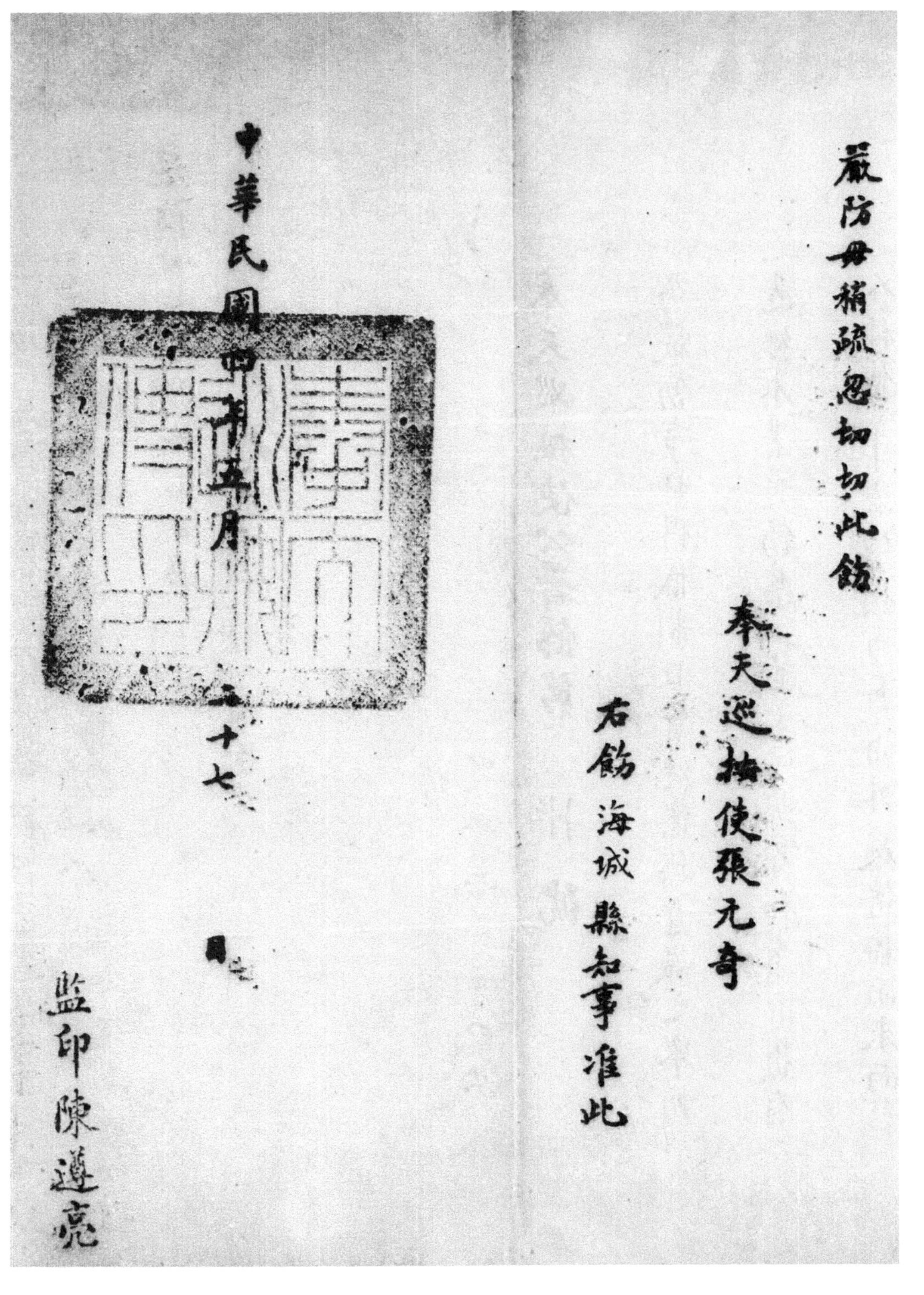
嚴防毋稍疏忽切切此飭

奉天巡按使張元奇

右飭海城縣知事准此

中華民國四年五月二十七日

监印陳遵亮

㈡ 奉天巡按使公署为不准发布传单布告开会鼓动抵制日货事给奉天省城商务总会的饬（一九一五年六月五日）

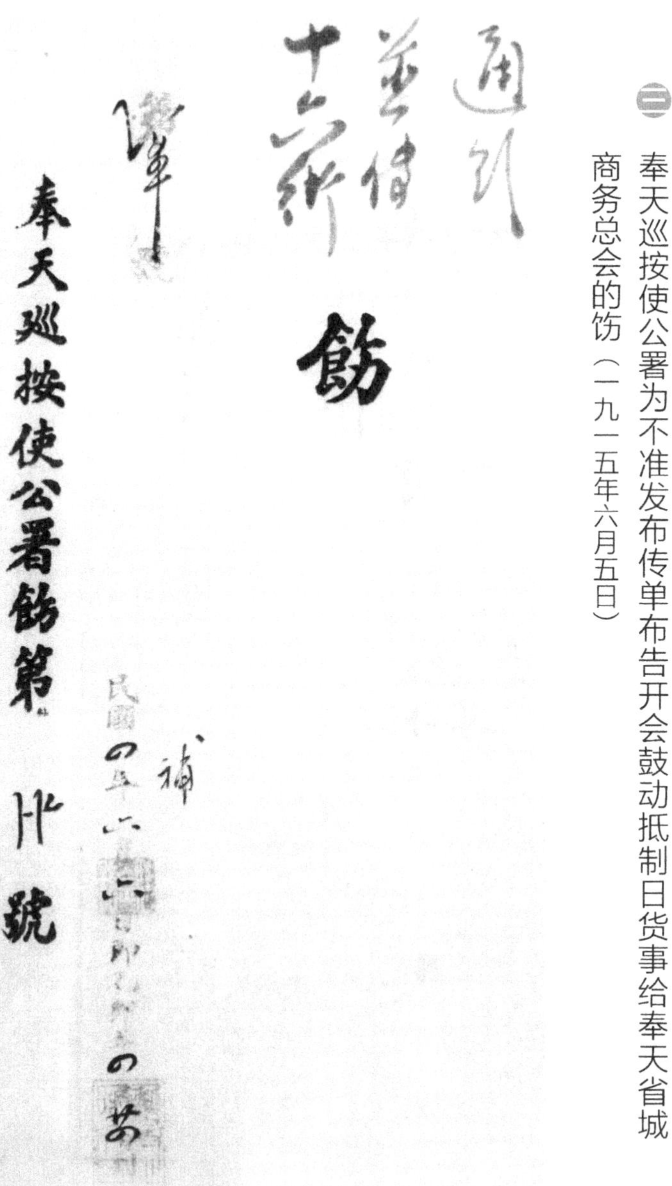

饬

奉天巡按使公署饬第　號

為嚴飭事照得抵制日貨純係無意識之舉動迭經本署通飭禁止並出示曉諭在案近復有各種傳单流傳街市雖由外處傳播而來而影

響所及實足貽人口實要之國家之强弱在於一
般人民心理上之競爭通商貿易載在約章若、
徒事抵制外貨恣意鼓動不特無補時艱且恐授
人以柄轉於國家前途蒙受損害亟應重申禁令
以重邦交並由省城警察廳委派妥員檢查郵件
注意扣留俾免傳布除分飭外合行飭仰該會
即便遵照傳諭省城各舖商並分行各縣商務分
會不准有發佈傳単布告及開會鼓動抵制日貨

等事切切毋違特飭

奉天巡按使張元奇

右飭省城商務總會准此

中華民國四年六月廿二日

監印陳進亮

（四）奉天全省警务处为留日学生阮湘等抗议中日军事协约废学回国组织各校学生集会结社事给海城县公署的训令（一九一八年八月十日）

奉天全省警務處訓令 第卌八號
令海城縣知事
中華民國七年八月十日
案奉
省長令開案准
內務部咨開准教育部咨稱留日學生代表阮
湘等前因抗議中日軍事協約廢學回國近
在天津以救國團愛國會名義招引各校學
生集會結社並將設立分會於各地方查該生
等此種舉動實屬軼出教育範圍亟應查禁

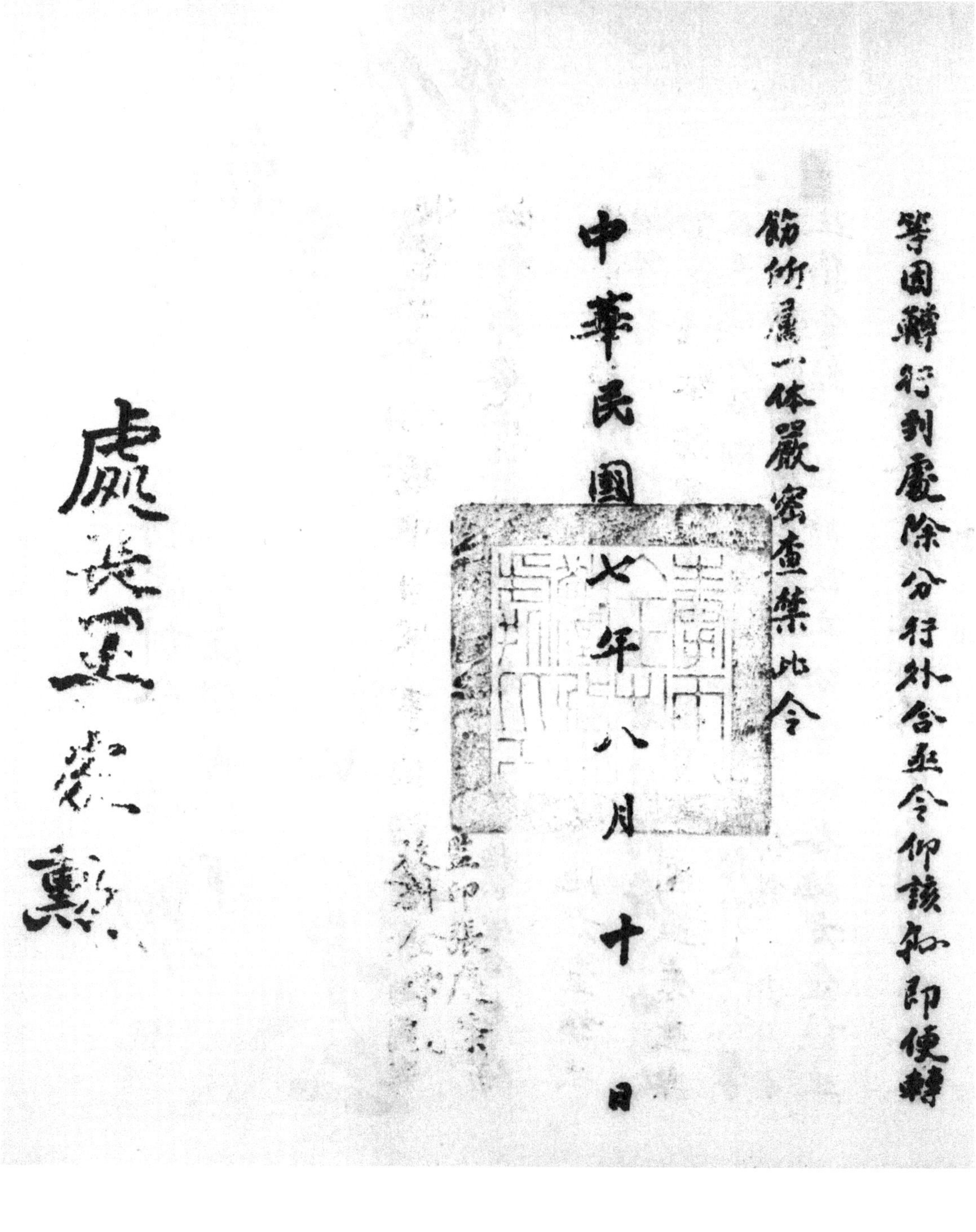

等因轉行到處除分行外合亟令仰該知即便轉
飭所屬一体嚴密查禁此令
中華民國七年八月十日
處長

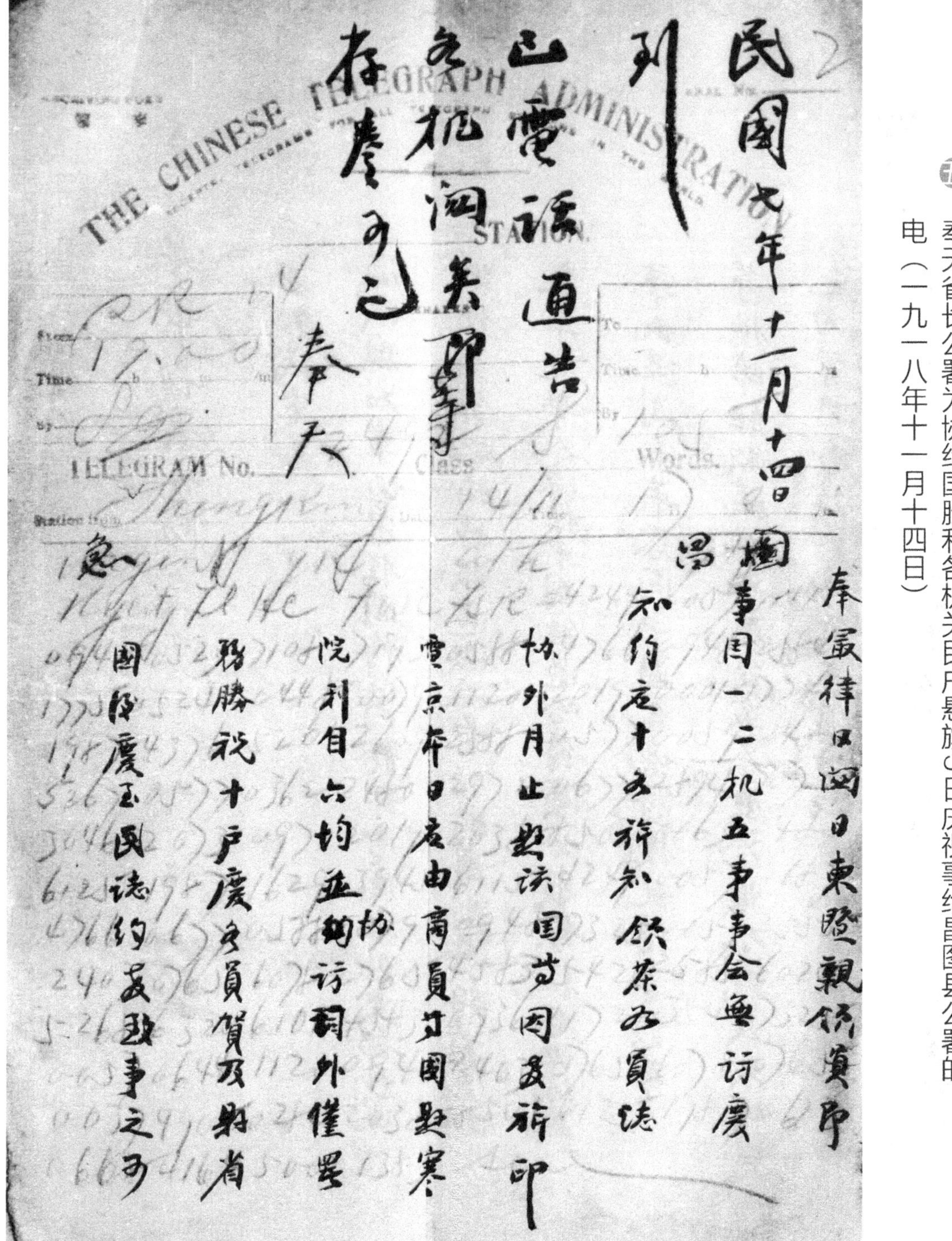

五 奉天省长公署为协约国胜利各机关民户悬旗5日庆祝事给昌图县公署的电（一九一八年十一月十四日）

六 奉天省长公署为由俄潜回华工宣传社会主义思想事给海城县知事廷瑞的快邮代电
（一九一九年二月二日）

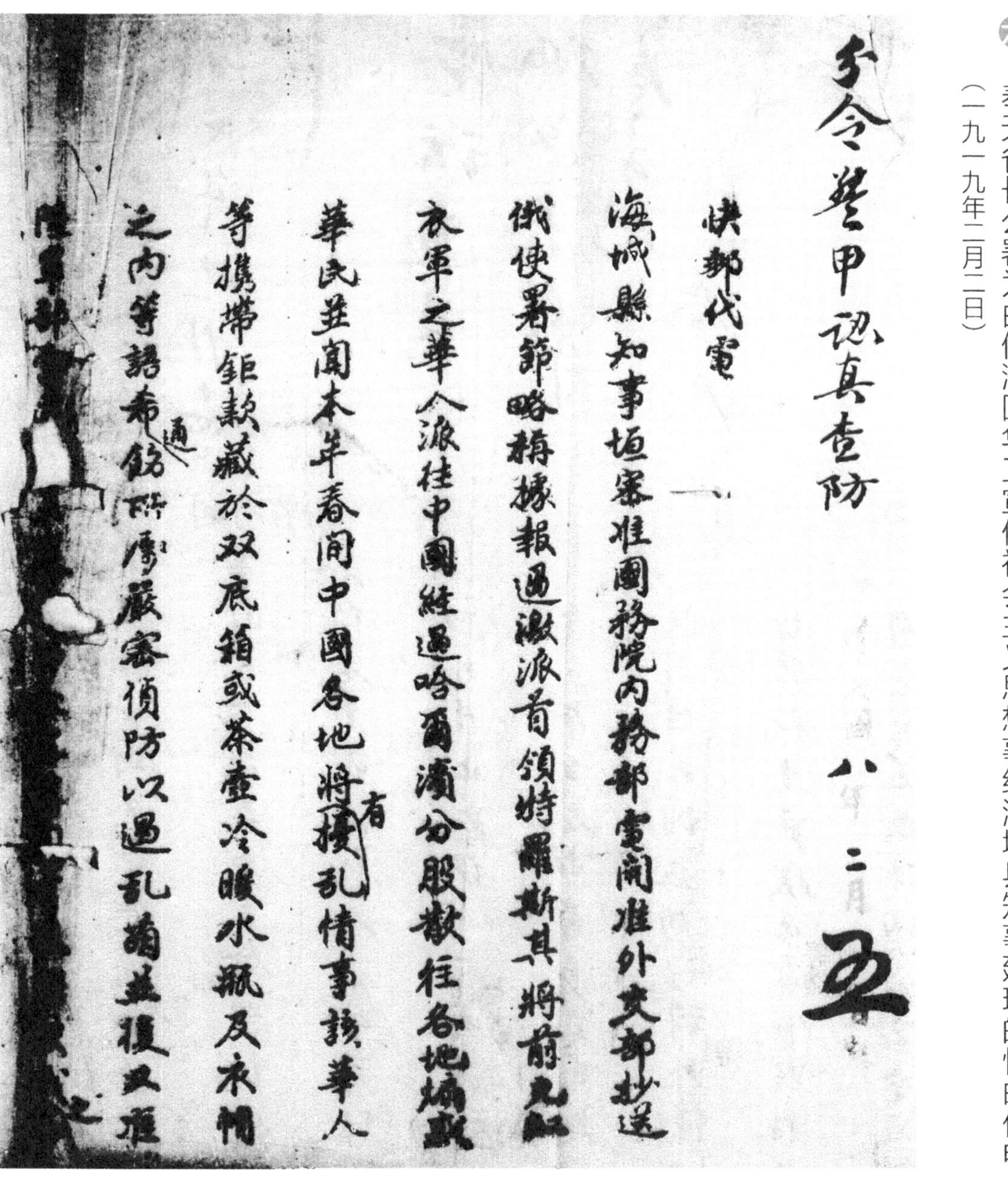

分令警甲認真查防

八年二月 五

快郵代電

海城縣知事垣案准國務院内務部電開准外交部抄送俄使署節略稱據報過激派首領特羅斯其將前充紅衣軍之華人派往中國經過哈爾濱分股散往各地煽亂華民並聞本年春間中國各地將有擾乱情事該華人等携帶鉅款藏於夾底箱或茶壺冷暖水瓶及衣帽之内等語希飭通所屬嚴密偵防以遏乱萌並複文准

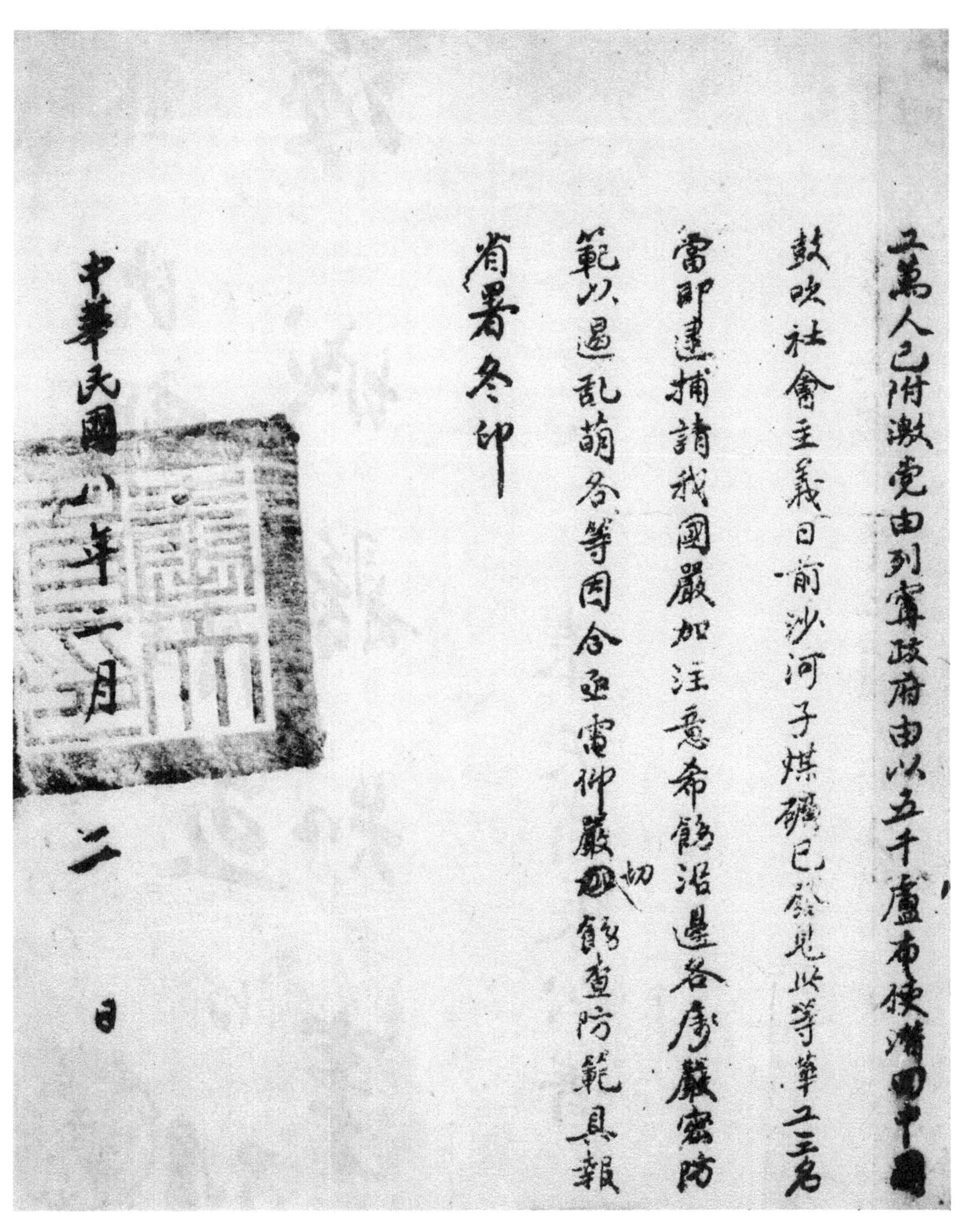
二萬人已附激党由列寧政府由以五千盧布使潛回中國鼓吹社會主義日前沙河子煤礦已發見此等華工三名當即逮捕請我國嚴加注意希飭沿邊各處嚴密防範以遏亂萌各等因合亟電仰嚴切飭查防範具報
省署冬印
中華民國八年一月二日

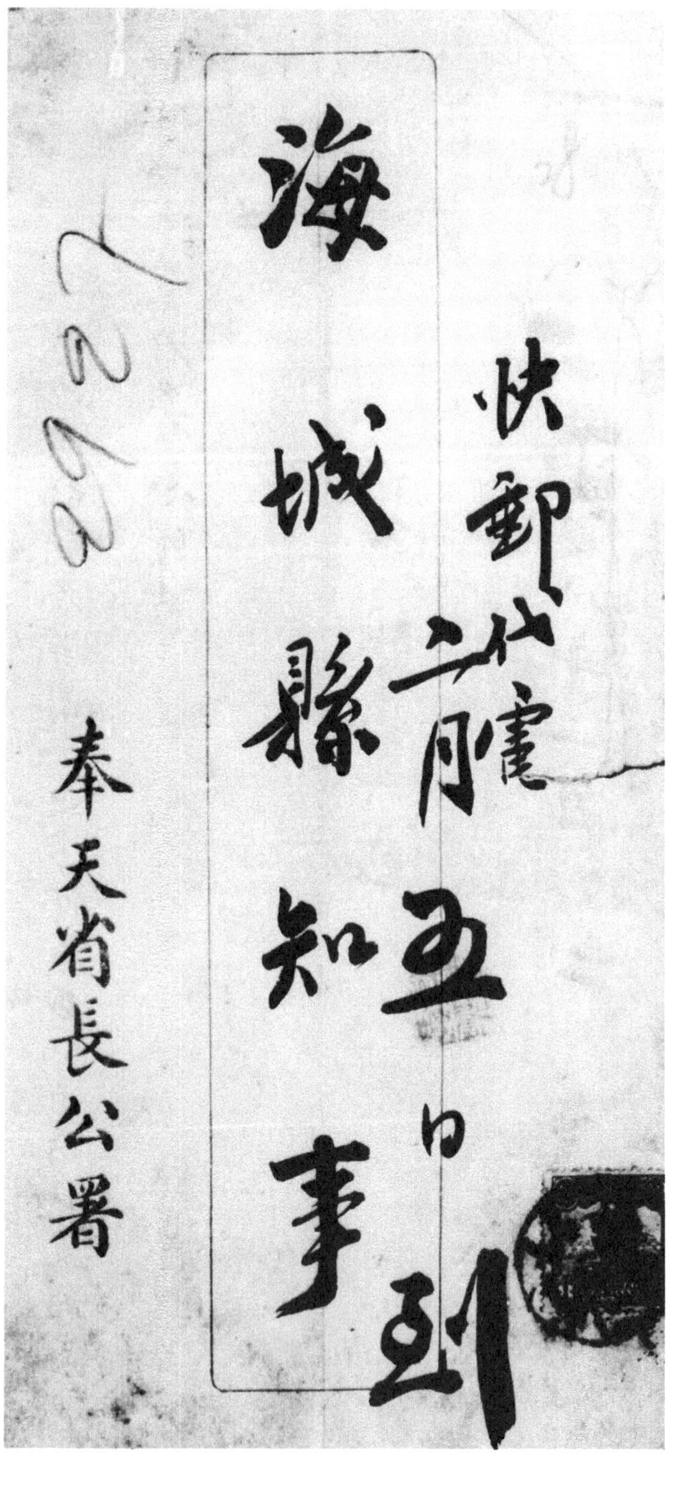

海城縣知事

奉天省長公署

快郵代電

二月五日到

1262

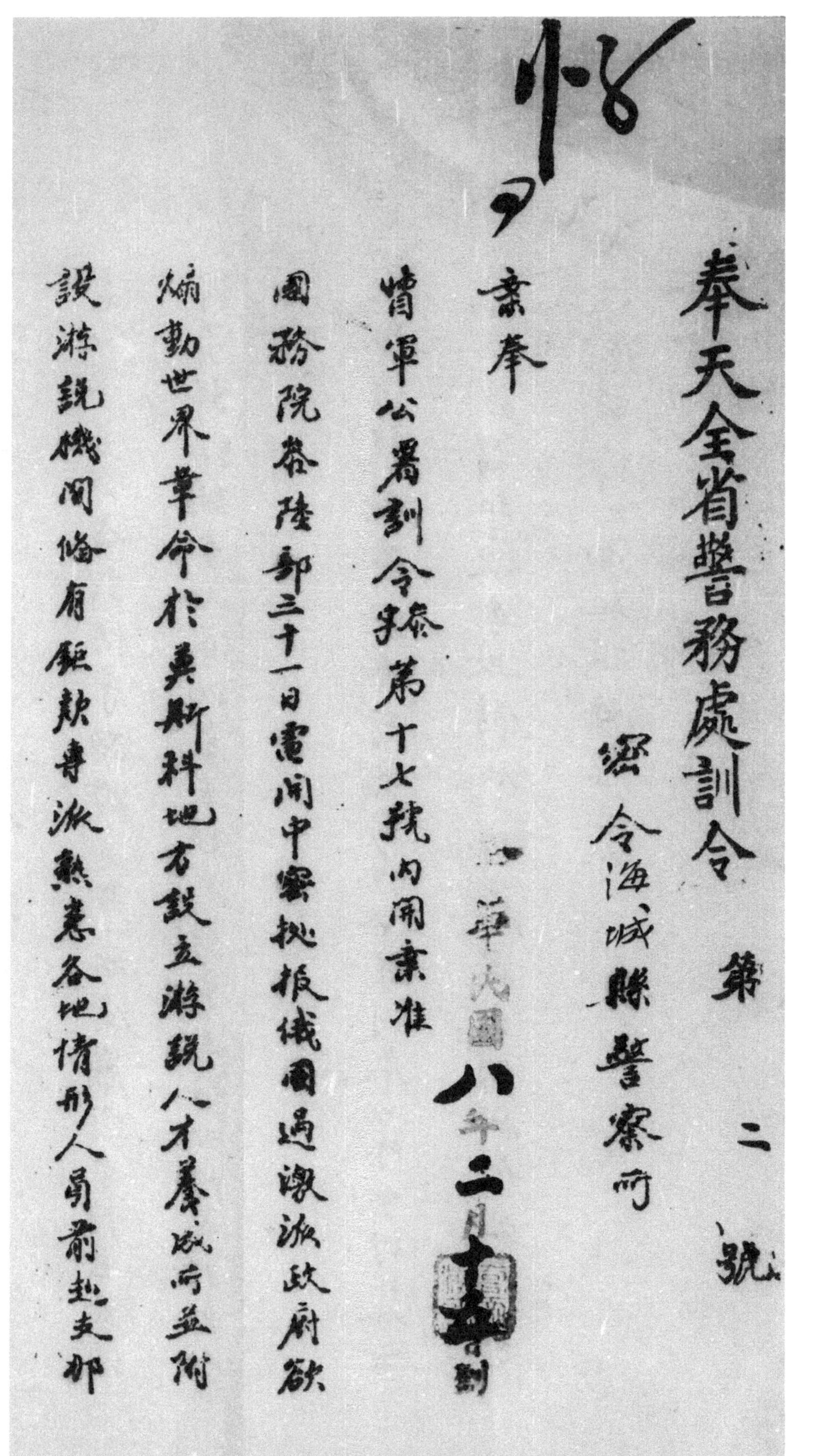
奉天全省警務處訓令 第二號
密令海城縣警察所
中華民國八年二月十三日
案奉
督軍公署訓令參字第十七號內開案准
國務院參陸部三十一日電開中密據報俄國過激派政府欲
煽動世界革命於莫斯科地方設立游說人才養成所並附
設游說機關備有鉅款專派熟悉各地情形人員前赴支那

七 奉天全省警务处为严密查防俄国过激派派人游说革命事给海城县警察事务所的训令（一九一九年二月十三日）

印度日本方面游説各藩属革命為宗旨現日本政府極注
意此事並請查拏情形請特電希飭属嚴密查防並密派
幹員詳細調查内容切實呈報為要等因准此除分行外合
亟令仰該處嚴密查防為要此令等因奉此除分行外合亟
密令該司即便查照飭属一体嚴密查防如有蹤跡立即
從嚴究辦一面馳報毋忽此令

中華民國八年二月十三日

處長王家爇

八 贵州省议会等为倡议各省共同致电巴黎和会中国代表据理力争誓不承认『二十一条』等被强加条约事的电（一九一九年二月二十三日）

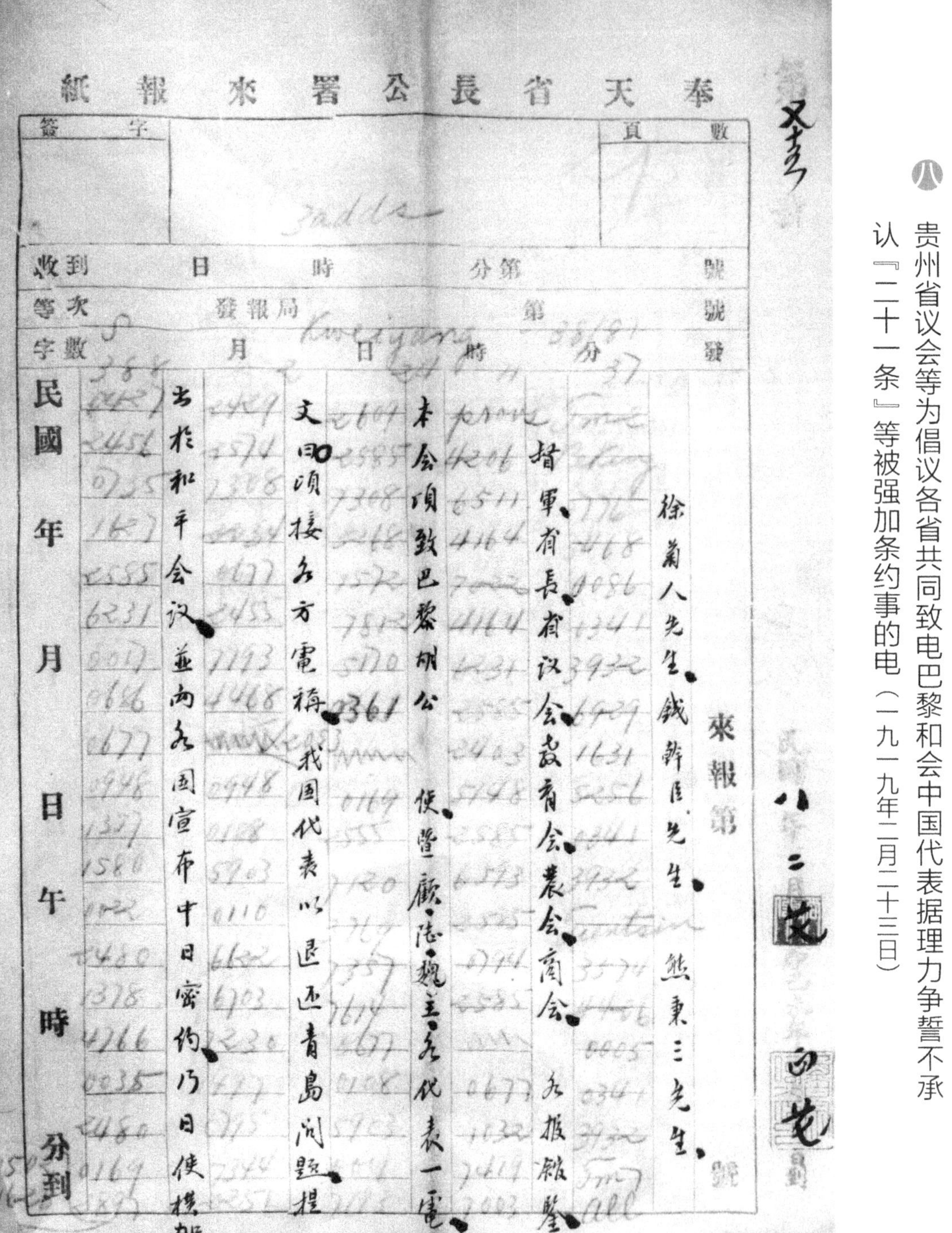
奉天省長公署來報紙

來報第八二號

徐菊人先生、錢幹臣先生、熊秉三先生、各振斂鑒：督軍、省長、省议会、教育会、農会、商会、本会頃致巴黎胡公使、暨顧、陸、魏、王各代表一電，文曰：頃接各方電稱，我国代表以退还青島問題提出於和平会议，並向各国宣布中日密約，乃日使横加干

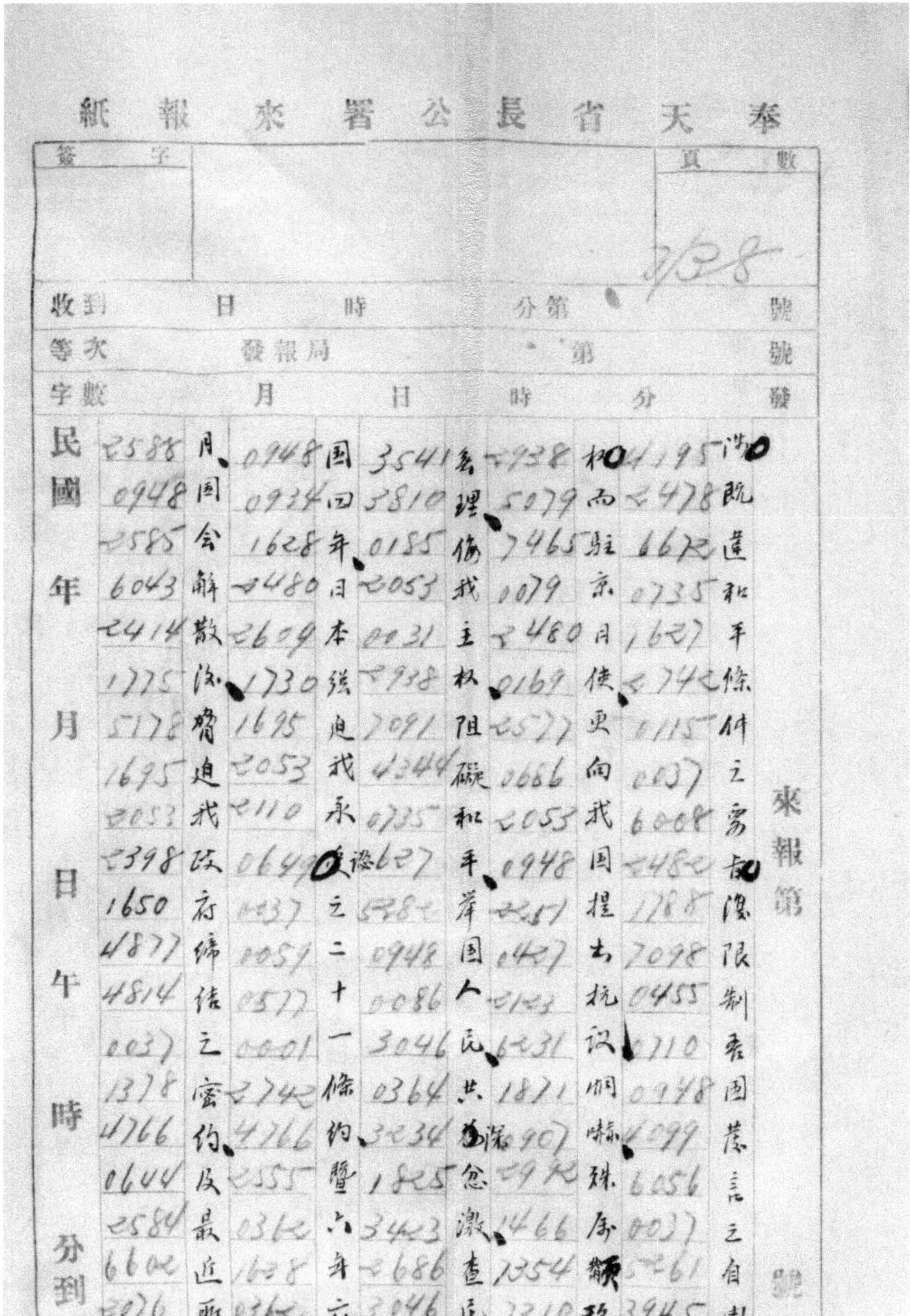
奉天省長公署來報紙

簽字 | 頁數

2/38

收到　日　時　分第　號

等次　發報局　第　號

字數　月　日　時　分　發

民國　年　月　日　午　時　分到

來報第　號

月国会解散汝膺迫我政府缔结之密约及最近所
国回年日本强迫我承认之二十一条约暨六年六
会理偷我主权阻碍和平岸国人民共愤愈激查民
和而驻京日使更向我国提出抗议恫吓殊属颟预
陕既进和平条件之旁有限制吾国莫言之自由

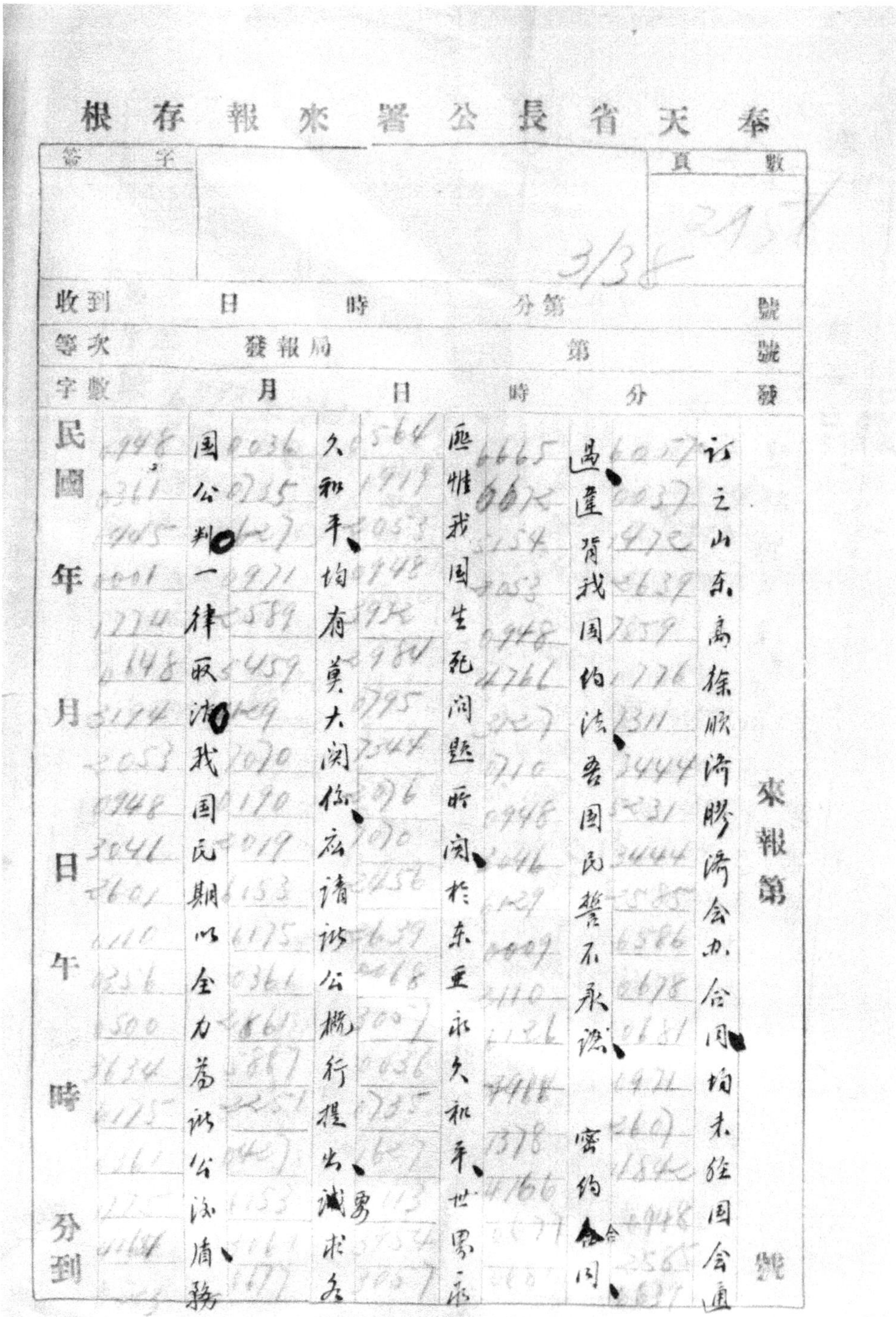

奉天省長公署來報存根

頁數	3/38 2951	簽字

收到　日　時　分第　號

等次　發報局　第　號

字數　月　日　時　分　發

民國　年　月　日　午　時　分到

來報第　號

订之山东高徐、胶济、胶济会办合同均未经国会通过，违背我国约法，吾国民誓不承认。密约合同，[illegible]惟我国生死问题所关，于东亚永久和平、世界永久和平，均有莫大关系，应请钧公概行提出，诚求各国公判，一律取消。我国民期以全力为钧公后盾，务

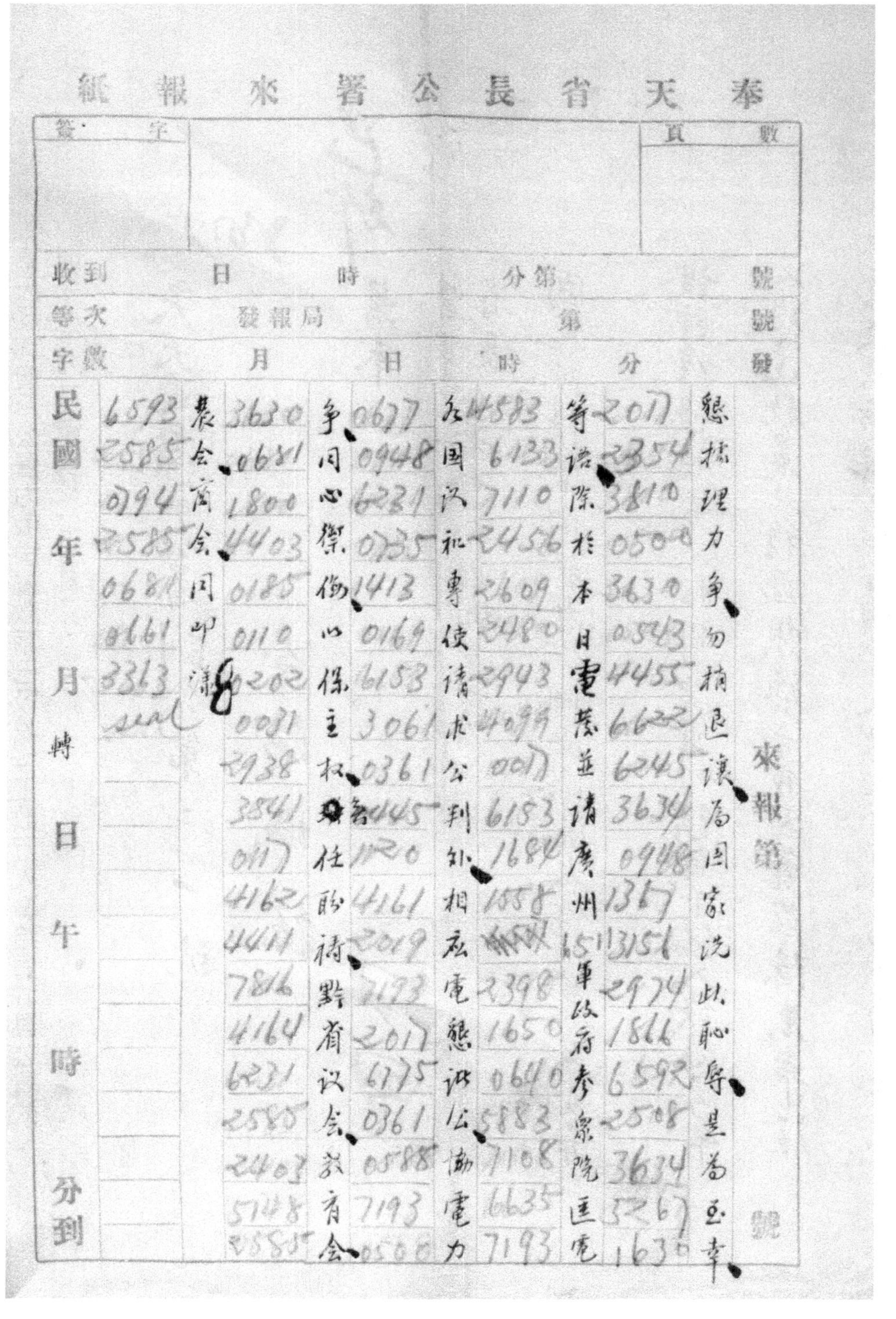
奉天省長公署來報紙

簽字		頁數
收到 日 時 分第 號		
等次 發報局 第 號		
字數 月 日 時 分 發		

民國 年 月 轉 日 午 時 分到

來報第 號

懇祈理力争勿稍退讓為国家洗此耻辱是為至幸

等諸際于本日電懇並請廣州軍政府參衆院匯電

各国议和專使請求公判外相應電懇讯公協電力

争同心禦侮以保主权委任聆詩黔省议会教育会

農会商会同叩漾

九 奉天辽沈道尹公署为俄国过激派已吸收华工数万人事给海城县公署的训令（一九一九年三月二十三日）

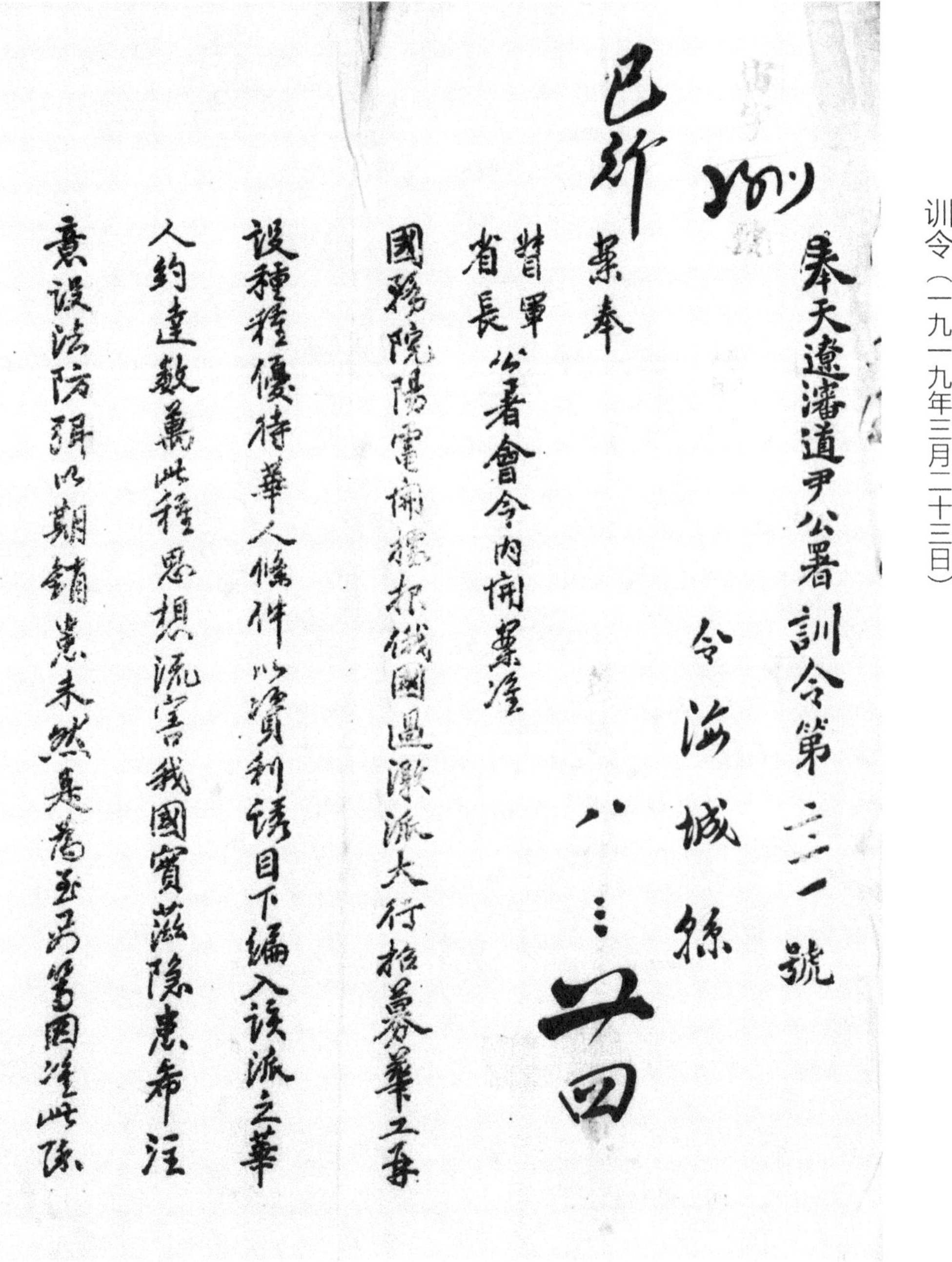
奉天遼瀋道尹公署訓令第三二一號
令海城縣
案奉
督軍
省長公署會令內開案准
國務院陽電開據報俄國過激派大行招募華工爭
設種種優待華人條件以資利誘目下編入該派之華
人約達數萬此種思想流害我國實滋隱患希注
意設法防範以期銷患未然甚為至要等因准此除

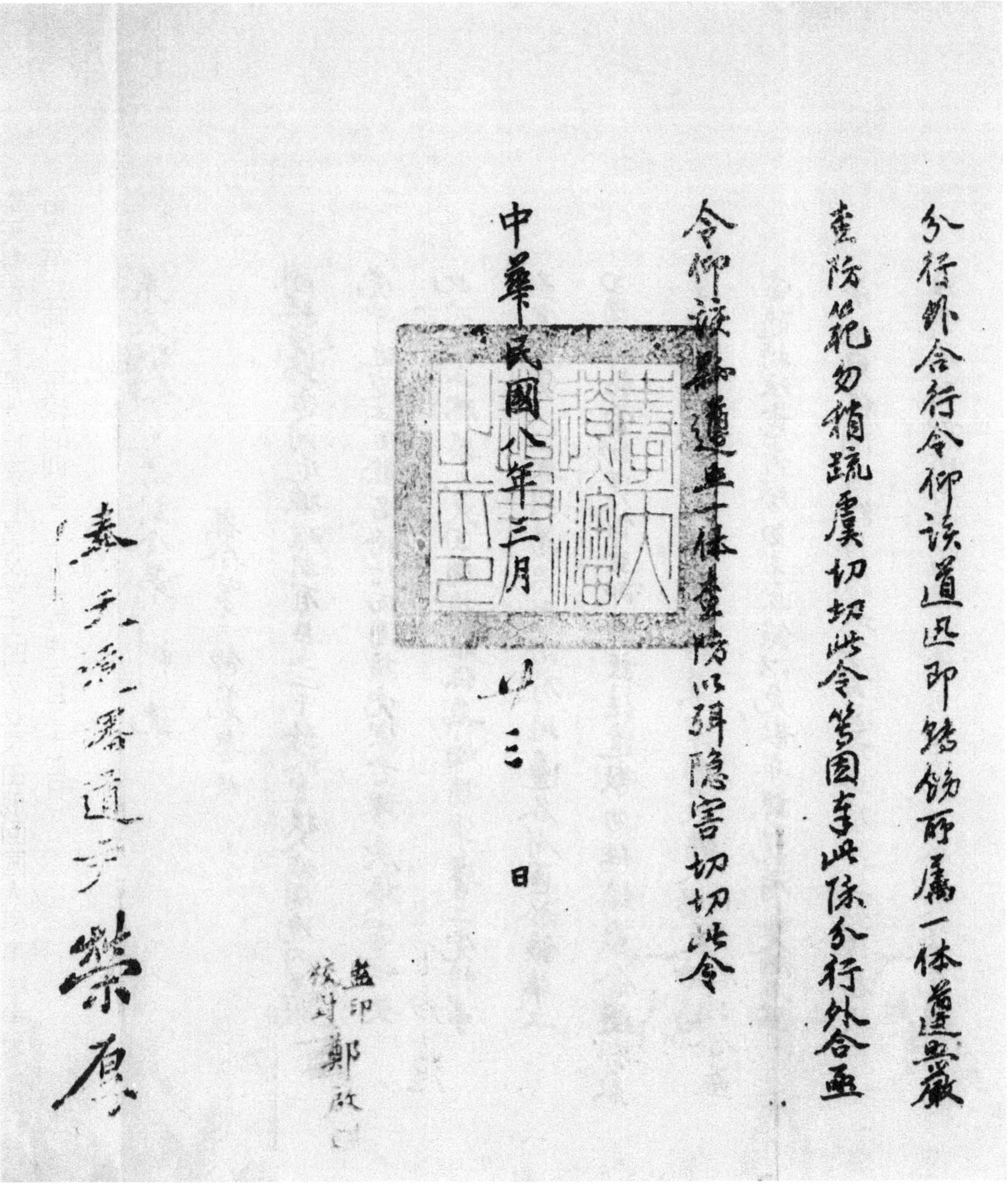

分行外合行令仰該道迅即轉飭所屬一体查照嚴
查防範勿稍疏虞切切此令等因奉此除分行外合亟
令仰該縣遵照一体查防以弭隱害切切此令

中華民國八年三月廿三日

奉天遼瀋道道尹榮厚

盖印
校對鄭啟

十 奉天督军公署等为招录职员及学生时勿收录由俄回国人员事给奉天省立第二师范学校的训令（一九一九年三月二十四日）

奉天督軍省長公署訓令第　號

令省立第二師範學校

國務院巧電開近據確報有華工二千餘人曾投入俄國境内過激党中近有三百餘名將行回國該党宗旨謬戾擾害公安此次華工濡染已久回國後難保無煽誘軍警工党情事亟宜切實防範弭患無形所有沿邊各省區於該華工回國時務當切實偵查即時設法遣散勿任煽惑全國軍警兩界以及工廠學校於招募軍警及傭人學生時務當隨時注意考察勿予收錄以免散布謬說淆亂人心各軍警檢察機關有維持治安之責遇有此項華工到境務須注意偵防如果有勾結煽惑情事即應查拿從嚴究辦

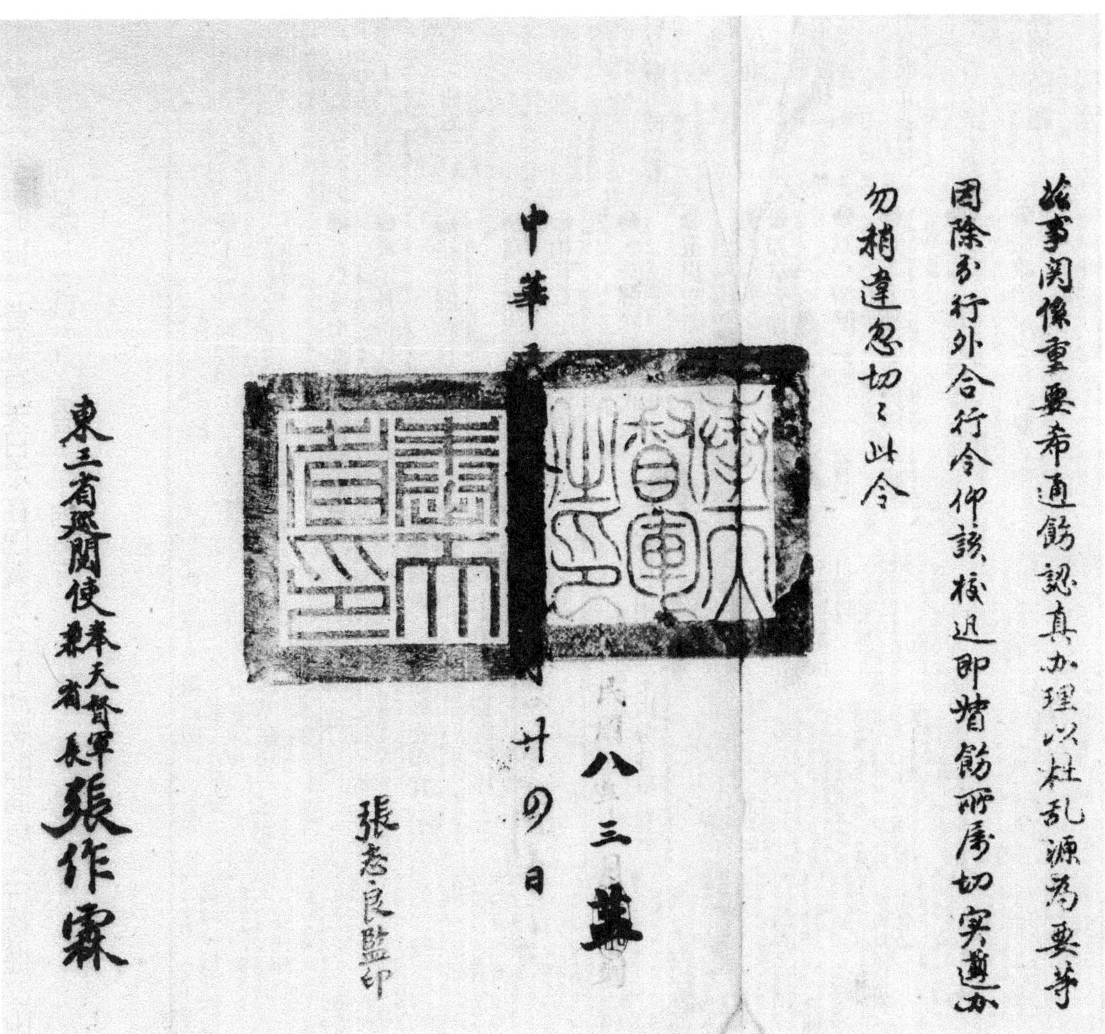

茲事關係重要希通飭認真办理以杜乱源為要等

因除分行外合行令仰該校迅即遵飭所屬切實遵办

勿稍違忽切切此令

中華民國八年三月廿四日

張恩良監印

東三省巡閱使兼奉天督軍兼省長張作霖

十一 《盛京时报》登载有关日本在巴黎和会上动态的消息《行将提议山东问题》（一九一九年四月二十四日）

中國局勢

陸徵祥不肯取消辭職

鄭使儲金定期實行

陳炳焜代表北上

余林所述之陝局情形

錢總理向衆議院聲辯

陳樹藩派員私購軍械

張魯督受勳位證書

政府聲明不干涉和議

中美銀行殆將成立

建議籌欵築六省支路

朱代表電陳國會問題

歐美時事

王鄂督佈告卸去兼職

召集奧土勃委員預期

决定丹特扎爲自由城

接濟俄國食糧意見

當負刑法責任之德人

柏林慕尼札交通隔絶

解除要塞武裝

重提國際管理鐵路案

加拿大加入供給會社

意京激派暴動

日本人種問題與聯盟

各國委員對聯盟案

法政治家之和會觀

西班牙改組內閣

西比利亞問題

禁用奎連斯基紙幣

日本近情

釋放俘虜中之捷克族

日政府準備外交事宜

杉山事務總長將啓程

行將提議山東問題

巴威論帝制派之現狀

竹田宮親王病勢益亟

命令專電

大總統令

全國軍事政治計畫書

戰後東洋民族之覺悟

無線電與軍事之關係

徵求名勝照片

行將提議山東問題（廿三日發巴黎來電）

五國會議日內將議山東問題中國委員亦定出席發表意見此間一般人士鑑于中國委員從前之態度以爲此項問題恐不易解決

十二 全国和平联合会为就山东问题倡议社会各界共筹救国良策呼吁政府力争外交援助事给奉天总商会的快邮代电（一九一九年五月三日）

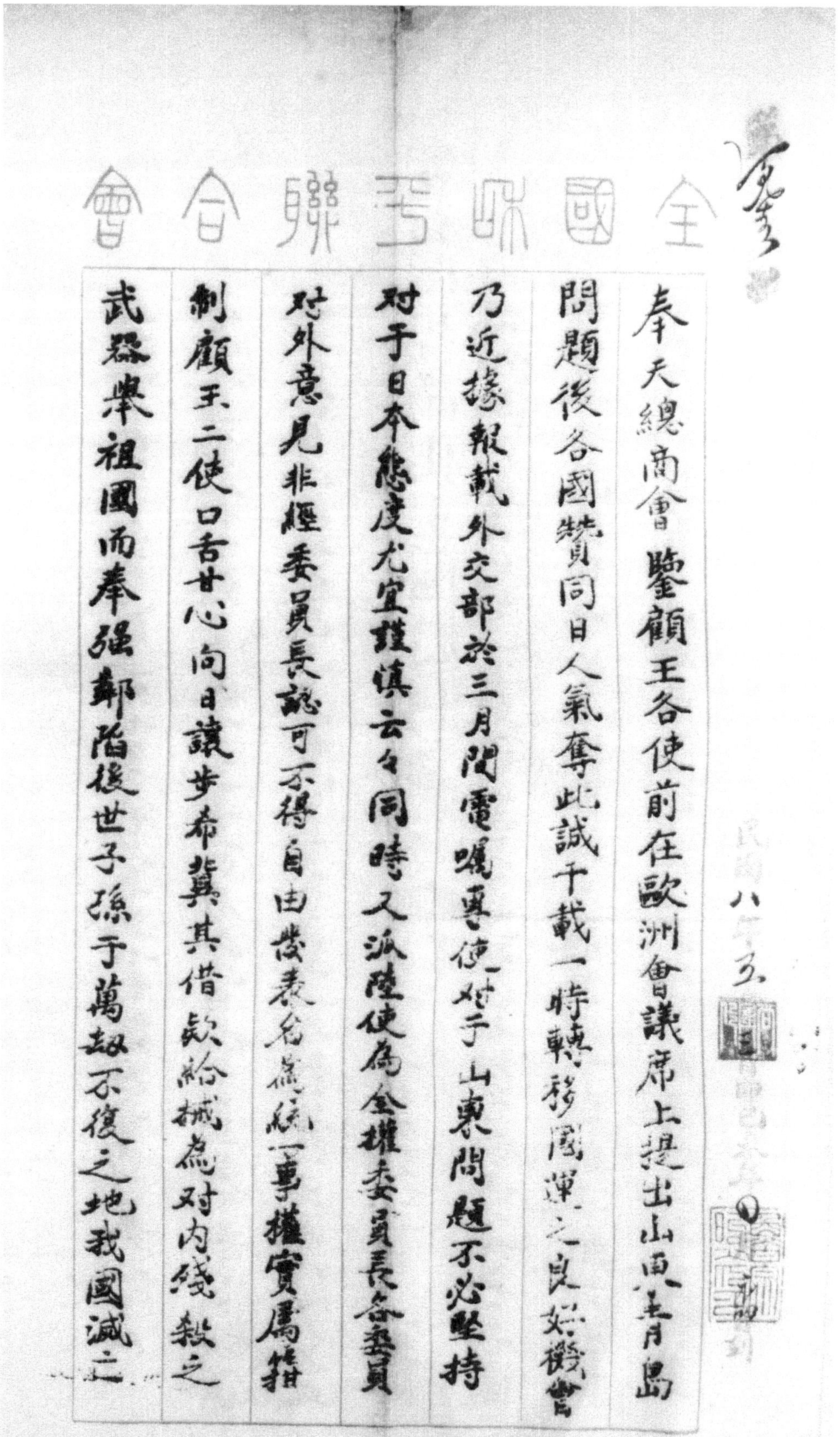

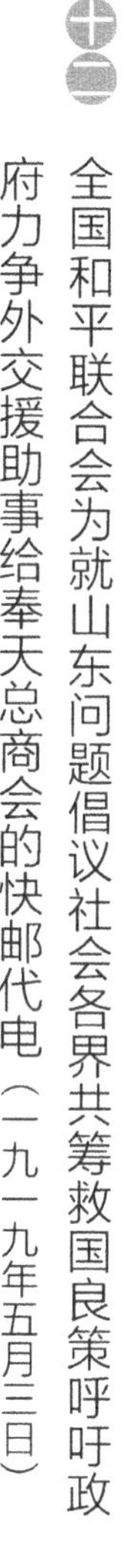

全國和平聯合會

奉天總商會鑒顧王各使前在歐洲會議席上提出山東青島問題後各國贊同日人氣奪此誠千載一時轉移國運之良好機會乃近據報載外交部於三月間電囑專使对于山東問題不必堅持对于日本態度尤宜謹慎云云同時又派陸使為全權委員長各委員对外意見非經委員長認可不得自由發表名為統一事權實屬箝制顧王二使口舌甘心向日讓步希冀其借款給械為对內殘殺之武器舉祖國而奉强鄰陷後世子孫于萬劫不復之地我國滅亡

即兆于斯凡我國民誰弗痛心查日人欲承繼暴德在華權利盤踞山東自民國四年以來利誘威脅與我政府締結各種密約借款給械以供我內部之自殺其侵略我國之野心昭然若揭倘不合國一致力圖生存處我中華將淪為朝鮮將於前途可為痛哭夫國家興亡匹夫有責人之愛國具有同心當此國勢垂危之日正吾民覺悟之時尚望各界諸公激發愛國熱誠共籌救死良策速電政府呼籲力爭為外交之後援助專使之勇氣俾勿輕信奸謀甘作亡國寧子識亡萬世子孫實攸賴之除分電政府及專使外特此奉聞全國學生聯合會叩

十二 奉天辽沈道尹公署为对由俄回国华工进行详细登记事给海城县公署的训令（一九一九年五月五日）

奉天遼瀋道尹公署訓令第〇〇五號

令海城縣

督軍公署令開案准

國務院僑工事務局咨開現查在由俄回國華工

其中頗有受過激派運動預備回國滋擾鼓吹煽亂

若不預為偵防必致蔓延不可收拾業經國務院

迭電嚴切檢查在案查本局前曾擬具調查回

國僑工辦法係於工人回國時分別派員就其抵岸

之日將各該工人姓名籍貫及在外工作情形一一詢

明登記原為將來易於招集之預備現在由俄回

國華工既有以上情形似即可仿照辦理除本局

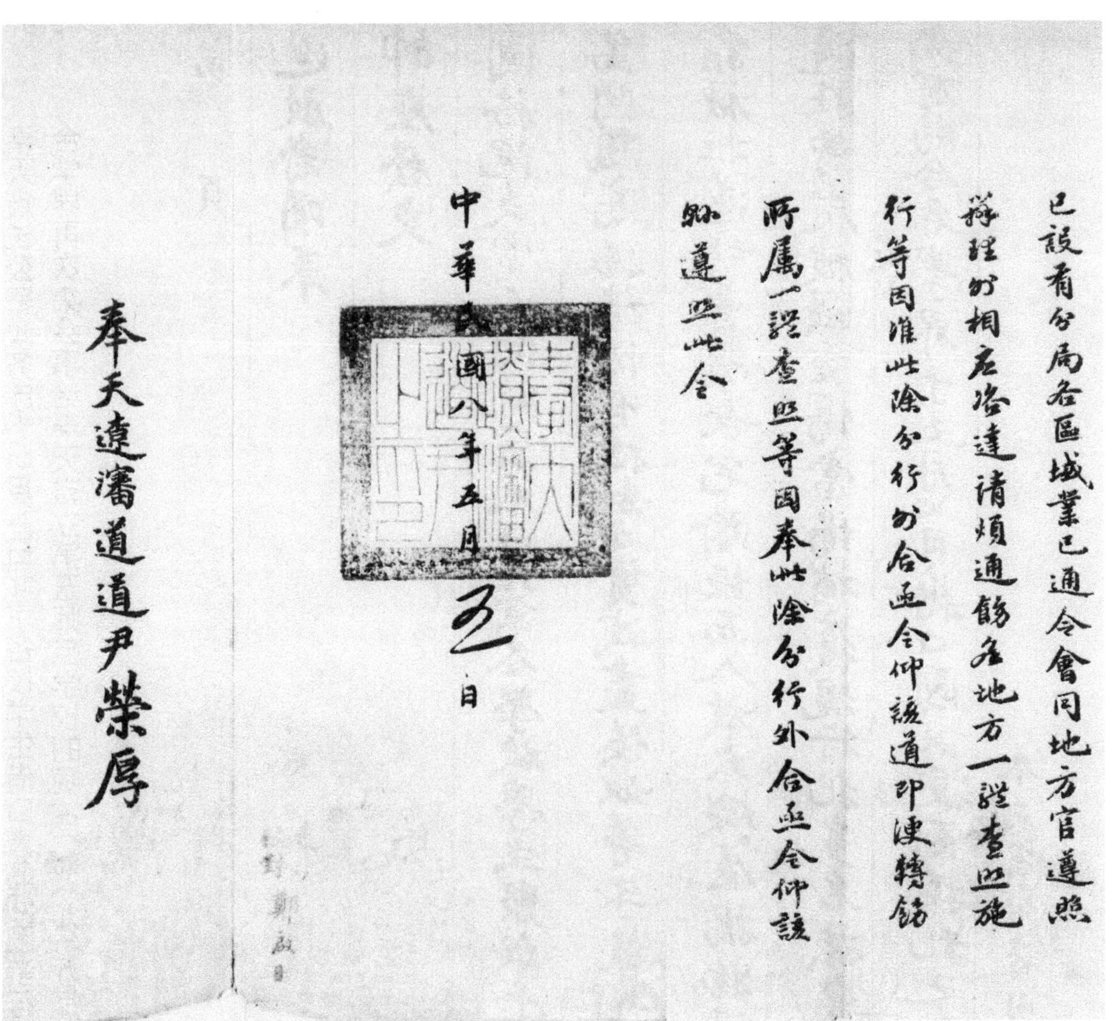
已設看守局各區域業已通令會同地方官遵照
辦理外相應咨達請煩通飭各地方一體查照施
行等因准此除分行外合亟令仰該道即便轉飭
所屬一體查照等因奉此除分行外合亟令仰該
縣遵照此令
中華民國八年五月 日
奉天遼瀋道道尹榮厚

十四 奉天省长公署政务厅为5月4日北京各校学生借口青岛问题游行集会并约合学界再次集会事给奉天省立第五师范学校的函（一九一九年五月六日）

第　頁

逕啟者頃奉

帥座發交

國務院支電內開統密本日北京各學校學生聚衆千餘藉口青

島問題高揭旗幟有抵制日貨滅盡倭奴等字樣先至英美各

館被拒遂赴曹總長宅踰垣而入放火燬屋搗物傷人章使

適在曹處被毆重傷當場捕獲現行犯多名據警廳密報

尚有約合各處學界于五月七日藉口國恥更圖擾亂之說此間已

奉天省公署用箋

第　頁

密飭軍警認真防範東省于外交關係最切津滬漢等處商埠
五方雜處易滋搆煽其他各處亦難保無藉端鬧會妨害公安情事
現距五月七日為期已迫務希一體預籌布置嚴密防範以期弭患
未形是為至要等因奉　諭傳知軍警學各界密加防範以保
公安除分函外相應函達
貴校　請煩查照遵辦此致
第五師範學校

奉天省長公署政務廳啟　五月六日

奉天省公署用箋

十五 奉天全省警务处为秘密查禁宣传革命罢工共产等思想的印刷品《进化杂志》《工人宝鉴》等事给海城县警察所的训令（一九一九年五月六日）

非9

奉天全省警務處訓令 第 八五八 十二號

密令海城縣警察所

本年五月五日奉

省長公署訓令五一三號案准

内務部儉電開正密准交通部密函開現外間發現有進

化雜誌民声叢刻工人寶鑑太平等印刷品以鼓吹社會革命

無政府同盟罷工共產等邪説為宗旨此等議論實即俄

國過激派之主張苟任其傳播殊於社會前途有害自當

加以秘密查禁以遏乱原布查核办理等因查出版書
関於妨害治安败壞風俗之取締規定綦嚴茲詳閱交
通部所送進化雜誌等件寔屬違反出版法第十一条第
二三兩款自應依法办理以維治安而正風俗為此電請查照轉
飭所屬遇有上列各種及其他類似此種印刷品務須依法
切寔办理並希見复等因准此除咨復外合行密令仰該
處即便嚴飭所屬一体認真查明嚴禁具報毋稍玩
忽切切此令等因奉此除分行外合亟密令該所即便
遵照飭屬嚴密查察如有發現上開各種印刷品或

名目雖異而文義相類者一經查出即行依法搜集呈
送該管官廳核办一面即行具報毋忽切切此令
中華民國八年五月六日
處長王家勳

十六 奉天省长公署为京师学界以专门以上各学校学生名义通电各省举行纪念会抗议青岛外交问题事给义县公署的训令（一九一九年五月九日）

第1118号

政务

奉天省長公署訓令第 号

令義縣 民國八年五月 日到

案准

教育部支電內開統密本日京師學界有以專門以上各學校學生名義通電各省於五月一日舉行紀念會抗議青島外交問題情事務望通飭各校妥為防範不得聚衆滋事是為至要特此電達等因合行令仰該縣知事轉飭遵照切切此令

中華民[illegible]年五月九日

張志良監印

東三省巡閲使奉天督軍兼省長張作霖

十七 试署绥东县知事高鸿飞为查禁传单《全国国民呼吁团呼吁书》事的呈及热河道尹公署的指令（一九一九年五月十日）

呈為郵發傳單煽惑人心懇請通令嚴禁以維治安事民國八年五月四日接有郵寄呼籲團呼籲書兩份外封註遞縣署內祈貼示通衢披閱之下不勝駭異其謬論邪說倡言無忌居心破壞概可想見若不立行嚴禁勢必傳流日廣深恐人心摇動實於治安前途有碍除存留一份備查佈告嚴禁並遞呈外理合照抄一份備文呈送

憲台鑒核示遵謹呈

熱河道道尹戚

計呈送

傳單一份

試署綏東縣知事高鴻飛

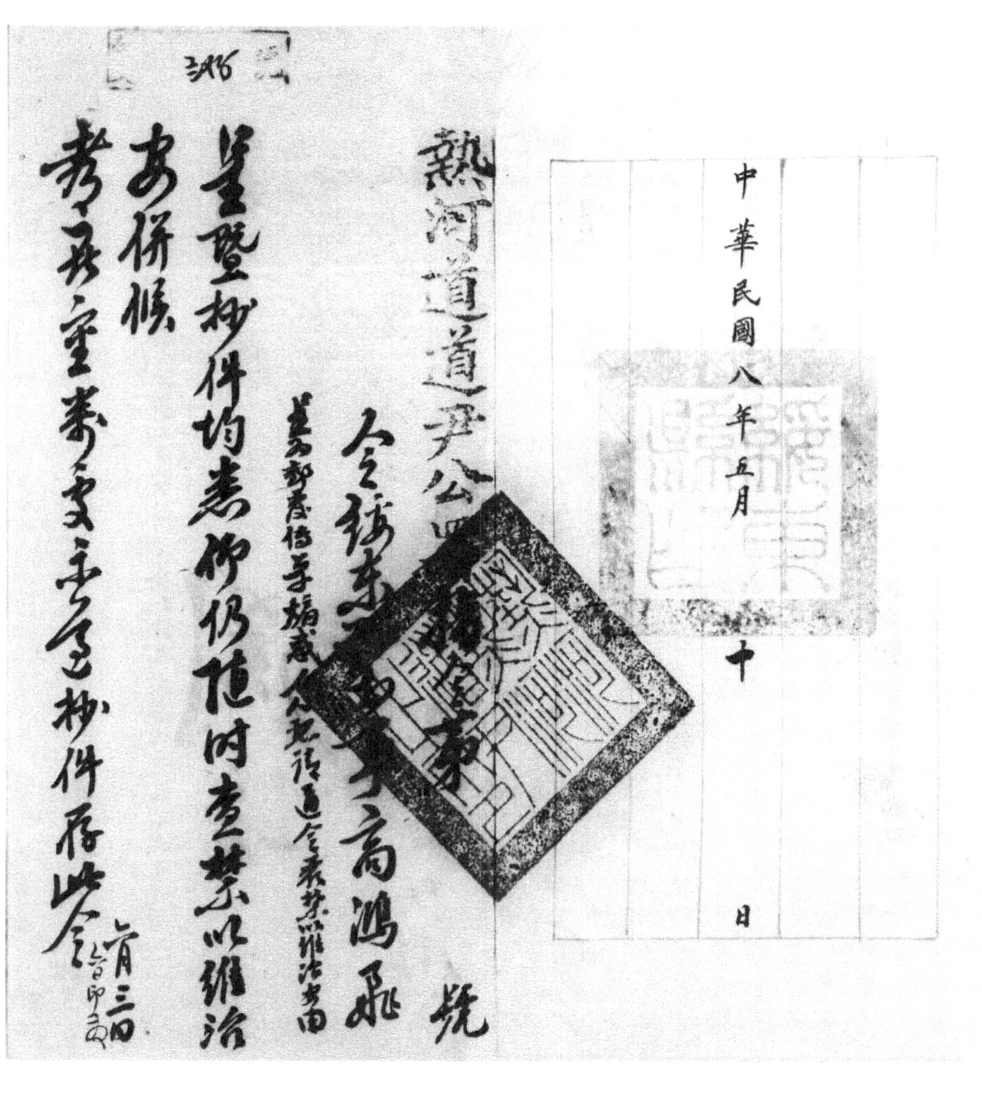

熱河道道尹公署 號

令綏東縣知事高鴻飛

中華民國八年五月 日

全國國民呼籲團呼籲書

上海和平會議工商界五十三團并報界公會轉各報館暨全國同胞均鑒竊自袁氏盜國以私利誘人
釀成樵奸東政人慾横流之禍故繆論邪説倡言無忌加以政客利用勢力勢力既重則不計國家稍
正其妄則老羞成怒甚至不計本身當其本身未敗炙手可熱之時所苦者獨吾民耳迴憶八年在在均
堪痛恨昔吾民或不能言或不忍言或不肯言不敢言今事急勢迫乃不得不言矣夫物不平
則鳴理由辯而真言論自由監督政府固吾民天職也前此處積威之下多默然避禍以造成此是
非顛倒黑白不分之時局是誰之過歟是誰之過歟幸上海工商各界知負國民職責一再呼籲和
平我等亦國民也鑒於人道自衛之計本諸良心再不一致贊成甯有血氣甯有心肝耶但對於龐雜

邪說自足以障碍和平者不可以不辯我同胞如以為謬望登報辯論以求真理如蒙贊同尤祈一致主張函電全國極積進行使世界知我四萬萬民族不可厚誣尚有覺悟之一日用是謹將不承認者五條促進和平辦法二條陳之如左以供討論

一不承認不合法國會也制憲之權載在約法今約法為全國人所公認正式國會已開會廣州彼段家國會其黑歷史汚早有耳皆知我國民竟忘之乎此等箇人機關用而制憲則真正民意蕩然無存將見官僚武人攙雜而成之憲法出吾國民無噍類矣吾同胞其注意偽會制憲及一切不合法之行為絕非永久和平之道國家生死關頭皆在乎是再勿以處於積威而不敢言也宜急起直追將其進舉怪相宣諸國人上書和會要求取銷[illegible]國民之天職不然段氏之國會將一變為日本國會也可不懼也

一不承認未經國會同意之各項借款及秘約也中日密約為亡國之本有一存在國民承認則痛苦無窮今已全國一致積極主張宣布廢除矣後有阻撓或破壞如梁啟超之在巴倫作用曹汝霖章宗祥陸宗輿輩之詭隨行為者願國人共棄此賣國賊

一不承認擴大軍區也廢督裁兵已為將來必成之事但實督軍制不良因有改革之計今立軍長勢猶大害猶深也如僅為少數軍閥計擴劃軍區以安置有功人物究厥將來實非玉成偉人之道有識者多詳言之矣如成事實吾恐閱牆之爭瞬息即見則吾民塗炭仍未有艾況爭後則兩敗均傷從此身敗名裂者當史不絕書也

一不承認主戰者秉政也段氏主戰借債（已見各報）以逞私圖在為之原者翻彼頭腦簡單尚貟

責任欲以武力統一中國昧乎大勢而已然為段氏計早宜勸其辭職以謝國人今猶據違法
大權不知自悟吾恐為之原者其將何辭以自解吾國民思之啖督軍獨立者誰乎騙張勛
復辟者誰乎對德宣而不戰對內戰而不宣者誰乎解散國會威迫總統者又誰乎領銜而呈請退
位忍忘故主帝制而首先反對情斷故人此等剛愎險很之人濟以撥弄是非之徐樹錚等串謀賣
國如仍留據要津國家安有倖存之理吾國民宜一致上書懇其退位以自行其國民自主之決心也
一不承認作戰各種預備也參戰軍一變為國防軍此等軍隊如果存在適足增長頭腦簡單之人之暴
力口託親善國之野心絕非世界和平之福不寧惟是近所謂擴張參戰軍參戰借款八年公債
邊防軍鳳凰山借款城門山借款不撤陳樹藩不撤援陝各軍給龍軍十萬鉅款等等何一非節節
備戰計劃及以後無論發生如何作戰之預備有一不去絕非和平真像吾國民乎勿以此刻屠殺
陝民者與吾國民無關近年之無形塗炭固無地蔑有吾同胞其忘之耶今幸和會重開吾國民宜
瀝血陳辭以謀將來之保障以上五條實吾國民由良心制裁而出如全國採擇上書和會有一辦不
到或和會議決實行不力者我國民宜下一致之決心決心謂何即以下二條辦法總之勢至今日我
人受痛已極世界大勢難背如不以正義解決之無論如何遷就和平定不能永久也
一公訴公判之請愿　我全國民意固無一人不願和平統一者而為之梗者不過一部分軍閥為把持
個人權利之故籌款增兵甘心賣國國內糾紛已牽動國際僅恃上海和會絕不足以打銷軍
閥之勢力以謂我國民宜訴諸世界和平會議請為公判以維持我民族自裁自主之精神或謂此國內
事訴諸外人恐有外人干涉內政之嫌此則不必過慮蓋歐會實為改造世界而設為各國最公平之

會議我國與各國均派有代表非一國與數國之結合也明已況由內爭已牽及東亞軍閥之結合實與國際之關係重要詎諸歐會又何嫌疑之有不觀夫美國威總統對各省長之演說乎威氏曰吾人須知此次世界和平大會為世界主人翁會議乃七千萬人民之公僕會議也倘吾人乘此時機佔取人民利益以為自己則於歷史遺臭萬年也觀此世界將進大同一切國界種界教界固無畛域於其間若我四萬萬人以正誼人道訴之各國公判將見軍閥結合之罪無所逃避而公平合法之和平自出矣

一自我自主之決心　世至今日人道漸張公理已勝而我國尚不如歐洲者國民之國家思想薄弱未受國家之痛苦耳試思湘陝同胞之慘狀再不自決不將同受此痛苦乎不將受此痛苦於外人萬劫不復乎國人國人我神明華胄固有自主之權也當兵納稅為國民應盡之義務者原以享國家保護之權利今觀湘陝國家之保護者何在既不能保護吾國民之生命財產安所依託以上五條凡所以謀自存之保障者也如不能實行吾國民乎從此不盡義務於此等盜竊政府之國家可也或有謂如不納稅勢力者將用勢迫矣竊謂行此等恫嚇之人何一非國民乎即充此慘殺同胞永永不得墮還之多數兵士亦何一非國民乎倘由此父詔其子兄勉其弟友呼其朋婦挽其夫曉以大義凡為箇人之事無關國家者吾軍界同胞切速脫離其關係方能免萬劫不復之痛苦不然彼少數人驅策我多數人我多數人不知猛醒仍受其愚滋可愧悚同胞乎如再不下一自主之決心我中國民族將於東亞大陸無立足之地矣嗚呼從此再不供少數人慘殺同胞也則國家幸甚則人道幸甚全國國民呼籲團謹上

十八 奉天省长公署为青岛问题政府正力争以完全主权交还中国应静候并防范奸人鼓惑事给海城县公署的训令（一九一九年五月十六日）

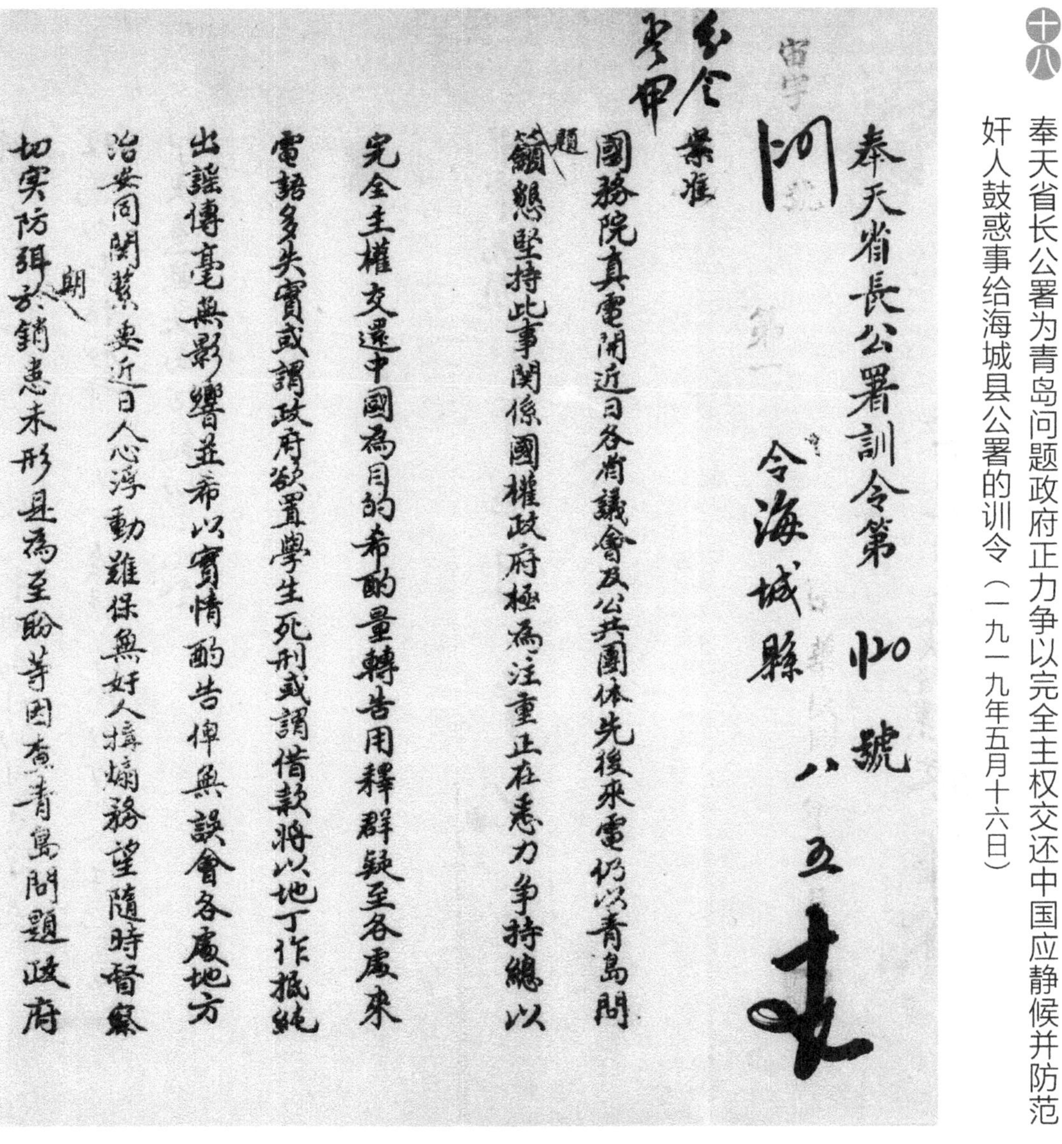

奉天省長公署訓令第　號

令海城縣

國務院真電開近日各省議會及公共團体先後來電仍以青島問題懇堅持此事關係國權政府極為注重正在悉力爭持總以完全主權交還中國為目的希酌量轉告用釋群疑至各處來電語多失實或謂政府欲置學生死刑或謂借款將以地丁作抵純出謠傳毫無影響並希以實情酌告俾無誤會各處地方治安同關緊要近日人心浮動難保無奸人播煽務望隨時留察切實防弭於銷患未形是為至盼等因查青島問題政府

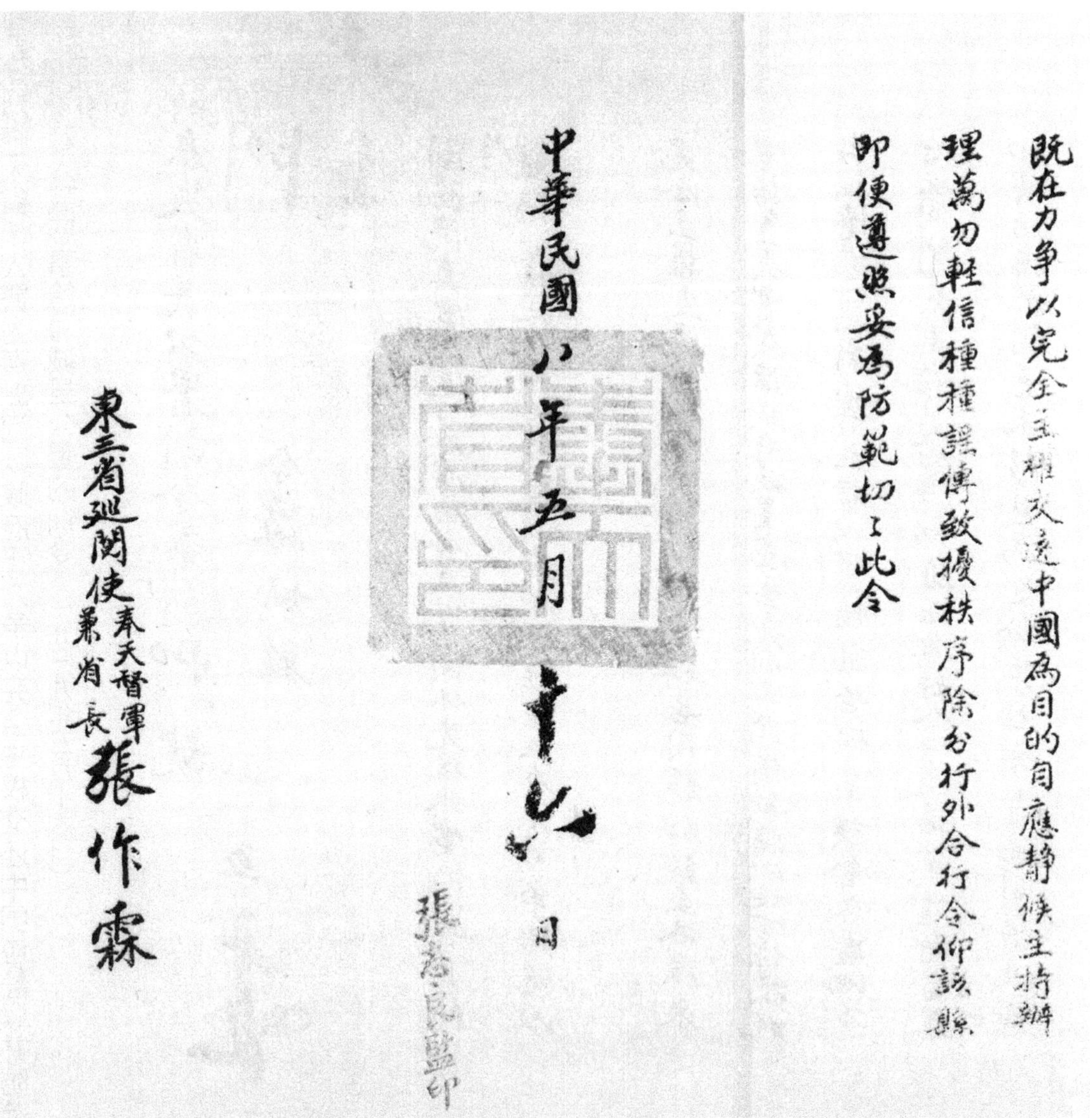
既在力爭以完全主權交還中國爲目的自應靜候主持辦理萬勿輕信種種謠傳致擾秩序除分行外合行令仰該縣即便遵照妥爲防範切切此令

中華民國八年五月十八日

東三省巡閱使奉天督軍兼省長張作霖

張[illegible]良監印

十九 邮件检查委员刘杲为报查获哈埠学校涉及山东问题信件2件事的呈及滨江道的批（一九一九年五月十七日）

1031

八五卅九

呈

為呈報事竊委員於本月十七日上午六鐘到郵局檢驗信件查有一致本埠商業學校全體學員公啟一致商業學校范斌如手折二信隨即封閱其內容痛陳魯事萬語千言憂國心切情見乎詞值此人心浮動偶觸即燃設若激起意外風潮於治安不無關係隨將該信扣留應如何嚴加防範之處理合檢同原信備文呈報伏乞鑒核施行謹呈

濱江道道尹兼交涉員傅

附呈原信二件

郵件檢查委員劉果

中華民國八年五月十七日

青島問題案補救速

稿送此間甲種商校送

函

井

試如足下所上書於東崇　惠賜宝江橋之交涉耶　抑公務交於東路理耶　則外謀之所致也　近深計潤紙角電線竿到壘耗頻頻　閣下家居東省　諒早洞悉矣　雖然處此歐風甫息　日餒方張　國勢如懸崖墮卵　民心若碎瓦散沙　況又及五九之國日　值此時也　得無感乎　吁嗟乎　陰霾者內憂頻起　外患疊乘　二十世紀之世界　未有如我中華之慘劇者也　溯自滿清以來　一有戰事　即喪師辱國　割地賠款　外交之失敗　威權之挫折也屢矣　而人民乃猶如大夢

况甜久殊未醒思操同室之戈甘作同胞之敌宗旨同心协
力以御外侮弦惧不支况可作谭为之攻鹬蚌之争乎
其尤可哭可怨可痛可叹者一般顽民不知国耻为何
物尚痴然曰我民也国之不亡于我何有英来随英法来从
法譬我守分安命为之顺民而已呜呼此专制代之所谓模
范我今日之计诚亡国也老大之亡人国者实从亡其国
将必亡其种也波兰印度殷鉴匪遥吾辈处此浮世
兔死狐悲之感乎虽然欲为伍子胥（则吴国已亡）愿作申包胥则

秦庭安在致吕鹿剑寻步秦而世路慕张良剑识汉
高於何從楚子文之毁家紓難良有以也蜀孔明之鞠
躬尽瘁志徒然哉立庭三呼不忘之耶仇深九世雠
勿報乎朱木蘭尝代父從軍梁夫人曾親擊鼓彼為婦
人尚義勇如此岂峯以堂堂七尺之軀徒然食息於天地間
没世無聞能不愧死哉則將何以救之宜效越勾踐之嘗膽
卧薪燕祖逖之聞雞起舞鄭監門之流民圖宜展軸
再觀賈長沙之痛哭策當執卷三思切勿為王衍之

清谈误国，刘禅亡不战而降，佚先封，觉后封，先觉之后
觉以警惕社会而唤醒同胞，窃认为国亡猿祸延林木，城
门失火殃及池鱼，故此次京校之学界同胞，所以愤然为学者
我为一青岛也，为鲁耳，我为鲁也，为北京耳，我为
北京也，为全中国耳，然则青岛之问题有关于全国之
存亡者，乃学界借美之地部，负教育之重责
恐膈膜视之，手然欲期之战则手，然学生寸铁纵其爱国之
热忱，将何以表出之，点秋弋，结思学野蛮之标齿揭竿

来叶勿为奖，在之处堂振刷精神，励志功课，以续京校

诸同胞之以程可期，冒昧之见，惟

阁下图之，无此佈达，顺请

课安，并询进步

表 表兄宋鸿谟手泐

三表伯、八叔前代为请安

家人代为致意

子骏附笔致候

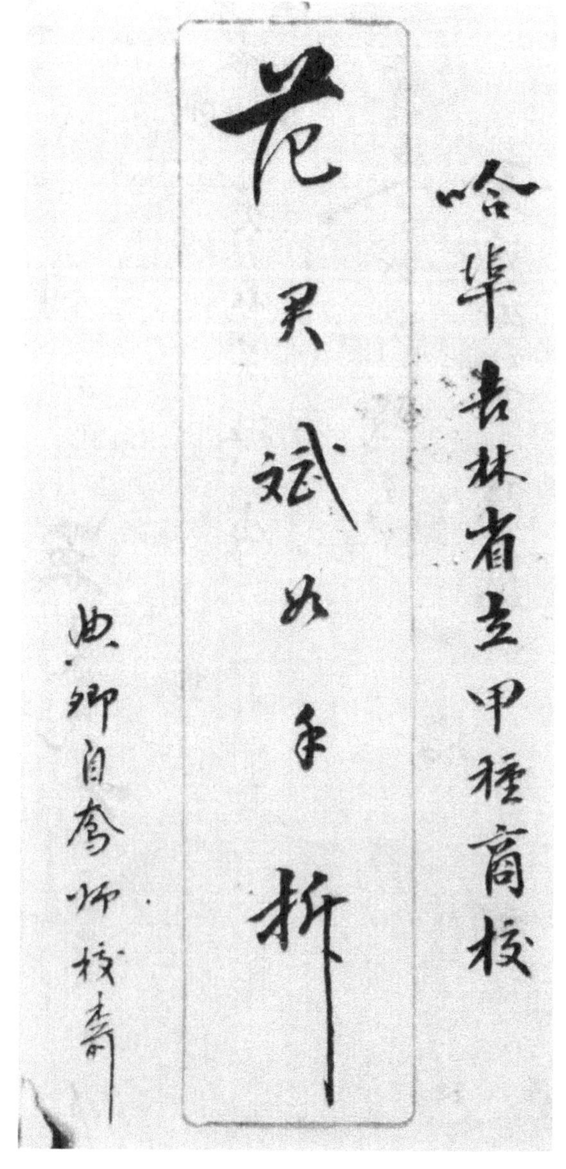
哈埠吉林省立甲种商校
范昊斌如手折
典卿自奉师校寄

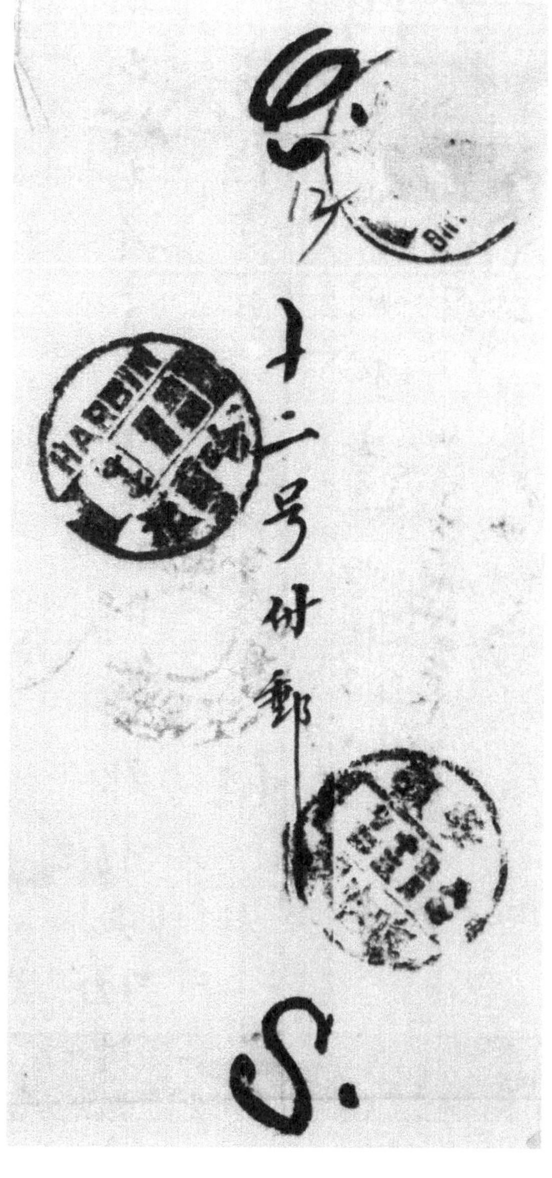
十二号付邮
HARBIN
S.

逕啓者山東問題發生，都門已起學界公憤，惟吾東省尚無動静，殊屬缺憾。本團鑒此，乃於十六日糾合省垣各學校，俟省議會開學生大會，當即謁見軍政兩長，詳情相率業已宣傳，最後解決組織學生團，為吾學界聯絡機關，於内容一切另有簡章寄奉外，

貴校學員諸君申素懷愛國之熱忱，雪我神洲之大恥，速組

貴道學生愛國作聯全省學

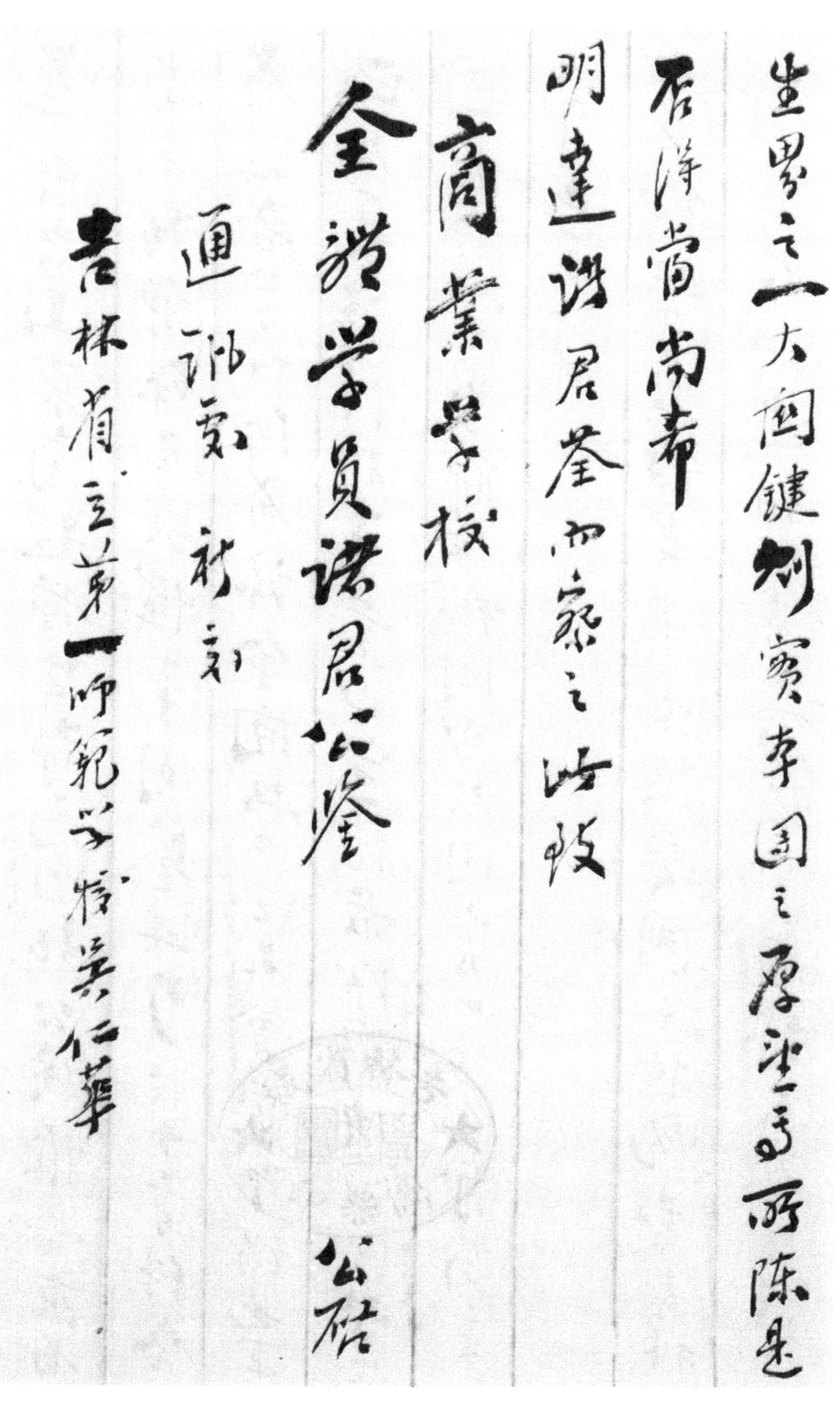
生界之一大關鍵則實吾國之厚望所陳是
否得當尚希
明達諸君荃而察之此致
商業學校
全體學員諸君公鑒　　公啓
通訊處　[illegible]
吉林省立第一師範學校吳仁華

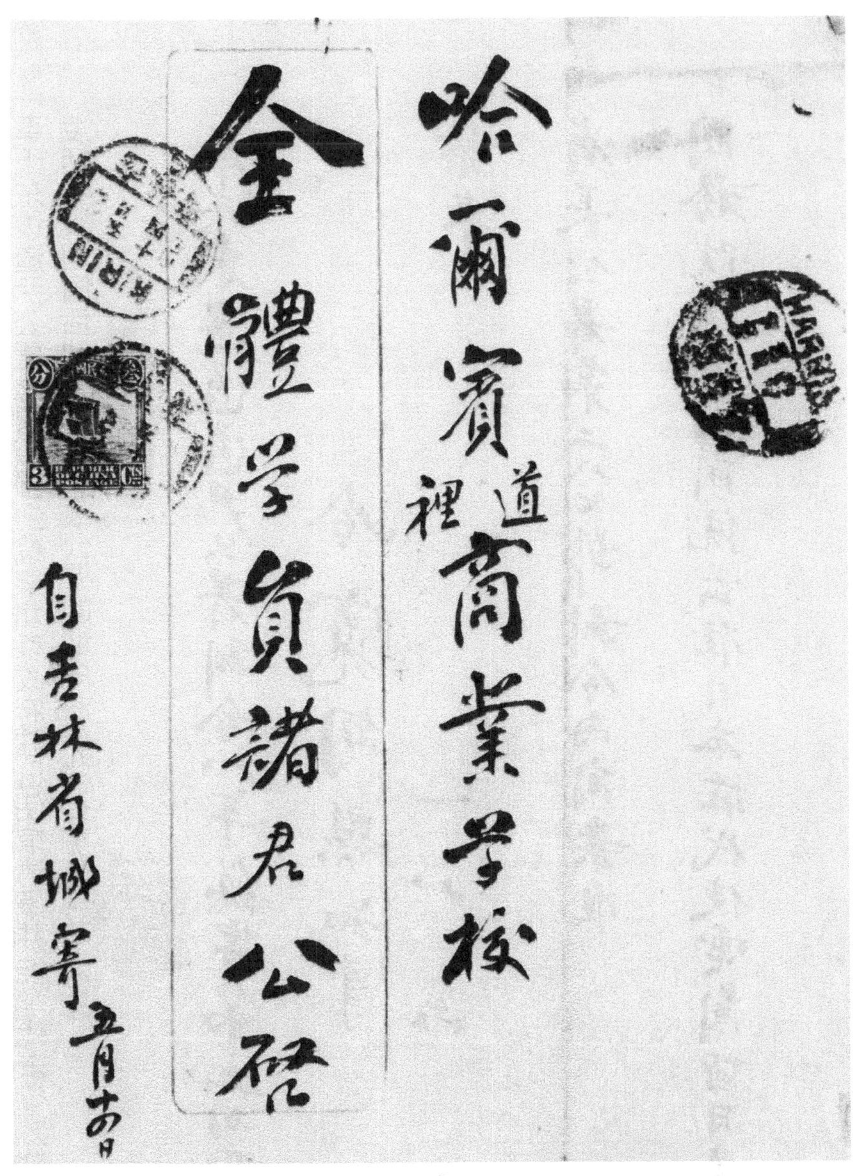
哈爾賓道裡商業学校
全體学員諸君公啓
自吉林省城寄 五月十四日

二十 奉天东边道尹公署为留日学生聚集北京政府驻日使馆请愿并推举代表梁方钦凌柄等人回国活动事给宽甸县公署的训令（一九一九年五月二十六日）

奉天東邊道道尹公署訓令八年總字第二四四號

令寬甸縣知事

八 六 七

案奉

省長公署第二八七號訓令內開案准

國務院問電內開統准日本莊代使電開留日學生聚衆

使館政生干涉後學生等復舉代表梁方欽凌柄等若干人

乘車回國鼓動學界等因希查照轉飭主管人員嚴密注

一科

已行
附卷

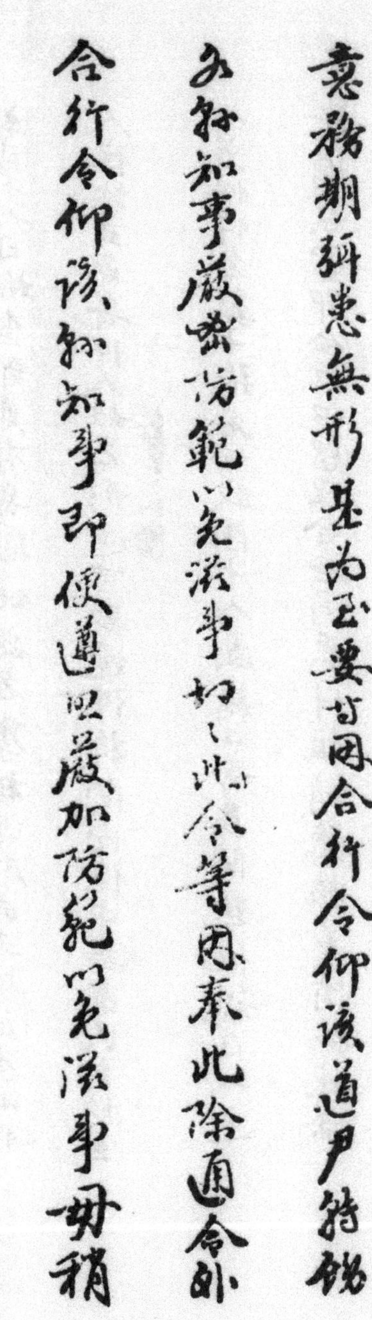

意務期弭患無形是為至要等因合行令仰該道尹轉飭
各知事嚴密防範以免滋事切切此令等因奉此除通令外
合行令仰該知事即便遵照嚴加防範以免滋事毋稍
疏虞此令

中華民國八年五月[illegible]日
東邊道道尹[illegible]

二十一 奉天省长公署为凤城县查获《中华国民自救宣言》等传单事给奉天交涉署的训令

（一九一九年五月二十八日）

存

奉天省長公署訓令第　號

令特派交涉員

案據東邊道尹方大英呈稱案據郵件檢查員熊晋春報稱本月十六日檢查郵件見有寄鳳城縣各學校印刷品五捲祇有收件人住址並無寄件人姓名形迹可疑遂將件拆閱內係中華國民自救宣言及條件各數十張名曰救國十人團籍曰青島問題仇視日人迹近煽惑當即全行扣留理合檢同原件報請鑒核等情據此除令仍再嚴密檢查並通令各屬一体查禁以免傳佈外理合檢

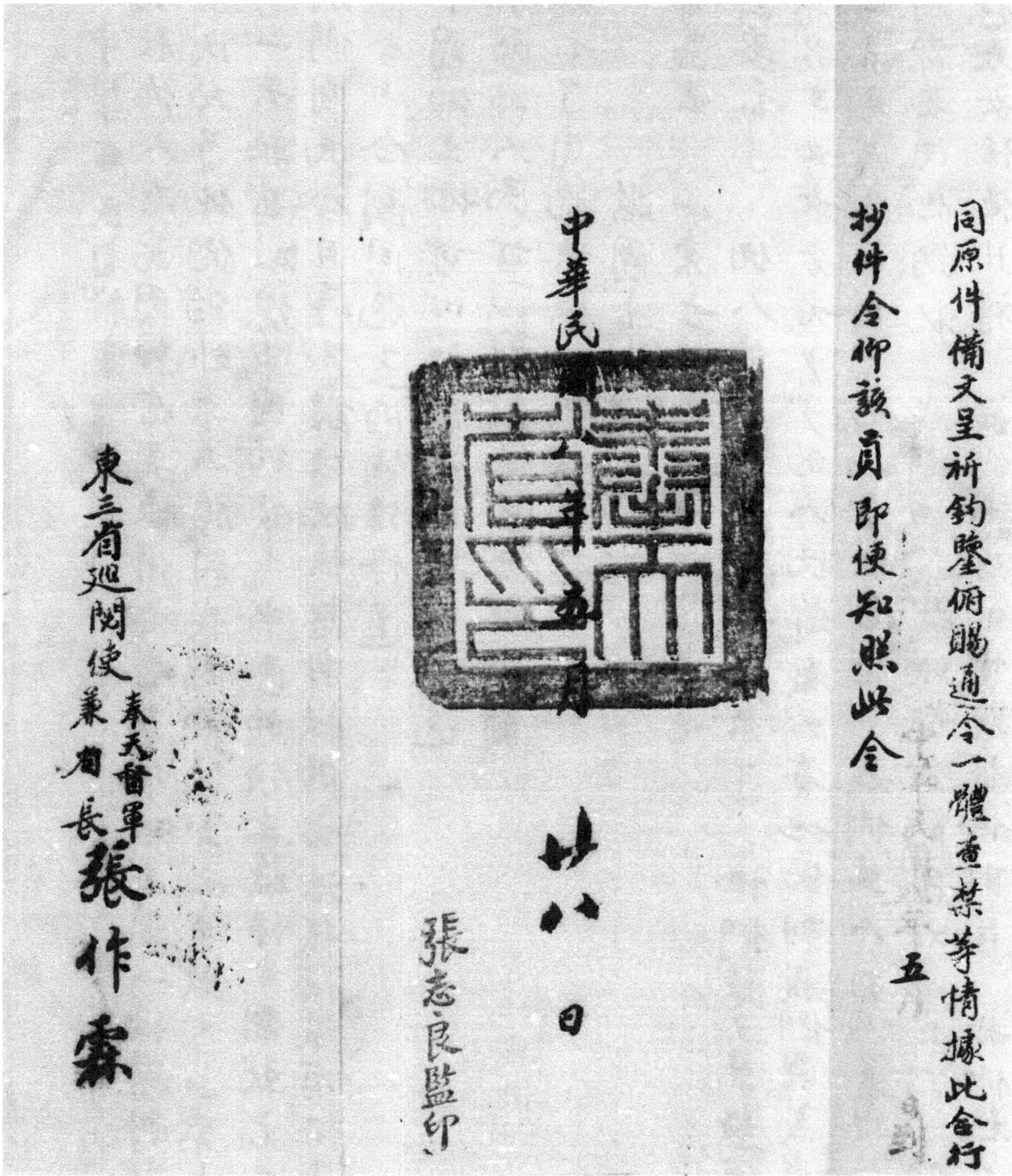

同原件備文呈祈鈞鑒俯賜通令一體查禁等情據此合行
抄件令仰該員即便知照此令　五

中華民國八年五月廿八日

張志良監印

東三省巡閲使兼奉天督軍兼省長張作霖

中華國民自救宣言

现在仇人在萬國和会要求将吞青島管理山東一切權利就要成功了他們的外交大勝利我們的外交大失敗了山東大勢一去就是破壞中國的領土中國的領土破坏中國就亡了我們國民今日再不醒悟快快想自救的方法後悔没有日子了今与全國同胞立兩個信條道

中國的土地可以征服而不可以断送

中國的人民可以殺戮而不可以低頭

國亡了同胞快快起來呀

救國十人團

青島去　山東亡　山東亡　中國亡

國要亡了　仇人的軍隊警察都要來了　他們數十萬數百萬男男女女老老少少的人民都撒天蓋地的到我們國裏來住家享福了　我們的房屋任他住　我們生人死人養猫養狗都要向他納税　我們切菜裁紙都不能用刀　我們的妹妹妻女任他非禮　我們商店的貨物任他取用　我們拉人

力車的苦同胞就是跑着吐血也不想他給一個銅錢 奴隸牛馬 魚肉 打 殺 病 死 以上所說的話無一字不是事實 請我四萬萬同胞睜開眼睛向鴨綠江邊一望 就明白了 我將亡未亡未亡而亡的中華國民四萬萬同胞呀 這一道黑漆漆萬劫不復的地獄門 就在眼前了 救救救 非拚命救不可 非四萬萬同胞齊心協力拚命救不可 救的方法很多

我想了一個方法 名叫救國十人團 這個方法人人都做得到的 又容易實行 又可以持久 請大家斟酌斟酌 倘若認為不錯 就請分頭實行起來 國民對於外交發生憤激的時候 因為沒有精密組織的團體 沒有腳踏實地的辦法 所以不久就消滅了 所以外國人笑我國民愛國熱心只有五分鐘 仇人也認定我民氣兩個字是不成問題的 所以他才敢胆大妄為

（甲）救國十人團

組織

(一)每十人為一團推以代表曰團代表(以團為單位)

(二)十團公推一代表曰十代表 百團曰百代表 千團曰千代表

(以千為止)曰某處千代表曰某處第幾千代表

(三)每人所用名片(或普通或特別)背面列團友九人之姓名

(四)對於團外更須竭力勸導每人須勸導十人以上

(乙)消極的責任

(一)提倡國貨寧死不買仇人的貨物自己的住屋不許仇人貼廣告

(二)有款存在仇人銀行應立刻提出並不得使用仇人銀行的紙幣

(三)各人均代表其家庭負責(以同居為限)

(四)十人互相監督以人格或生命為擔保一人背約九人得自由處治分之

(五)消極的責任至我國〻權土地完全恢復時為止

(丙)積極的責任

(一)提倡儲蓄以為培養國力的基礎

(二)團友每人每月須儲蓄國幣二角以上(愈多愈好)積至一元即送銀行存儲　不得存入仇人銀行

(三)國內外千代表達百人以上時即開一救國團代表大會商辦左列各事

(子)組織國民儲蓄銀行

(丑)組織國民實業總公司

某省某地某種原料出產最富　即於某省某地設製造相宜某種物品之工廠　各工廠均受成於國民實業總公司

(寅)所有儲蓄金改為國民實業總公司股金

◎◎◎

附要求

(一)看後送人一傳十十傳百百傳千千傳萬

(二)能翻印遍送更好

(三)請報館多多登載

二十二 全国和平联合会为倡议群策解决青岛问题并请代转通函事给奉天总商会的函（一九一九年五月二十九日）

全國和平聯合會

逕啓者我國内爭連年未息外交失敗命脈攸關近又加之青島問題亟須羣策抵禦茲由敝會公决通函各省區各縣各團體公會一致奮起急圖補救惟各省團體名目繁衆諸多未諳特寄呈通函八十件至請 貴神代為分轉免致遺漏實紉 公誼此致即請

奉天省總商會公鑒

上海英租界麥根路廿號
全國和平聯合會啓
五月二十九日

二十三 奉天省长公署为再有因青岛问题闹事行为学生一律斥革交警看管学校校长严予惩处事给奉天省立第四师范学校的训令（一九一九年五月二十九日）

奉天省長公署訓令第　號

令第四師範學校

案准

國務院迴電開此次學生集衆演說舉動逾軌政府乃主文明對待直至縱火傷人案関刑事猶復法外施仁准其保釋乃其始僅主張青島問題繼乃為種種要求軼出範圍之外政府猶為挽留蔡校長並傳見各校長剴切曉諭冀其悔悟而散布傳單非理要求也如故倡言排日也如故又復發行五七報章不俟批准擅即出版語多謬妄其中事雜言龐并有不逞之徒藉端搧惑若不嚴行取締深恐釀成意

外風潮影響於治安甚鉅京師現已有令責成軍警嚴厲制止加意
防維不服制止者依法逮懲各省軍民長官均負有地方之責務望
恪遵明令因取嚴切態度悉力防弭勿稍疏虞仍將辦理情形隨時
電報是為至要等因准此查此次青島問題中央已定有辦法切實
布告京省各地時有不逞之徒借端搆煽並利用血氣未定之學子罷
課演說為種種越軌舉動非特擾亂秩序損害邦交且於教育前
途不堪聞問本兼省長為愛護青年學子起見決不能坐視乎
自戕植之子弟荒其學業為無意識之盲從自布告之日起各校學
生如有受人煽惑希圖生事者立予斥革交警看管聽候懲辦省
內外警察官吏隨時赴各校察看並該校長如疏於覺察或容

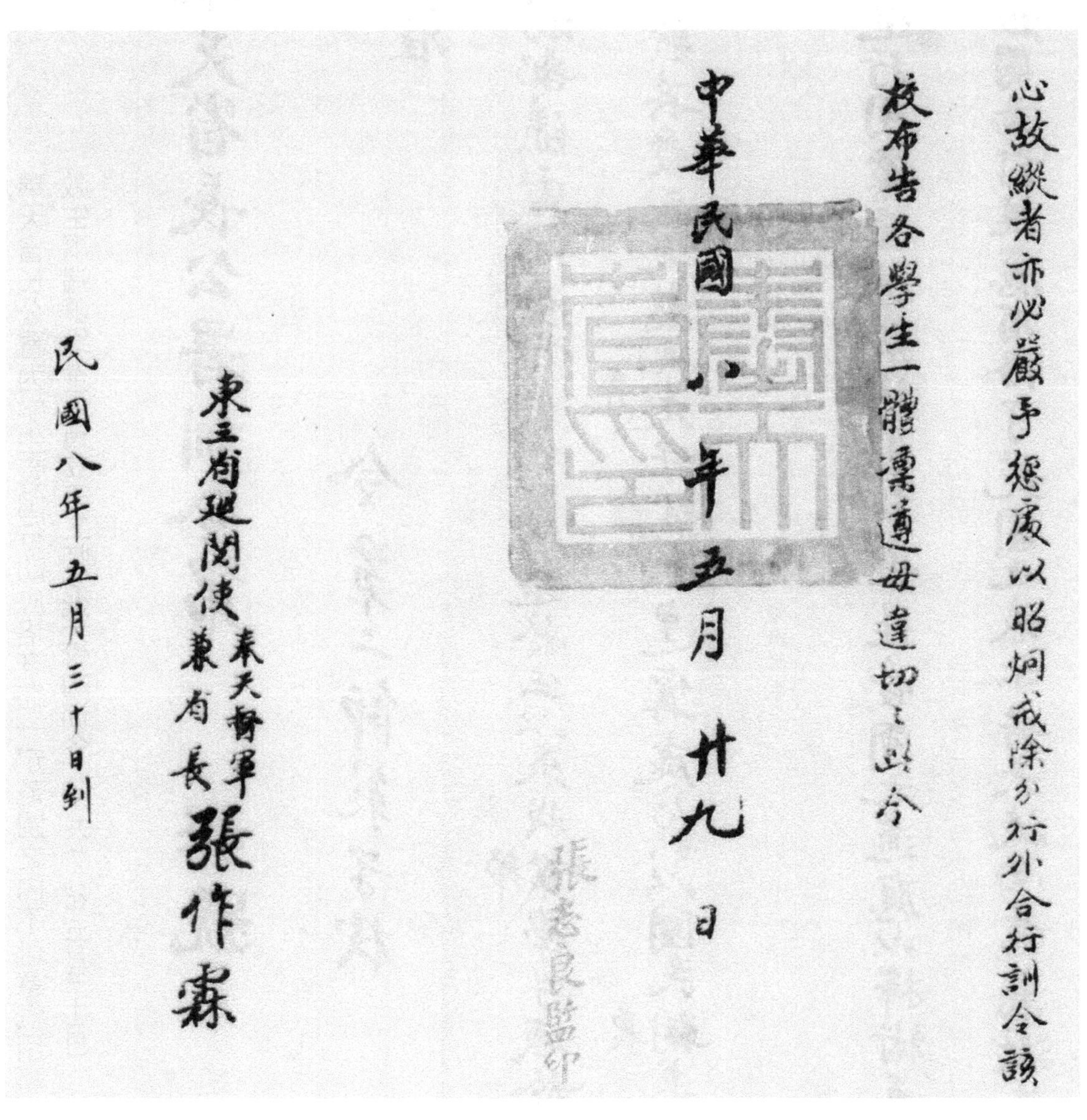
心故縱者亦必嚴予懲處以昭炯戒除分行外合行訓令該
校布告各學生一體凜遵毋違切切此令
中華民國八年五月廿九日
張志良監印
東三省巡閲使奉天督軍兼省長張作霖
民國八年五月三十日到

二十四 奉天省长公署为学生爱国行动应恪守在一定范围之内不可意气用事激生事端事给奉天省立第二师范学校的训令（一九一九年五月三十日）

奉天省長公署訓令第　　號

令第二師範學校

案准

內務部漾電開查自青島問題發生以來我邦學子感於外界之激刺發其愛國之熱忱奔走呼號不遑寧處冀以國民要求策助政府之進行用意至深殊堪慰許惟是愛國之道應以擇術為先既以拯救祖國為前提應有恪守範圍之表示若夫徒尚意氣激生事端招

友邦之責言貽國家以巨患是其志願本欲愛國而其行動適成禍
國之媒當非莘莘學子所忍出此淪胥之懼原為血氣所同第救
國之方當求正軌無益之舉必蹈歧途本部有維持治安預防危害之責
用特掬誠相告俾期弭患無形邦人君子其體斯言除分行外相應
電請查照轉飭布告各屬一体周知是為至盼等因准此除分
行外合行令仰該校即便遵照布告俾使周知此令

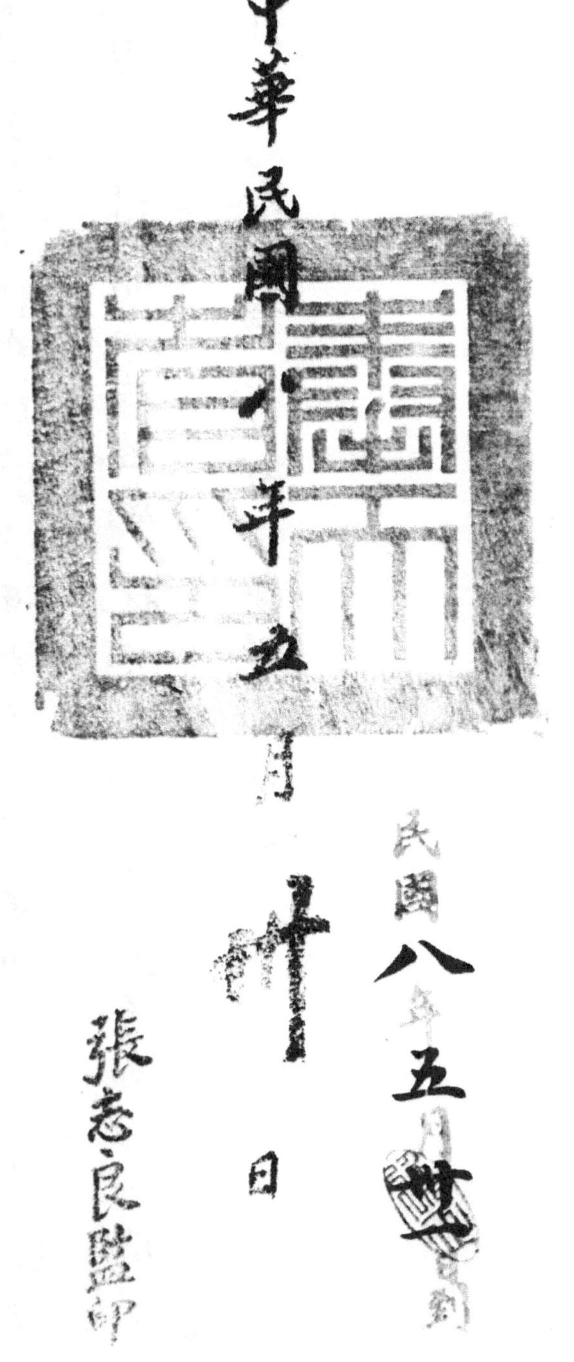
中華民國八年五月十一日
張志良監印

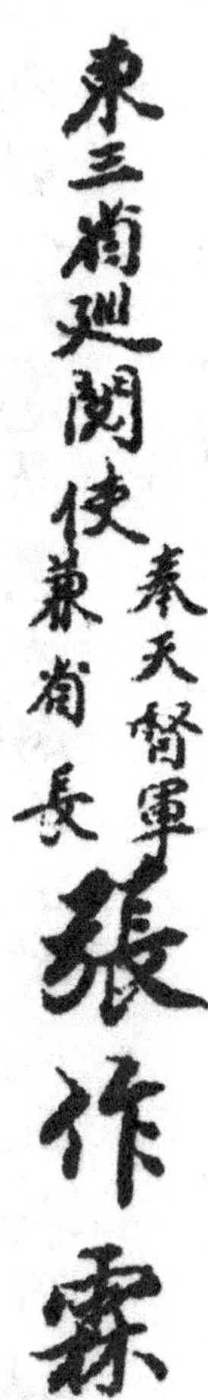
東三省巡閲使兼奉天督軍省長張作霖

二十五 奉天全省警务处为严查因青岛问题逾轨闹事学生勿得疏忽纵容事给黑山县警察所的训令（一九一九年五月三十一日）

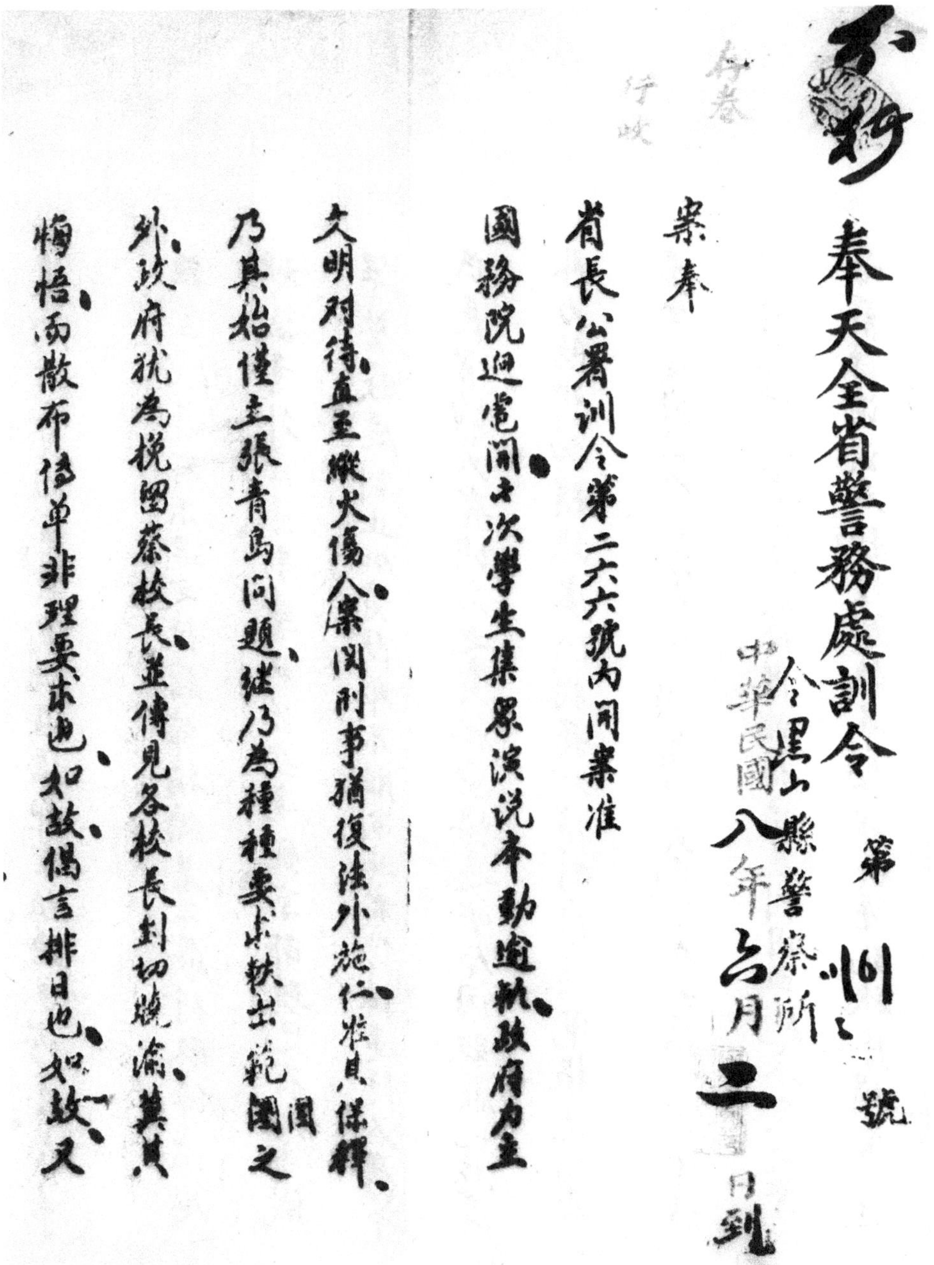

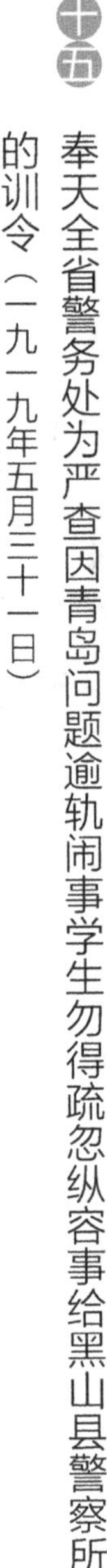

奉天全省警務處訓令 第 號

令黑山縣警察所

中華民國八年六月二日到

案奉

省長公署訓令第二六六號內開案准

國務院迴電開：此次學生集衆演説，本動於愛國，政府力主文明對待，直至縱火傷人，案關刑事，猶復法外施仁，准其保釋。乃其始僅主張青島問題，繼乃爲種種要求，軼出範圍之外，政府猶爲挽留蔡校長，並傳見各校長，剴切曉諭，冀其悔悟，而散布傳單，非理要求也如故，偶言排日也如故，又

復發行五七報章、不俟批准擅即出版、語多謬妄、甚事

雜言亂、并有不逞之徒藉端構煽、若不嚴行取締、深恐

釀成意外風潮、影響於治安甚鉅、京師現已有令責成

軍警嚴厲制止、加意防維、不服制止者依法逮懲、各省軍

民長官均負有地方之責務、望恪遵明令同取嚴切態度

盡力防弭、勿稍疎虞、仍將辦理情形隨時電报是為至

要等因准此、查此次青島問題中央已定有办法、以定布告

京省各地時有不逞之徒借端構煽、並利用血氣未定之學

子罷課演說、為種種越軌舉動、非特擾亂秩序、損害邦

交、且於教育前途不堪聞問、本兼省長為愛護青年學

子起見、決不能坐視予自栽植之子弟荒其學業為無意

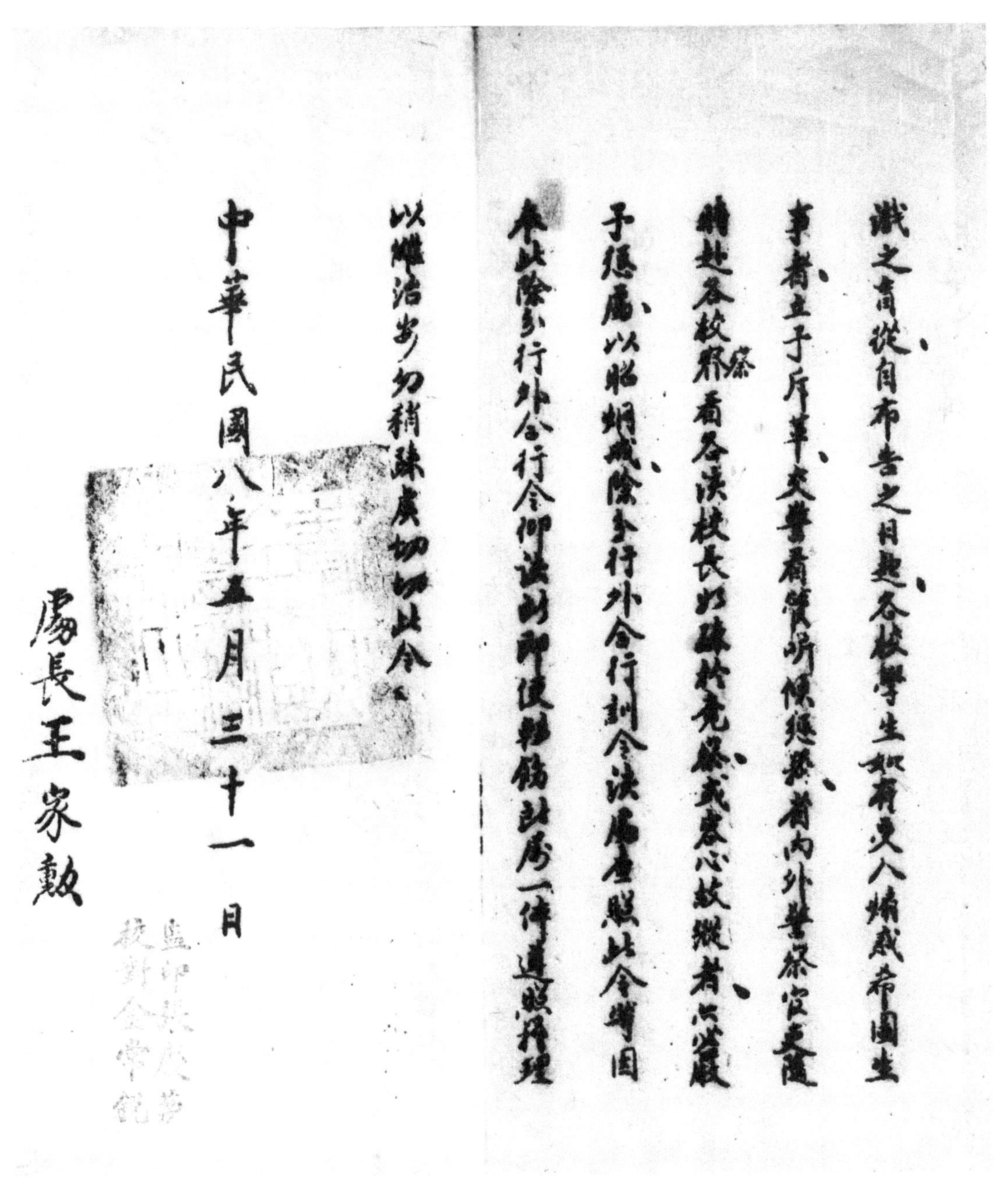
識之責從自布告之日起各校學生如有更入煽惑希圖生
事者立予斥革交警廳嚴行懲辦者內外警察官吏隨
時赴各校稽察查各該校長如疏於覺察或存心放縱者亦必嚴
予懲處以昭炯戒除分行外合行訓令該廳查照此令等因
奉此除分行外合行令仰該副所即便轉飭該所一體遵照辦理
以維治安勿稍疏虞切切此令
中華民國八年五月三十一日
廳長王家敷

二十六 奉天省长公署为妥加劝导因青岛问题纠众滋事紊乱秩序行为事给奉天商务总会的训令（一九一九年六月三日）

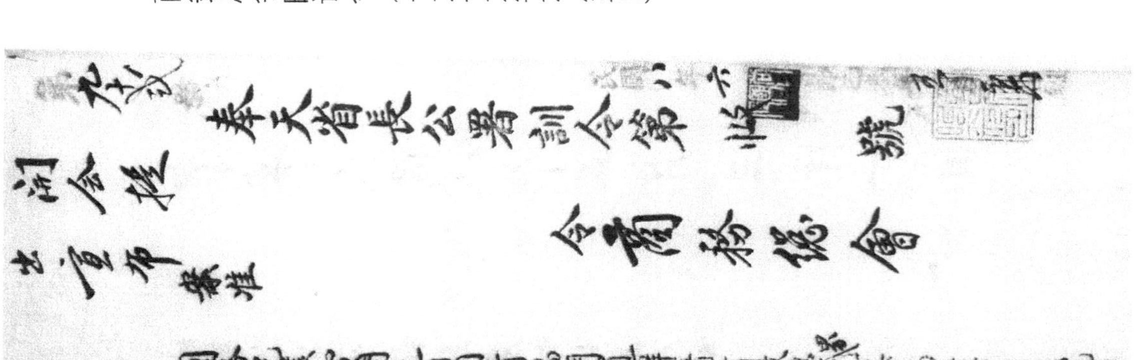

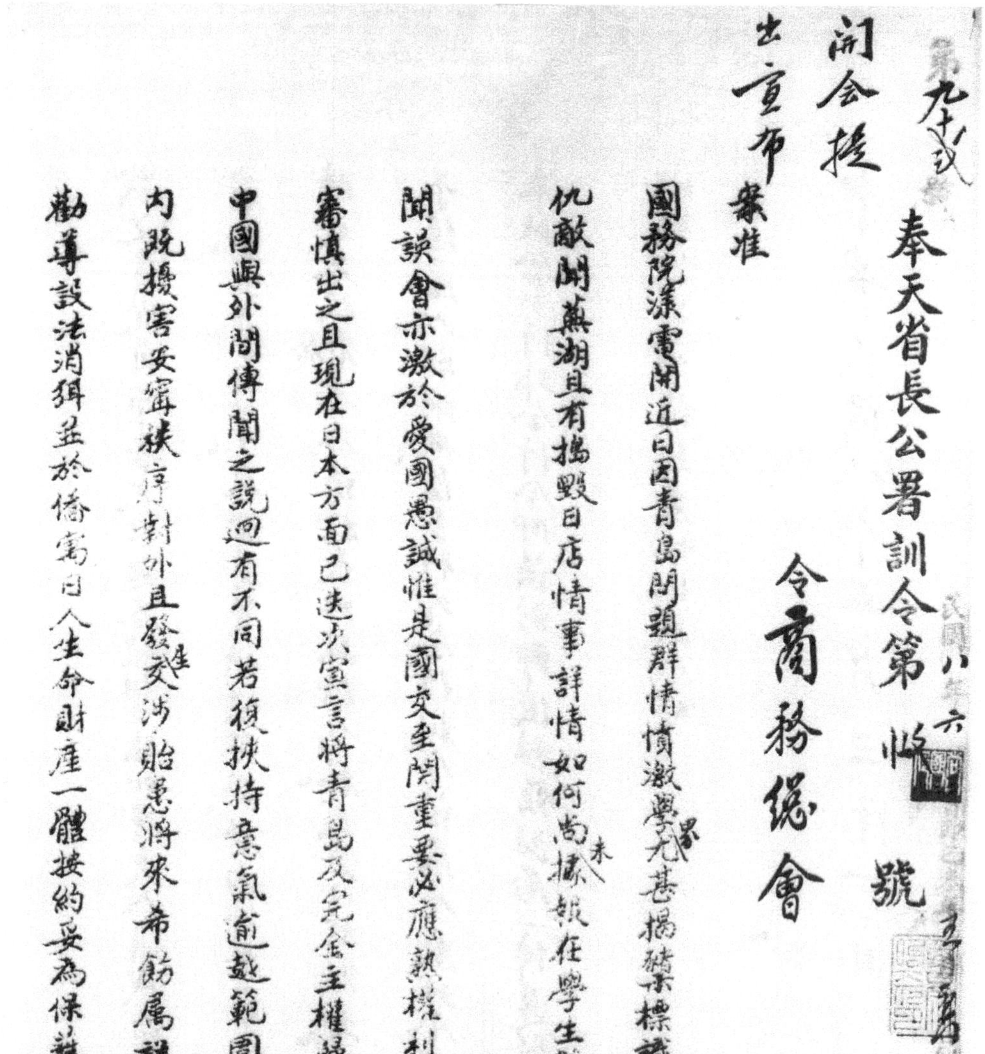

奉天省長公署訓令第　號

令商務總會

國務院漾電開近日因青島問題群情憤激學生尤甚紛紛集議抵制
仇敵聯合演說且有搗毀日店情事詳情如何尚未據報在學生等倡
議會亦激於愛國熱誠惟是國交至關重要必應熟權利害
審慎出之且現在日本方面已迭次宣言將青島交還全主權歸還
中國與外間傳聞之說迥有不同若復扶持意氣逾越範圍對
內既擾害安寧對外且發生交涉殆恐將來帝節屬難切
勸導設法消弭並於僑寓日人生命財產一體接約妥為保護以

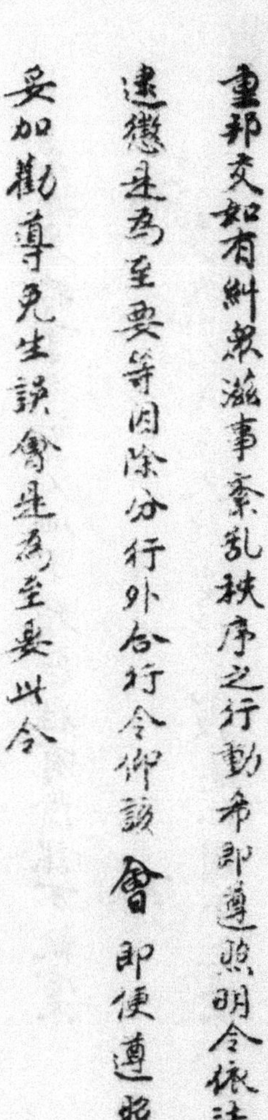

重邦交如有糾衆滋事紊亂秩序之行動希即遵照明令依法
逮懲是為至要等因除分行外合行令仰該會即便遵照
妥加勸導免生誤會是為至要此令

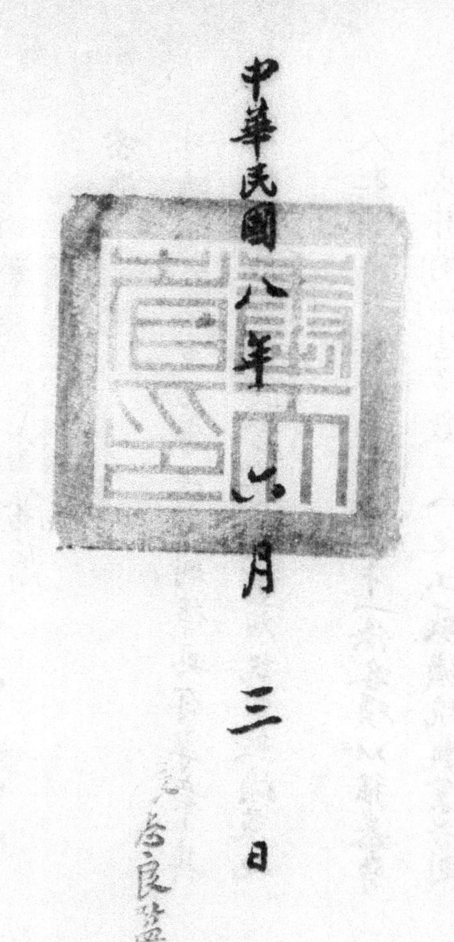

中華民國八年六月三日

東三省巡閱使奉天督軍兼省長張作霖

谷良監印

二十七 奉天省长公署为按照刑律严惩散布传单同盟罢工等妨害地方秩序行为事给沈阳县公署的训令（一九一九年六月五日）

奉天省長公署訓令第 號

令瀋陽縣

案准

司法部咨開查妨害秩序刑律具有專章其中情節較重者如以文書圖畫演説公然煽惑他人犯罪則列舉於第二百二十一條各項以强暴脅廹或詐術妨害多數工人之工廠礦坑執業者則規定於第二百二十三條第三款同盟罷工則規定於二百二十四條法文本極周詳有犯詎容倖免近來時事多艱人心不靖往往有陰謀不軌黨徒藉名義利用他人肆意煽亂以遂私圖小之擾

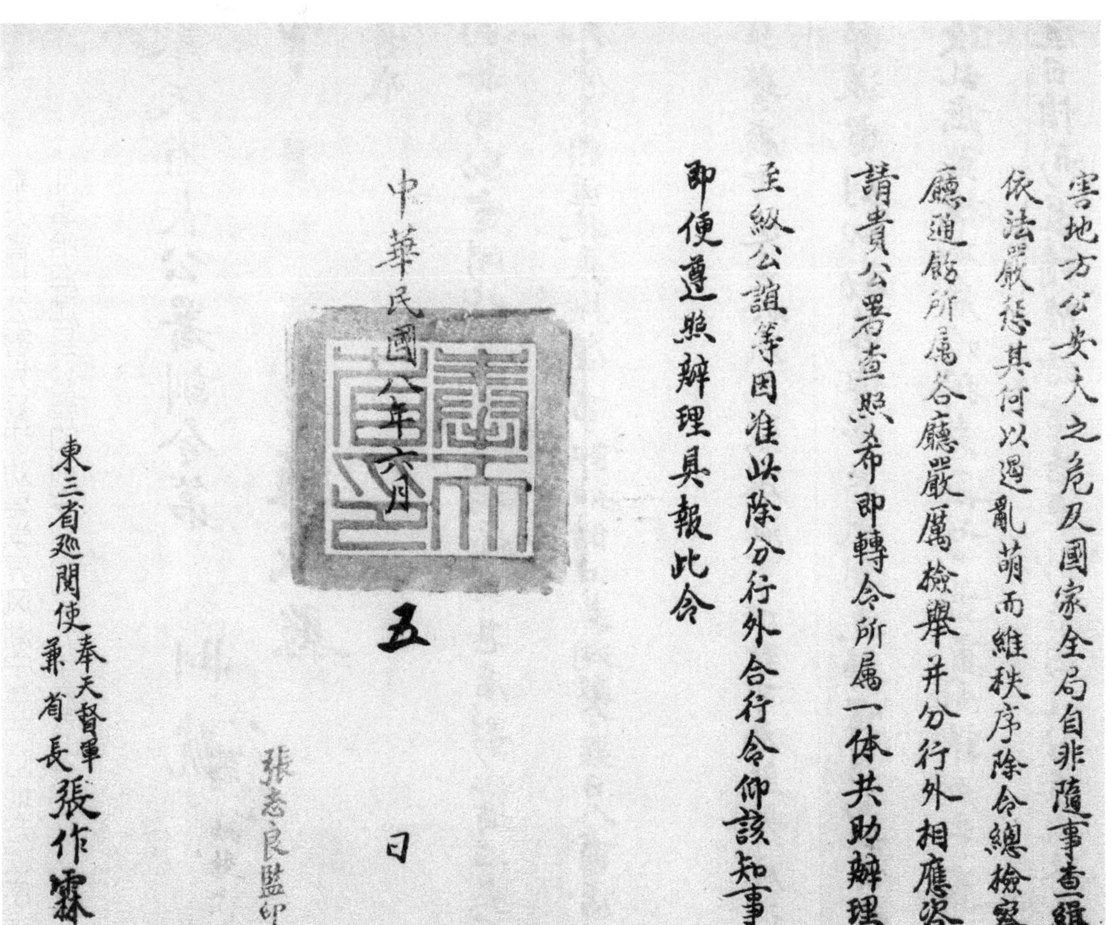
害地方公安大之危及國家全局自非隨事查緝
依法嚴懲其何以遏亂萌而維秩序除令總檢察
廳道飭所屬各廳嚴厲檢舉并分行外相應咨
請貴公署查照希即轉令所屬一体共助辦理
至紉公誼等因准此除分行外合行令仰該知事
即便遵照辦理具報此令

中華民國八年六月五日

張志良監印

東三省巡閱使奉天督軍兼省長張作霖

二十八

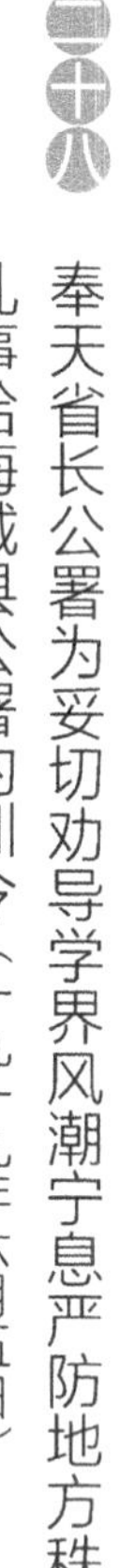

奉天省长公署为妥切劝导学界风潮宁息严防地方秩序扰乱事给海城县公署的训令（一九一九年六月五日）

奉天省長公署訓令第 八六六 號

令海城縣

案准

內務部勘電開此次學界風潮煽動甚廣影響治安所關匪細尤慮無賴匪徒乘機肇事即如皓日萬湖擊毀日人商店一事據該埠警廳電述由於流民聚衆滋事所致可為殷鑒應請查照本部漾電剴切勸導俾學界風潮速歸寧息而地方秩序嚴防擾亂庶幾標本兼治弭患無形蓋畫周詳必早籌及責處近日情形並請隨時電告至盼等因准此查內務部漾電業

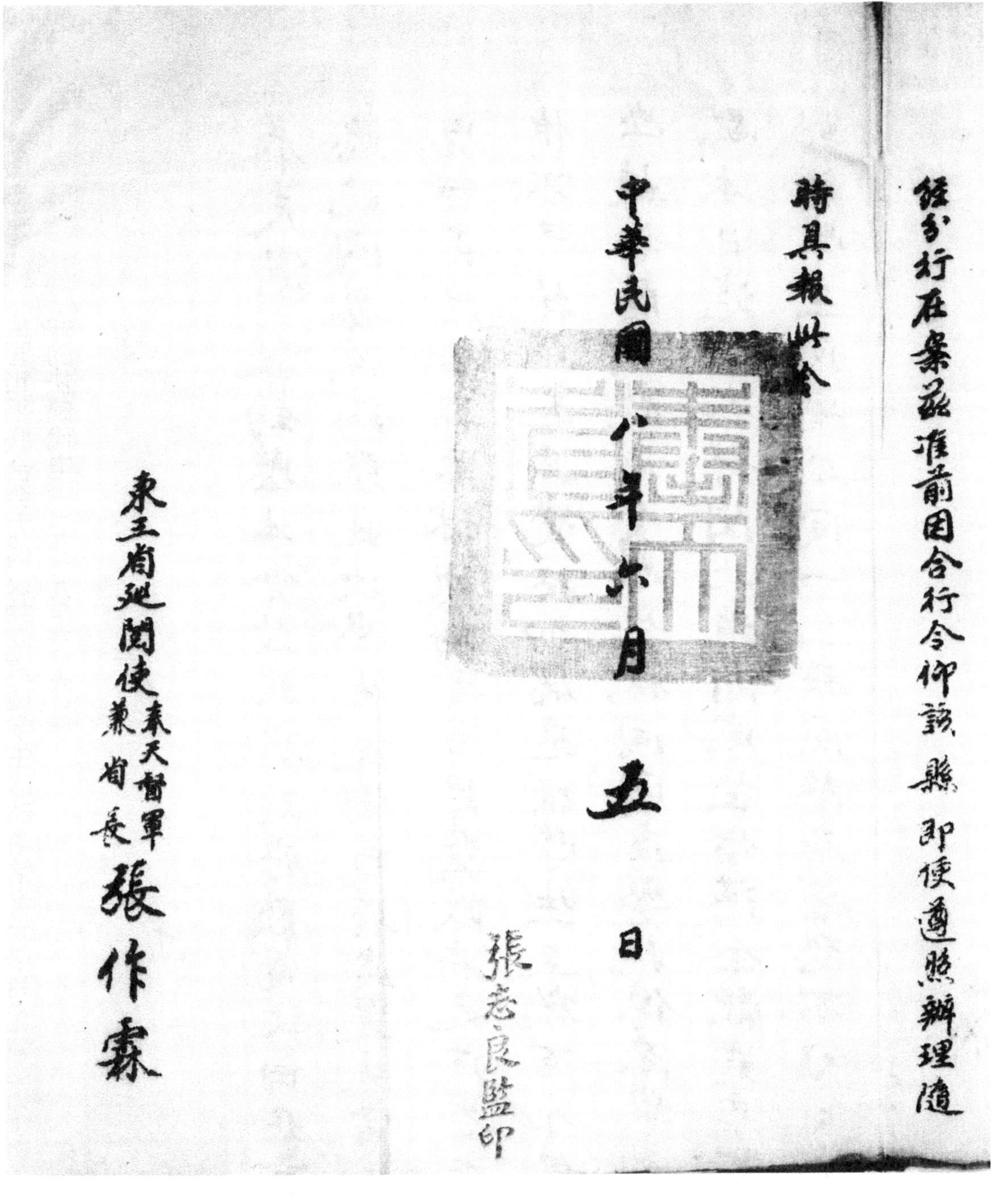
經分行在案茲准前因合行令仰該縣即便遵照辦理隨時具報此令
中華民國八年六月五日
東三省巡閱使兼奉天督軍兼省長張作霖
張志良監印

二十九 全国和平联合会为倡议共同声援学生运动事给奉天总商会的快邮代电（一九一九年六月六日）

全國和平聯合會

快郵代電

奉天總商會鈞鑒本會致北京政府歌電文曰北京大
總統國務院鈞鑒此次學生風潮政府處置失當本會
曾一再忠告無非怵輿論之激昂冀政府之反省乃不
惟不予採納近且變本加厲逮捕學生至數百人包圍
學校如臨大敵形 貴學生視同囚虜警耗傳來舉國震
駭本日滬上各界聞此消息咸極憤懣全體罷市罷工
對於學生所要求同一主張風聲所播恐不旬日全國

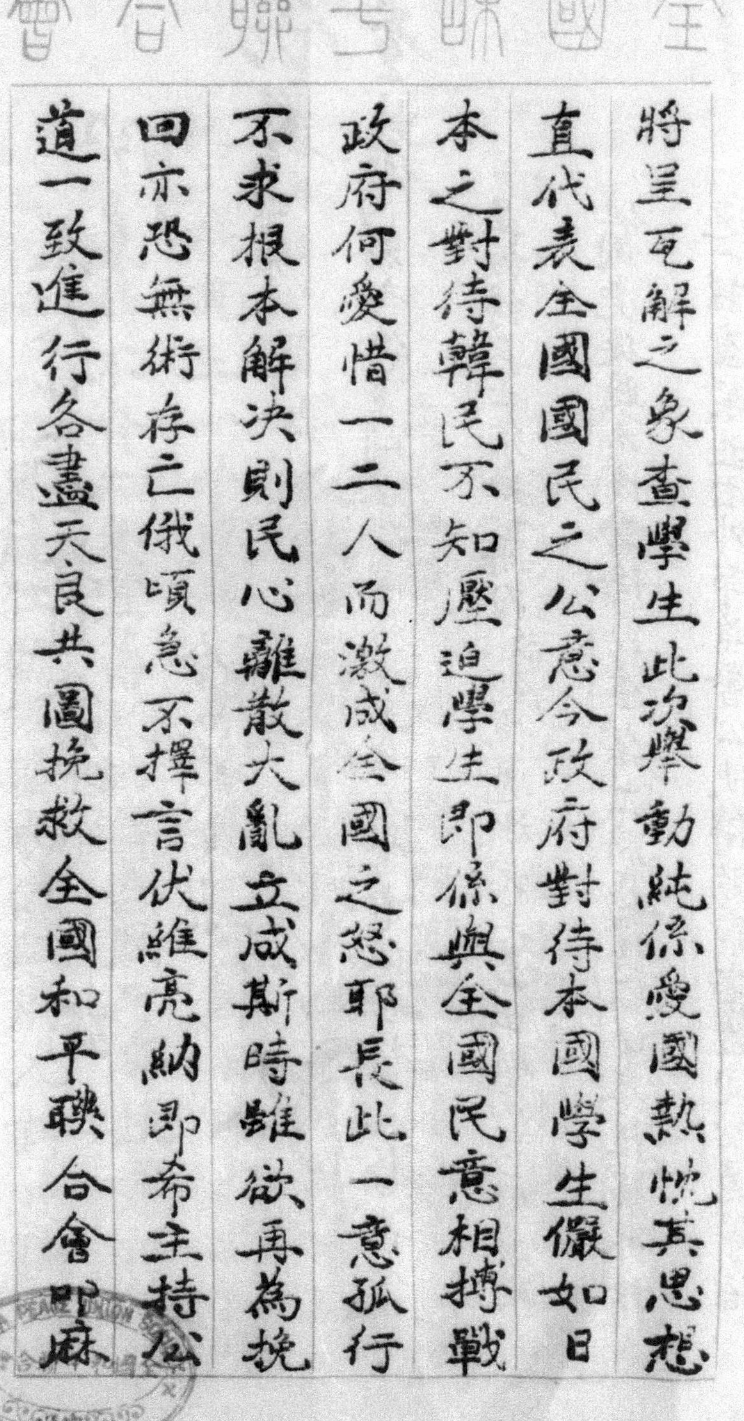

全國和平聯合會

將呈瓦解之象查學生此次舉動純係愛國熱忱其思想直代表全國國民之公意今政府對待本國學生儼如日本之對待韓民不知壓迫學生即係與全國民意相搏戰政府何愛惜一二人而激成全國之怒耶長此一意孤行不求根本解決則民心離散大亂立成斯時雖欲再為挽回亦恐無術存亡俄頃急不擇言伏維亮納即希主持公道一致進行各盡天良共圖挽救全國和平聯合會叩麻

二十 奉天省长公署为严密查禁《兵士须知》事给海城县公署的训令

（一九一九年六月六日）

奉天省長公署訓令第　號

令海城縣

案准

內務部儉電開承准國務院函准浙督電據駐松江兵營長密呈檢得兵士須知一冊內容純係過激党主義出版用西歷處有他國党徒暗為協助除飭查禁並將原書函送泰陸處外請速一體查禁並由外部照會公使轉飭領事協同防遏等語函請查照辦理等因到部除通電外特電達希即飭屬注意密禁為盼等因除通行外合行令仰該縣　即便密飭查禁

飭遵

中華民國八年六月　日

所屬一體查禁此令

中華民國八年六月六日

張志良監印

東三省巡閱使奉天督軍兼省長張作霖

二十一 热河道尹公署为国务院电北京严厉制止学生集会演说事给热河省立师范学校的训令（一九一九年六月六日）

熱河道道尹公署訓令第六百四十八號

令熱河師範學校校長沈默

為令行事本年六月四日奉

都統訓令第五百七十一號內開本年五月二十九日承准

國務院迴電開此次學生集衆演説舉動逾軌政府力

主文明對待直至縱火傷人案闗刑事猶復法外施仁准其保

釋乃其始僅主張青島問題繼乃爲種々要求軼出範圍之
外政府猶爲挽留蔡校長並傳見各校長剴切曉諭冀其悔
悟而散布傳單非理要求也如故倡言排日也如故又復發行五
七報章不俟批准擅即出版語多謬妄其中事雜言龐并
有不逞之徒藉端搆煽若不嚴行取締恐釀成意外風潮
影響於治安甚鉅京師現已有令責成軍警嚴厲制止加
意防維不服制止者依法逮懲各省軍民長官均負有地方

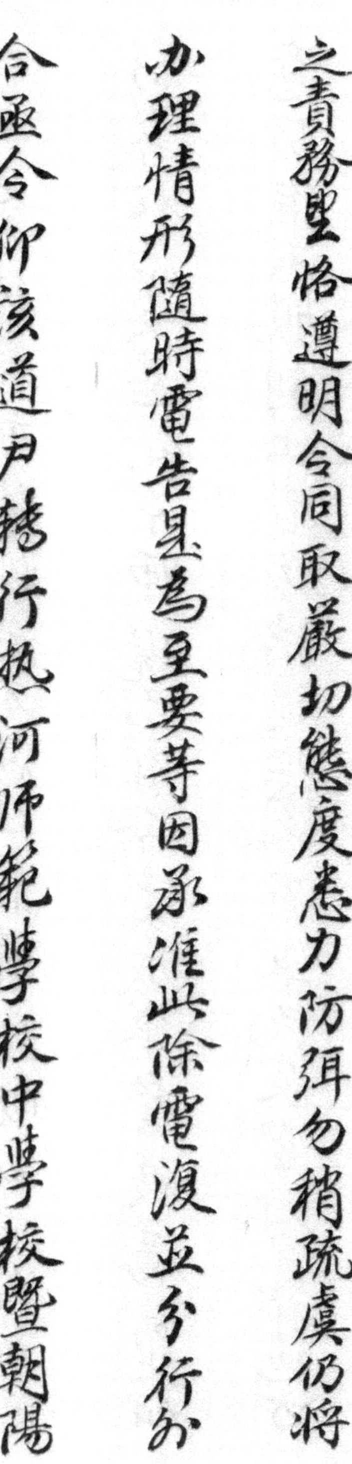

之責務望恪遵明令同取嚴切態度悉力防弭勿稍疏虞仍將
办理情形隨時電告是為至要等因承准此除電復並分行外
合亟令仰該道尹轉行热河师範學校中學校暨朝陽
中學校一体恪遵明令悉力防弭是為至要切切此令等因
到道除分行外合亟令仰該校長一体恪遵明令悉力防弭
是為至要切切此令

中華民國八年六月六日
熱河道道尹戚朝卿
中華民國八年六月七日

二十二 安东县公署为防范学生爱国行为过激滋生事端事给安东县后潮沟国民学校的训令（一九一九年六月七日）

安東縣公署訓令勸字第五九號

令後潮溝國民學校

案奉

省長公署第二六七號訓令內開案准

內務部漾電開查自青島問題發生以來我邦學子感於外界之

激刺發其愛國之熱忱奔走呼號不遑寧處冀以國民要求襄助

政府之進行用意至深殊堪慰許惟是愛國之道應以擇術為先既以

極救祖國為前提應有恪守範圍之表示若只徒尚意氣激生事

端貽友邦之責言貽國家以鉅患是其志願本欲愛國而其行動適

成禍國之媒當此莘莘學子所忍出此淪胥之懼原為血氣所同

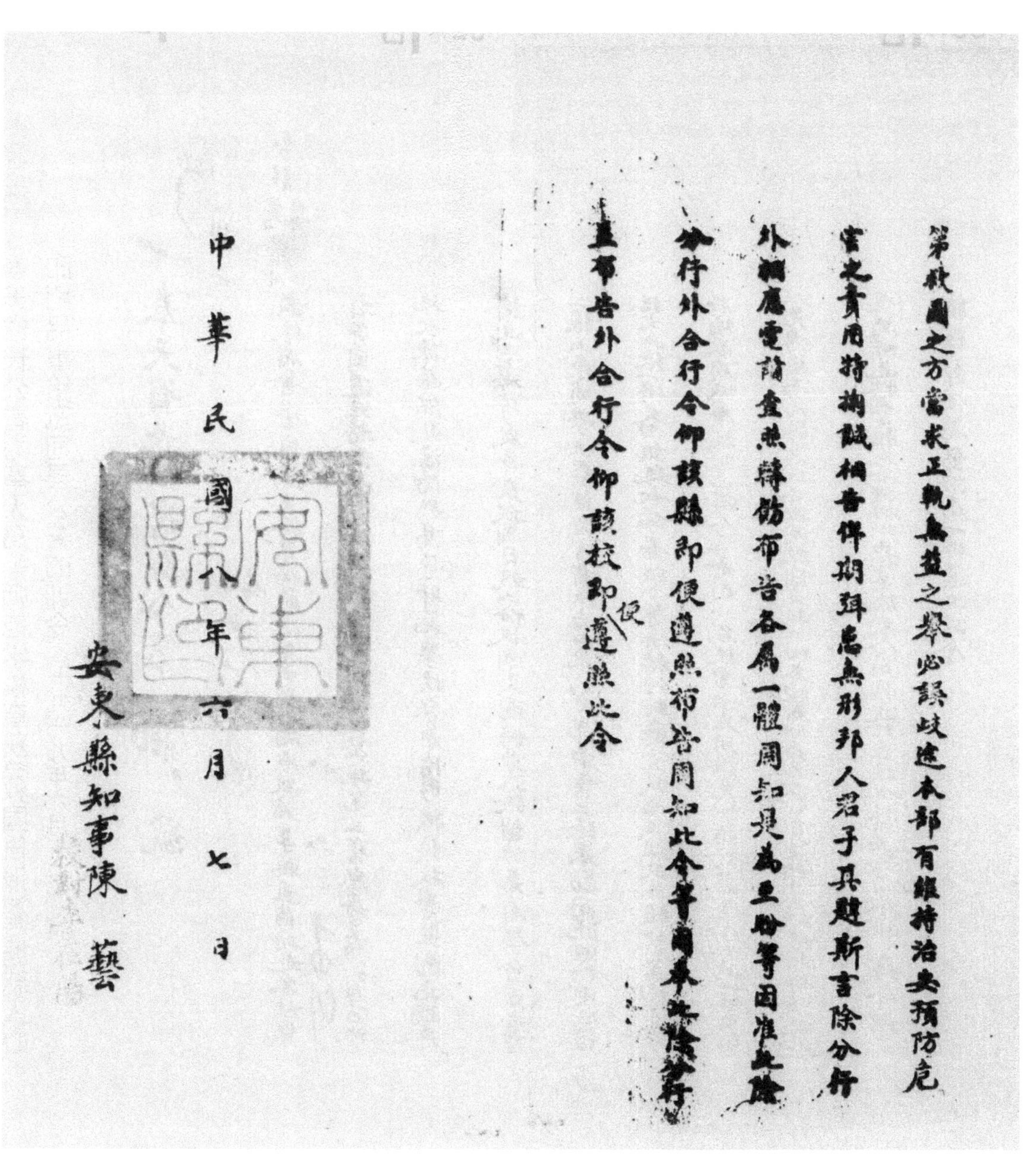

第救國之方當求正軌無益之舉必誤歧途本部有維持治安預防危
害之責用特掬誠相告俾期拜思無形邦人君子其鑒斯言除分行
外相應電請查照轉飭布告各屬一體周知是為至盼等因准此除
分行外合行令仰該縣即便遵照布告周知此令等因奉此除分行
並布告外合行令仰該校即便遵照此令

中華民國八年六月七日

安東縣知事陳藝

二十二 奉天省长公署为奉天高等师范学校查获《救国日报》等煽惑人心印刷品事给宽甸县公署的训令（一九一九年六月十日）

奉天省長公署訓令第　號

令寬甸縣

案據省會警察廳呈稱：案查瀋陽學生受人煽惑致滋事端，並隨時赴各校察看等因，遵經轉飭各警察署認真查防去後，茲據第五警察署呈稱：六月一日派巡長陳榮陞赴瀋陽縣高等師範學校察看情形，據該校學監劉兆鵬声稱，近由海等處寄來救國日報二份、救國十人團傳單八張、留津奉省學會奉告書二張、山東省學生罷課宣言書、泣告山東父老兄弟書二張、奉勸同胞維持國貨白話文五張，一併交由該巡長帶署核办等情，轉行到廳。查救國日報及各種印刷品均係意存煽惑，省城學校既已有遞寄，省外各校當亦在所難免，擬請飭署通令各屬一体查禁，以免傳播而消隱患，理合檢同救國日報二份、各種印刷品各一紙，具文呈請鑒核施行等情。據此，查閱所送救國日報及各種印刷品均易煽惑人心，自應通行查禁，俾維治安。除指令外，合行令仰該縣即便轉飭所屬一体遵办。此令。

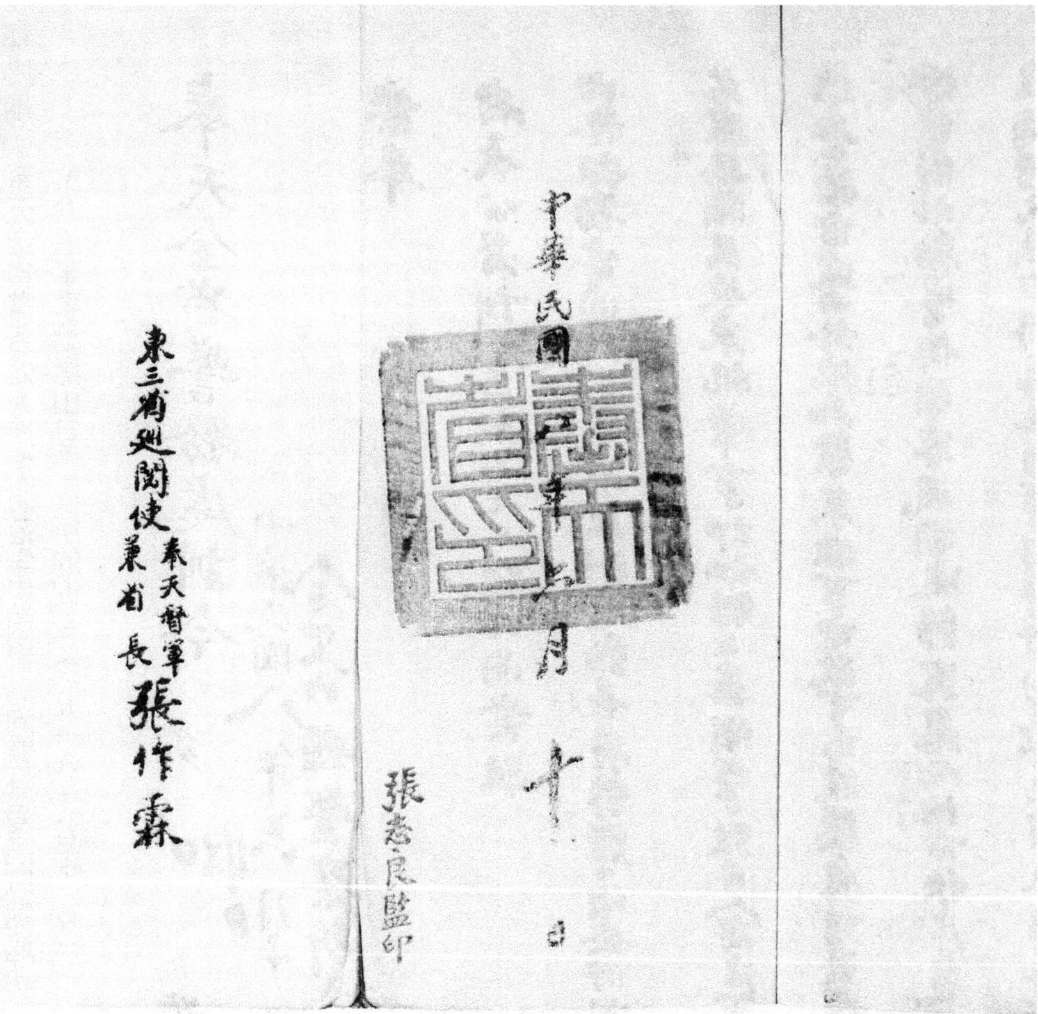

中華民國八年六月十　日

張恋良監印

東三省巡閱使兼奉天督軍兼省長張作霖

二十四 奉天全省警务处为严加防范学界因青岛问题受爱国风潮煽动聚众滋事事给黑山县警察所的训令（一九一九年六月十一日）

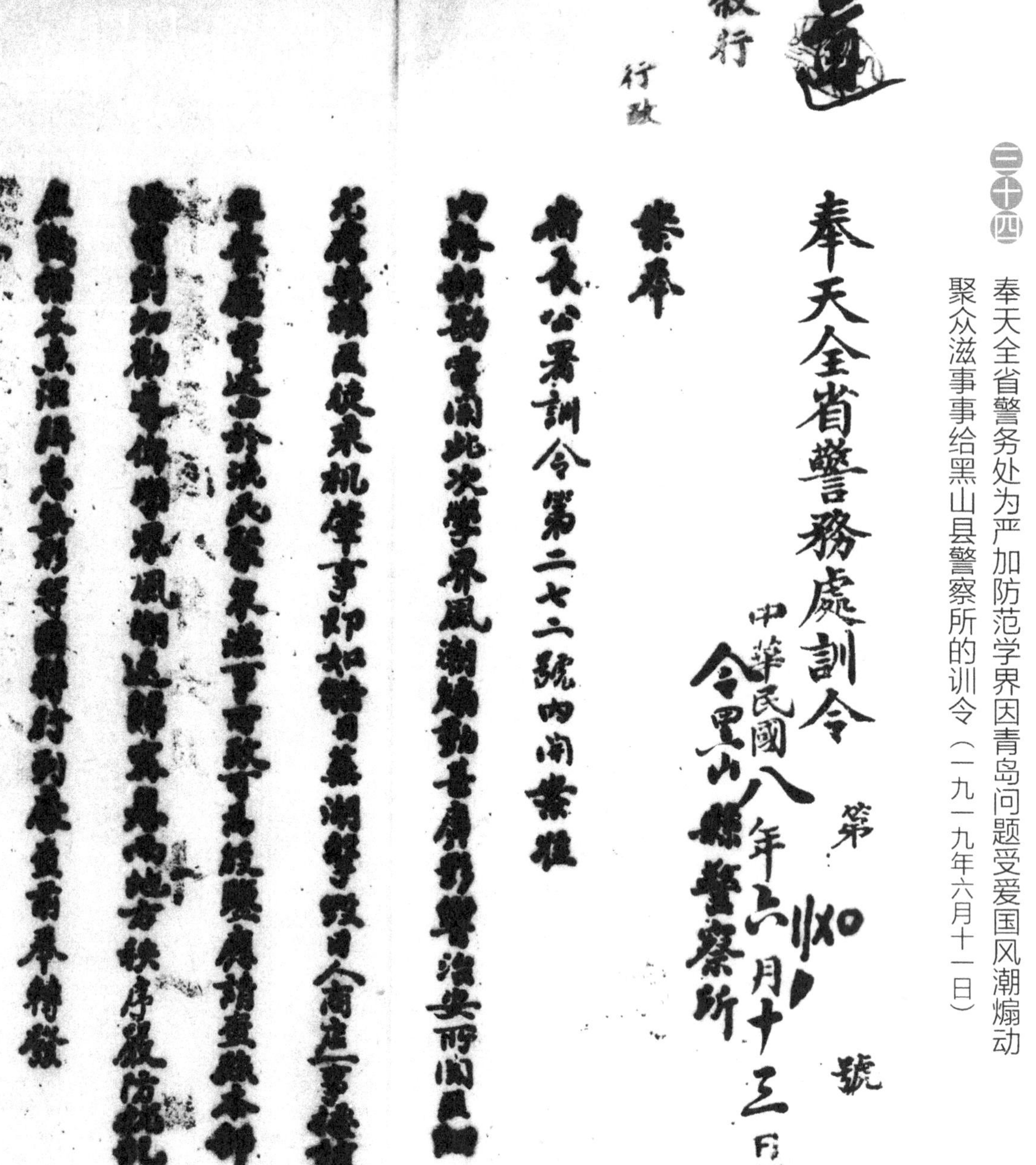
奉天全省警務處訓令 第 號
中華民國八年六月十三日到
令黑山縣警察所
案奉
省長公署訓令第二七二號內開案准
内務部勸電開此次學界風潮煽動甚廣影響治安所關至鉅

[illegible]該[illegible]當經分行在案茲奉前因合亟令仰該所即便遵

照一體遵照辦理隨時具報此令

中華民國八年六月十一日

監印 張慶榮
校對 [illegible]鏡

廠長 王家勳

二十五 奉天省长公署为政府宽大处理北京学生运动事给海城县公署的训令（一九一九年六月十二日）

奉天省長公署訓令第一八六十五號

令海城縣

案准

國務院電開近日京師學生滋擾情形昨已通電聲達政府於秩序期共維持於學生則本從寬大而外間不悉內容諸多誤會迭接各方團體來電有謂逮捕學生處以肉刑者有謂押辱絕食者甚至有謂將行槍斃者種種謠傳均屬毫無根據現上海竟因此罷市並聞不逞之徒擬運動勞働界及商界停止工作交易擾乱秩序金融此事關係重大如果成為事實必至牽動地方治安大局不可收拾務希特别注意對於工商各界剴切開導切實防維勿令受其煽動至工商交易工

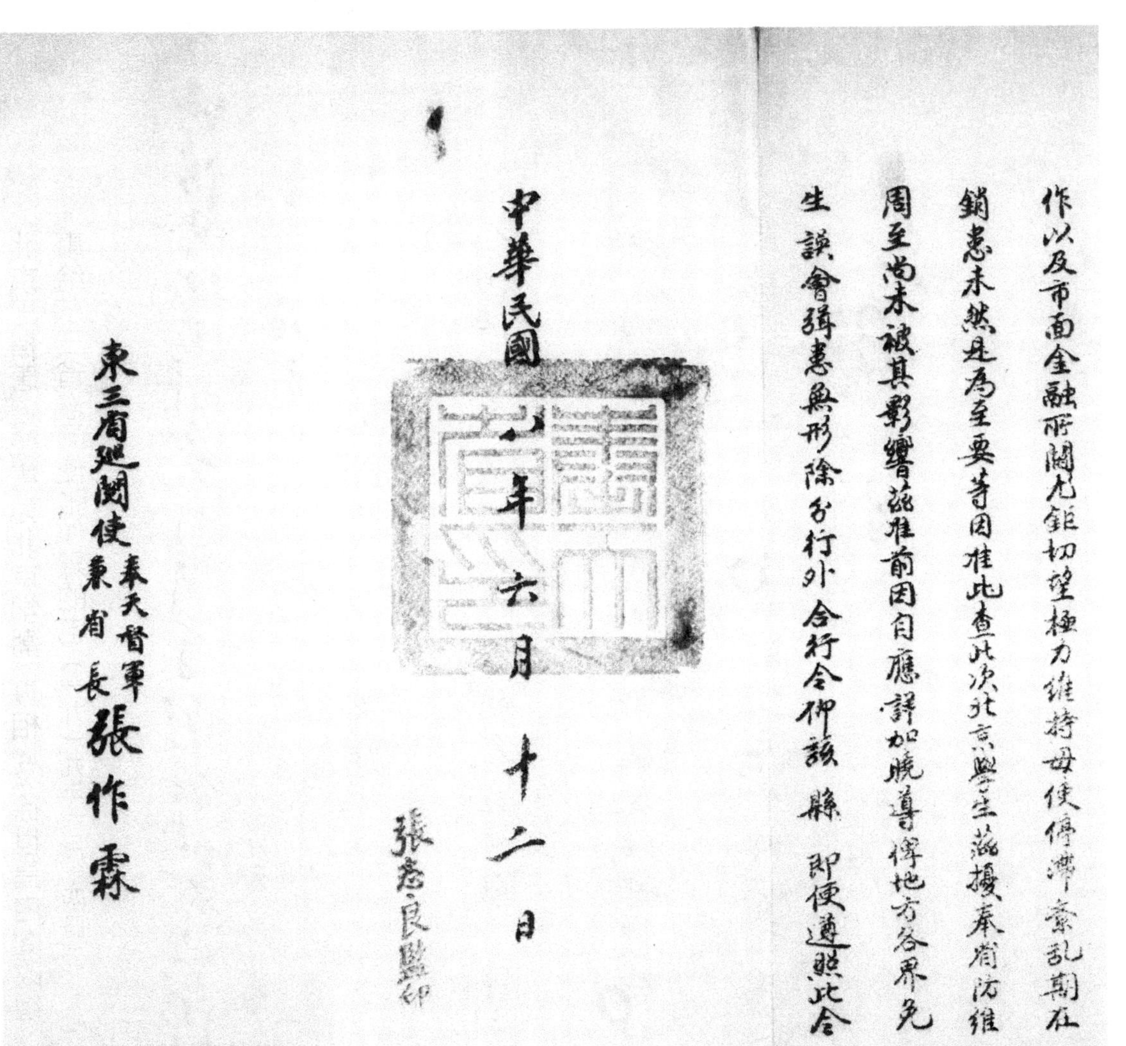

作以及市面金融所關尤鉅切望極力維持毋使停滯紊亂期在
銷患未然是為至要等因准此查此次北京學生滋擾奉省防維
周至尚未被其影響茲准前因自應詳加曉導俾地方各界免
生誤會弭患無形除分行外合行令仰該縣即便遵照此令

中華民國八年六月十二日

張恵良監印

東三省巡閱使奉天督軍兼省長張作霖

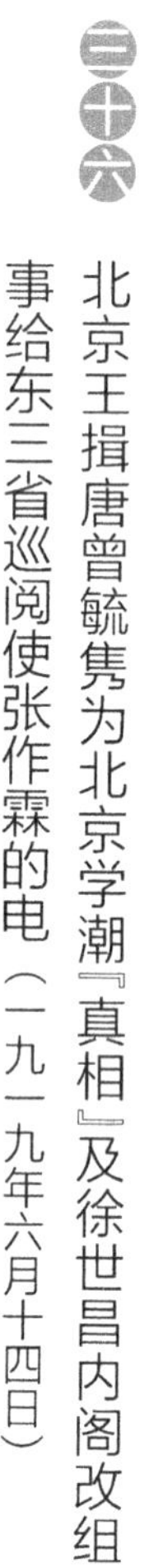

二十六 北京王揖唐曾毓隽为北京学潮『真相』及徐世昌内阁改组事给东三省巡阅使张作霖的电（一九一九年六月十四日）

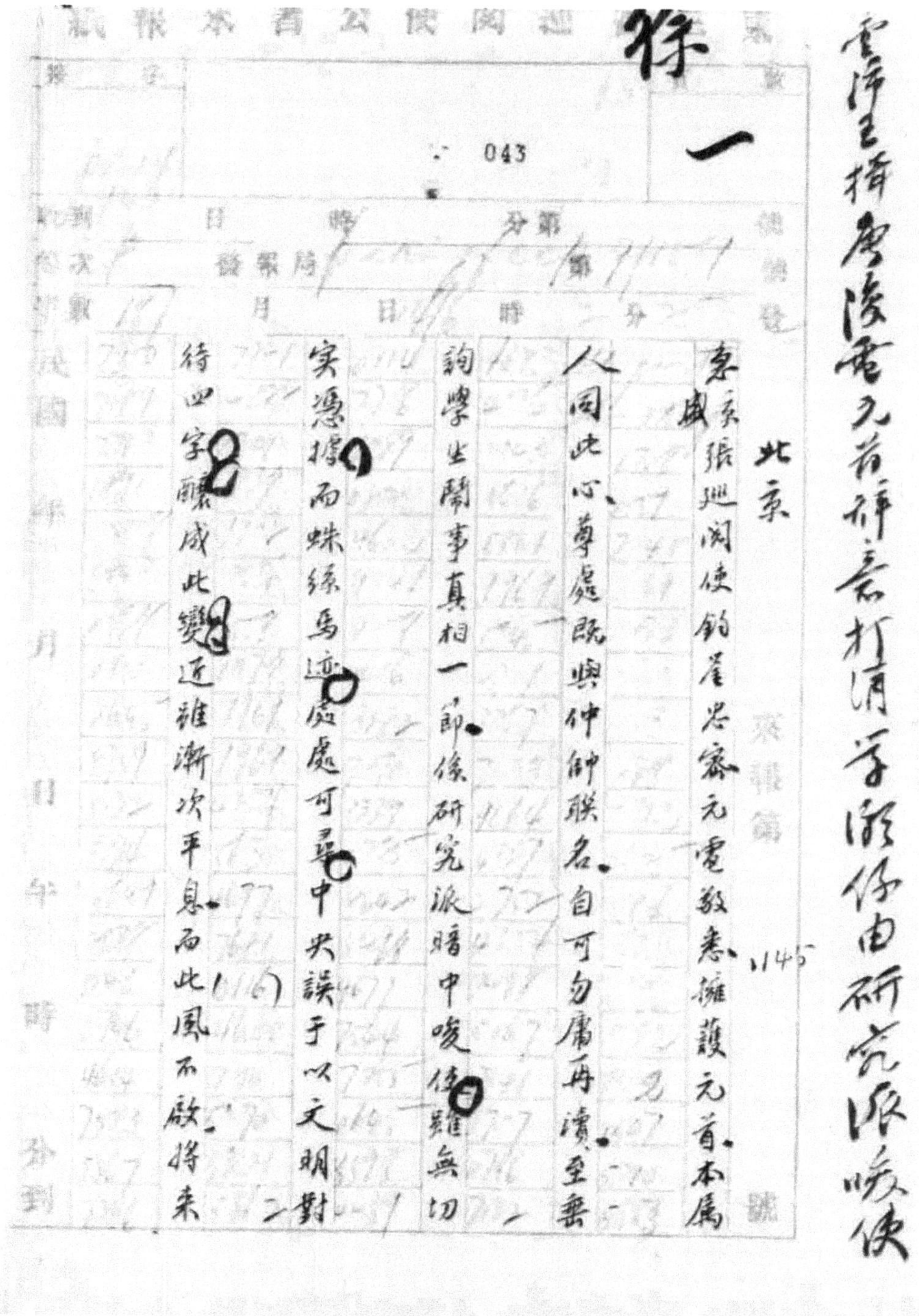

北京

奉天張巡閱使鈞鑒：忠密。元電敬悉。擁護元首，本屬人同此心。尊處既與仲帥聯名，自可勿庸再讀。至要詢學生鬧事真相一節，係研究派暗中唆使，雖無切實憑據，而蛛絲馬迹處處可尋。中央誤于以文明對待四字，釀成此變。近雖漸次平息，而此風不啟，將来

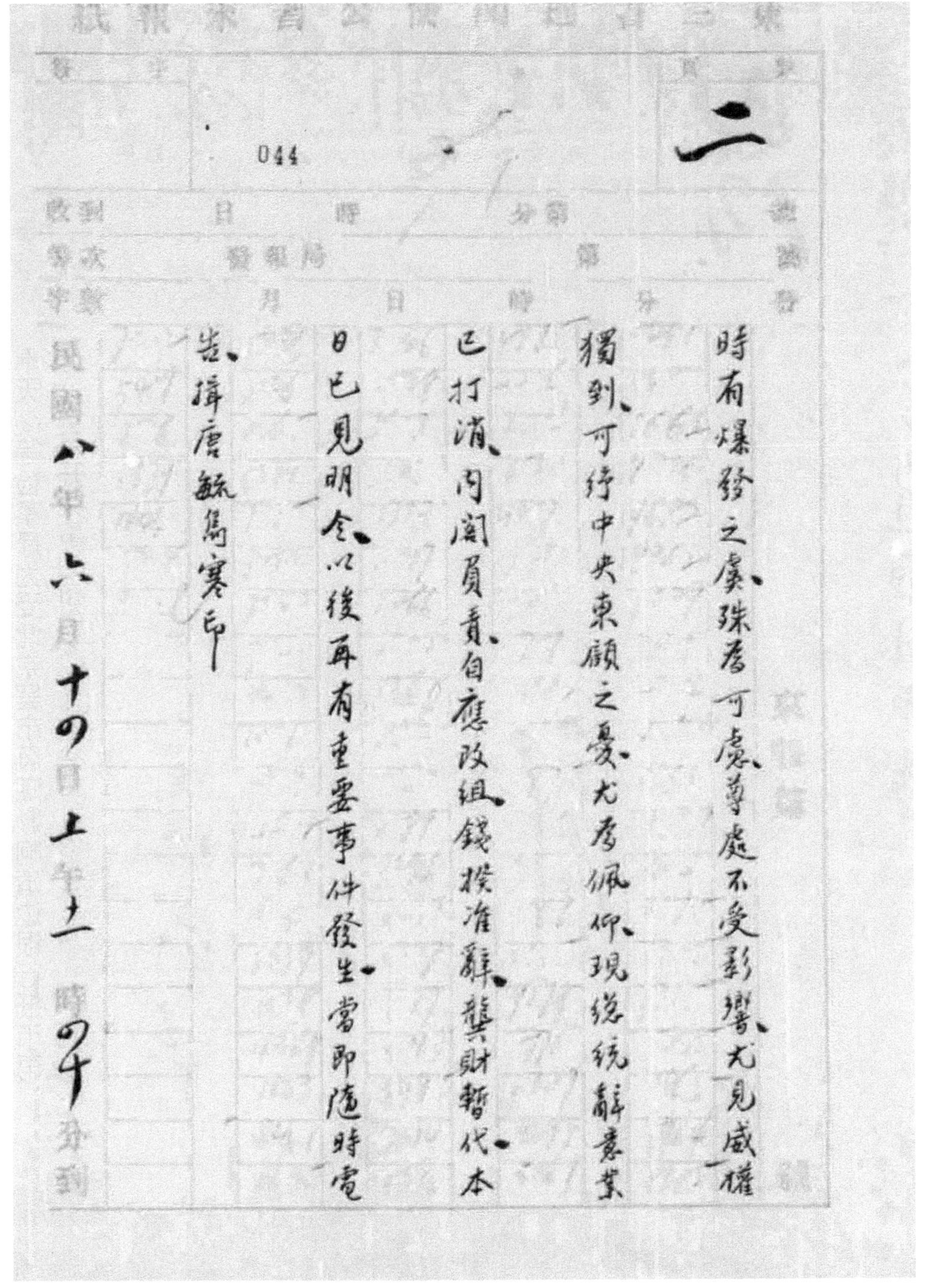

東三省巡閱使公署電報紙

二

044

收到 日 時 分 譯

等次 發報局 第 號

字數 月 日 時 分 發

時有爆發之虞，殊屬可慮。尊處不受影響，尤見威權獨到，可待中央東顧之憂，尤為佩仰。現總統辭意業已打消，內閣負責，自應改組，錢揆准辭，龔財暫代。本日已見明令。以後再有重要事件發生，當即隨時電告。揖唐銑寒印

民國八年六月十四日上午十一時四十分到

二十七 奉天高等检察厅为受北京罢市风潮影响殖边银行纸币再迟一个月开兑事的布告（一九一九年六月十六日）

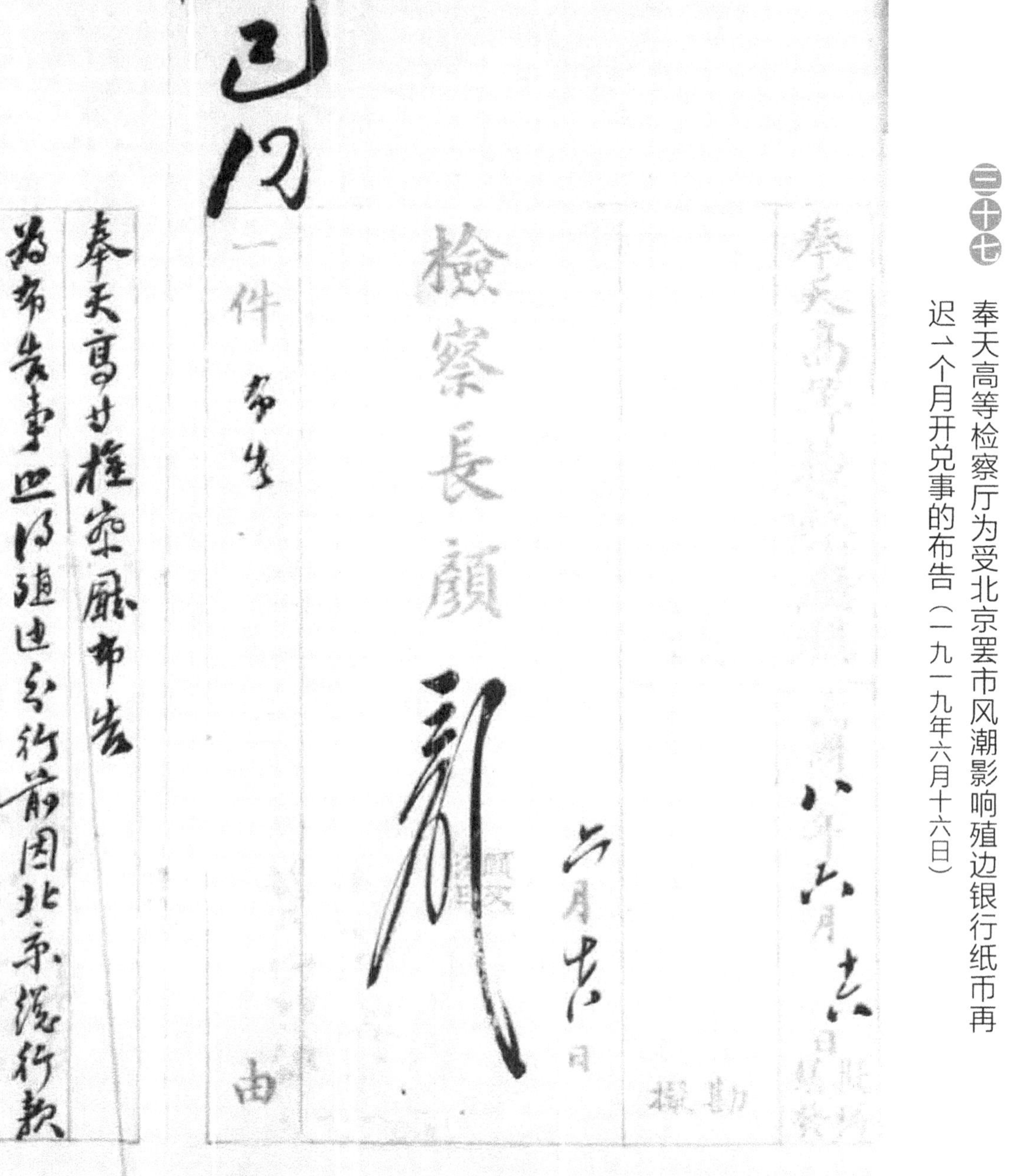

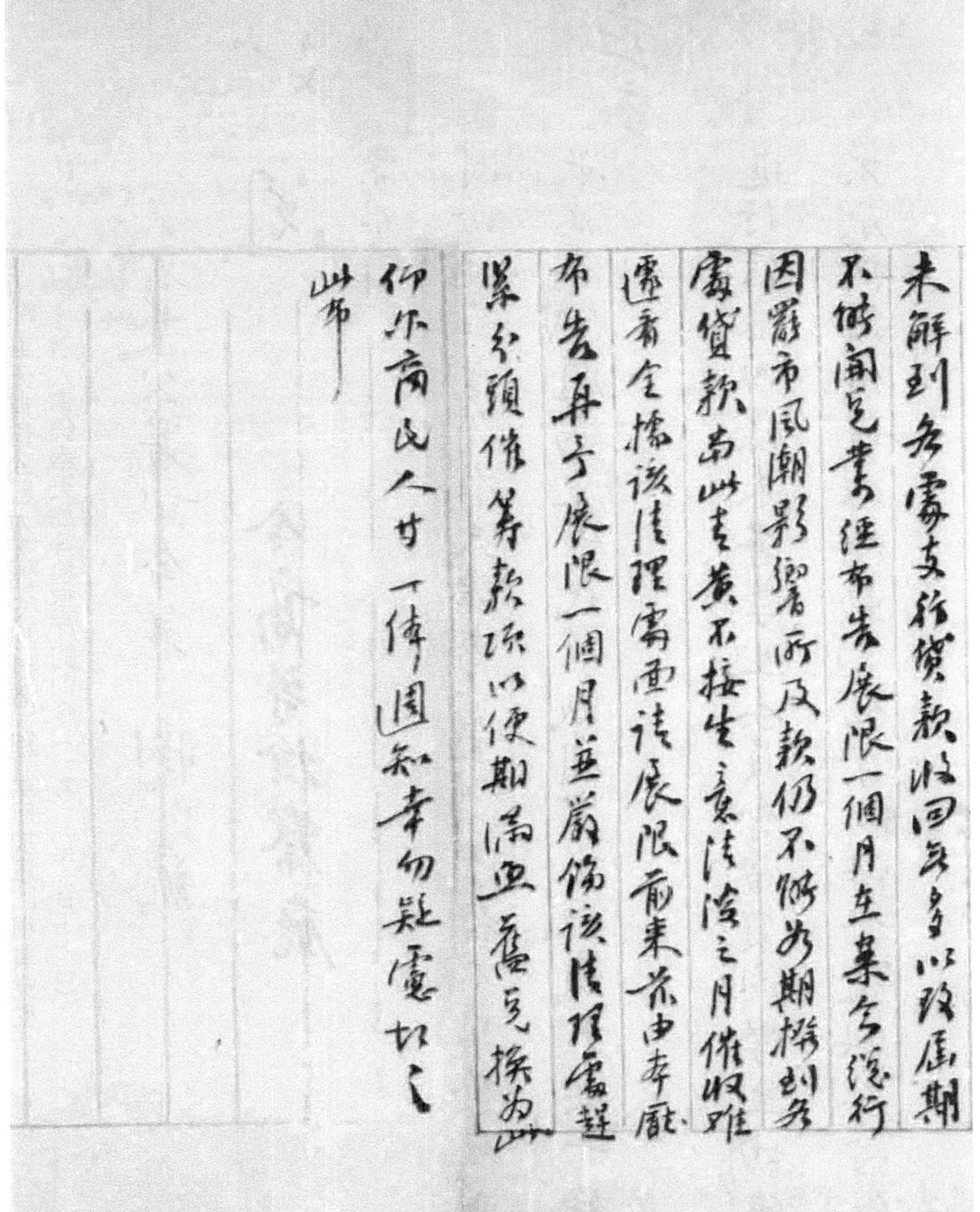
未解到各處支行貸款收回無多以致屆期
不能開兌業經布告展限一個月在案今總行
因鑒市風潮影響所及款仍不能如期撥到各
處貸款尚此青黃不接生意清淡之月催收難
遍看全體該清理處函請展限前來茲由本廳
布告再予展限一個月並嚴飭該清理處趕
緊分頭催籌款項以便期滿照舊兌換爲此
仰爾商民人等一體周知幸勿疑慮切切
此布

二十八 奉天省长公署为天津发现过激派传单应加意防缉其党徒潜入事给奉天高等检察厅的训令（一九一九年六月十七日）

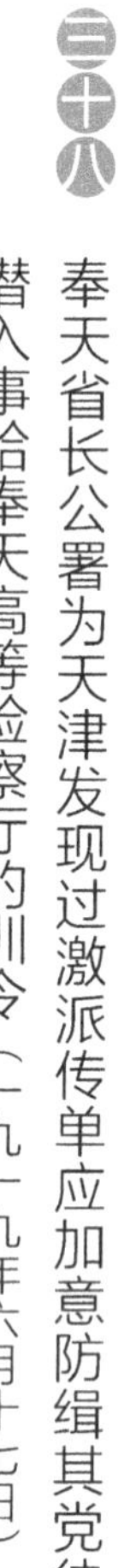

奉天省長公署訓令第　號

令高等檢察廳

閱

中華民國八年六月十七日下午六時　分

案准

第九一三號

國務院真電開准天津曹省長蒸電稱本埠發現過激派傳單標題為東方代治機關宣言組織大要六條進行信條四條末署學生委員會當質問學生均以不承認顯係奸人煽動已飭拿辦等語值此人心浮

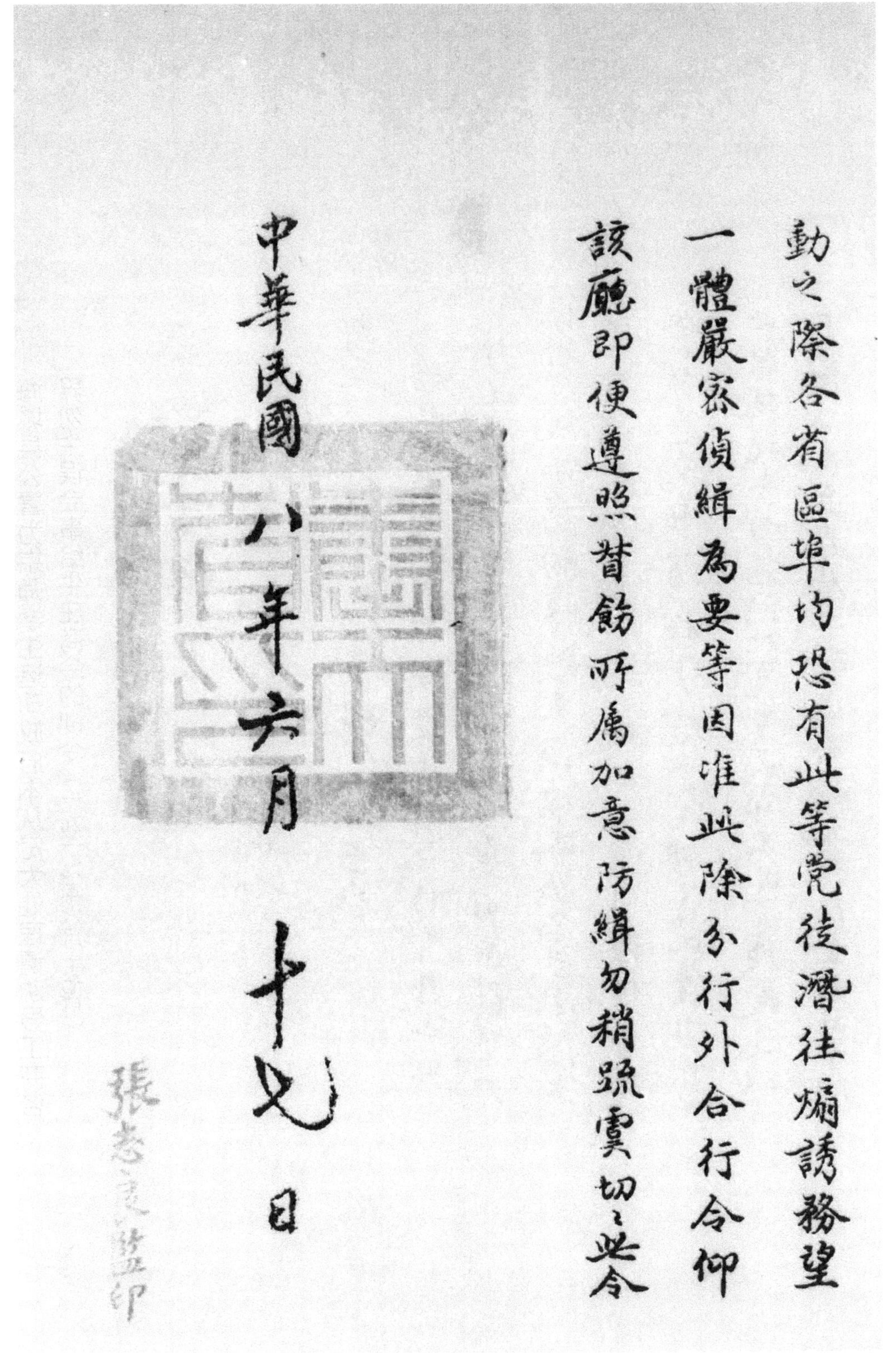
動之際各省區埠均恐有此等黨徒潛往煽誘務望
一體嚴密偵緝爲要等因准此除分行外合行令仰
該廳即便遵照督飭所屬加意防緝勿稍疏虞切切此令
中華民國八年六月十九日
張志良監印

二十九 海城县公署为京师学生运动政府本从宽大处理请劝导工商各界勿生误会事给牛庄商会的训令（一九一九年六月十七日）

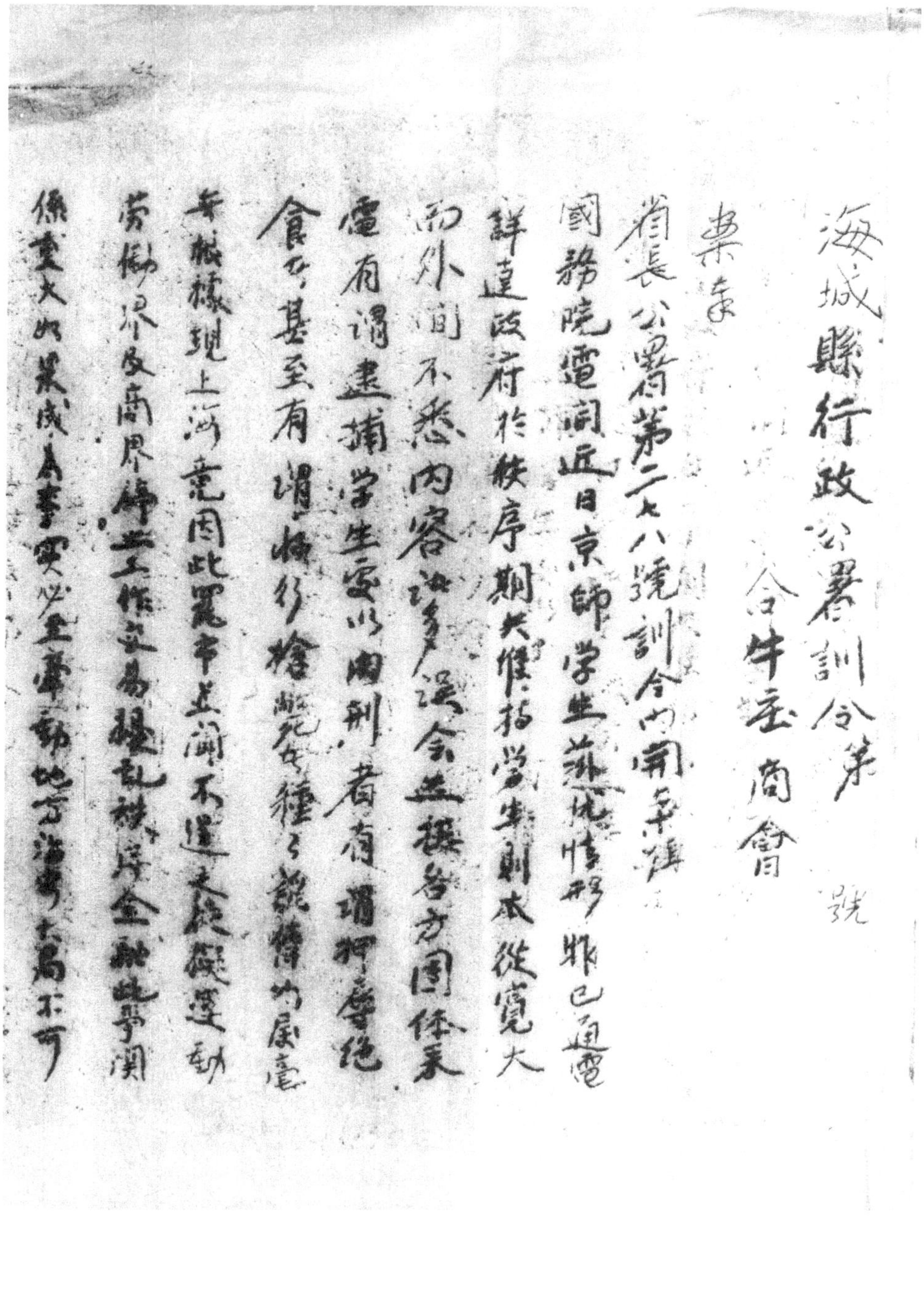

海城縣行政公署訓令 第 號

令牛莊商會

案奉

省長公署第二七八號訓令內開：案准

國務院電開：近日京師學生滋擾情形，業已通電

詳達。政府於秩序期共維持，學生則本從寬大

而外間不悉內容，謬生誤會，並據各方面條呈

電有謂逮捕學生要以肉刑者，有謂押學絕

食，甚至有謂擬行槍斃種種謠傳，均屬毫

無根據。上海竟因此罷市，更聞不逞之徒擬煽動

勞働界及商界停止工作，以易擾亂秩序，金融此事關

係重大，如果成為事實，必至牽動地方治安，大局不可

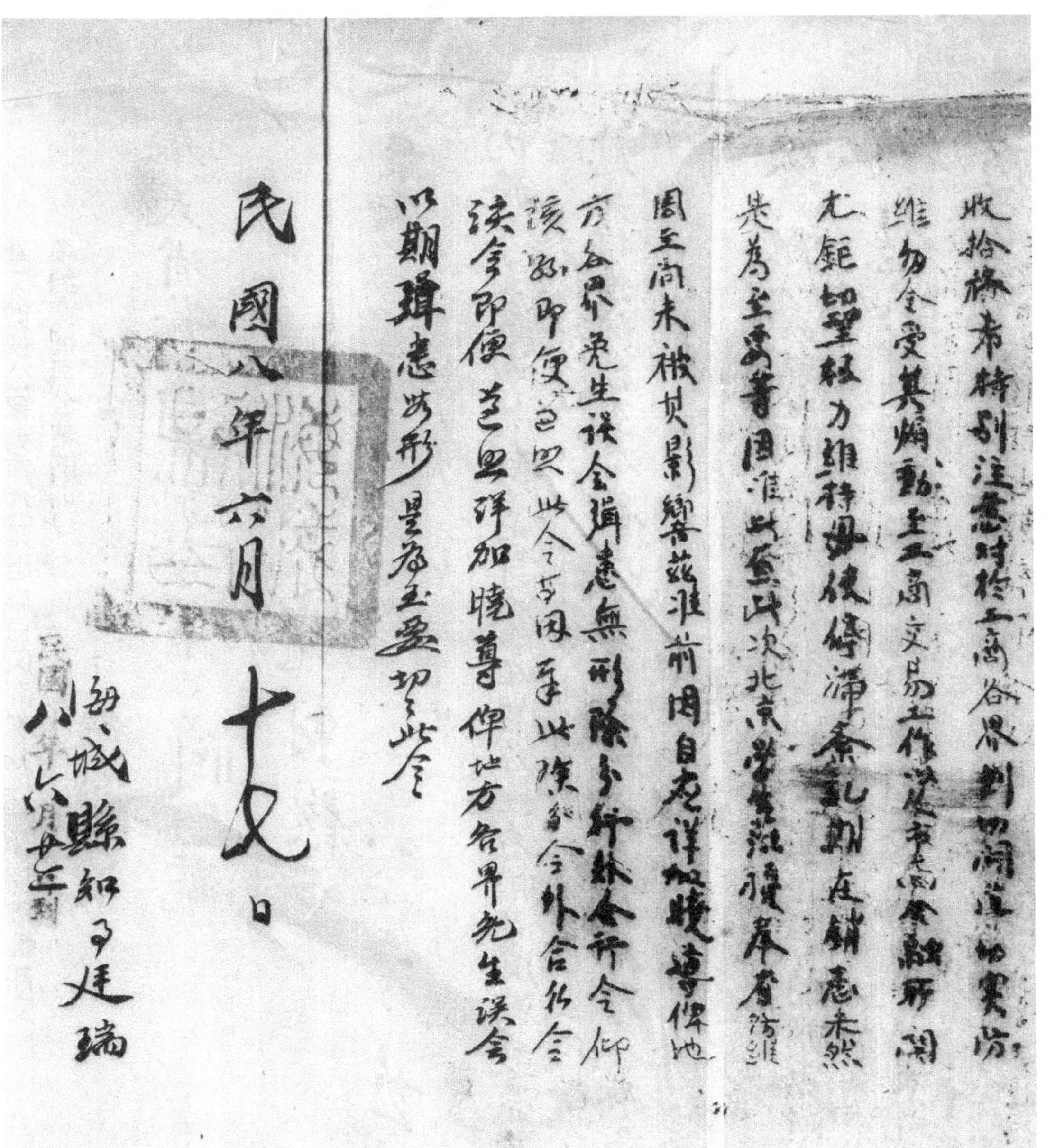
收拾。務希特別注意,對於工商各界,剴切開導,以資防
維。勿令受其煽動,至工商交易、工作以及市面金融所關
尤鉅。切望极力維持,毋使停滯紊亂,期在鋪戶泰然,
是為至要。等因。准此,查此次北京學生派員來省游説
團,至尚未被其影響。茲准前因,自應詳加曉導,俾地
方各界免生誤會,彌患無形。除分行外,合行令仰
該縣知事即便遵照此令。等因。奉此,除分令外,合行令
該會即便遵照,詳加曉導,俾地方各界免生誤會,
以期彌患無形。是為至要。切切。此令。
民國八年六月十九日
海城縣知事 廷瑞
民國八年六月廿五到

四十 奉天省长公署为严行禁阻排日风潮勿令任意指斥以慎邦交事给宽甸县公署的训令（一九一九年六月十七日）

奉天省長公署訓令第　號

令寬甸縣

案准

內務部支電內開：勘電計達。近聞各地方排日風潮鼓盪甚廣，亟應先行預防。茲查有學界宣言及所標旗幟，有指斥日本為敵國、日人為敵人暨其他侮辱等字樣，實於國際平時稱謂原則背違，誠恐引起交涉問題，且恐滋生國民誤會，關係殊非淺鮮。應請責成地方官廳，如有前項情事，應即嚴行禁阻，毋令任意指

令行令仰该县即便遵照切切此令
庶以慎邦交而维秩序除分行外合行令仰该县即便遵照切切此令

中华民国八年六月十七日

张志良监印

东三省巡阅使兼奉天督军省长张作霖

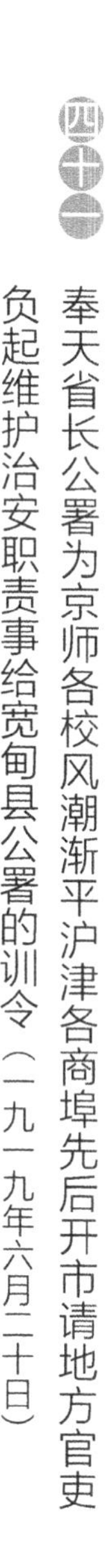

四十一

奉天省长公署为京师各校风潮渐平沪津各商埠先后开市请地方官吏负起维护治安职责事给宽甸县公署的训令（一九一九年六月二十日）

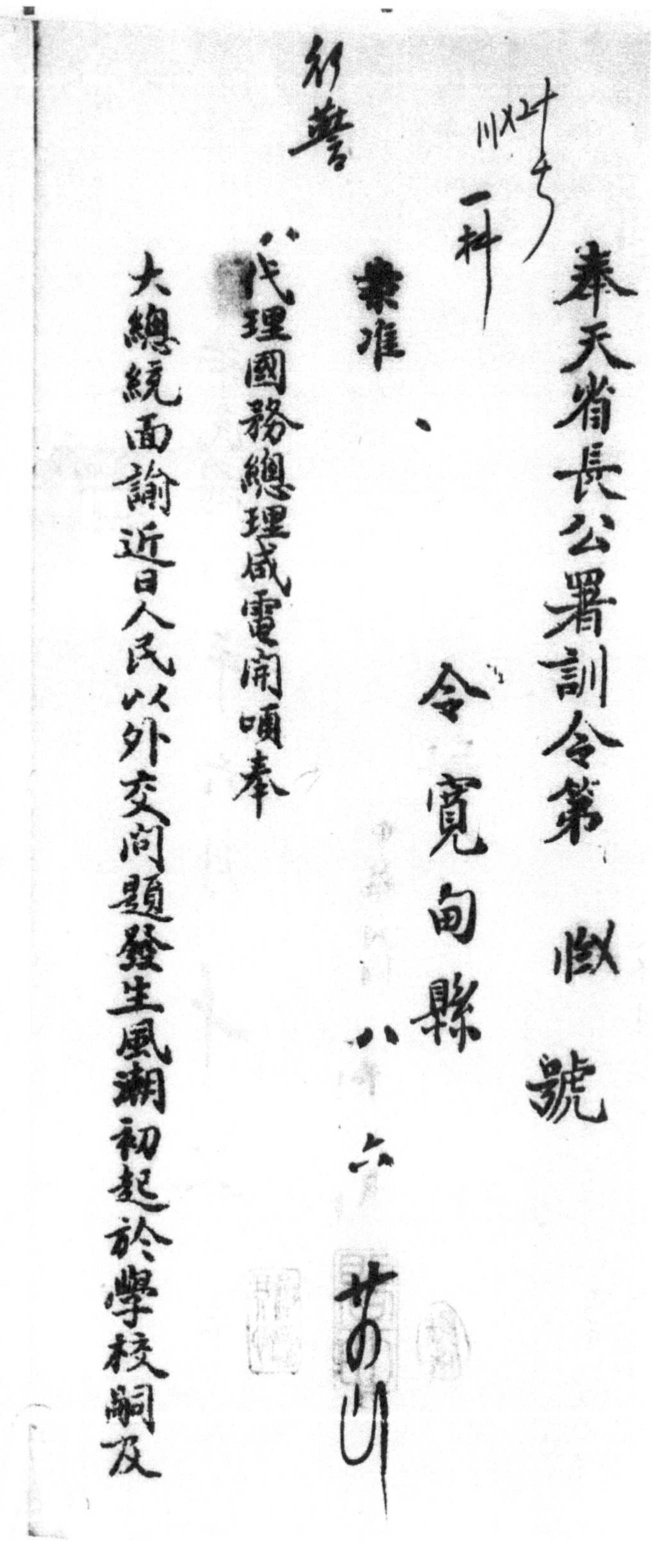

奉天省長公署訓令第　號

令寬甸縣

案准

代理國務總理戚電開嗔奉

大總統面諭近日人民以外交問題發生風潮初起於學校嗣及於商工各界以愛國為幟誌呼號奔走萬口同聲政府既已容納輿論顯有表示并分別宣告在案適者京師各校已漸就安全滬津各商埠亦均先後開市惟尚有數處未盡寧謐瀾迴

滋伏後患猶多推原此次（人民）舉動無非抱愛國熱忱迫不能遏政府（亦）深相体諒惟是同一愛國特之以堅忍則可謀幸福出之以激烈則易惹衅端頻年以来中原多故工商受莫大之損失金融恐慌舉國已岌岌不可終日長此波瀾不息再生危險何以支持況不逞之徒到處皆有倘其利用机會從中攙成一旦潰裂則所以自鳴為救國國者國且隋於淪胥所以自称為福民者民且罹於浩刧夫纓冠披髮寧非急難於同胞特恐稍不自防欲造善因反結惡果追燎原莫撲既始料所不及雖後悔其何追靜言思之不寒而慄政

府受人民付託之重關於請願各問題既為人民意嚮所注自應詳加
討論妥議施行惟事關重大操之太蹙欲速反慮不達當此天局
飄搖國家安危間不容髮政府與人民本當同舟遇風深望我學
工商各界愛國志士辨明方針勿徒逞攘臂慷慨之豪情而共
圖和衷救濟之長策民國前途庶其有豸應即電由
各省軍民長官再行分別剴切宣布至地方文武官
吏均有保衛治安之責並應通飭隨時隨事妥慎辦
理以維現狀而策安全是為至要等語遵諭特達等
因除登報宣布並通行外合行令仰該縣即便遵照

此令

中華民國［印］年［印］月廿日

東三省巡閱使兼奉天督軍兼省長張作霖

張恩良監印

四十二 奉天省长公署为嗣后各学生应安心向学恪守学规行动不越范围国家自当维护事的训令（一九一九年六月二十一日）

奉天公報　民國八年六月二十二日　第二千六百二十二號

奉天省長公署訓令第三四四號

令各道道尹
省轄各校

案准
國務院文電開奉諭此次各校學生激於愛國熱誠不得已而有罷課請願之舉固爲國人所共諒現已由政府開誠披示務在曲順輿情力維大局自茲以往各學生應各安心向學恪守學規但使行動不越範圍國家注重教育自當加意維護以副輿學育才之意特達等因除分行外合行令仰該道尹轉令校……知照此令

東三省巡閲使奉天督軍兼省長張作霖

五

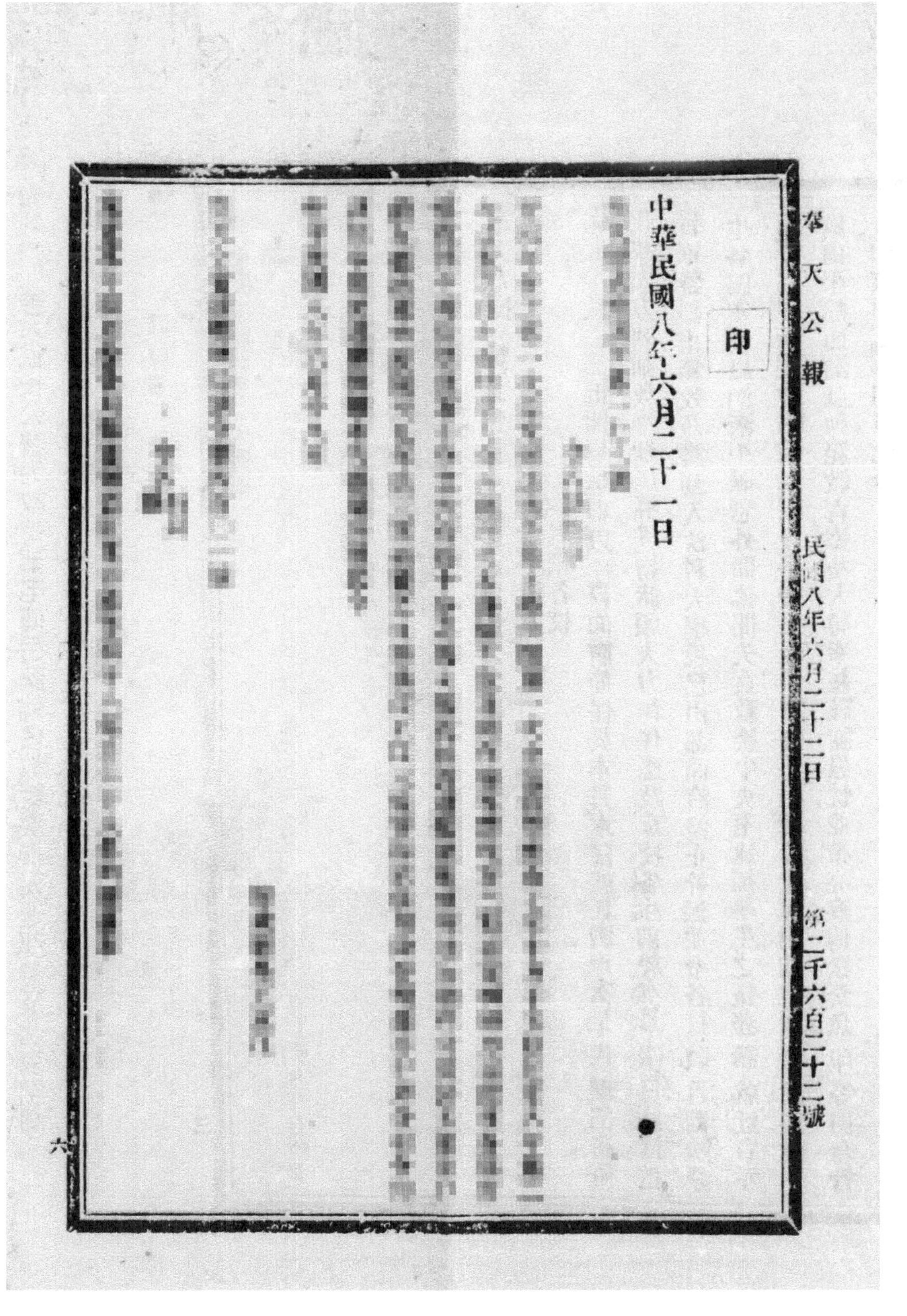
奉天公報　民國八年六月二十二日　第二千六百二十二號

印

中華民國八年六月二十一日

六

四十二 奉天省长公署为教育部电傅岳棻就任教育次长代理部务及北京学潮渐平事的训令（一九一九年六月二十二日）

奉天省長公署訓令（第四三號）

令各道道尹
省轄各校

案准 教育部電開嶽棻猥以栓材仰膺簡任於本月六日就任教育次長代理部務值此學潮方烈補救維艱匡導維持諸賴大力無任感跂京校各生前於本月四日結隊遊行軍警制止無效乃護到入法科大學現已由部商洽停止幹派並令各校職員勸諭學生各歸本校風潮漸平誠恐外間傳聞失實致疑中央有逮捕學生之嫌務請就近宣示免學界多所誤會惟時局泯棼事機多變仍冀內外相維俾士氣由和緩而徐圖恢復學風由平靜而漸就軌範教育幸甚大局幸甚謹謝悃忱並希亮察傅嶽棻魚印等因合行令仰該（道尹轉飭）校……知照此令

三

奉天公報　民國八年六月二十三日　第二千六百二十三號

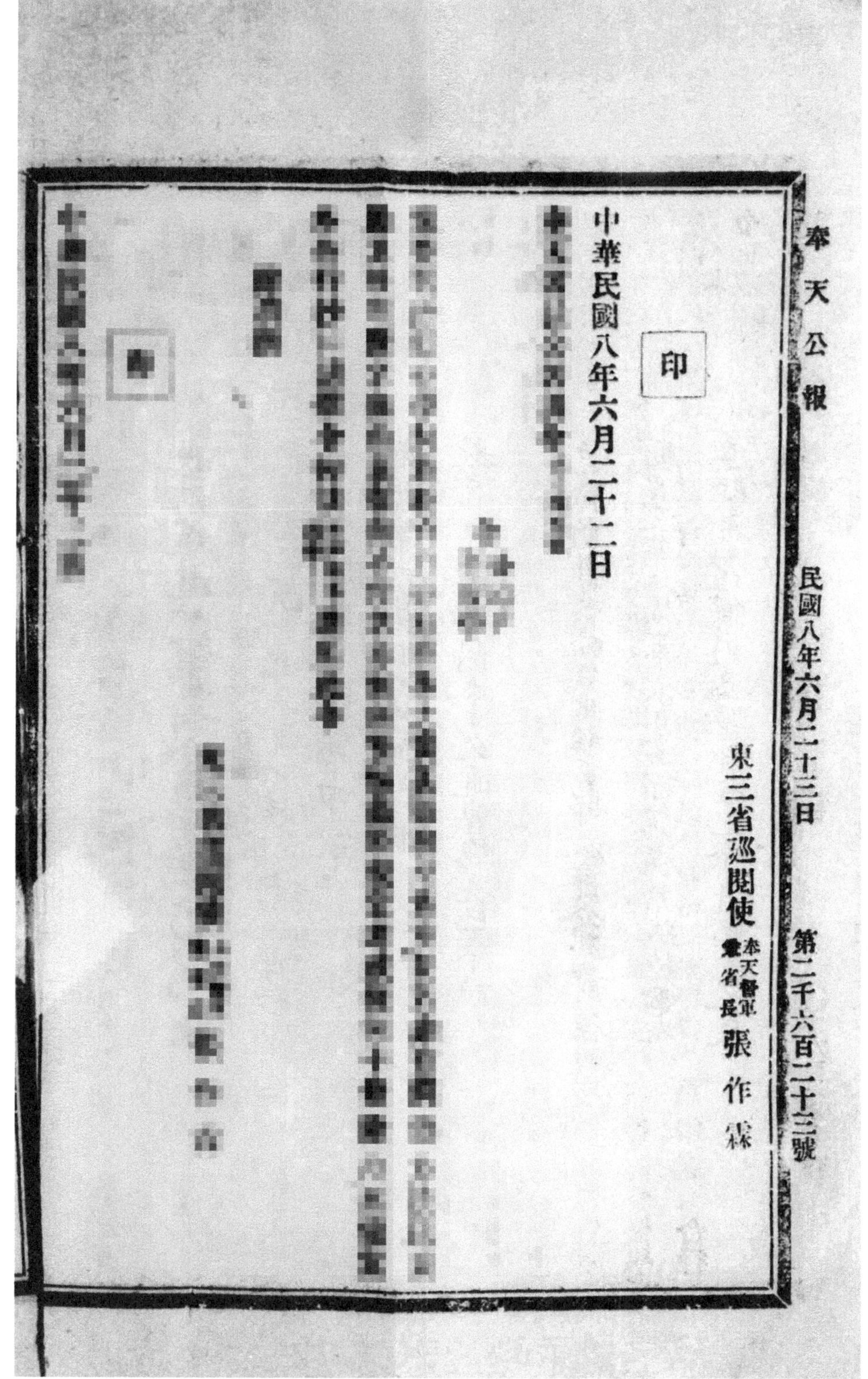
奉天公報　民國八年六月二十三日　第二千六百二十三號

東三省巡閲使奉天督軍兼省長張作霖

印

中華民國八年六月二十二日

四十四 热河道尹公署为教育部电交通总长曹汝霖已免职北京各校不日当可恢复原状事给热河省立师范学校的训令（一九一九年六月二十八日）

熱河道道尹公署訓令第壹一弍六號

令熱河師範學校

爲令行事本年六月二十四日奉

都統第六百六十七號訓令以准

教育部蒸電開本日交通曹總長已奉明令

免職所有京校各生經本部派員分别前往

勸導羣情已平不日當可恢復原狀特電奉

達即希宣布爲要等因准此除將熱屬各校

學生均照常上課秩序安甯情形電復外合亟令仰

該道尹轉令一体知照此令等因到道除分行外合亟

勸導羣情已平不日當可恢復原狀特電奉

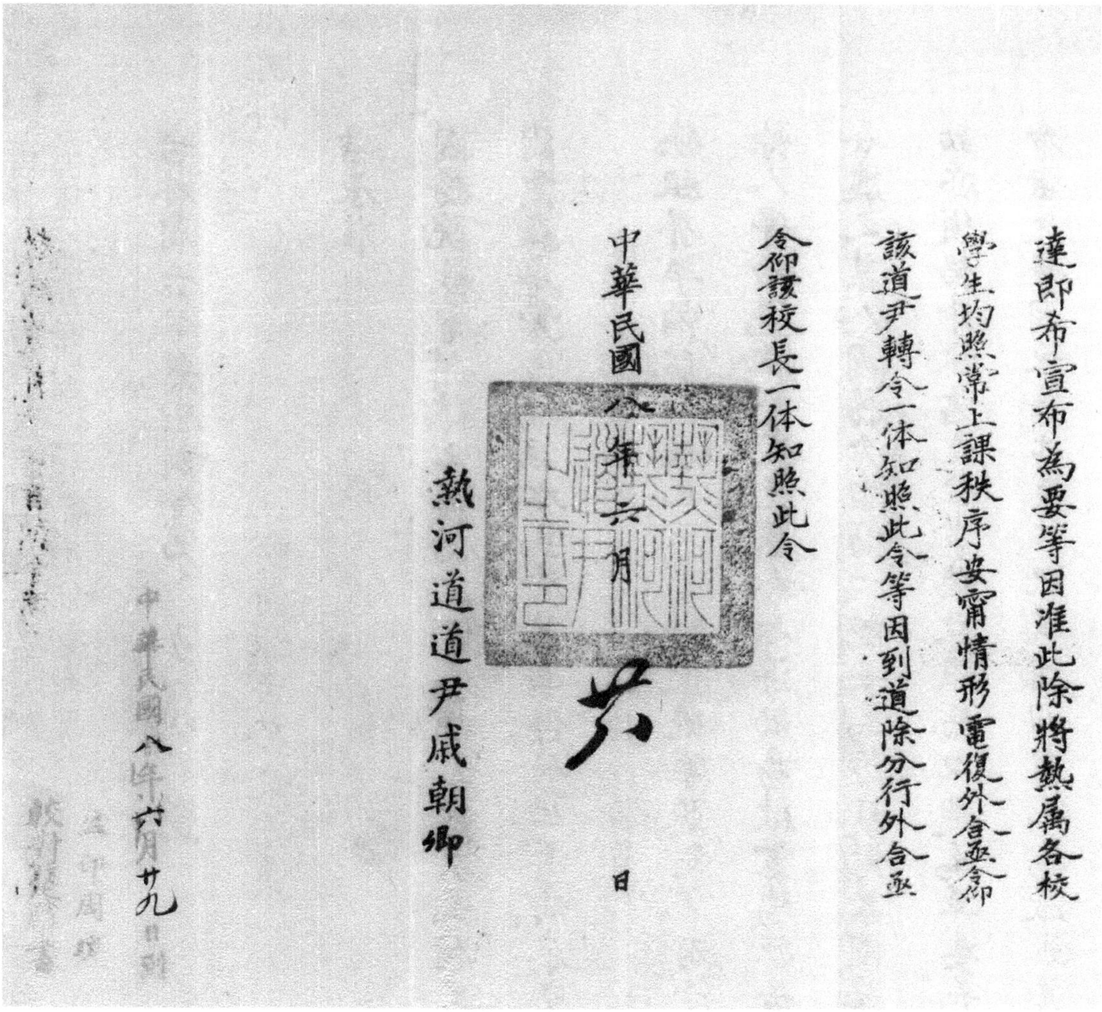

達即布宣布為要等因准此除將熱屬各校
學生均照常上課秩序安甯情形電復外合亟令仰
該道尹轉令一体知照此令等因到道除分行外合亟
令仰該校長一体知照此令

中華民國八年六月　日

熱河道道尹戚朝卿

中華民國八年六月廿九日到

四十五 吉林省长公署为日本借口五四运动派军舰多艘在沪登岸事给吉林交涉署的训令（一九一九年六月二十九日）

吉林省長公署密訓令第五十の號

令特派吉林交涉員

案承准

國務院歆電開據上海楊交涉員探報此次風潮某國意在尋釁借端派水兵登岸事件發生為將來交換租界準備現兵艦已來多艘使襲單隊到滬有千餘人等語現在外交吃緊人心浮動易啟釁端旅居各處之某人國務希密飭一體妥為防護對某國舉動亦須格外注意免肇事端致滋藉口是為至要并希密之等因承准此查此次風潮乃省垣為激烈某

國體端尋衅自在意中吉省處特殊地位斷不可稍
涉躁率致貽口實政府苦心尤應共諒除電復並分
行外合亟密令仰該員即便知照此令

中華民國八年 月 九 日

吉林省長郭宗熙

監印兼校對何忠璧
監印員陳[illegible]

四十六 日本驻奉天领事馆为朝阳县学生游行抵制日货事给奉天交涉署的函及译件（一九一九年六月三十日）

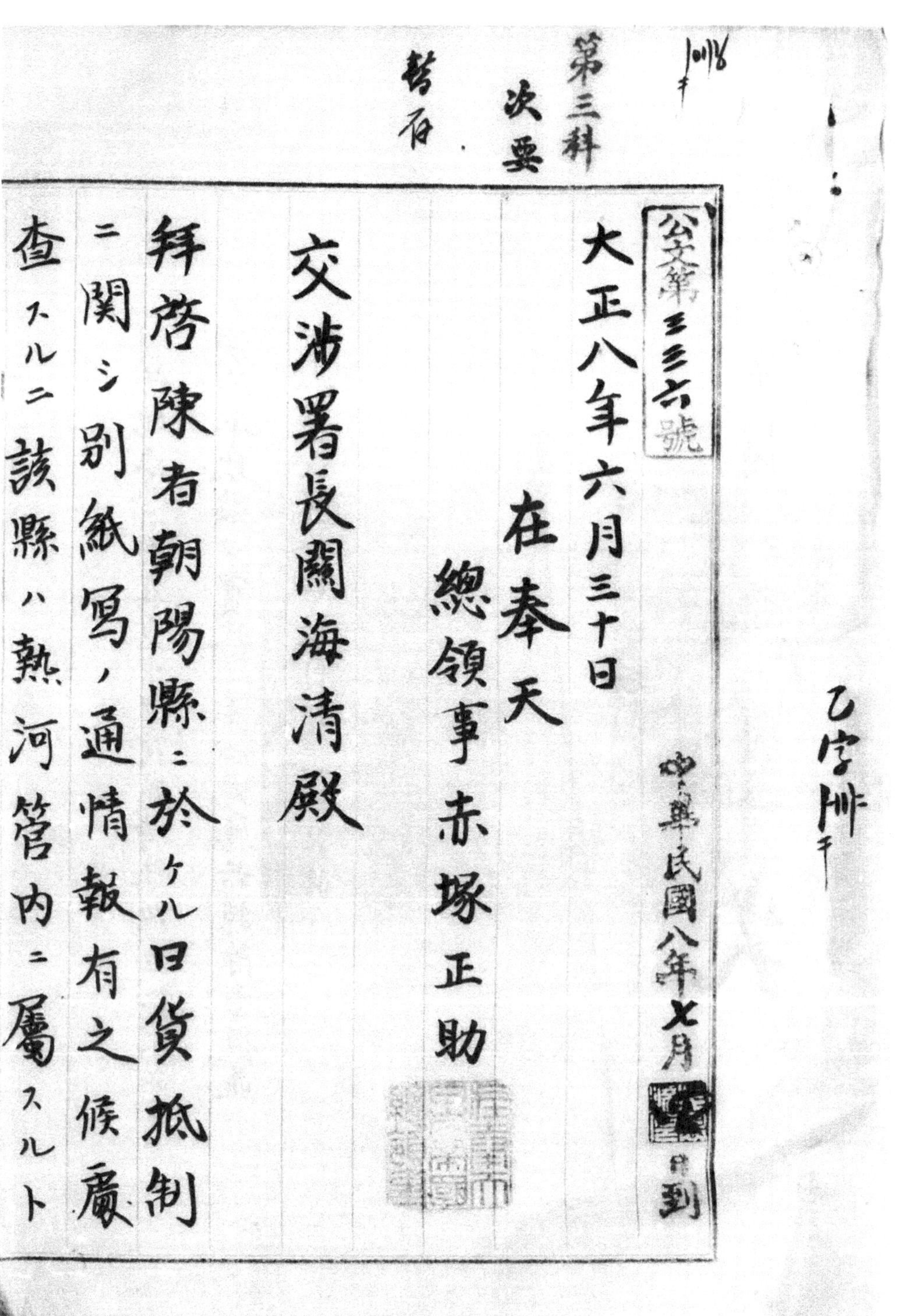
第三科
次要
哲百
公文第三三六號
大正八年六月三十日
在奉天
總領事赤塚正助
交渉署長關海清殿
拜啓陳者朝陽縣ニ於ケル日貨抵制ニ關シ別紙寫ノ通情報有之候處
查スルニ該縣ハ熱河管內ニ屬スルト
中華民國八年七月 到
乙字

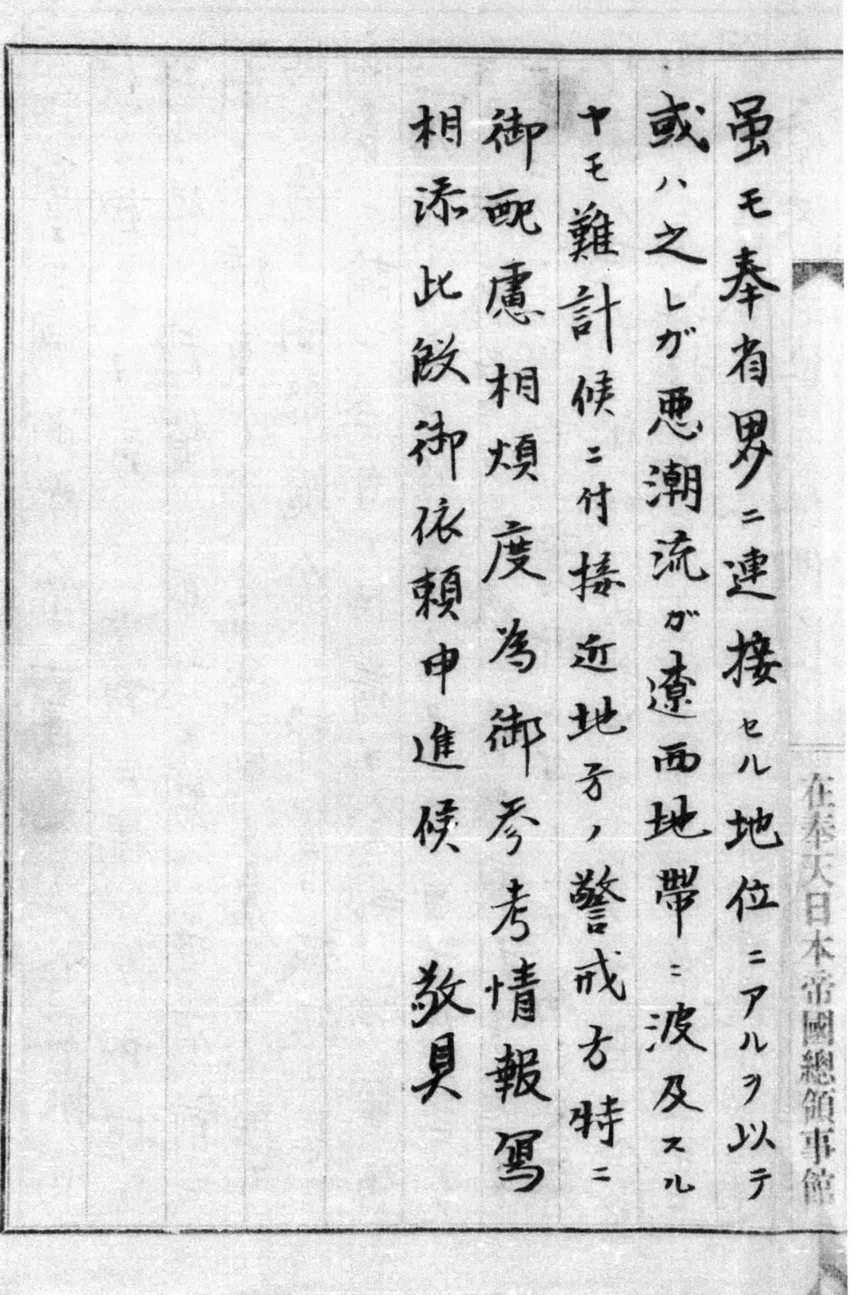
虽モ奉省男ニ連接セル地位ニアルヲ以テ
或ハ之レガ悪潮流ガ遼西地帯ニ波及スル
ヤモ難計候ニ付接近地方ノ警戒方特ニ
御配慮相煩度為御参考情報写
相添此段御依頼申進候　敬具

在奉天日本帝國總領事館

仝地學生團商務會一團トナリ各自排日貨ノ檄文ヲ記シタル旗ヲ掲ケテ市中ヲ練リ廻リ邦貨ヲ取扱ヒ居ル商店前ニ到レバ焼棄スベク之ヲ強制シ居レリト云フ此ガ為メ商務總會ハ邦貨ヲ取扱ヒ居ル商家ニ諭シ各自ノ持荷ヲ全部總會内ニ蒐集シテ之ヲ焼棄スルコトニシ目下仕入中ノモノハ破談セシメ以後ハ全然取引ヲ為ササルコトニシテ之ヲ實行シ居レルガ為メ全然邦貨ノ取引根絶ノ状態ニアリトイフ追テ仝地商人ニシテ此程營口ヨリ仕入タル綿糸布二三十梱ハ目下搬送中ニアルモ中途ヨリ當地ニ逆送シ来リ又當地ヨリ仕向ク邦貨ハ全然斷絶シタ

ル由
右及報告候也

在奉天日本總領事館

譯文

公文第三三六號　　焦桐譯

敬啟者、關於朝陽縣內、抵制日貨、接有如附件之情報、查該縣雖屬熱河管轄之內、與奉省毗連之地、或此惡潮流波及遼西地面、亦難預料、相應檢同附件、送請貴署查照、並祈飭知朝陽縣、鄰近地方官憲、妥為警戒為荷、此致

奉天交涉署長閣

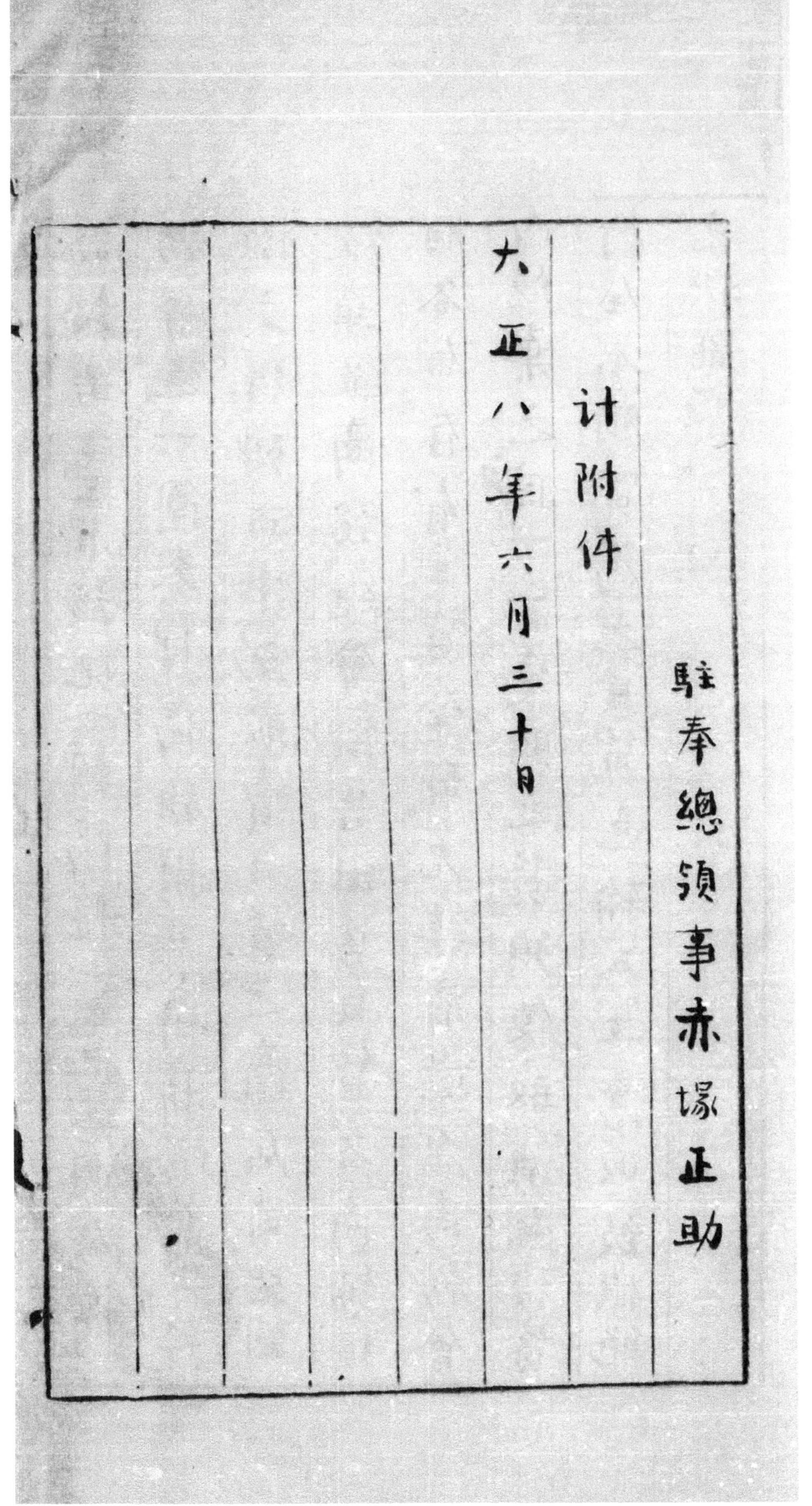
驻奉总领事赤塚正助
计附件
大正八年六月三十日

為報告事有該地（朝陽縣）學生團及商務會之一團、各自揭旗、携有排斥日貨之檄文、行列市中、至販賣日貨之商店前、强制燒棄、並商務總會、諭告出售日貨各商舖、須將各自存有日貨全部、蒐集齊送至商務會内、燒棄之、自下所定購之貨、須使取消、嗣後實行全不購買、為之日貨之輸入生意、以致根絕之狀態、

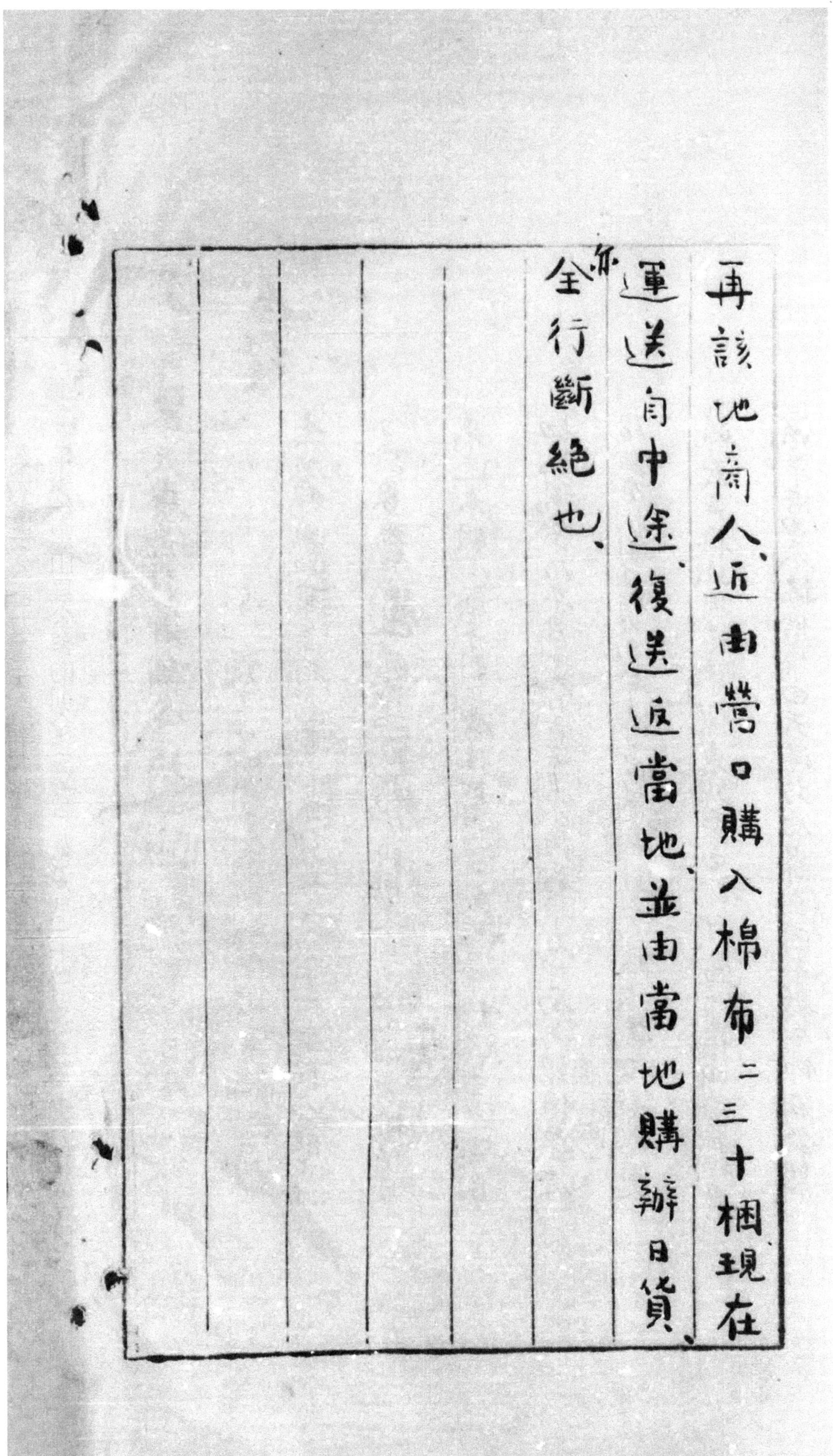
再該地商人、近由營口購入棉布二三十捆現在運送自中途、復送返當地、並由當地購辦日貨、亦全行斷絕也、

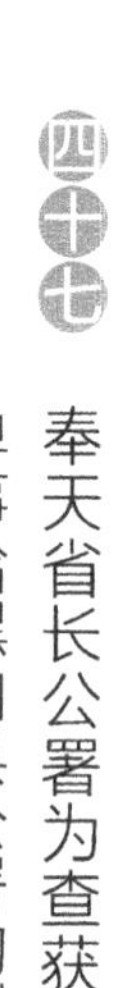

四十七 奉天省长公署为查获京奉铁路锦站工人罗四印制抵制日货传单事给黑山县公署的训令（一九一九年六月三十日）

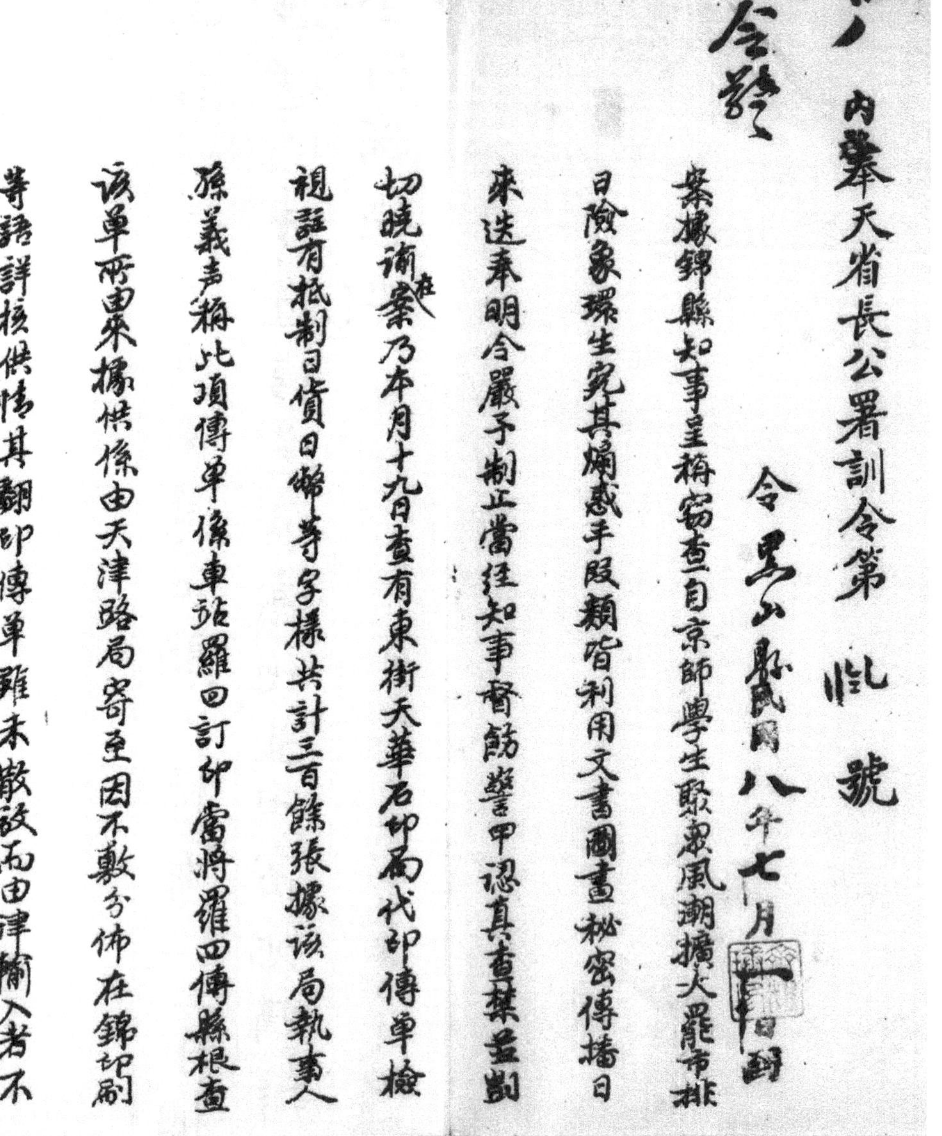

奉天省長公署訓令第　號

令黑山縣　八年七月　日

案據錦縣知事呈稱竊查自京師學生聚眾風潮擴大罷市排日險象環生究其煽惑手段類皆利用文書圖畫秘密傳播日來迭奉明令嚴予制止當經知事督飭警甲認真查禁並剴切曉諭在案乃本月十九日查有東街天華石印局代印傳單檢視註有抵制日貨日鄉等字樣共計三百餘張據該局執事人孫義声稱此項傳單係車站羅四訂印當將羅四傳縣根查該單所由來據供係由天津路局寄至因不敷分佈在錦印刷等語詳核供情其翻印傳單雖未散放而由津輸入者不

知凡幾寧止錦縣一處已也且該單類載污辱及抵制字樣設
使流傳浸廣小則妨害治安大則釀成交涉應請通令沿京奉
路綫各廳嚴查屬禁以遏傳播至羅四係充錦站工頭雖
其所為迹成煽惑究係愚昧無知惟該石印局對於有違禁
令之傳單代為排印尤係玩忽可否酌予懲戒未敢擅便又
查本城各商鋪近由津滬購到貨物時有夾帶傳單以鼓
吹文明抵制為宗旨本各商深明大体尚無意外舉動現經
知事分函稅捐局商會協同檢查並飭各商户一經發現立予裂燬
勿得在外傳觀除此案搜獲傳單由縣焚燬並分呈外理合檢
單一紙備文呈送鑒核施行等情據此除指令呈單均悉仰
仍嚴飭警甲嚴切查禁勿再發生此事至天華石印局故

違禁令暨訂印之羅四一名應即由縣量予懲處俾示儆戒
並候通令各縣遇有此項傳單立予查繳勿任傳播卑存
此令等因印發外合行令仰遵照此令

中華民國 年 月 卅 日

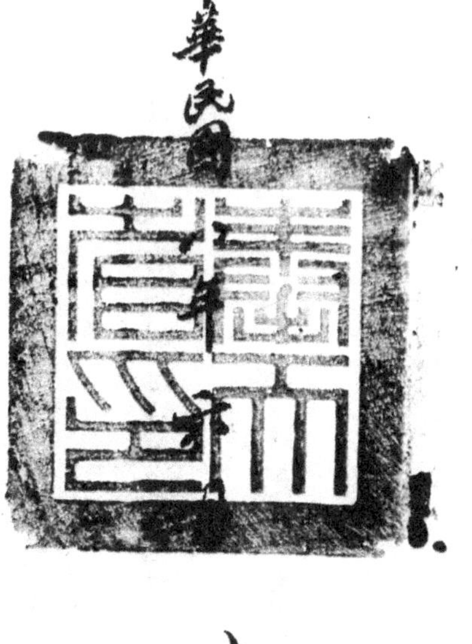

張志良監印

東三省巡閱使兼奉天督軍省長 張作霖

四十八

奉天督军公署等为京津沪发生罢课罢工风潮外交吃紧事给海城县公署的训令（一九一九年七月二日）

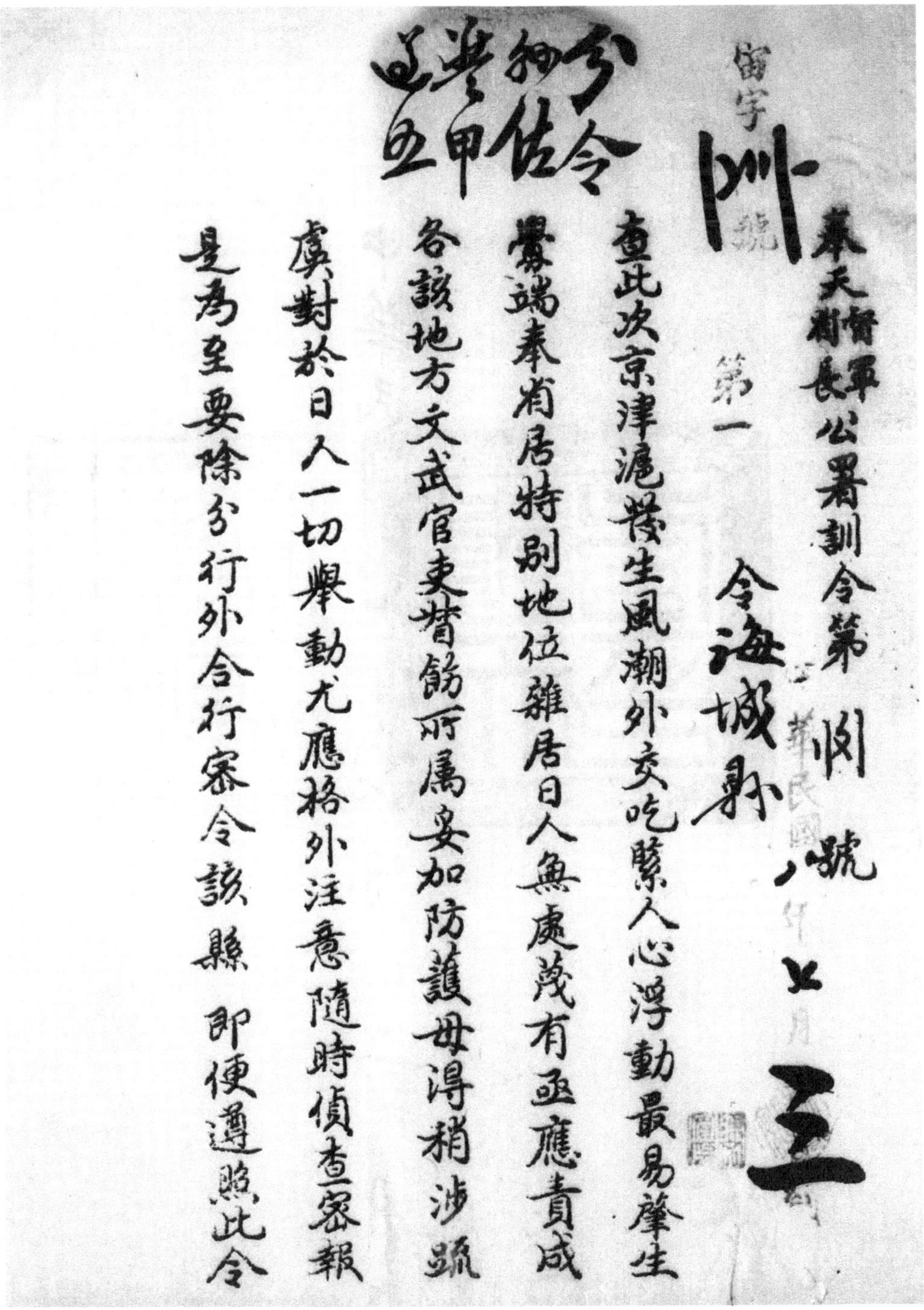

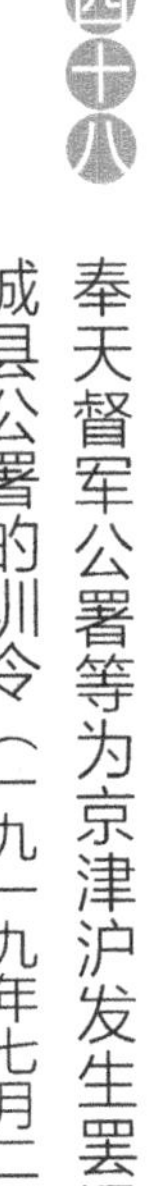

奉天督軍省長公署訓令第　號

第一　令海城縣

查此次京津滬發生風潮外交吃緊人心浮動最易肇生釁端奉省居特別地位雜居日人無處蔑有亟應責成各該地方文武官吏督飭所屬妥加防護毋得稍涉疏虞對於日人一切舉動尤應格外注意隨時偵查密報是為至要除分行外合行密令該縣即便遵照此令

中華民國　　月二日

張志良監印

東三省巡閱使奉天督軍兼省長張作霖

四十九 奉天省长公署为上海和重庆发生涉及日本天皇画像事件事给宽甸县公署的训令（一九一九年七月四日）

奉天省長公署訓令第　號

令寬甸縣

案准

國務院外交部省電開上海租界內發現懸掛日皇形像一事業由院通電切實查禁在案頃復准日使面稱本月十七晚重慶日領宴請中國官紳輸夫馬弁均聚集門首竟用泥土塗抹領署大门之菊花徽章及门牌日人以天皇形像及國徽遭人侮辱輿論甚為激烈日政府視此項問題極為重大請設法消弭并查明滋事之人嚴行懲辦等語查對於友邦國徽及君主肖像應有相當敬禮茲上海重慶地方竟有上項情事實為國際所不許倘他處再有同等舉動難免釀成重大交涉務

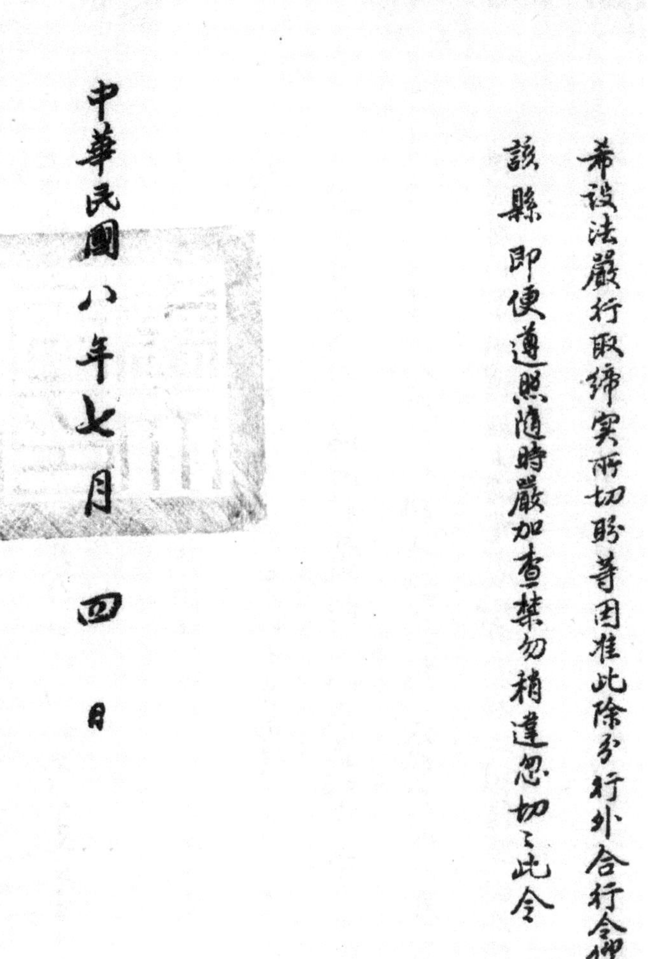
希設法嚴行取締實所切盼等因准此除分行外合行令仰
該縣即便遵照隨時嚴加查禁勿稍違忽切切此令
中華民國八年七月四日
張志良監印
東三省巡閱使奉天督軍兼省長張作霖

五十　锦县劝学所为禁止学生无故结队游行事给锦县城乡各学校的函

（一九一九年七月八日）

学校　城乡各校为禁止学生无故结队游行

登报

锦县劝学所公函　八年　字第　　號

迳启者：查男女学生资格均甚为非关国家及地方公务，未便无故结队游行，若竟有遇庆吊喜丧等事，亦往往结队而行，殆人笑柄，似非宜。嗣后应严行禁止，勿再有此举动，以重教育。相应函达，希即一体查照办理，切切。此致

城乡各学校

中华民国八年七月八日

劝学所长 [illegible]

五十一《泰东日报》刊发有关俄国近状的消息《对过激派之通牒》

（一九一九年七月十日）

俄国近状

對過激派之通牒（海參威）

據俄人方面消息云聯合國對於列寧及莪羅基發最後通牒內容略係當茲歐戰結局世界共慶平和之秋速息內亂勿用武力召集憲法會議基於國民之自由意志建立俄國完全政府爲是如不見承認五大國各調一軍團來俄以圖對付云云

（以上七月九日早稜到）

俄國近狀

對過激派之通牒（海參威）

據俄人方面消息云聯合國對於列寧及茲羅基致最後通牒內容略係當茲歐戰結局世界共慶平和之秋速息內亂勿用武力召集憲法會議基於國民之自由意志建立俄國完全政府爲是如不見承認五大國各調一軍團來俄以圖對付云云

（以上七月九日早接到）

五十二 外交部为转发中华民国代表在巴黎和会上交涉山东问题的说帖事给吉林交涉署的函（一九一九年七月十七日）

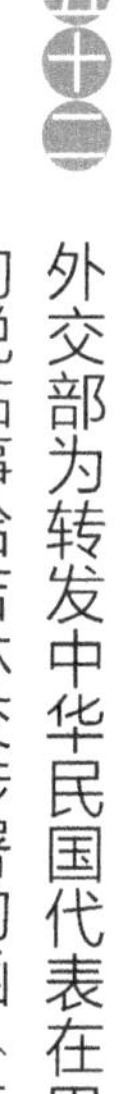

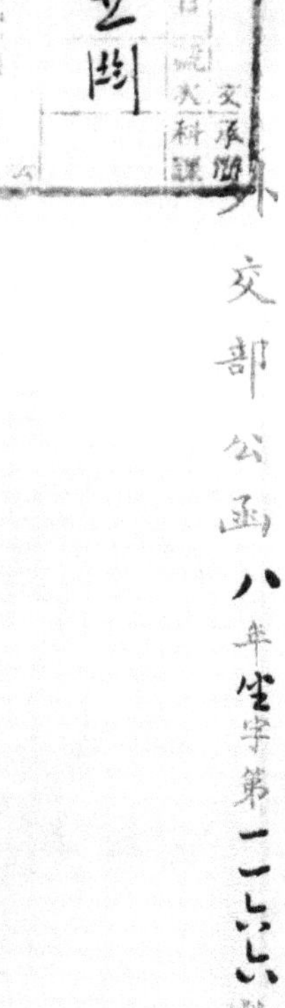

外交部公函八年生字第一一六六號

逕啟者准參與和會全權大使函稱抗爭山東問題業經提出議和大會請印刷後分送各機關以備參考等語相應將上項印件漢洋文各檢具一冊函送

尊處即希查照又對德奧提出之要求

條件並經大使函送到部俟印就後續送

此致 附件

特派吉林交涉員

中華民國八年七月十九日

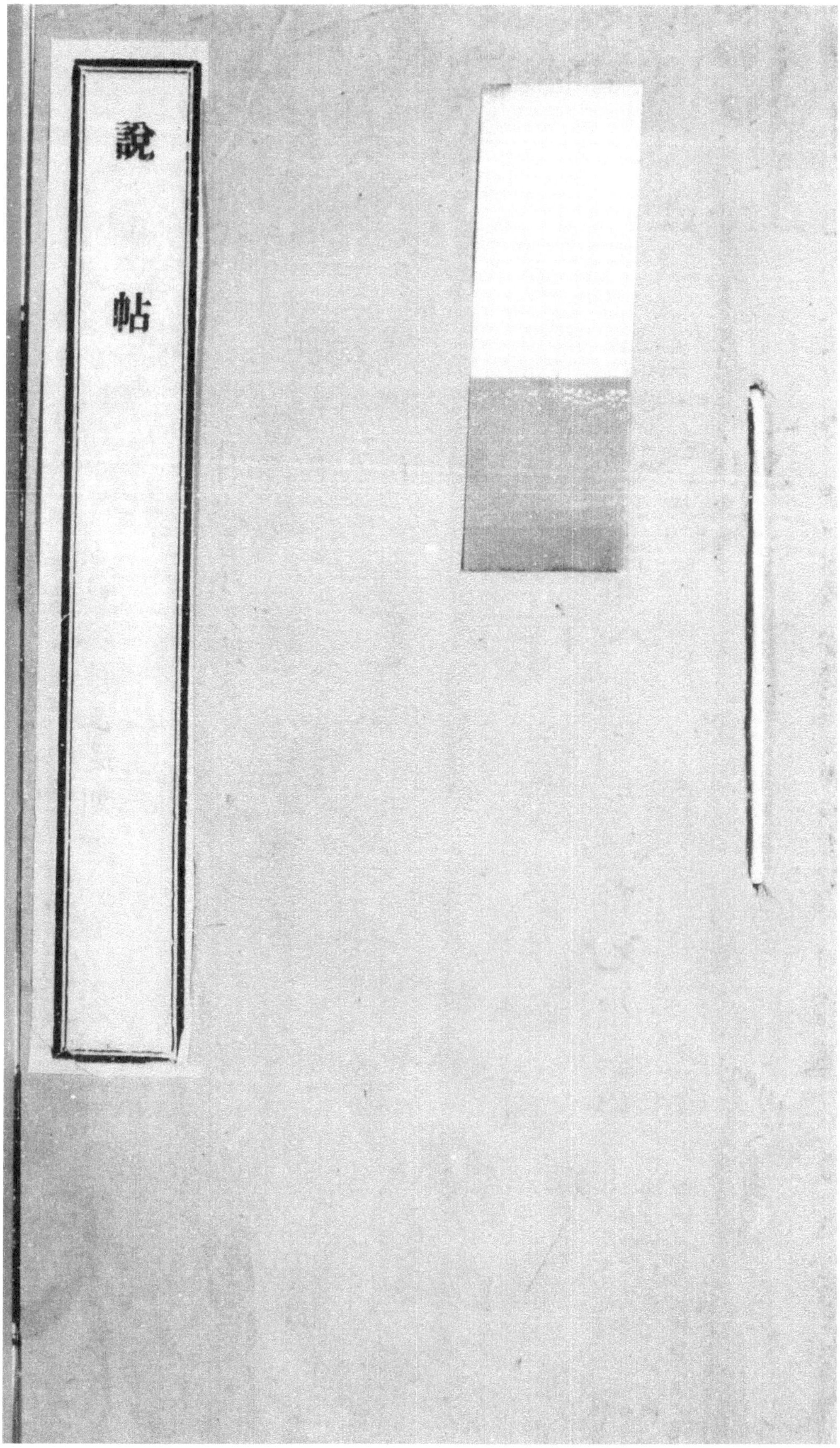

說帖

說帖之綱要

甲 德國租借權暨他項關於山東省權利之緣起及範圍

一 租借之緣起

二 租借地之範圍

三 德國之路鑛權利

四 中國之鐵路警察權

五 德國對於鐵路借款之優先權

乙 日本在山東省内軍事佔領之緣起及範圍

一 日本之對德宣戰

二 日本軍隊在租借地及百里環界以外之龍口地方登岸

一

三　中國宣言劃出特別行軍區域

四　日本佔領膠濟鐵路及各鑛產

五　中國取消行軍區域

六　日本收管青島之中國海關

七　日本對中國二十一款之要求暨一九一五年五月二十五日關於山東省之條約

八　沿鐵路之日本民政署

九　一九一八年九月二十四日之鐵路借款草合同及換文

丙　中國何以要求歸還

一　該租借地為中國領土內不可分拆之一部分

二　居民之種族語言宗教均完全屬於中國

三　山東爲中國文化所肇始乃中國人民之聖地

四　外人侵入必至陵削中國居民

五　山東省内植立外國勢力範圍將成中國北部之經濟集權有害門戶之開放

六　該租借地及鐵路爲中國形勢上之重地

七　爲遠東長久和局計必須歸還

丁　何以應直接歸還

一　程序較簡不致滋生枝節

二　所有犧牲中國非不深知但不能放棄領土權

二

三 軍事佔領係屬暫時不能因此而得所有權與共在戰事中之中國權
利相抗

四 因二十一款要求所發生之關於山東省條約應受平和會議之修正

五 中國宣戰布告聲明廢止該租借條約故租借權利業已回復於中國
且無論如何按該約明文德國亦不能有讓與第三國之權

說帖　中華民國全權代表在巴黎和會關於山東問題提出

中國要求膠澳租借地膠濟鐵路暨其他關於山東省之德國權利直接歸還中國

甲　德國租借權暨其他關於山東省權利之緣起及範圍

一　初德國亞東艦隊欲於遠東得適宜之地爲海軍根據及商港曾遊弋於中國沿海一帶竭力提求德政府調查員嘗以膠澳地方最爲相宜之說進適一八九七年十一月有德國教士二人在山東内地之曹州被害論厥情形本爲地方官防範所不及而德政府方欲以武力遂其素志久思有所藉詞至是即挾爲口實遣軍艦四艘至膠澳派兵登岸聲言佔領中國政府見德兵入境事勢危急迫不得已乃與德國訂立一八九八年三月六日之約

三一

二　該約規定膠澳海面潮平周圍一百里內准許德國官兵過調惟主權仍歸中國復以膠澳之口南北兩面及島嶼若干處租與德國以九十九年爲限

三　該約復准德國在山東省蓋造鐵路二道並於鐵路附近之處相距三十里內開挖鑛產

此項路鑛事業由專設之德華合股公司舉辦華德商人均得投入股本選派董事中國政府又勉力允從在山東省內如有開辦各項事務需外國幫助或用外國人或用外國資本或用外國料物應先問該德國商人等願否承辦

膠濟鐵路及支綫共長四百三十四基羅邁特爲山東鐵路公司投資建築兩路之一該公司於一八九九年六月一日奉德政府特許於是年六月十四日成立

一千九百年三月二十一日該公司與山東巡撫訂立中德膠濟鐵路章程一九

〇四年六月路工告竣開車營業

一八九八年三月六日之約所准之開採鑛產權利由山東鑛務公司承辦該公司於一八九九年十月一日奉德政府特許於是年十月十日成立其已經開辦及正在開辦之鑛產爲淄川坊子之煤鑛及金嶺鎮附近之鐵鑛

一九一三年二月五日山東鑛務公司復將所有權利負擔讓與山東鐵路公司管業於是路鑛兩權均爲鐵路公司所有

四　保護膠濟鐵路之權屬於中國一千九百年三月二十一日訂定之膠濟鐵路章程第十六款云

倘在百里環界外有須兵保護鐵路之處由山東巡撫派兵前往不准派用外國兵隊

又第二十六款云

該公司在查路時及行車時倘因事稟請山東巡撫派兵保護應立即准如所

請

至保護山東鑛産一層則有同日訂定之山東華德煤鑛公司章程其第十款云

或在勘查鑛苗或在開採時在百里環界以外倘須稟請山東巡撫派兵前往

保護一切屆時查度情形具稟隨即照准不准請用外國兵隊

一千九百年有德國軍隊派往租借地以外百里環界以內之高密膠州二處屯

駐嗣經中國山東巡撫與德國青島總督於一九〇五年十一月二十八日訂立

中德膠高撤兵善後條款德國將該項軍隊撤回青島並承認百里環界以内中

國之鐵路警察權與環界以外之鐵路無異又承認環界以内中國有施行山東

省警察章程之權中國隨於膠州設立警署接管環界內鐵路警察事務

五　此外德國尚有關於山東省之鐵路借款優先權按一千九百十三年十二月三十一日之換文中國一面以兩鐵路投資建築並供給物料之優先權畀德國此二路者一自高密至津浦路路綫之某點暫時擇定爲韓莊一自濟南至京漢線上順德新鄉之間德國一面則讓還其德州正定間及兗州開封間兩路之優先權以及一八九八年三月六日專約所准之山東省南部鐵路之優先權此外並允批准一九一一年七月二十四日山東巡撫與山東鑛務公司所訂之收回鑛權合同嗣因一九一四年六月十日中德換文德國又獲得濟順鐵路向西續展路線與煙濰線濟寧開封線之優先權

按一八九八年三月六日之約德國在山東省本有附近鐵路相距三十里即十

五

英里內之鑛權嗣因訂立上述一九一一年七月二十四日之收回鑛權合同其權遂大爲縮減按照該合同所訂山東鑛務公司除仍自留辦淄川坊子煤鑛及金嶺鎭鐵鑛外其餘鑛權均行取消其所留辦之三處則劃清鑛界而讓還鑛界內如有開鑛所需應借用德國資本購用德國所產機器材料聘用德國工師

乙　日本在山東軍事佔領之緣起及範圍

一　歐戰初起中國卽於一九一四年八月六日以大總統命令宣告中立兩星期後日使通知中國政府稱日本曾於八月十五日以最後通牒遞交德國勸將該國軍艦及一切武裝船隻立卽退出中日兩國之領海並於九月十五日以前將膠澳租借地全境移交日本以備日後交還中國且要求於一九一四年八月二十三日正午以前對於此項勸告爲無條件之承認按該最後通牒所稱此舉

之用意乃在除去遠東和局擾亂之根且爲保衛英日同盟之公共利益計中國政府雖未見商於前然對於所擬關於膠濟租借地之辦法亦曾表示願爲同胞之斡旋以未見嘉納始不堅持嗣日本以最後通牒未見答復乃於一九一四年八月二十三日向德國宣戰

二　日軍首隊二萬餘人本係派往攻擊青島不意竟擇龍口爲登陸之處龍口處山東北部海濱南距青島一百五十英里日軍於九月三日登陸橫穿山東半島以達膠州沿途佔據城鎮收管中國郵電機關徵取人工物料困苦居民皆視爲必要之舉其先鋒隊於九月十四日始抵該處而會攻青島之英軍則於九月二十三日在德國租借地以內之勞山灣登陸勞山灣距青島較近沿途所遇之障礙自亦較日軍前進時爲少故與德軍交綏之第一役猶及與

六

三　龍口既有日軍行動中國政府爲較易保障中立起見不獲已於九月三日宣告參照日俄戰爭先例所有在龍口萊州及接近膠州灣附近地方交戰國軍隊行用本政府不負責任此外各處仍嚴守中立同日將此項宣告照會各國駐北京公使是時復與日本政府約定該特別行軍區域係從至膠濟鐵路之濰縣車站以東爲限約距青島一百英里日軍應遵守界限不得侵越而西

四　詎於九月二十六日有日軍四百名突至濰縣佔據車站十月三日復迫中國軍隊退出鐵路附近地方三日後即十月六日又不顧中國政府之抗議進至濟南將車站三處悉行佔據於是膠濟全綫皆爲所佔沿路分駐日軍路員亦漸易日人鐵路附近之鑛產亦於是時均被佔據賡續開採

時圍攻青島之舉方在進行迨十一月七日德人以青島降於英日聯軍是月十

六日聯軍入城次年一月一日復開港貿易

五　中國政府以德人既以青島完全投降戰爭已畢交戰兩方之軍事設備業已解除遂請將山東內地之日軍撤回青島並卸除龍口至張店之輕便鐵道以及附挂於中國電桿之電綫而日本政府無可理喻中國政府以昔日不得已而宣告劃定特別行軍區域之理由今既不復存在遂取消當日之宣告復於一九一五年一月七日將取消之舉照會駐京英日公使旋於一月九日據日使照復謂奉本國訓令此項取消之舉實屬獨斷處置輕視國際信義不顧邦交措置誠有未當並謂日本政府決不使山東帝國軍隊之設施行動受此等取消之形響及拘束云云

六　日本佔據青島及膠澳之後要求自派日本人約四十名充當海關人員之

七

權所謂海關乃指一八九九年四月十七日中德青島設關條約所訂設復經一九〇五年修訂者而言中國政府覺此等提議無可允許蓋一從其請恐海關組織將因之而紛亂且在德人管理之日青島海關人員亦全由中國自派也此事磋議未畢而日本神尾總司令已奉命將青島海關之文件財產遽行押收矣

七　山東省之情形如是而日本駐北京公使於一九一五年一月十八日向中國大總統提出二十一款之要求頗令中國寒心此項要求現已膾炙人口計分五號其第一號即涉於山東省問題磋商之事延至五月日本政府遽於是月七日以最後通牒迻達中國政府限四十八小時以內爲滿意之答復同時有滿洲山東日軍增多之消息傳至北京中國政府實逼處此舍屈從日本外他無可擇不得已於一九一五年五月二十五日與日本簽訂關於山東省之條約附以三

項換文暨其他各約雖非所願祇以欲維持遠東之和局使中國人民免受無端之痛苦而諸友邦爲伸張正義自由公道之故方與中歐强國爲空前之戰爭尤不欲見其遠東利益之受損不得不委曲求全且深信此項問題與二十一款要求所發生之其他問題止能於和平會議中爲最後之解決也

八 日本政府復以一九一七年之第一百七十五號上諭設民政署於青島復設分署於坊子張店濟南此三處者皆沿膠濟鐵路而在百里環界之外者也三處中以坊子距青島爲最近然亦九十英里之譜坊子民政分署竟有擅理華人詞訟徵收華人賦稅之舉而膠濟鐵路與各鑛則置諸民政署鐵路股管理之下

九 山東鐵路深入腹地距沿路日軍逗遛不去而民政各署之設在中國人民視之似有久踞山東之意山東本中國人民所深愛於是舉國惶恐而山東爲尤

八

甚政府迫於衆議不得不思所以安人心以俟戰事告終和會召集以解決一切關於世界將來和局之問題也乃與日本開始磋商一九一八年與日本訂立草合同借款築鐵路二道此二路者即一自膠濟綫至徐州連接津浦滬寧鐵路一連接京漢鐵路者也日本政府以此合同之故乃於同日即一九一八年九月二十四日換文中允將膠濟沿路日軍除濟南留一支隊外餘均撤回青島並裁撤山東省內之日本民政各署借款已墊交日金二千萬圓惟正合同尚未畫押

丙　中國何以要求歸還

一膠洲租借地包括膠澳及其島嶼而言之素爲中國領土中不可分拆之一部分其地之屬於何國從未發生問題且膠澳租借條約中本有主權仍歸中國之明文一八九八年之租與德國實肇始於德國侵略之行爲中國封於威力不得

已而允之其情形已詳本說帖之甲段德國在戰事前所有在山東省内之路鑛權利亦即此次讓與之一部分此項權利及租借地之歸還中國實不過依據公認之領土完整原則爲公道之一舉若仍以畀德或轉給他國是不予中國以公道矣

二　膠州租借地爲山東省之一部分昔日德人所造今爲日本所據之鐵路自青島入内地綿亘二百五十四英里有餘者亦在該省該省人口三千八百萬皆志節高尚熱心愛國之民爲純粹中華人種其語言文字及尊奉孔教與他省人民咸無以異不特於國籍之原則毫無欠缺抑亦爲備具此項原則之模範而其志願殷切欲其桑梓之得免於德國或他國之凌逼尤無疑焉

三　以歷史言之山東爲中國兩大聖賢孔子孟子所誕生中國文化所肇始實

人民之聖域中國崇奉孔教之文儒每歲跋涉至此省謁聖蹟於曲阜者數以千計全國人民之目光胥集於此蓋中國之發展此省之力爲多今猶然也

四　山東省人民稠密致經濟競爭頗爲劇烈以三千八百二十四萬七千之人口聚集於三萬五千九百七十六方英里之地面衣食之源不外農業謀生自非易事蓋人口之多幾與法國相埒而地面之廣不過四分之一其不能容納他國羨餘人民亦已明甚此地而創立他國特殊勢力範圍或特別利益關係則除居民橫被朘削外無他結果也

五　不甯惟是山東一省備具中國北部經濟集權之要則其人民之衆可增外貨之物銷鑛產之饒亦利於實業之發展抑尤有重於此者則將來膠州一灣必成爲中國北部外貨輸入土貨輸出之第一要路是也數百年來膠州久爲山東

省之重要商港該省貨物取道於十二世紀所闢之運河而至此處與內地最重要之商場曰濰縣者相聯絡雖膠澳北部爲積淤所塞膠州今不復爲海市之城然青島今爲山東省之海口其所坐落之沿岸地位正與膠州相同復爲新闢商務孔道如青膠濰濟鐵路者所挹注而此路又與京津甯滬鐵路會於濟南且處於膠澳之邊膠澳地勢屏蔽爲寒風所不及經年不凍非天津之北河可比故此新立商場實足以邀截中國北部全境之商務職是之故植立外國勢力範圍足以危害國際商務及實業者莫甚於山東維持門戶開放主義以普益各國者亦莫利於山東而最能維持之者則莫過於中國也

六　以形勢言之膠澳爲中國北部門戶之一膠濟鐵路至濟南而接津浦可以直達北京實足以扼自海至京最捷之一途尚有一途即自旅順大連至奉天而

十一

達北京之鐵路是也中國政府爲鞏固國防計並以他項理由久欲杜絕德人之盤踞青島今幸得英日聯軍驅而出之中國深願留此重地於自己掌握也

七 就各方面審察之膠澳租借地以及附屬權利之問題止有一法可以滿意解決苟平和會議以此地及鐵路等權歸還中國則不特德國肆意横行之罪惡藉以矯正且各國在遠東之公共利益亦藉以維護山東人民感覺靈敏其於外人之侵入桑梓以圖政治經濟之集權乃所厭惡且不憚表示其厭惡之意德人之盤踞膠澳侵入山東固其所痛惡即今日共戰之友邦暫時佔據該租借地與鐵路亦其所不喜觀省議會商會之抗議可知也他省人民亦同此感政府防範人民使其表示反對止於抗議不進而爲更劇烈之行動頗非易事可見其於此問題感情之深矣設不歸還則不特中國與將來掌握該租借地及鐵路暨他項

德國權利之國必生齟齬而山東人民與該國人民之間必且尤甚既與攻擊青島時宣言鞏固東亞長久穩固和局之用意難以相容亦與英日同盟之宗旨所謂保中國之獨立完整守各國在華商工業機會均等之原則以全各國在華之公共利益者亦不相符合矣

丁　何以應直接歸還

中國政府陳說各項理由以明膠州租借地膠濟鐵路及附屬權利應完全歸還中國既不含有日本向德國索得租借權及鐵路權之後將不肯交還中國之意尤無疑慮之心中國對於日本保證之聲明於深信不疑所以注重於完全歸還中國一節者不過欲引人注意於此舉之爲根本上之公道而已

一　抑歸還之法厥有二途即直接歸還中國與間接由日本歸還是也於此二

十一

途中國願擇其直接者其理由之一卽取其程序簡單不致滋生枝節葢一步所可達者自較分作兩步爲易也且中國從諸聯盟國與共戰國之後得與於克捷之光榮若向德國逕直收回青島及山東權利則足以增我國家之威信而聯盟國與共戰國敵愾同仇以維持之正義與公道之原則亦從此而益彰矣

二　中國之請求直接歸還非不知日本將德人驅出青島時所受之犧牲與其所損失之生命帑款中國政府人民於日本海陸軍隊英勇慷慨以助鄰國之舉實深銘感而英國於歐洲戰事危急之時仍能力助此舉亦所深荷卽其他聯盟國與共戰國之軍隊與敵人相持使不得分兵以援遠東而延長是處之戰事中國政府人民亦不能忘其惠中國鑒於山東人民當攻陷青島時因聯軍之行動受種種苦楚犧牲愈覺此等援助舉動之可感然感激雖深中國終不能承認其

領土之權利可因他國之戰爭彼時身處局外而輙受影響也且日本固宣言戰爭之目的在使遠東和局不爲德人所危害目的既完全達到則其雖所有犧牲而食報之豐無以加矣

三 中國政府亦非不了然於日本四年以來對於此項租借地及鐵路等項權利處於軍事佔領者之地位然徒因戰事期內之佔領不能遂獲得所佔土地或產業之主權總之不過暫時辦法必須經平和會議總計諸聯盟國與共戰國之普通利益而追認或取消之此次日本軍事佔領租借地與鐵路自中國對德奥宣戰之日起即爲反對共戰國權利之舉而其佔據鐵路則自最初之時即已不顧中國之抗議矣

四 中國固曾於一九一五年五月二十五日與日本訂立關於山東省之條約

十二

其第一條云

中國政府允諾日後日本國政府擬向德國協定之所有德國關於山東省依據條約或其他關係對中國政府享有一切權利利益讓與等項處分概行承認

然膺憶此約與此外關於滿州東內蒙之一約暨多數之換文皆發生於一九一五年一月十八日日本無故向中國提出之二十一款要求中國政府本所不願經日本送遞最後通牒限四十八小時以內爲滿意之答復始勉强允之無論當時訂約情形在中國極爲痛苦總之中國政府視之至多不過爲暫時之辦法必須經平和會議爲最後之修正因其所涉首要問題本爲戰事所發生故舍最後之平和會議外不能爲滿意之解決也即較近所訂關於膠濟鐵路暨昔

日讓與德國他項路權之合同中國對之亦同一看法不特此也就以上所引條文而細審之可見日本並未獲得關於山東租借地與鐵路暨他項德國權利不過得有保證謂所有關於德國權利利益讓與之處分儻經日本與德國協定中國即從而承認之耳此項保證自係設想中國始終中立不能參與最後之平和會議而言若加以他項解釋則勢必指日本為另有用意與其所明白宣告如英日同盟條約所謂確保中國之獨立等事者不能無悖蓋苟不認中國有宣戰及列席平和會議之權即不啻不認其政治獨立所發生最要權利之一也中國既入戰局則該約所設想之情形即已根本改變故依據事變境遷之法理此約已不復有效

五　進而言之中國既於宣戰布告中顯然聲明所有中德兩國從前所訂一切

十三

條約合同協約皆因兩國立於戰爭地位一律廢止則一八九八年三月六日之約德國因之而得據有租借地暨鐵路以及他項權利者當然在廢止之列而德人所享之租借權利按法律言之即業已回復於領土之主權國即出租該地之主權國易言之即德人業已喪失其租借地等各項權利故已不復享有所謂關於山東省之權利可以讓與他國者也即謂租借之約不因戰事而廢絕然該約中本有不准轉租之明文亦未見德國能轉租其他與他國也至鐵路一節則按一九零零年三月二十一日之中德膠濟鐵路章程本有中國國家可以收回之規定即含有不准轉讓與他國之意

中國鑒於上列各理由深信平和會議對於中國要求膠澳租借地膠濟鐵路暨關於山東省之他項德國權利之由接歸還必能認爲合於法律公道之舉苟完

全承認此項要求則中國政府人民對於諸國秉公好義之精神須永永感激於無涯而對於日本必且尤甚此一舉也不特日本與諸友邦所願維持之中國政治之獨立與領土之完整藉以鞏固而遠東之長久和局亦藉此新保證而益堅矣

十四

五十二 奉天省长公署为在奉天省城及营口安东等地加派邮件检查员事给奉天交涉署的训令（一九一九年七月三十日）

盈字[illegible]

奉天省長公署訓令第 州 號

令特派交涉員

会计處 閱

承准

國務院蒸電開檢查郵電辦法前經敬電通行廢止在案

茲准內務部提議據皖省督軍省長電稱近日過激主意正

在萌芽往往發現前項印刷物品深恐邪說日傳蔓延日

廣擬仍將衝要地方郵電派員檢查以遏亂萌云云經函商陸

軍部准復以如何辦理由部酌核等因查檢查郵電以戒嚴

法為施行根據原應由陸軍部主持惟現在過激潮流仍廣
滋蔓地方秩序即影響於國家安寧除贛鄂黑川新皖及綏遠
上海等處業經先後准其暫緩停止檢查外所有具報正之
奉吉直魯蘇豫閩浙晉等省應否電知相機辦理提出
公決前來茲經國務會議議決由院電知各省相機辦理合
電知照等因查奉省地居衝要謬說易於流傳往來郵電
自應續行派員檢查以俾消隱患茲經擬定省城四員營口
安東各二員遼源一員均就原有檢查員中遴派以資熟悉
應需俸給辦公等費由本署酌照前案造具預算令發財
政廳按月籌撥除分行外合行令仰該員即便查照此令

中華民國八年七月 日到

中華民國八年七月三十日

張志良監印

東三省巡閱使奉天督軍兼省長張作霖

五十四 热河都统姜桂题为认真查禁朝阳县商民抵制日货行为事给朝阳镇守使及朝阳县知事的电稿（一九一九年八月十八日）

電稿

朝陽殷鎮守使譚知事昭密准奉天省長咨准駐奉
日總領事函據營口領事報告朝陽縣排斥日貨甚
烈該地商人近由營口購入棉絲布二三十捆運至中途
復送返錦州恐嗣後輸入日貨有全行斷絕之狀
態請咨行熱河都統轉飭朝陽縣迅予嚴重
取締等因查該縣抵制日貨有無其事前據
峯安派員呈請禁止業經轉行在案亦准前因
仰該營縣遵照會同認真查禁俾免藉口仍
將查禁情形電復以憑轉咨勿延都統姜巧

五十五 热河道尹公署为教育部函北京大学学生孟寿椿等10名已保释狄福兴等3名均改入优待室预审事给热河省立师范学校的训令（一九一九年八月二十九日）

熱河道道尹公署訓令第[illegible]七[illegible]號

令熱河師範學校

為令行事奉本年八月二十六日奉

部飭第八百六十五號訓令以准

教育部函開月前北京大學學生因在校內

開會互相衝突變方向法庭控訴業經京

師地方檢察廳偵查互相傳為這在事學

生孟壽椿等十名旋由本部向檢廳設法疏

道已保釋學生狄福興等三名其餘亦均改
入優待室聽候預審此次該校學生陷刻互
相衝突繼復彼此控訴致涉刑事雖經
檢廳拘傳已傳知該校諭誡各生靜候依法
辦理誠恐遠道傳聞失實應請查照隨時
曉示以免誤會而釋群疑為要盼此致等
因准此合亟令仰該道尹轉行所屬各學校
一體知照此令等因到道除分行外合亟令
仰該校長一體知照此令

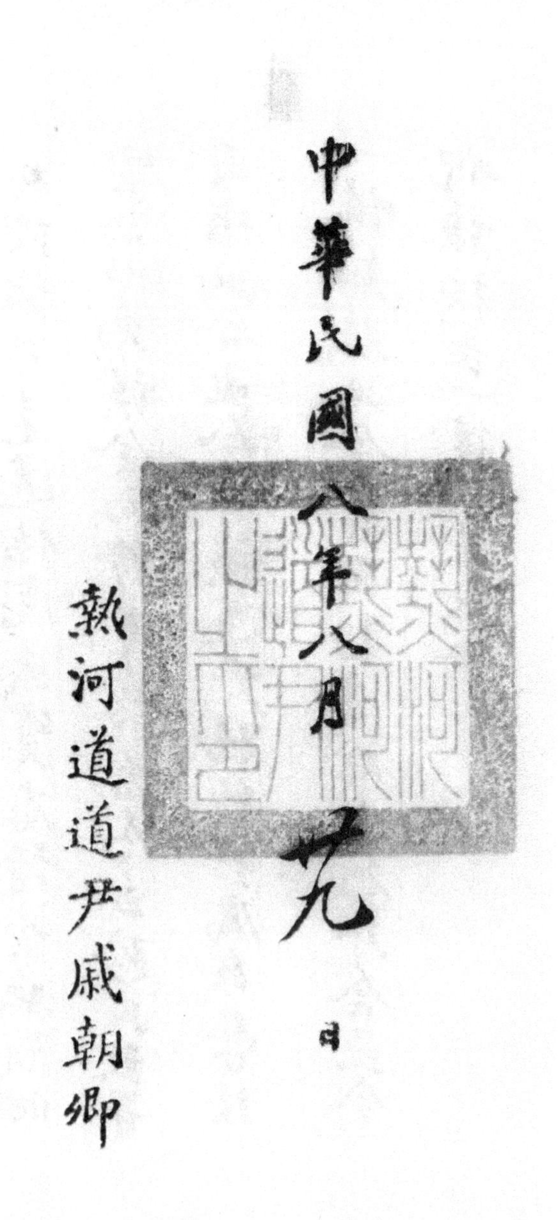
中華民國八年八月九日
熱河道道尹戚朝卿
八八卅

五十六 奉天省长公署为京师警察厅强制解散北京新华门外各界代表集会及各界联合会代表赴公府请愿事给宽甸县公署的训令（一九一九年九月三日）

奉天省長公署訓令第[illegible]號

令寬甸縣

承准

國務院勘電内開昨電計達自二十六日以來自稱各界代表多人仍

麕集新華门外迄未解散昨復陸續增添至數百人雜有学生

經院部派員就請願各端詳切曉諭多已領悟而男女代表多方

撓阻勸導無效本日復分撥多人包圍府院阻斷交通竟敢擕[illegible]

西苑门頭有莠民摶煽圍亂若不嚴行制止勢必牽動公安大局

可收拾苏属维持治安起见议定强制解散倘仍恃众暴动即当宣布戒严依法严切办理事关首都重地各国具瞻弭乱镇萌尤非得已诚恐此辈阴谋扰乱或致分布各省别图举动以为声援务希严密防弭随时惩办勿任蔓延是为至要又准

内务部卅电开闻近有多人自称各界联合会代表来京赴公府请愿以解除山东戒严令惩办马良为请经承宣司传奉大总统交谕由地方官厅照章办理当经京师警察厅派员分别劝谕讵各该请愿人等匪惟不遵劝谕复有强暴举动竟至包围府院捣破西苑门栅栏已由该厅强制解散所有当日事实业经国务院布告合行摘要电闻再贵省区内如有此种未经立案非法团体并希通饬所属分别依法

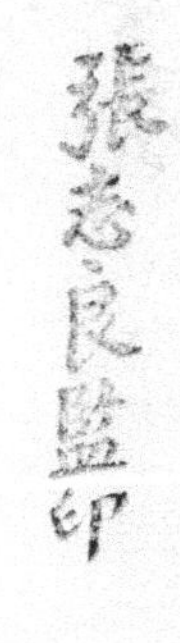

嚴重干涉以維治安為要。除分行外，合行令仰該縣即便遵照，嚴密防範，隨時干涉懲辦，仍將詳細情形具報。切切。此令。

中華民國八年九月三日

東三省巡閱使兼奉天督軍省長張作霖

張志良監印

五十七 热河都统公署为取缔《星期评论》《每周评论》等刊物事给热河全区警务处的训令（一九一九年九月八日）

熱河都統公署訓令第八百四十號

令警務處處長馮夢雲

為密令事總務處第二科案呈本年八月三十日准

內務陸軍部密咨內開為密咨事准江蘇督軍密

函開現據滬探檢呈上海過激黨印行之星期

評論及在北京發行之每週評論數紙各該報

內容均係鼓吹無政府共產主義宗旨悖謬

除密令所屬一體查禁外檢同原件函請查

照飭禁等因并原件到部查閱檢送原報語

多鼓吹無政府共產主義若不依法取締誠

恐輾轉傳播貫於地方治安大有關係除通

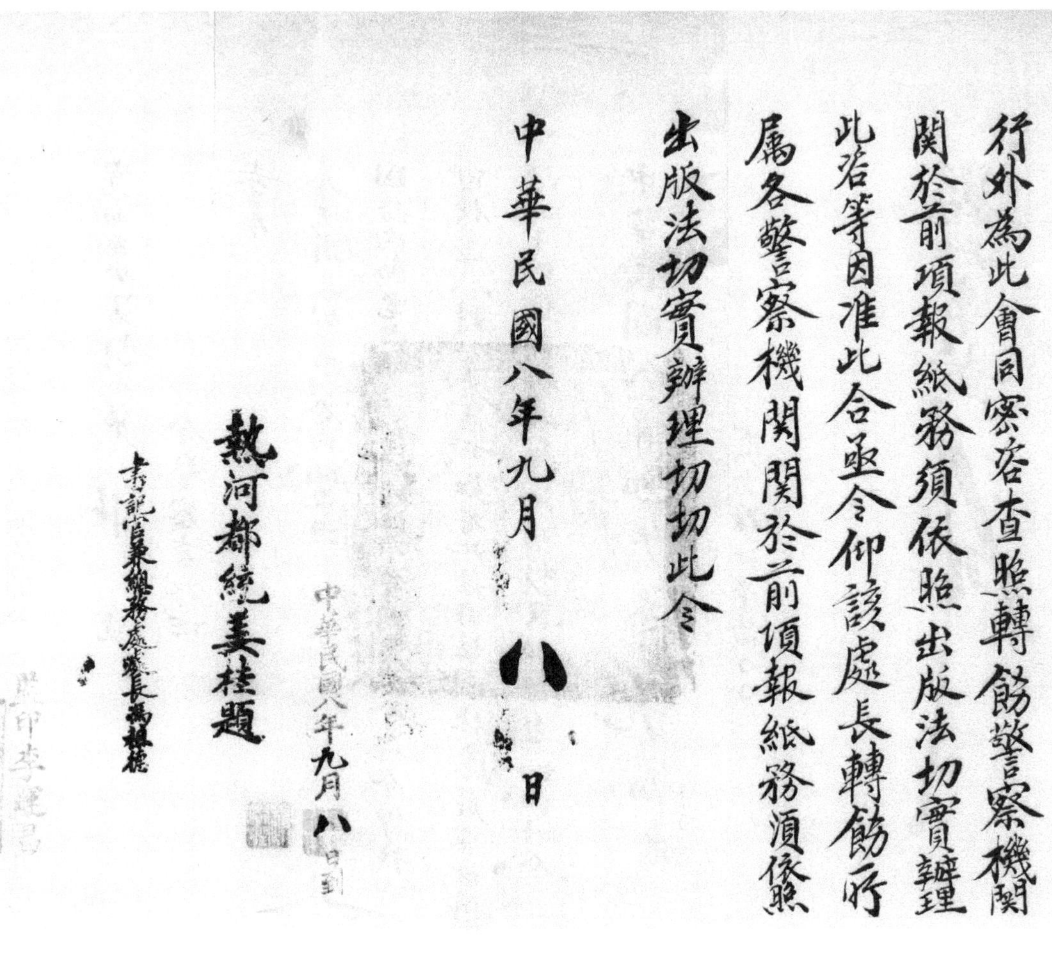
行外為此會同密咨查照轉飭警察機關
關於前項報紙務須依照出版法切實辦理
此咨等因准此合亟令仰該處長轉飭所
屬各警察機關關於前項報紙務須遵照
出版法切實辦理切切此令
中華民國八年九月八日
熱河都統姜桂題
書記官兼總務處處長[illegible]
中華民國八年九月八日到
監印李[illegible]
校對孫文[illegible]

五十八 宽甸县公署为严密防范随时干涉各界联合会等非法团体活动事给宽甸县警察事务所的训令（一九一九年九月九日）

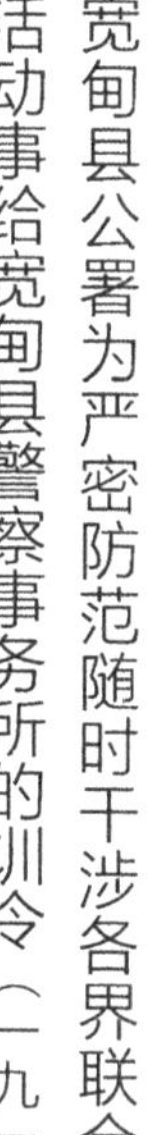

宽甸县公署训令第[illegible]号

令警察事务所

案奉

奉天省长公署训令内开：承准

国务院勘电内开[illegible]云，切切此令。等因奉此，合行令仰该所长即便遵照转令各区所，如有此种非法团体，应严密访缉，随时干涉惩办，仍将详细情形具报，毋忽，切切此令。

中华民国八年九月九日

宽甸县知事黄○○

县知事黄

五十九 教育部为就北京学生罢课请愿事件请各校职教员等悉心研讨教育问题事的训令（一九一九年九月二十七日）

中華民國八年九月二十六日

照錄本部訓令第三九二號文

戰後教育問題各國學者所討論與政府社會所施設莫不汲汲然如恐弗逮吾國設學日淺重以政變頻繁未能確定主旨積極進行至本年五月間京校各生復有罷課請願之舉逾越常軌羣情惶惑一方暴露其平時之弱點又一方卽隱爲前途夷險之動機此誠吾儕教育界惕厲猛省之日亦卽各學校職教員等盡瘁於人類社會之時本部職司所在深願與各校職教員等致其揚搉其一各學校職教員對於校內一切事項惟勤乃能實踐惟誠乃能默化平時精神能貫注於一校斯臨事詔勉能感洽於倉卒此次學生行動各校職教員等均感寬嚴兩難應付俱窮之苦要其總因端在平昔深冀此後各就天職所在躬負責任以校務之整理導生徒以自治以自身之修養範生徒之行動如陶斯模如冶斯鎔是則教育者之責也其二中等以上各校生徒性力未堅而情感至强加以吾國社會習染之不良普通教育之不完全青年人格日在危境爲職教員者務在常與生徒接近共負訓練之責訓練之方應注意於循生之品性意識與其共同動作施教之法重在以科學發攄其思想能力以美感變化其精神狀態至於分擔校務實習工作課餘講演操行檢查等項均應毅力實行庶幾風紀樹立不徒恃文字口舌之力亦不以束縛馳驟爲能此又教育者之責也其三生徒愛國固爲國家教育之表徵而生徒行動不能不爲學校行政所範圍就教育主義而言本爲學者與社會所公有就學校行政而言則政制學制自有系統苟政治組織一日未有變更斯此種系統一日不能破壞其間分際本極明瞭嗣後各校職教員等務應

三

奉天公報　民國八年九月二十七日　第二千七百十九號

隨時舉國家地位與國際情勢世界進化之大原以及國際國內臨時發生之大事與學生詳晰講述令其了解始末不至爲一時之客感與外誘所動搖至於超越國內社會及超越現時代政治主義之學說亦應爲之諦察而規正之以明其不適宜於吾國進行之方稱免致與社會鑿枘徒生反感此又教育者之責也其四世界戰後之社會問題全視教育問題以爲解決向此教育者不過負指導社會之責今後則必尤其教育之詣力根本改革社會爲有系統之組織又必令教育之主張方法適應社會所要求之分量乃能爲有秩序之進行緣此義例未來之社會於今日之生徒覘之其良楛成虧亦即惟今日之教育者任之嗣後各校職教員等對於生徒務在導以耐勤勞守規律之習慣并濬發其智識拓展其能力令趨於實際應用與事業創造然後能養成健全人格植立社會中堅可期與世界爲同等之進化此又教育者之責也上述諸端爲義至簡關係至要本部外鑒於世界思潮之孟晉內怵於教育現狀之杌棿前途廪廪亟待籌維對於各校職教員等屬有同舟之誼爰盡諍友之告務各悉心研討協力維持以盡教育之職責斯則本部所厚望也此令

中華民國八年九月　日

六十 教育部为就京外各校学生因山东问题罢课请愿行为对学校教育提出要求事的训令（一九一九年九月二十七日）

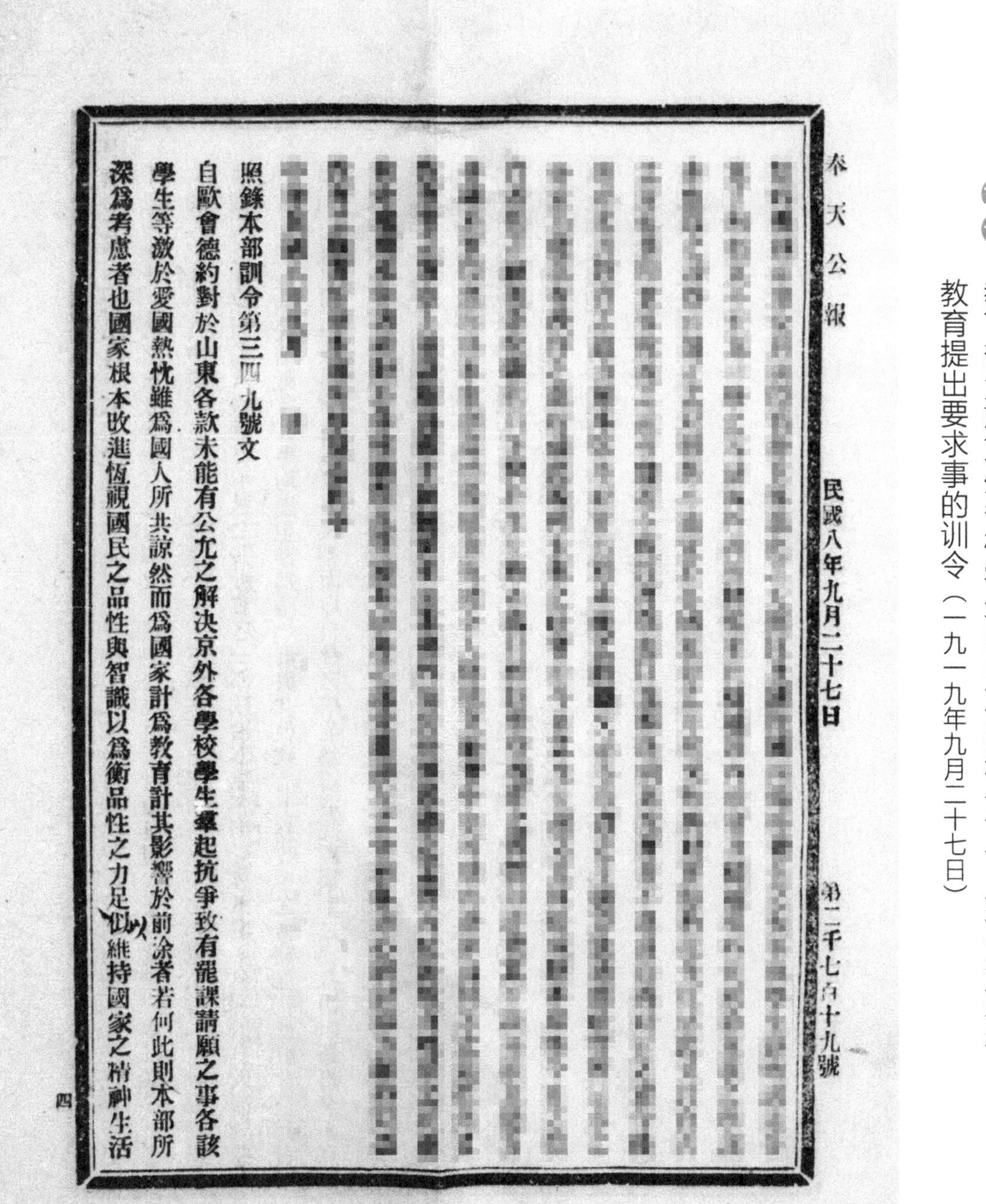
奉天公報 民國八年九月二十七日 第二千七百十九號

照錄本部訓令第三四九號文

自歐會德約對於山東各款未能有公允之解決京外各學校學生羣起抗爭致有罷課請願之事各該學生等激於愛國熱忱雖爲國人所共諒然而爲國家計爲教育計其影響於前途者若何此則本部所深爲考慮者也國家根本攸進恆視國民之品性與智識以爲衡品性之力足以維持國家之精神生活

四

智識之力足以發展國家事業出而與世界相見職是之故教育者與受教育者對於國家之任務不出乎學術修養之範圍即令國家有重要事故亦祇能以校內所討論與國人交換意見倘參以事實上之行動客氣乘乎其中環境逼其前越俎廢學勢所不免本實先撥國將焉賴此應覺悟者一也政治變遷肇端甚繁探原而論政治社會不過公共社會之一部政治事業亦即社會事業之見端求良政治於惡社會求新政治於舊社會其事均屬至難爲諸生計與其就政治上爲改革之嚆矢毋甯就社會上爲實際創造誠能以學校爲鑄造社會之模型而以自身之學業爲鑄造此種模型之資料朝而修焉夕而息焉舉社會之實質與其生活狀態莫不陶冶於學校之內則社會之中堅由此而立即將來政治之根本改革亦必緣此而可望其有成苟違茲義豈惟干預政治顯有出位之嫌卽令自秉國成恐亦無澈底之法此應覺悟者二也吾國設學垂三十年矣事業舉廢宗旨良楛雖以概言獨至於學校風紀則當局與國人莫不兢兢然持之豈覘之一校既爲操行成績之徵被之全國尤爲教育信仰所繫平時學生行檢稍乖社會猶指爲詬病若其橫逸潰決取學校之規律與職教員之訓誡一舉而蔑棄之使職教員對於諸生剛柔張弛並有所窮而教育當局又不能取世界之趨勢與教育學說之變化强國人以共喻卽無法以保持教育上之社會信用不甯惟是學風既隳在校已無復重規律守秩序之習慣浸假而校外之行動與行政之職權社會之裁制發生衝突必至干涉强制兩敗俱傷衡時教育主張與學生地位適同貶抑教育基礎無法維持事之可痛甯有逾是此應覺悟者三也國勢艱虞至今益亟深識之士瞻顧徬皇方以學校教育爲前途一綫之希望諸生念國家待拔之急應如何發憤深造寶貴[illegible]之光陰念國

五

奉天公報　　民國八年九月二十七日　　第二千七百十九號

人之屬望之殷應如何刻苦自勵養成遠大之器識不此之圖而急於事功淺於嘗試汜濫迴旋於政治潮流而無所當外襲時論內隕良知立身無所進言愛國本部對於諸生誼同師友分等家庭自前此各校罷課以來即以調護士氣維持學風爲主旨迭向京外主管長官暨各學校校長職教員等商榷匡導幾於舌敝唇焦猶幸諸生了解始末得以告一收束玆値暑假屆滿各校開學之始惟望各學生以深切之覺悟策前途之進修爰掬忱悃申玆誥誡諸生誠能懷學殖之荒落念來日之大難勉納盡言不遠而復是則本部所厚望也此令

中華民國八年八月　　日

六十一 奉天全省警务处为严密防范俄列宁政府在中国传播过激主义印刷品事给海城县警察所的训令（一九一九年九月二十七日）

奉天全省警務處訓令 第 號

令海城縣警察所 八九

案奉

省長公署訓令内開准 國務院函開案准

參謀部咨開據邊防事務處函據日本武官來函

云抄送該國田中少將在巴黎來電通告列寧所遣之

激黨列寧一派注目中國欲使投入激黨漩渦曾以

支那語之印刷物配布於中國及中央亞細亞等

情附抄原件請通行查禁等因當經咨行各節俄邊

激黨既有以印刷物流布中國意圖煽惑情事亟

應加意偵防嚴密查禁以戢亂萌相應抄錄原

仰乞贵省长查照办理可也计抄件内开准此除
分别外合行抄件令仰该交涉员严密查禁勿
稍疏忽此令计抄件内开奉此除分行外合行令
仰该所即便遵照严密查禁此令 计抄件

中华民国八年九月　日

处长 王家勋

照抄巴黎田中少将报告书要旨

過激派之列寧一派以蔑視人道正義而逞其虐待暴行為文明及自由之公敵而為文明國民之所敵視彼今尚能維持其命脈者雖原因於列强厭倦長期之戰役無餘力加彼以鉄拳而彼之奸險手段及惡辣之傳布政策亦大為有力此周世間所周知之事實彼墮其術中以起大患者不少即如德意志其尤甚者也而歐諸國有鑒於此乃大加警戒過激派不易達其目的也乃注目於中東及極東就中尤着眼中國欲使投入漩渦其畫策進行不難審而知也左之事實亦其一例

據莫斯科發來之無線電列寧政府曾以支那語之印
刷物配布於中國及中央亞細亞其要旨曰俄國勞農
政府破棄俄國帝政時代與日本及中國所締結
之秘密條約且發棄拳匪事件之賠償及俄國在中
中國之所有特權勞農政府欲與支那代表者商議
國境與其他問題而過激派者為支那人民唯一之同盟
者同情誼之關係支那人民即與過激派政府開始公
式之國際關係已送此功告於我前進軍之代表者矣
我軍欲從沃木斯克捷克及日本其他聯合諸國解
於西伯利亞故正前進中

六十二 奉天督军公署等为巴黎和会用协约国共事国名义通知各国对于俄国实行严厉政策事给奉天交涉署的训令（一九一九年十月二十八日）

存卷

第二科

奉天督軍省長公署訓令第三三〇號

令特派交涉員

案准

國務院嘯電開：統密。准外部鈔送法京顧專使電稱：和會秘書長函稱，本月七日，和會用協約國共事國名義通知西班牙、阿踬廷等中立國十一國及芬蘭

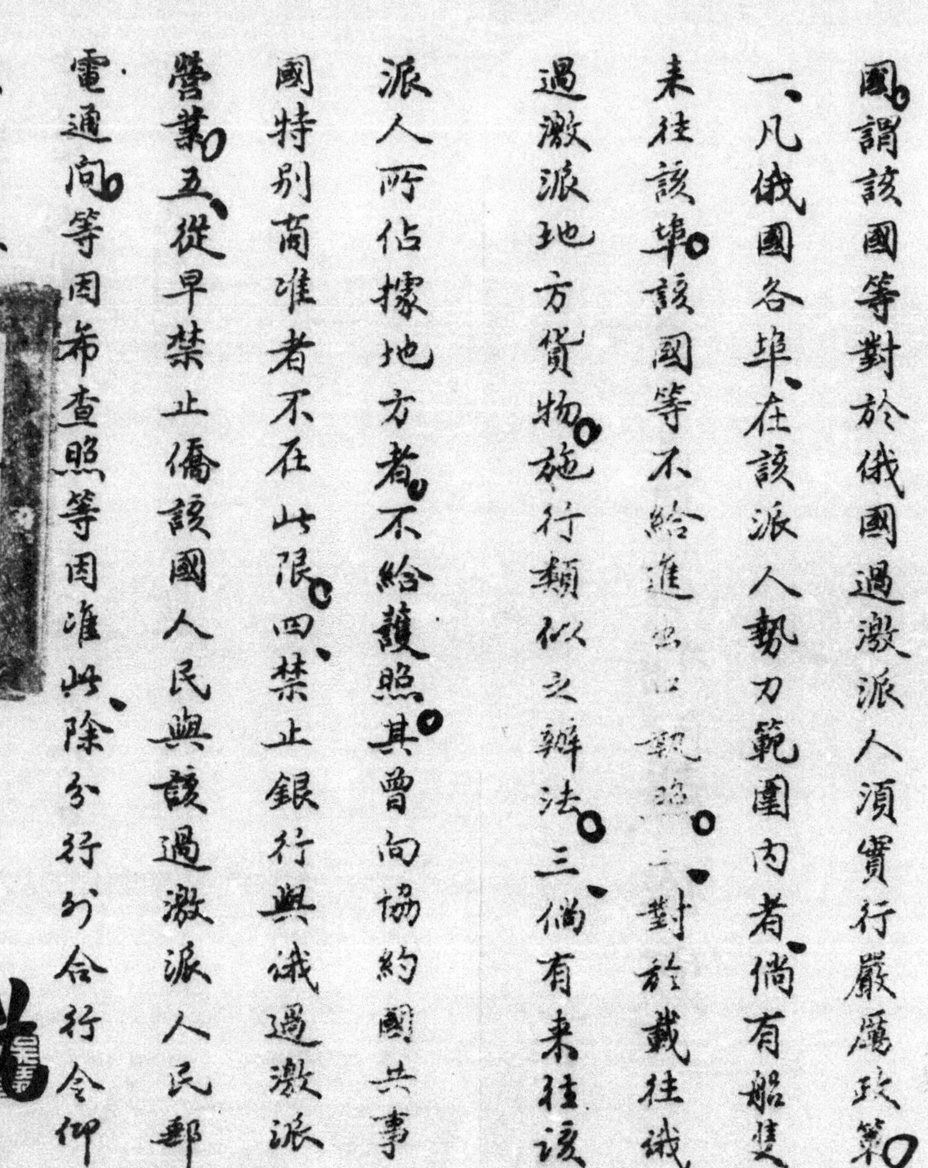

國謂該國等對於俄國過激派人須實行嚴厲政策。一、凡俄國各埠在該派人勢力範圍內者，倘有船隻來往該埠，該國等不給進出口報單。二、對於載往俄過激派地方貨物施行類似之辦法。三、倘有來往該派人所佔據地方者，不給護照，其曾向協約國共事國特別商准者不在此限。四、禁止銀行與俄過激派營業。五、從早禁止僑該國人民與該過激派人民郵電通信等因，佈查照等因。准此，除分行外，合行令仰該員即便遵照。此令。

中華民國八年十月　日到

中華民國八年十月廿八日

張志良監印

東三省巡閱使兼奉天督軍省長張作霖

六十二 奉天省长公署为政府正在与日方交涉闽案请绅商学各界静候中央办理事给宽甸县公署的训令（一九一九年十二月十三日）

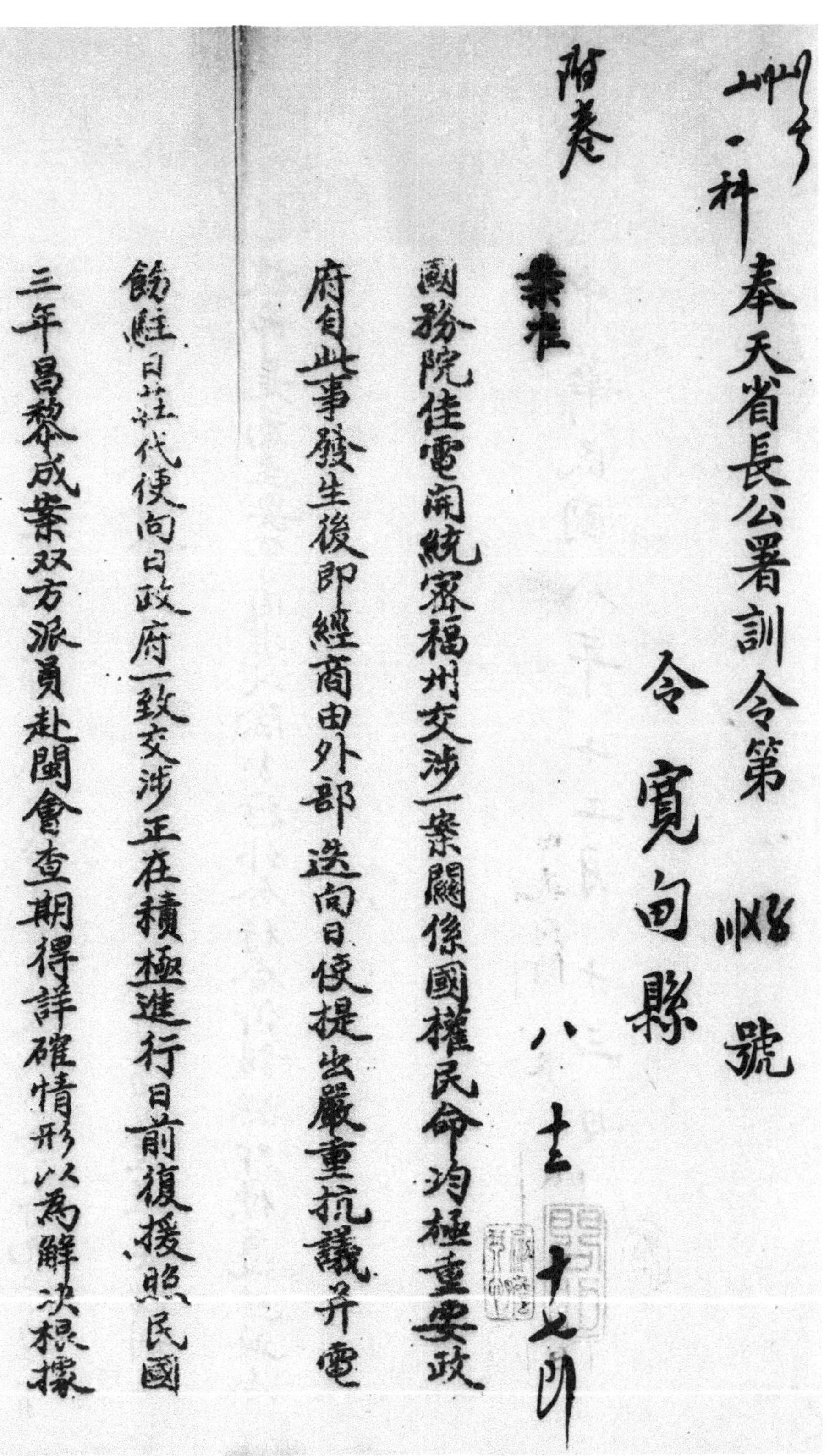
奉天省長公署訓令第　號

令寬甸縣

案准

國務院佳電開統案福州交涉一案關係國權民命均極重要政府自此事發生後即經商由外部迭向日使提出嚴重抗議并電飭駐日莊代使向日政府一致交涉正在積極進行日前復援照民國三年呂黎成案双方派員赴閩會查期得詳確情形以為解決根據

在國人呼號奔走具見愛國之誠第恐群情憤激或以發生踰軌行動尋

滋口實應請轉諭紳商學各界靜候中央辦理切勿輕舉妄動别生

枝節是爲至要等因准此除分行外合行令仰該縣即便遵照此令

中華民國八年十二月十三日

張志良監印

六十四

奉天省长公署为查禁报刊《浙江新潮》事给北镇县公署的训令（一九一九年十二月十五日）

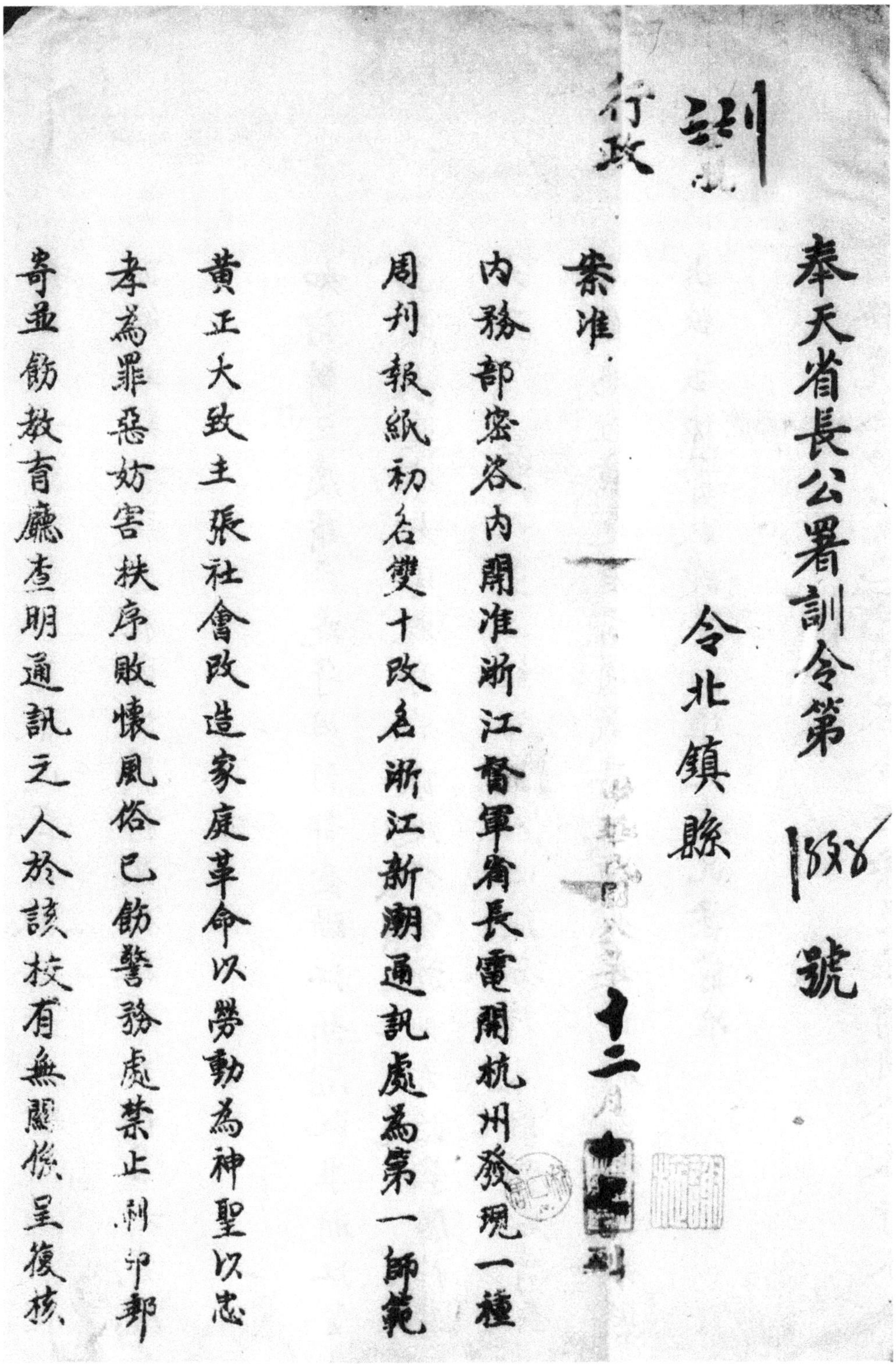

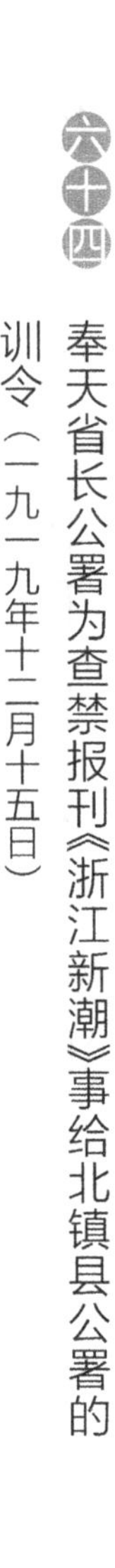

訓
行政

奉天省長公署訓令第　號

令北鎮縣

案准

内務部密咨内開准浙江督軍省長電開杭州發現一種周刊報紙初名雙十改名浙江新潮通訊處為第一師範黄正大致主張社會改造家庭革命以勞動為神聖以忠孝為罪惡妨害秩序敗壞風俗已飭警務處禁止剞印郵寄並飭教育廳查明通訊之人於該校有無關係呈復核

十二月十五日

辦以後如續有類此書報違背出版法者均當隨時嚴重取締此類書報有在內地發行及在租界外轉售者究應如何辦理之處請示遵等因到部查浙江新潮既准浙江督軍省長電稱妨害秩序敗壞風俗實於地方治安關係甚大亟應查禁以重法紀而正人心除分行外相應咨請查照飭屬注意遇有前項或其他類似之印刷品務布依照出版法切實取締等因准此查此案前准

國務院冬電業已分別咨令在案茲准前因除咨行外合行密令該知事即便遵照查禁此令

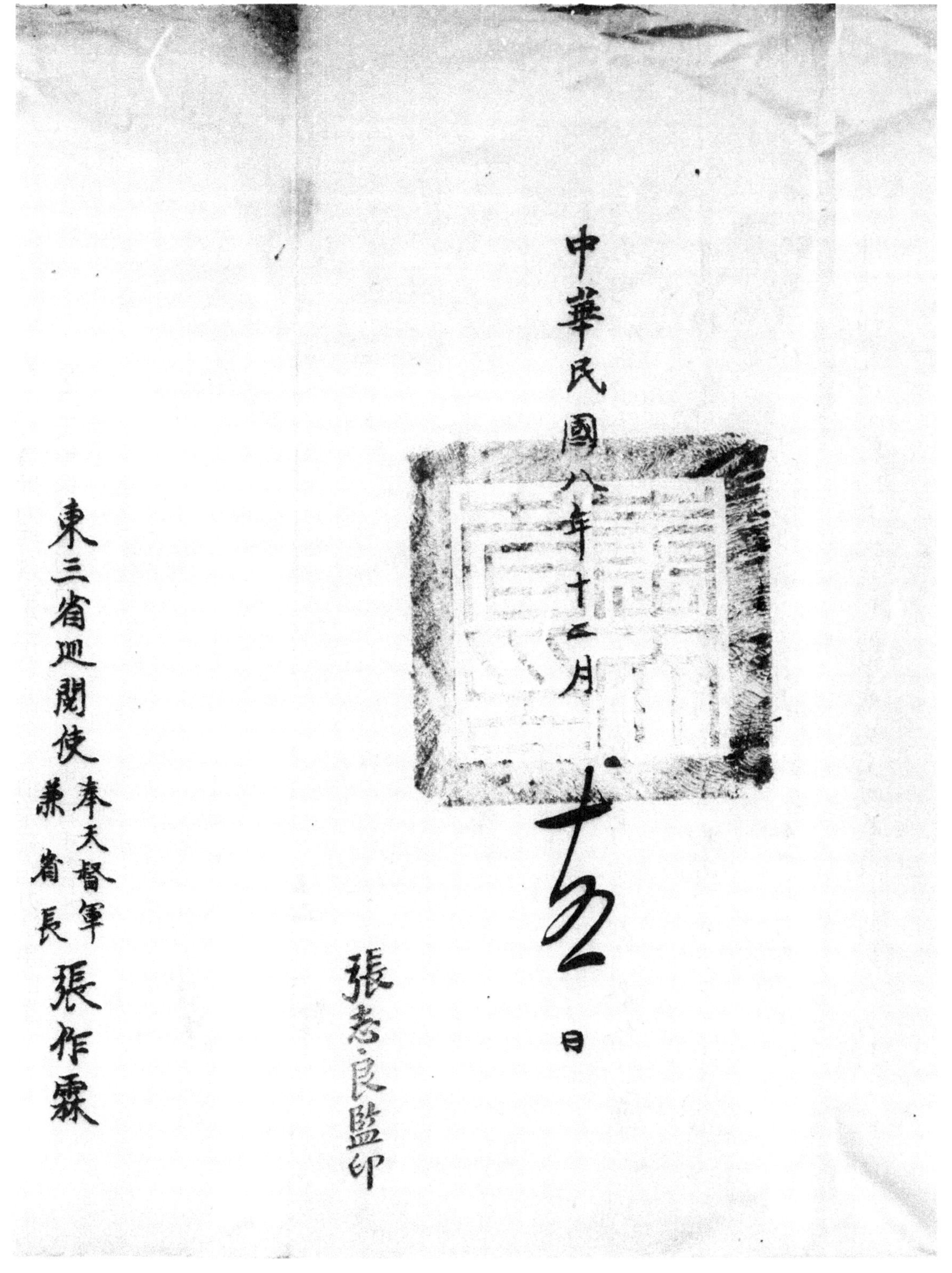
东三省巡阅使兼奉天督军省长 張作霖
中華民國八年十二月 　日
張志良監印

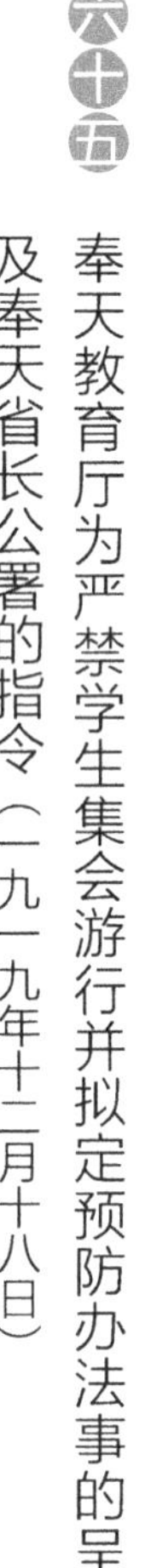

六十五 奉天教育厅为严禁学生集会游行并拟定预防办法事的呈及奉天省长公署的指令（一九一九年十二月十八日）

呈

呈為嚴禁學生集會游行以重學業事案查京省學風不靖各校學子集會游行之舉時有所聞奉省校風素稱整肅當此滄海橫流之際不能不為防微杜漸之謀茲擬規定預防辦法二端一本學期內各學生來往函件及郵寄印刷物均由校長督飭學監及主級教員拆封檢查再行交遞

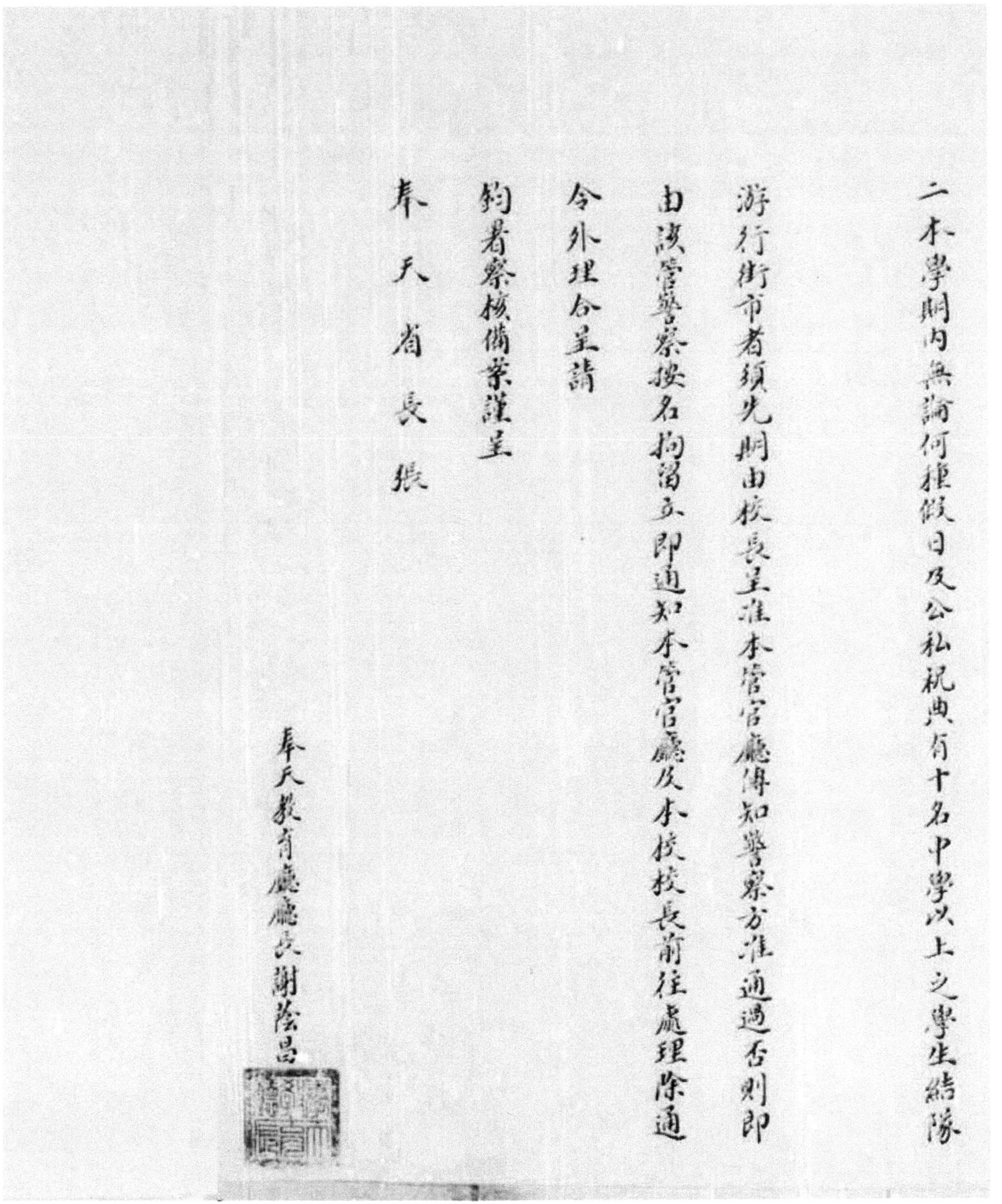

二本學期內無論何種假日及公私祝典有十名中學以上之學生結隊
游行街市者須先期由校長呈准本管官廳傳知警察方准通過否則即
由該管警察按名拘留並即通知本管官廳及本校校長前往處理除通
令外理合呈請
鈞鑒察核備案謹呈
奉天省長張
奉天教育廳廳長謝蔭昌

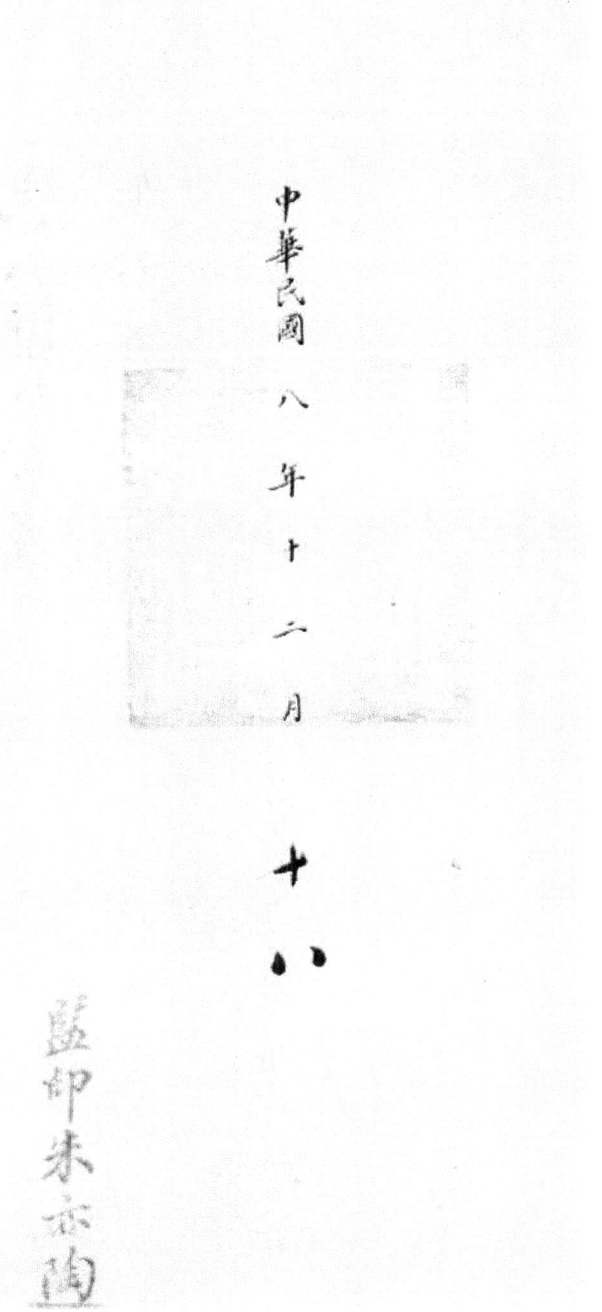
中華民國八年十二月十八
監印朱亦陶

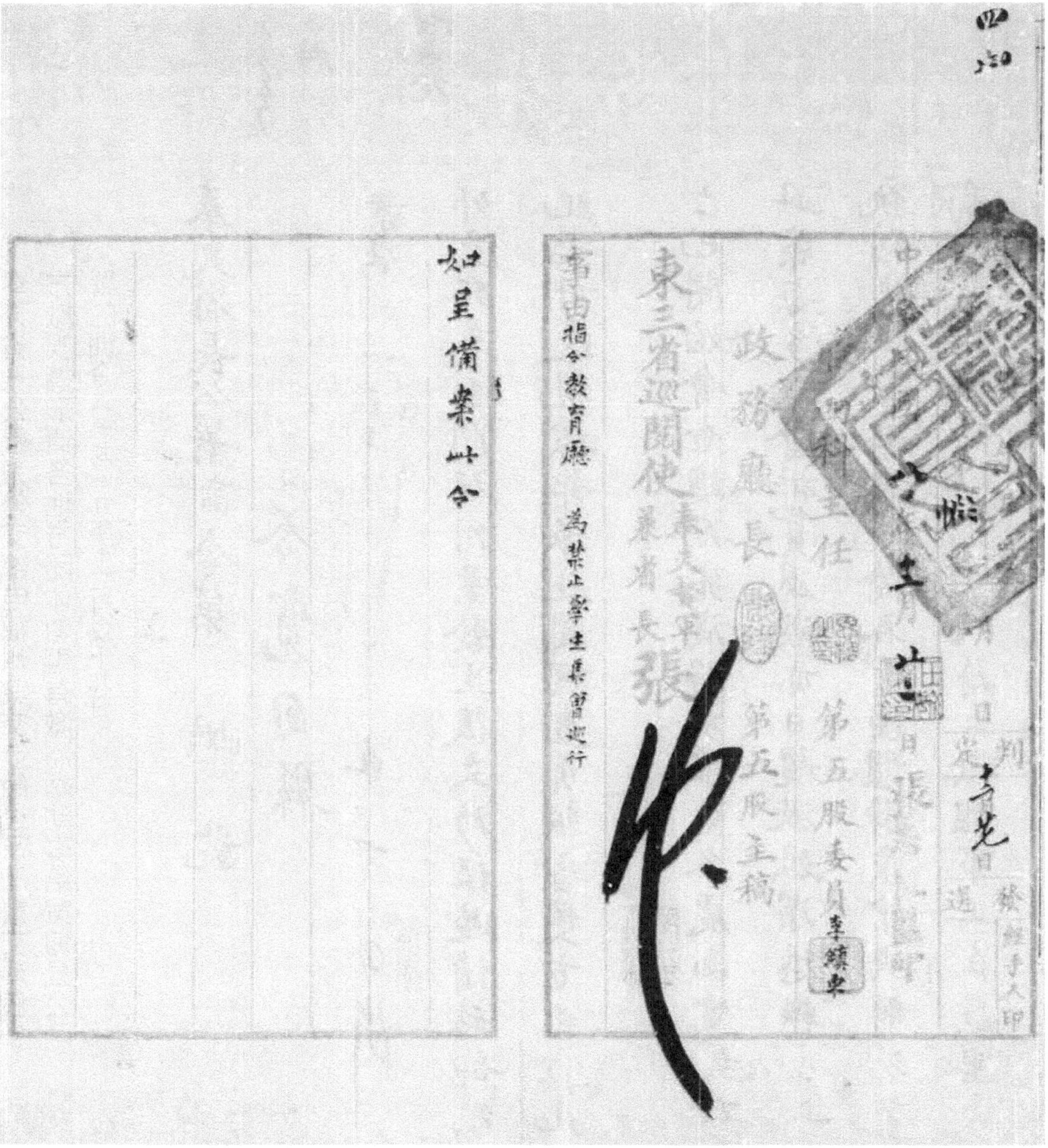

東三省巡閲使奉天督軍兼省長張

政務廳長

科主任

第五股委員 李續東

第五股主稿

事由 指令教育廳 為禁止學生集會遊行

如呈備案此令

奉天省长公署为外交部电福州案交涉经过及严重交涉日方撤舰情形请各地方团体勿再有激烈举动事给宽甸县公署的训令（一九一九年十二月二十九日）

奉天省長公署訓令第　號

令寬甸縣

案准

外交部養電開福州案發生後交涉經過情形部緘紀要計達現據部派赴閩調查員報告雙方妥為[illegible]已開始會查總期完滿解決惟查各處函電對於此案每多誤會排貨風潮亦日趨激烈深恐輒出正軌別生枝節務請曉諭各地方團體靜候中央解決勿得再有激烈舉動以免日人藉口撤艦事正在嚴重交

科

附卷

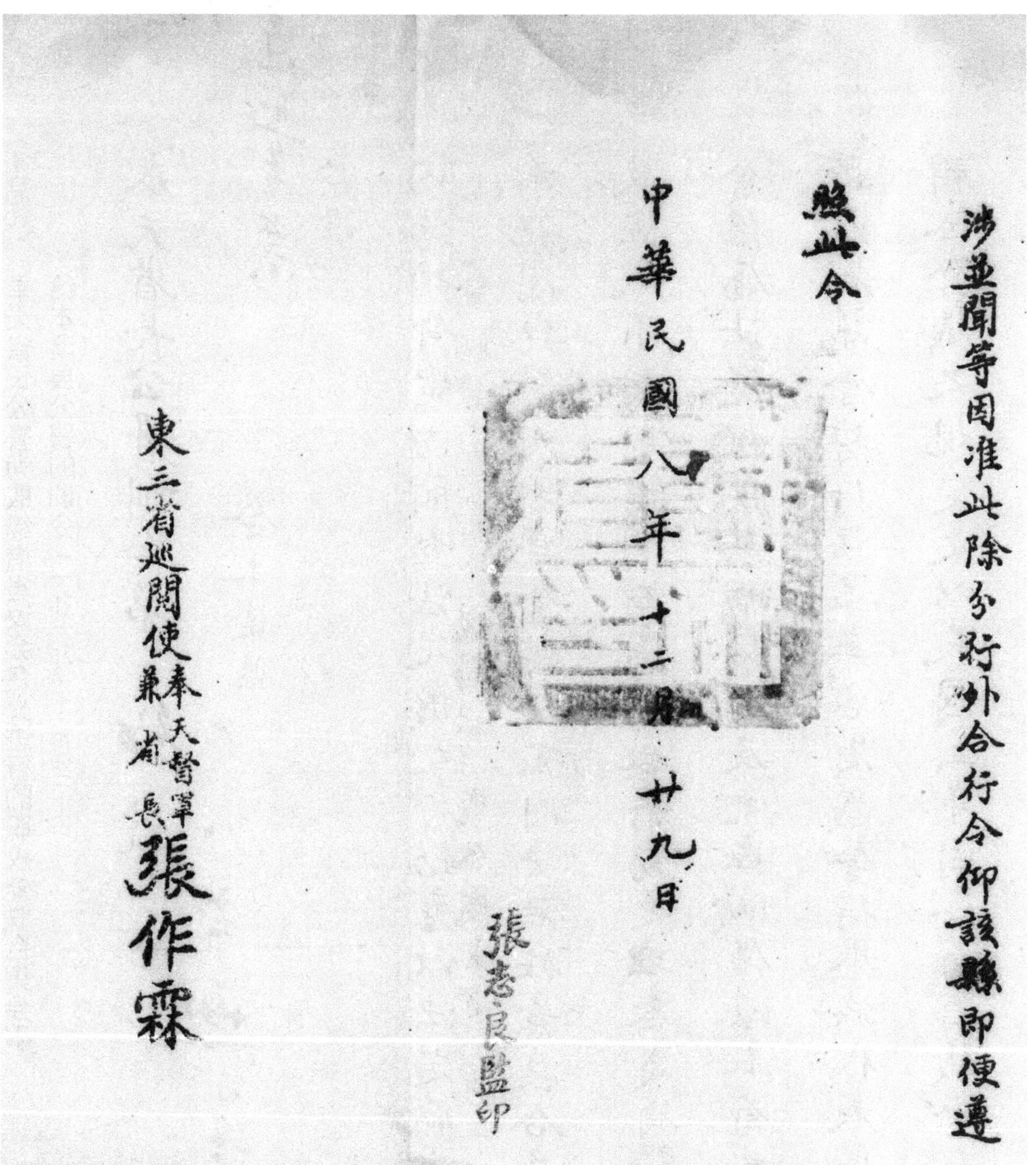
涉並聞等因准此除分行外合行令仰該縣即便遵

照此令

中華民國八年十二月廿九日

東三省巡閱使兼奉天督軍省長張作霖

張志民監印

六十七 奉天省长公署为取缔借省议会名义进行的职权外联合集会事给本溪县公署的训令（一九一九年十二月三十日）

10621

奉天省長公署訓令第　號

令本溪縣

民國八年十二月卅一日到

內務部哿電内開查法定機關之行動應以法定職權為範圍與箇人之集會結社不同決無任意集合多數區域不同之機關而為聯合行動之理各省省議會係屬法定機關其職權所及之區域僅以本省為限在省議會暫行法並無各省議會得舉派代表開聯合會議之規定是以民國二年因各省省議會在

上海開聯合會曾經國務院電知江蘇都督民政長
依法解散並通電各省有案又查上年六月間各省
省議會舉派代表擬在南京集會由江蘇督軍省長
電部解釋本部當以各省省議會代表在寧集會在
省議會暫行法所定職權既無根據自不能適用治
安警察法第十九條規定警察官廳對於此種非法
集會當然得行使治安警察權命其解散即經電復
查照在案現值和議停頓舉國人民迫於希望和平
之心趨向未能一致言論不無龐雜誠恐有假借省
議會名義而為職權外之行動如上述聯合會議及

舉派代表集會等情求之法律既毫無根據徵諸事
實亦易起糾紛茲為尊重省議會職權起見特再申
明如果有假借名義為前項等聯合集會而為職權
外之行動即請查照成案轉飭該管警察官廳依照
治安警察法嚴加取締至其他尋常之政談集會或
政治結社亦應以私人資格名義依法定程序辦理
除通電外應請查照辦理等因除分行外合行令仰
該縣即便遵照辦理隨時查明取締具報此令

中華民國八年十二月卅日

張志良監印

東三省巡閱使兼奉天督軍省長張作霖

六十八

《东三省公报》登载的国内要闻《政府慎重山东问题》

（一九二〇年一月十六日）

中華民國九年一月十六日 東三省公報 己未年十一月二十六日 第二千三百六十三號 星期五 （三）

國內要聞

政府慎重山東問題

政府慎重山東問題

外交界消息云政府當軸現因德約在巴黎和會批准將來關於山東問題事爲重要特電於日內發電徵集各省官廳意見俾作最後之應付以德國人對此將生誤會云云又訊歐戰和約經德國批准發生效力與魯案之日繼德國權利之履行關係密切聞政府當局以和約既經各國簽字國際聯盟前途若何與將來有密切關係究竟是否提出國際聯盟會議抑別圖解決方法亦議統俟外交總長月內回京再行決定此時外交當局關於本案尊作對付日本方面聯帶履行和約之說應以決應付方針又訊政府徵集駐外各公使對於歐戰和約發生效力最於山東日繼德國權利如何辦理之意見此事關係重要亟須集思廣益以資採擇俾求完善故決議再徵集京外長官對於解決和約生效後之山東問題究以如何辦理適當者各抒所見用備參考又訊德約已經批准交換已誌各報山東問題因是爲目下最緊要之問題當局除通電駐外各使徵求意見外並專電駐美容代辦會其詳探美國政府對於德約交換後美國作何辦法有何意見詳細答復並探容代辦亦曾有電致京報告美國對於德約交換後決議召集國際聯盟會議解決懸案云云又聞日本政府亦爲此事擬聯開會議欲藉口中日協約之規定與我國開始直接交涉以冀另收實利但以我國現狀恐難完全達到目的正在籌畫之中惟聞我當局以鑒於現狀潮流擬將此項問題提出國際聯盟會解決一俟陸外長回國之後即將正式辦理云

六十九 奉天省长公署为内务部请切实制止排斥日货活动事给宽甸县公署的训令（一九二〇年一月二十八日）

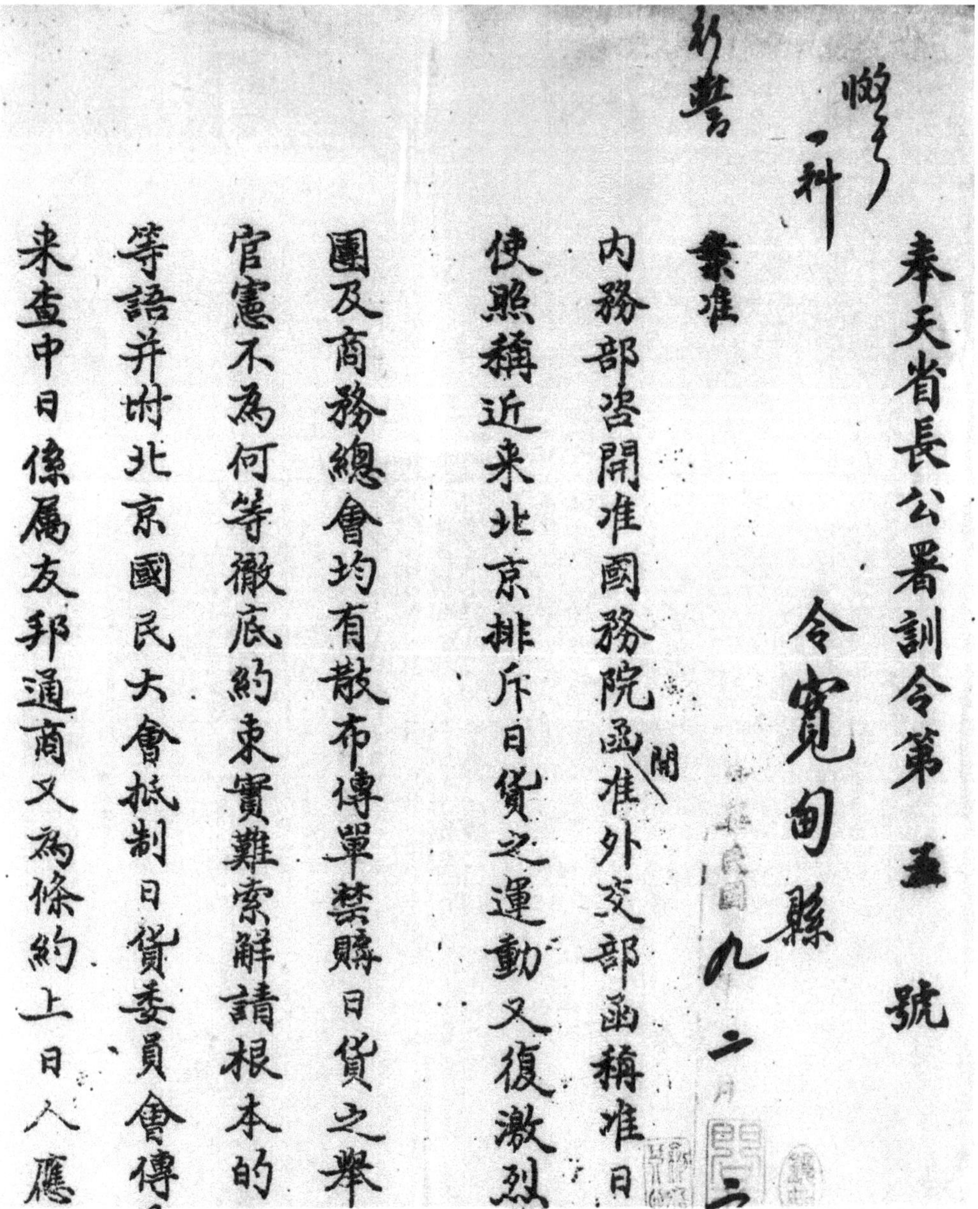

奉天省長公署訓令第 五 號

令寬甸縣

照准

內務部咨開准國務院函開准外交部函稱准日本公使照稱近来北京排斥日貨之運動又復激烈學生團及商務總會均有散布傳單禁購日貨之舉中國官憲不為何等徹底約束實難索解請根本的取締等語并附北京國民大會抵制日貨委員會傳单前来查中日係屬友邦通商又為條約上日人應享之

權利學生團等竟名日本為仇邦以日貨為仇貨此
種舉動實屬有背國際禮儀相應將日使來照及傳
單一併抄送核辦等因查中日通商載在條約昌言
排斥已屬不合茲復加以仇貨仇邦等名詞誠如外
部來函有背國際禮儀抄錄原件函達查照飭屬設
法取締以重邦交而杜口實等因並准交外部函同
前因請予核辦見復到部查排斥日貨舉動亟宜設
法防範切實制止除令行京兆尹京師警察廳切實
遵辦暨先復國務院外交部外相應抄錄原件咨請查
照飭屬辦理並希見復附抄件等因准此除分行外

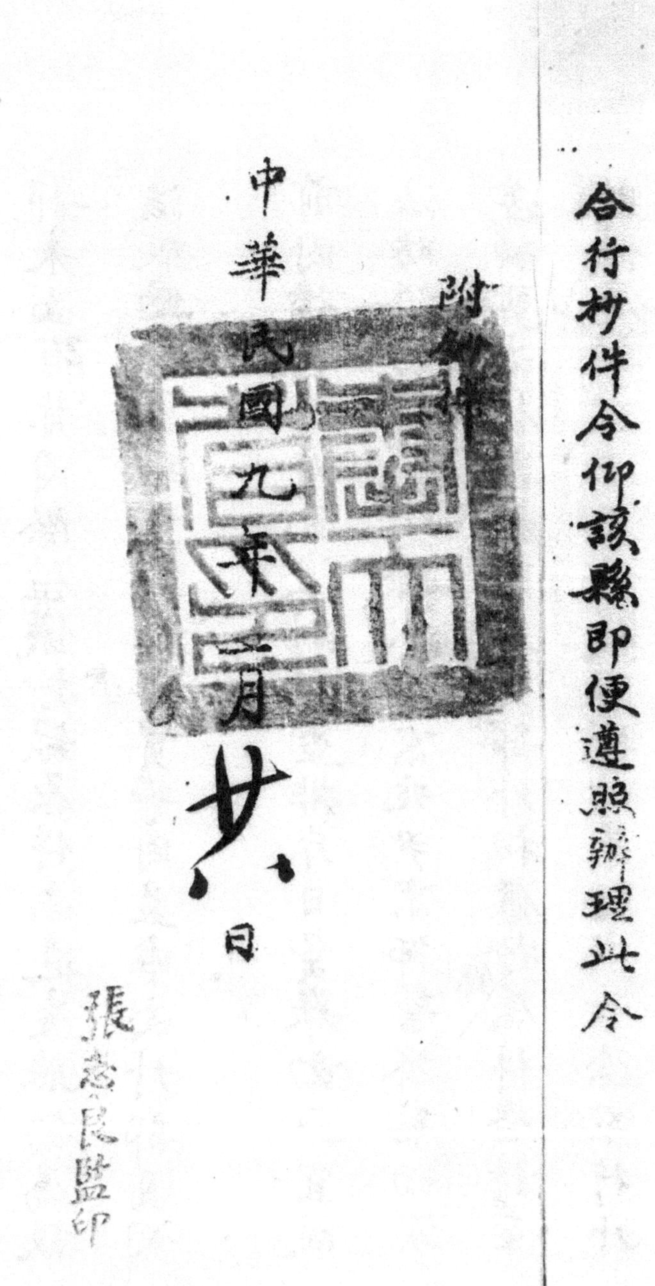
合行抄件令仰该县即便遵照办理此令

附抄件

中华民国九年三月廿六日

张志良监印

东三省巡阅使兼奉天督军兼省长 张作霖

照譯日本館照會一月六日

為照會事，關於在貴國各地學生等團
体之非法排斥日貨一事，曾經迭次照會在
案。近來奉京排斥日貨之運動又復激烈，此等
運動者之行為，大有目無法紀、蔑視官憲、侮
辱友邦以遂其非之概。現在奉京學生一團數
目以北京國民大會抵制日貨委員會名義，將
另紙之傳單廣布市中並張貼各所。該傳單
內稱委員會對於各商店禁賣日貨，對於違犯
一
者除沒收其貨物全部焚燬外，且課以罰金，又
翔如有稱知某處由日本商店購買貨物，即請
通知廠甸高等師範學校學生會內抵貨調查股

或學生聯合會當以四訂款之分之一分給報告者云云
又據販賣日貨之貴國商店稱北京總商會前以
商務總會名義散布印刷品於各商店禁賣日貨
並要求提出現存日貨表近今又發通告稱總商
會決議强迫各商將現存日貨表提出此後絶對禁
止購買日貨云云

(2)

查貴國學生名日本商人既罪指日貨為仇貨就於
友邦國有此情形殊難默寘且于將中日商人之正
當交易以非法手段妨害我通商權利不但有悖
貴國之內法且違背中日兩國之條約種之行為實
屬不合再商務總會乃貴國之公團亦為學生等
所煽動而有上項犯法之干涉累及國家之行為

甚為可惜貴國官憲眼見此等重大非法行為
行於市中而不為何等徹底的約束使實難
索解在貴國政府所在地之首都如此自由放任
二
為斯之非法行為則貴國各地方之學生等之
運動益得其勢排日風潮愈加猖獗更至不可
收拾惹起兩國之惡感上可為寒心之事件以致成
為中日兩國不幸之交涉亦未可知於應照會
貴代理總長希即容納本公使遂次之請求貴
國政府為斷然之措置根本的防備上述之非
法運動以為地方之模範為此照會者

大正九年一月七日

(3)

萬衆一心　抵制仇貨

請看販賣仇貨的罰規

抵制仇貨是我們商人救國的唯一方法現在國民大會委員會為斷絕來源起見規定了這販賣仇貨的罰規組織調查隊實行調查違規的是商務總會男女學生聯合會及其他各團體公同規定的並且是商務總會各行董事大會通過了的倘有人犯了一定嚴行辦理決不寬容大家決不可以嘗試呢

(一)

一各行號從此以後不准再進仇貨倘敢違犯

一經查出除將所進仇貨全數焚燬外並罰以貨價百分之五以上的罰金

二各商號此後不准由仇商洋行或外埠再販仇貨倘敢違犯一經查出除將所販仇貨全數焚燬外並罰以貨價百分之五以上的罰金

（四）

告發販賣仇貨的賞規

無論何人知有某處或棧房或代存東京仇商洋行新進之仇貨即請报告敝會高等師範學校學生會內仇貨調查股（電話南局分四十號公寓七號）或學生聯合會（電話東局第二千二百二十五號）經查實後據其罰款二分之一以下作為獎金並給以相當之名譽獎但報告者來函須注明自己姓名及住所

愛國商人的榮耀

備有愛國商人願將已存仇貨送交本會焚燬以示決心者除從嚴表揚外並送（愛國商人）四字旗幟獎章

民國九年五月二日　北京國民大會抵制日貨委員會啓

七十 教育部为青岛交涉以民意为重各校学生应持稳静态度严禁集会游行讲演等行为事给奉天省长公署的电（一九二〇年二月五日）

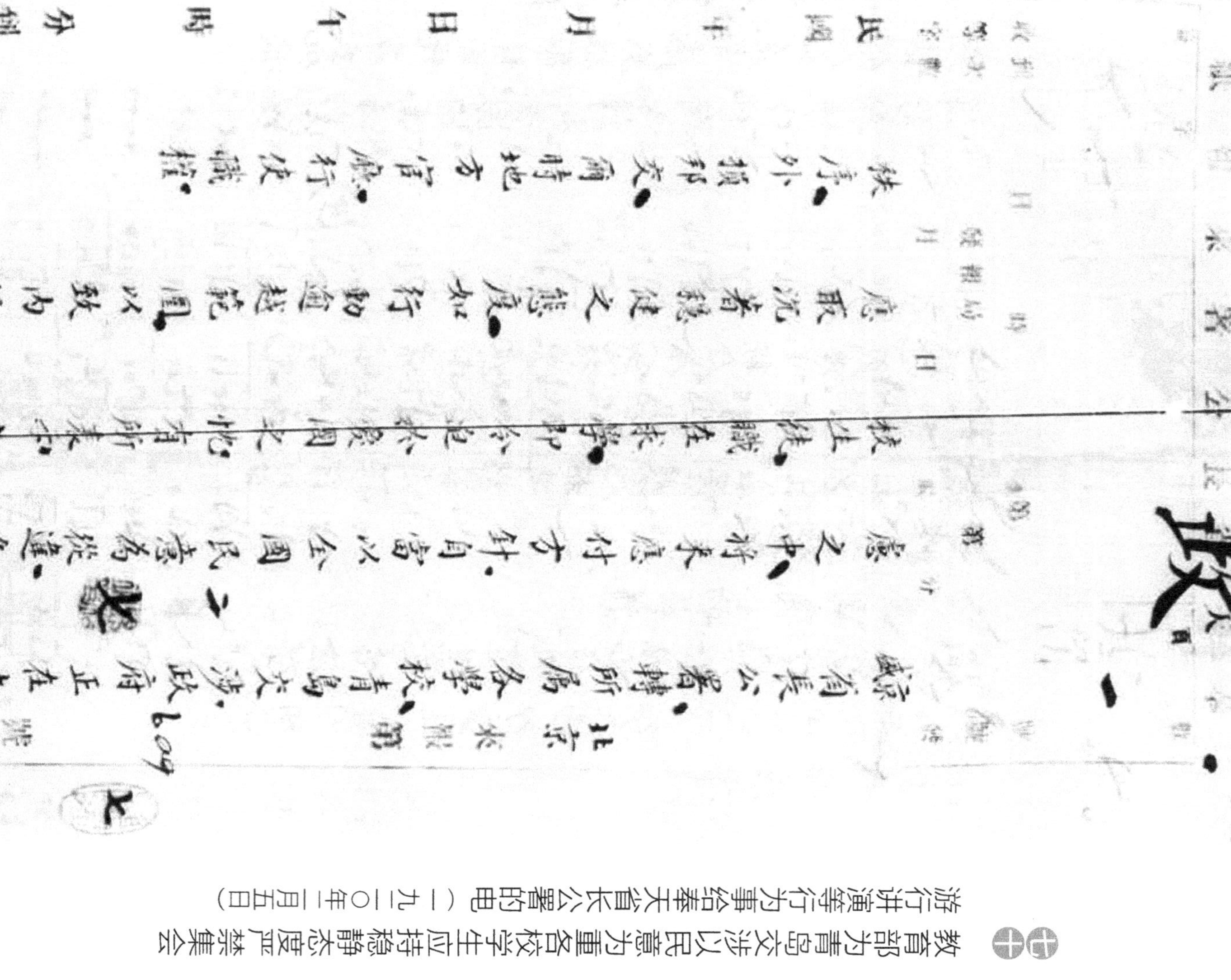

北京

奉省長公署轉所屬各學校，青島交涉，政府正在考慮之中，將來應付方針，自當以全國民意為從違，各校生徒，職在求學，即令於外交問題之際有所表示，亦應取沉着穩健之態度，如行動逾越範圍，以致內妨秩序，外損邦交，爾時地方官廳行使職權，

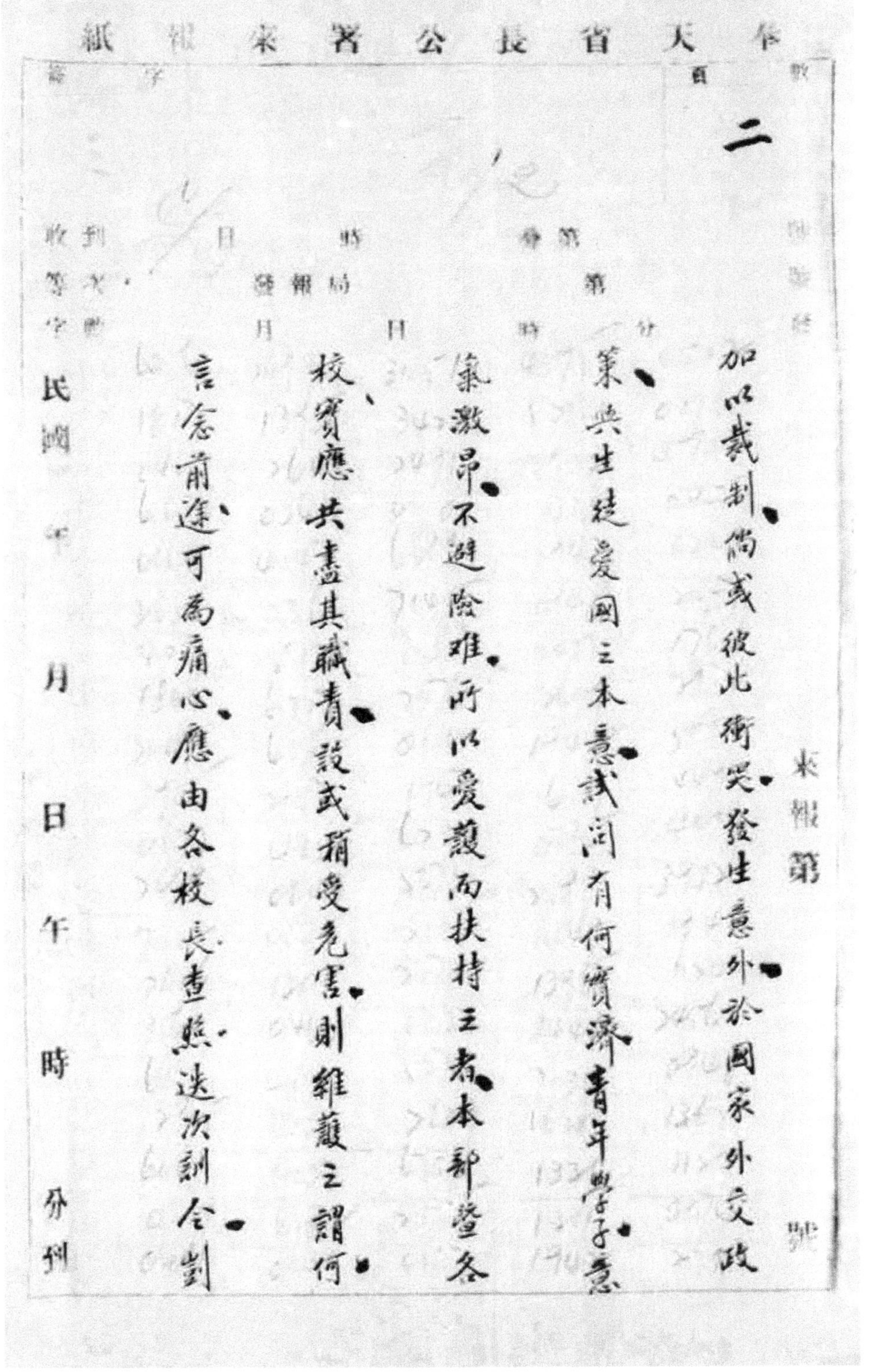
奉天省長公署來報紙

二

加以裁制，倘或彼此衝突，發生意外，於國家外交政策、與生徒愛國之本意，試問有何實濟？青年學子意氣激昂，不避險難，所以愛護而扶持之者，本部暨各校、實應共盡其職責，設或稍受危害，則維護之謂何，言念前途，可為痛心。應由各校長查照，迭次訓令，剴

奉天省長公署來往紙

頁數 三

來帳第 號 別

切誥誡對於各該生徒激烈言動均應切實禁阻專
校以工生徒如有主張無妨就學理知識所得在校
内為理論事實上之研究藉以陳述政府喚醒社會
慎勿再行聯合大隊遊行講演至於干涉商店檢查
貨物種種越軌之舉尤應一律嚴切阻止以免抵觸

民國 年 月 日 午 時 分到

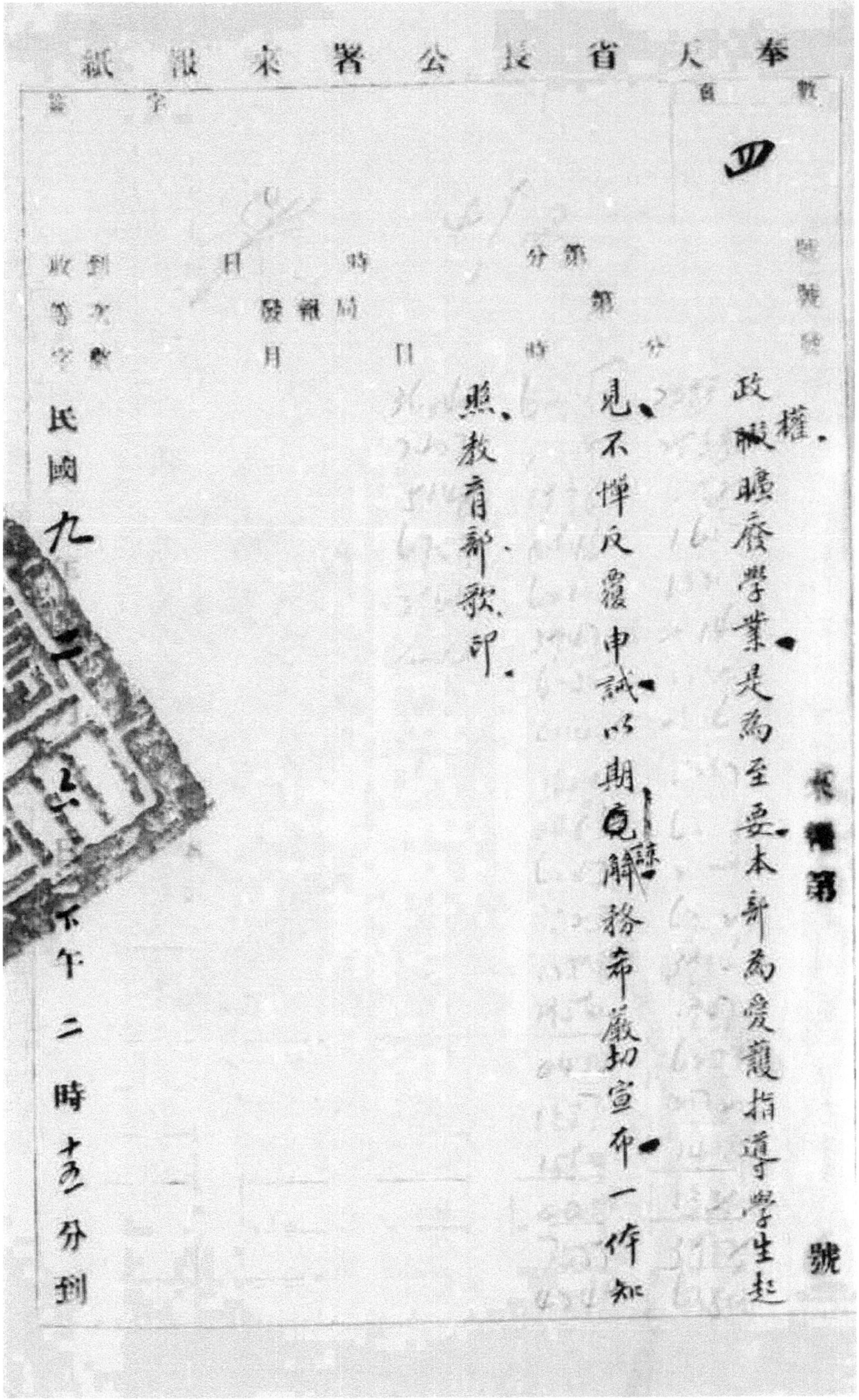

奉天省長公署來報紙

數 四

長電第　號

權。政、職聽廢學業，是為至要。本部為愛護指導學生起見，不憚反覆申誡，以期覺解。務希嚴切宣布一体知照。教育部歌印。

民國九　一　五　下午二時十五分到

七十一 奉天省长公署为青岛交涉以民意为重各校学生应持稳静态度事给奉天教育厅的训令（一九二〇年二月九日）

奉天省長公署文

中華民國　年　月　日

第四科主稿　第五股委員

政務廳長　第　股主稿

東三省巡閱使奉天督軍兼省長張

事由訓令教育廳爲部電青島交涉注重民意令學生持穩靜態度

發　經手人印

送

案准

教育部歌电开青岛交涉云云一体知照等因，查本省学生现无越轨举动，惟为杜渐防微计，不能不严重申诫，藉免误会。合行令仰该厅转令遵照。此令。

奉天省长公署为山东问题应静待政府之策划如有趁机煽惑扰乱社会秩序者应分别制止逮惩事给海城县公署的训令（一九二〇年二月十一日）

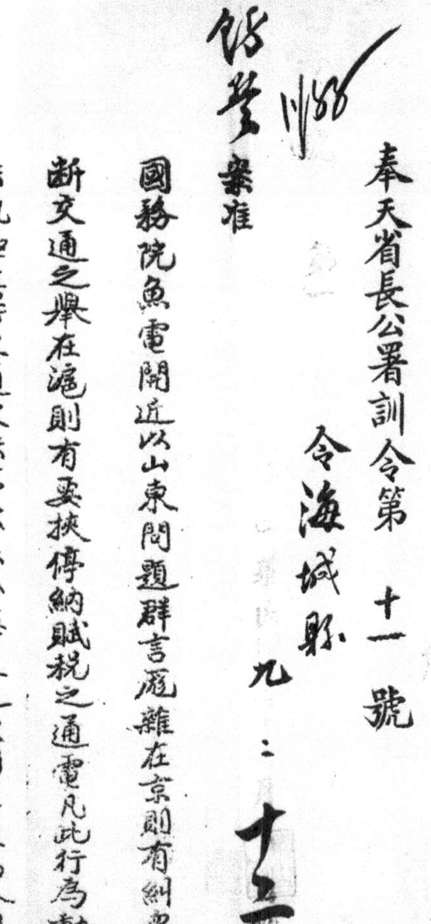

奉天省長公署訓令第 十一 號

令海城縣 九、二、十二

國務院魚電開近以山東問題群言龎雜在京則有糾眾阻斷交通之舉在滬則有要挾停納賦稅之通電凡此行為動逾法軌極其所至適使秩序不保外侮乘之使國家益陷於困難之境須知山東問題關係重大政府既負完全責任自必熟思審處務期於國家有利斷不至掉以輕心膠以成見自此項問題發生以來政府亦尚在詳慎考量之中且將容納各方意見斯將正當之處置推並遠道傳聞恐滋誤會希就近曉諭各公共團體以及地方各界俾知以國家為重當肅靜勿擾以俟政府之策畫俟

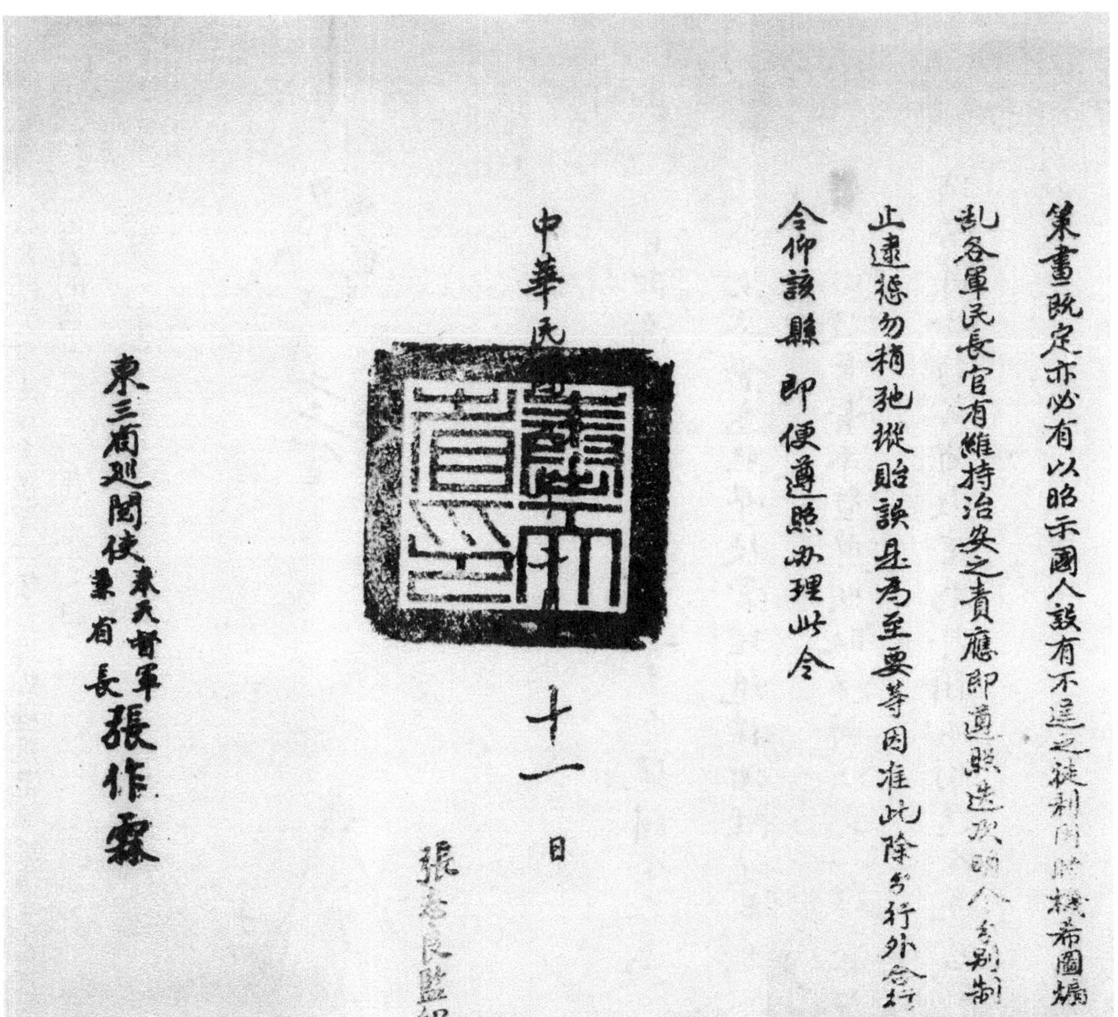
策畫既定亦必有以昭示國人設有不逞之徒利用時機希圖煽
亂各軍民長官有維持治安之責應即遵照迭次明令分別制
止逮懲勿稍弛縱貽誤是為至要等因准此除分行外合行
令仰該縣 即便遵照辦理此令
中華民 十一 日
張志良監印
東三省巡閱使兼奉天督軍兼省長張作霖

七十二 教育部为学生集会按照学校管理规程规范事给奉天省长公署的咨（一九二〇年二月十一日）

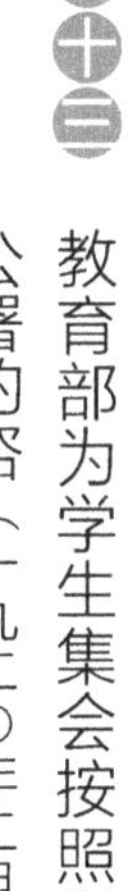

咨 第二六八號

教育部為咨行事本部第六十七號訓令各學
校學生集會應照學校管理規程須經校長允
許并由校員會奉暨聲明取締辦法文一件除
通咨并令行各省教育廳外相應附送令文咨
請

二月十四

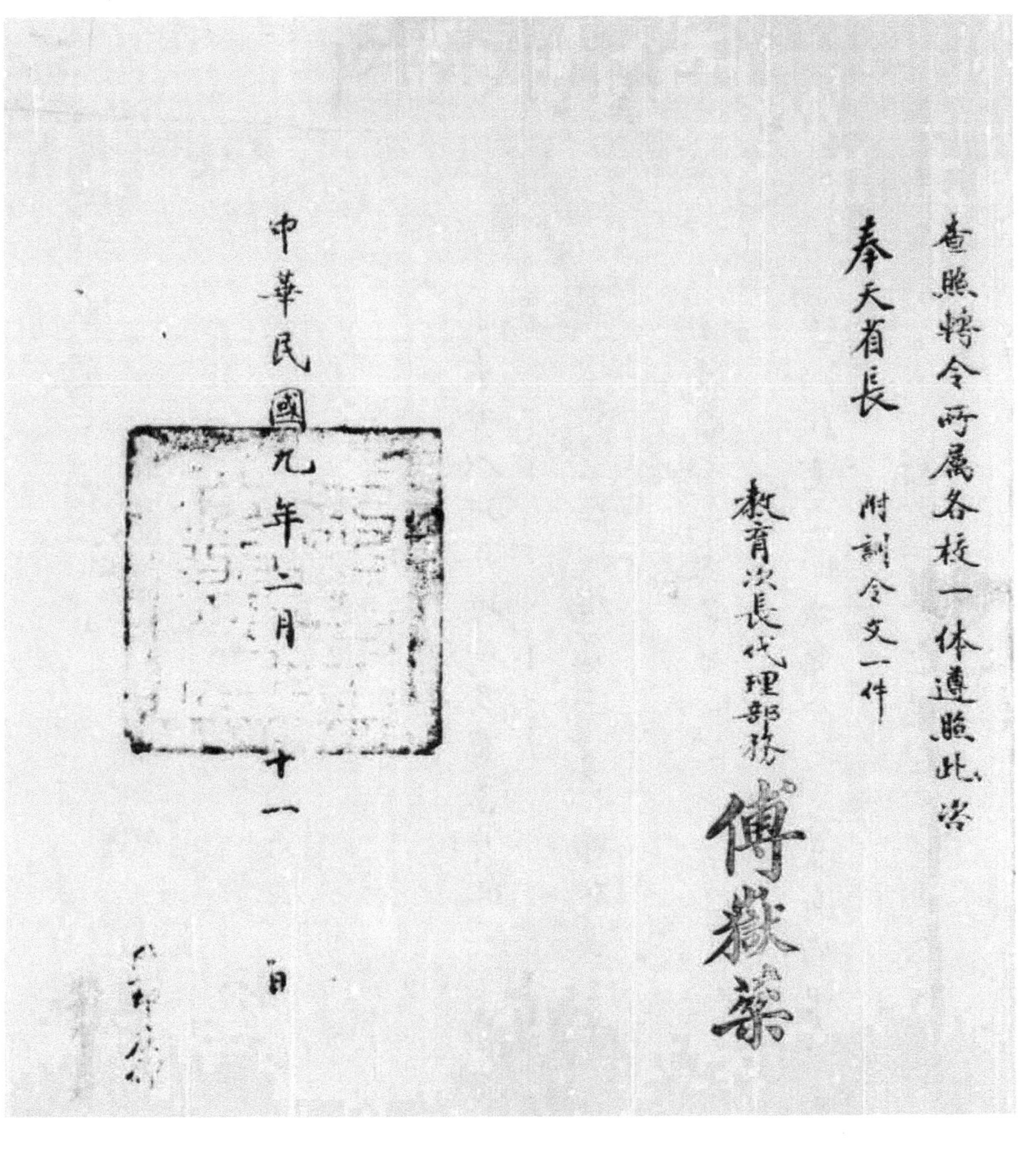
查照转令所属各校一体遵照此咨
奉天省長
附訓令文一件
教育次長代理部務傅嶽棻
中華民國九年二月十一日

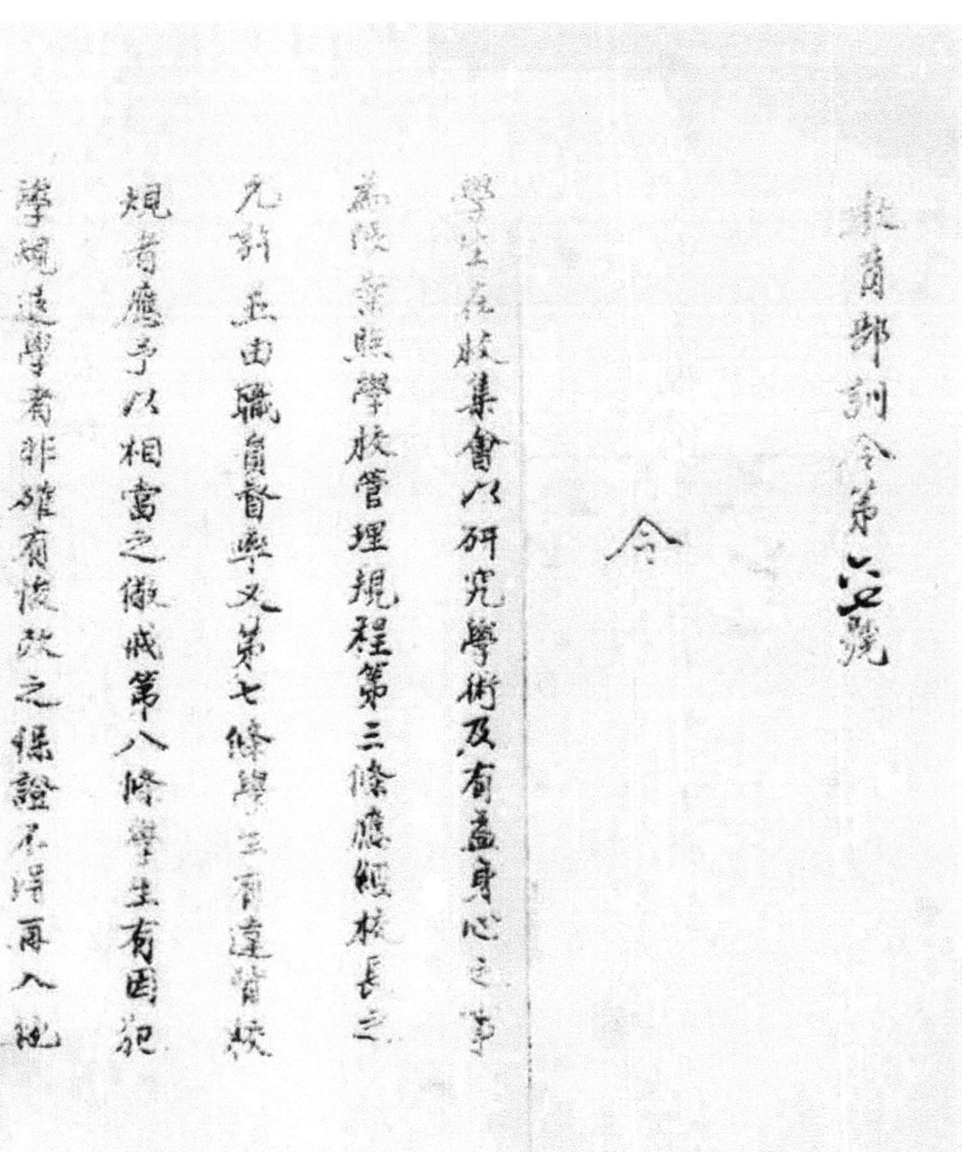

教育部訓令第六五號

令

學生在校集會以研究學術及有益身心之事
為限業經學校管理規程第三條應經校長之
允許並由職員督率又第七條學生有違背校
規者應予以相當之懲戒第八條學生有屢犯
學規退學者非確有悛改之保證不得再入該

校各等語邇來各校生徒任意集會罔顧干涉
校務藉端要挾外則抵觸警章滋生事故實於
學業校規多所妨礙應由各校負責照管規
程實行查察如有違反校規及踰越軌範之集
會應即嚴切責令取消其有不遵訓告擅行集
會者應由校照章嚴切制止分別懲儆並查明
倡首抗拒各生令其退學以資取締而重校規
除通令外合行令該　　仰即轉令所屬各校
一體遵照此令

七十四 奉天省长公署为学风日变大总统责成各督军省长都统及警察长官对于妨碍治安行为依法逮惩事给宽甸县公署的训令（一九二〇年二月十一日）

奉天省長公署訓令第十號

令寬甸縣

九二十一日

行
一科
行警

案准

內務部處電開本月六日奉

大總統令秩序安寧立國所重現行治安警察法於一應

保安事項規定綦詳凡屬國民不容偭越而欲以保障公安

維持法紀尤在該管官吏之實力奉行近頃學風日變妨害
秩序之擧不一而足而不逞之徒又往往附會煽亂以冀牽
動社會為其侵擾人心不靖積患相乘各地方軍警長官
負有弭乱保安之責宜如何悉力防遏以維大局須知法
律之設初不因人而異其有凌蔑法紀擾乱公安之行為即在學
生亦應執法究懲不容有所徇縱況莠徒動借名義糾衆暴行
極其所為不惟貽社會之危機抑且陷國家於兀臬職責所在
豈容稍假在京著責成內務部衛戍總司令暨步軍統領警

察廳總監京兆尹在外著責成各督軍省長都統暨警務
長官嗣後於保安事項均應切實執行凡有干紀擾乱者不
論何項人等一律依法懲處其應如何分別制止速懲即遵
照迭次明令体察辦理該管官吏責有專屬倘稍涉疏弛
貽誤地方法紀具存不能為之曲諒也將此通令知之此令等因
奉此特電達希轉飭遵照隨時認真辦理為要等因准此除
分行外合行令仰該縣即便遵照辦理此令

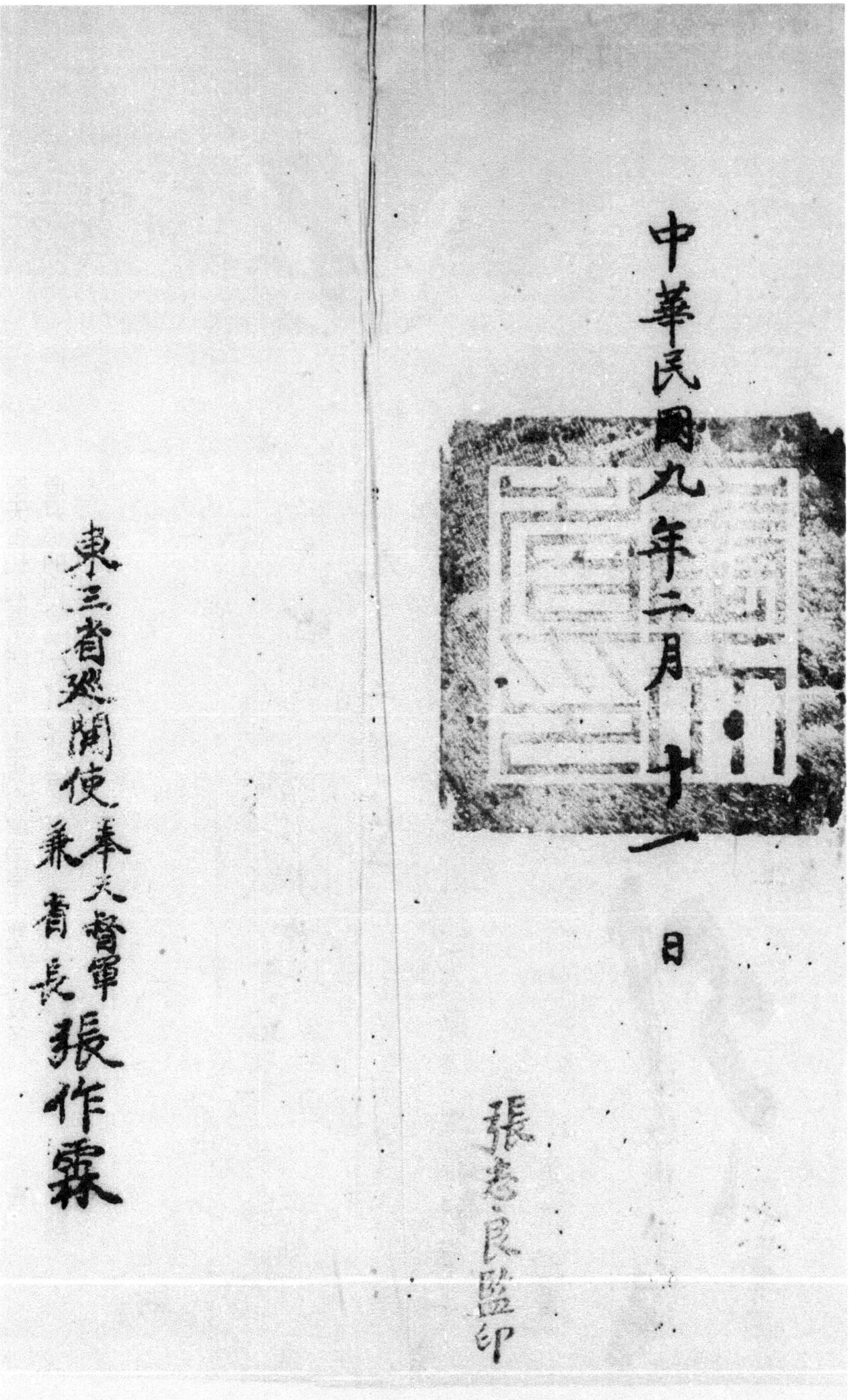

中華民國九年二月十一日

張恩良監印

東三省巡閱使奉天督軍兼省長張作霖

七十五 奉天省长公署为限制学生集会事给奉天教育厅及各道尹等的训令（一九二〇年二月二十五日）

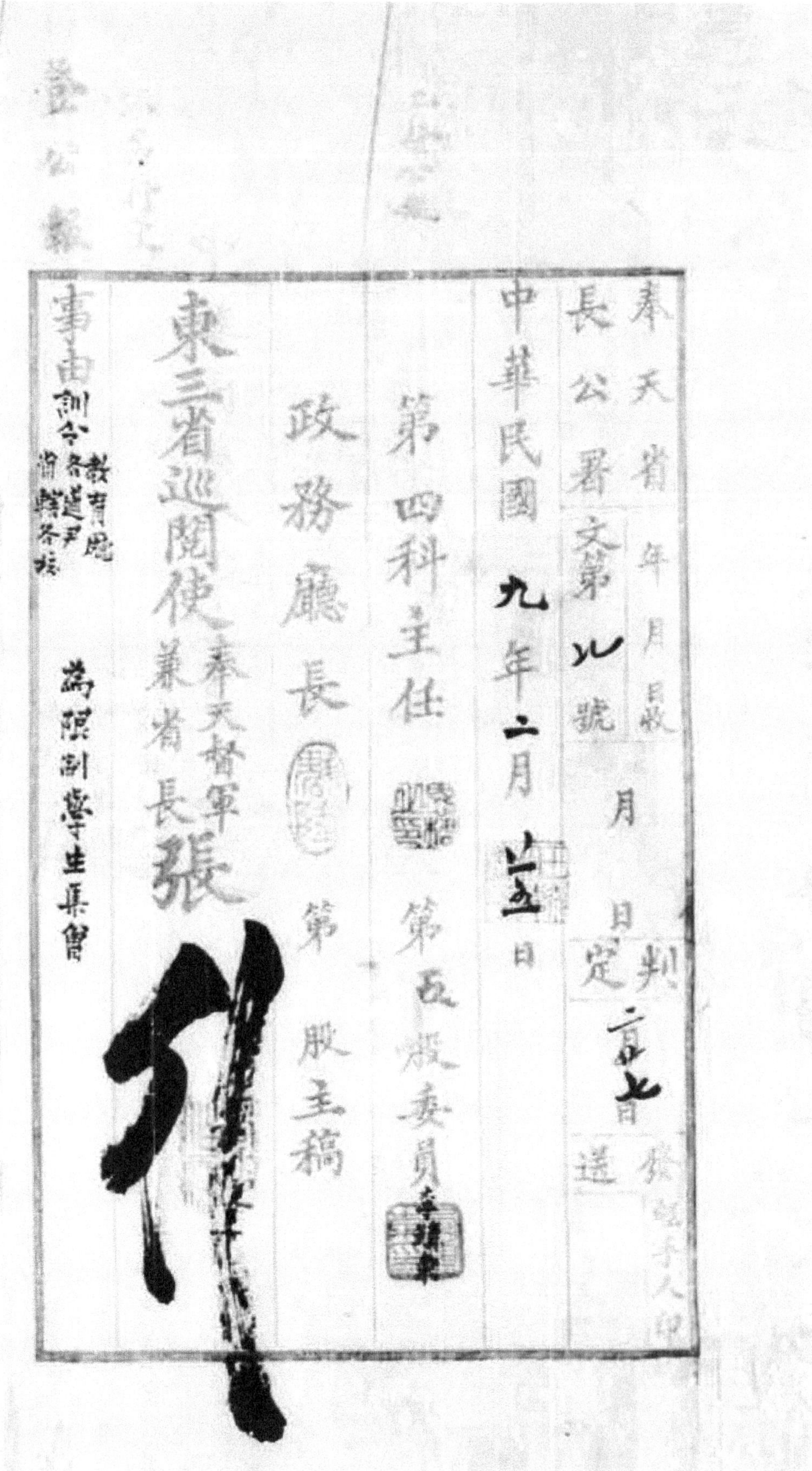

奉天省 年 月 日收

長公署文第八號 月 日定 判 盲七日 發

送

中華民國九年二月廿五日

第四科主任 第五股委員

政務廳長 第 股主稿

東三省巡閱使奉天督軍兼省長張

事由 訓令教育廳、各道尹、省城各校 為限制學生集會

行

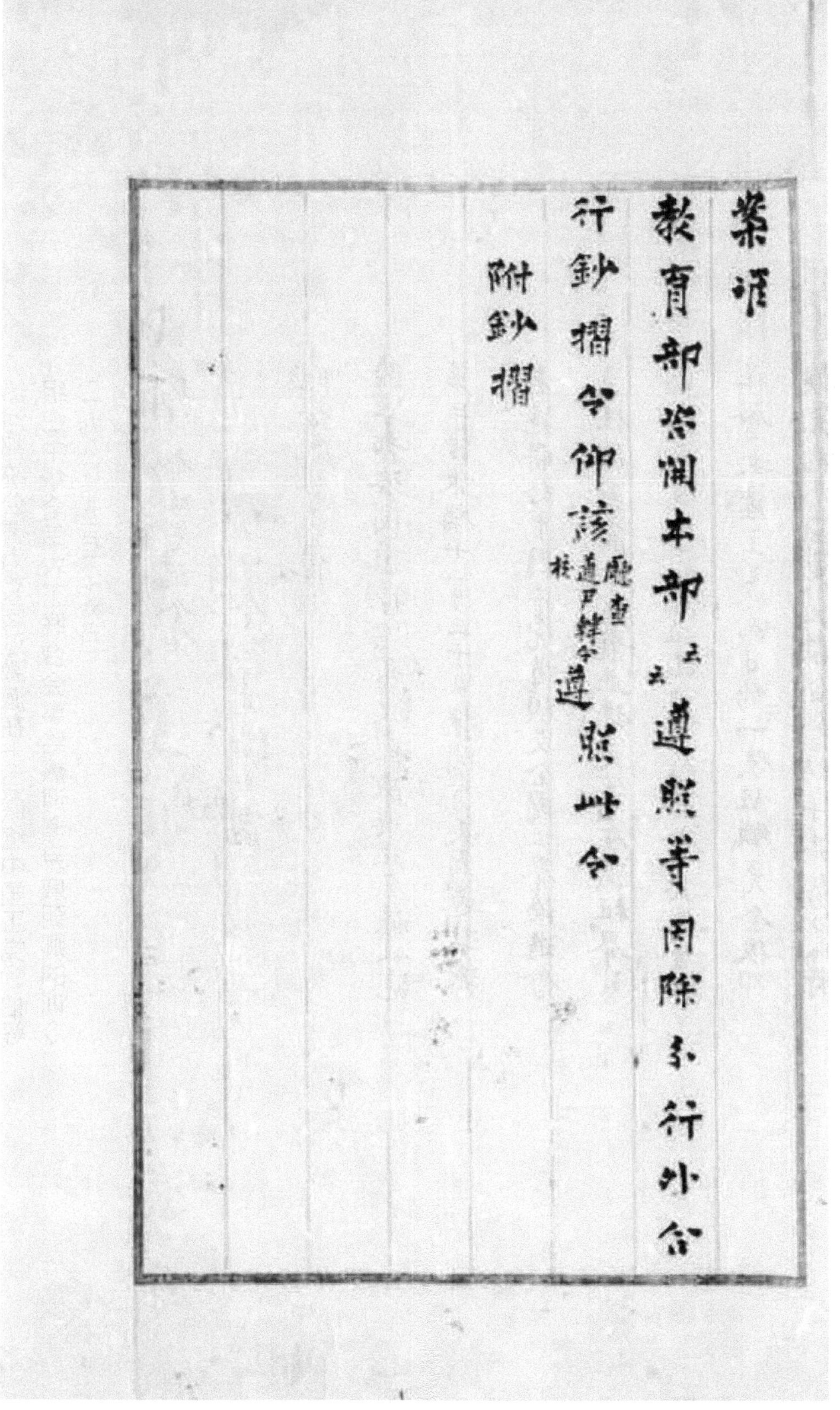
案准
教育部咨开本部云云遵照等因除分行外合
行钞摺令仰该厅查道尹转令校遵照此令
附钞摺

七十六 热河都统公署为美国过激派在上海联络中国工党领袖等组织中华全国农工联合会事给热河道尹戚朝卿的训令（一九二〇年二月二十六日）

热河都统署训令第二〇一号

令热河道道尹戚朝卿

总务处会呈准

陆军部洛开案据宪兵司令部陈兴亚呈据驻沪第三营报称十二月三十日探闻有美国过激派来沪联络中国工党首领及全国工界协进会主任陈家鼐于亚龙并孙文等在法租界贝勒路原总会地址组织农工联合会其宗旨以社会共产主义为目的一俟组织完全后即扩充为全国农工联合会以厚其势力兹将该会拟定章程一并报告前来除饬该营严

密偵查外理合將該會草章開列於左密報
鑒核等情暨抄錄該會擬定草章到部查
過激主義實為召亂之媒亟應嚴密查禁以消
隱患除分行外相應抄錄該會草章咨請查
照飭屬嚴禁等因准此除分行外合亟照抄草
章令仰該道尹遵照飭屬一體嚴禁為要
此令

計抄件一紙

中華民國九年二月廿六日

姜桂題

參謀長兼軍務處長舒和鈞代

書記官兼總務處處長馮祖[illegible]

熱河都統[illegible]

監印李運昌

中華全國農工聯合會草章

一中華全國農工聯合會以農工為直接統治機關中央及地方之權力皆以農工聯合會掌之

一中華農工聯合會以民族自由結合為基礎合全國平民自由團體而成一聯邦

一為防止以人類剝削人類與夫社會中階級之區分且為施行社會主義之組織與夫確定各國中社會主義之勝利(甲)土地為社會所有土地私有之制廢止之一切土地宣告為公產公平分配於農人但有使用之權利至對于原地主不與以賠償(乙)森林礦產水道關係全國公益六畜以及田地附屬品宣告為公產(丙)工會受勞動者監督(丁)本會為農工政府以及資本主地主所募債務之取消法案及對于國際資本主義之第

一打擊深望農工政府繼續進行使勞働者对于資本之反抗完全勝利(戊)中國全國各縣行移歸農工政府是為勞働者脫離資本主義之第一步(己)有益團體之工作為人人共有之義務如是乃能剷除本會員等之階級並圖生計組織之健全(庚)本會議决对于勞働者與以武裝並組織國民義勇軍俾勞働者處于優等地位而剷消階級使之不再柄政權(辛)在此過渡時期内以確定所聯合而成之城鄉工人與勤困農民独裁政府為目的以破壞資本主義剷除人類剝削人類之惡習實存社會主義無階級之分與國家强迫之苦

一本會所擬章程有未完善處則由各代表會議增加修改之

七十七 奉天省长公署为学生对日举动有贻人口实之处应取缔排日事给宽甸县公署的训令（一九二〇年二月二十六日）

奉天省長公署訓令第 十五號

令寬甸縣

九 三

案准

內務部咨開准外交部函稱本月二日日使來部會晤以學生等在京津等處騷擾異常要請嚴加取締並稱貴政府不能按法保護日僑只有設法謀自衛之策復面交節略一件查近日學生對日舉動實有貽人口實之處自應實行取締以免別生枝節特將與日使問答暨日使面交節略一件抄送查照核辦并見復等因到部除分行外相應抄錄原件咨請查照飭屬

附卷

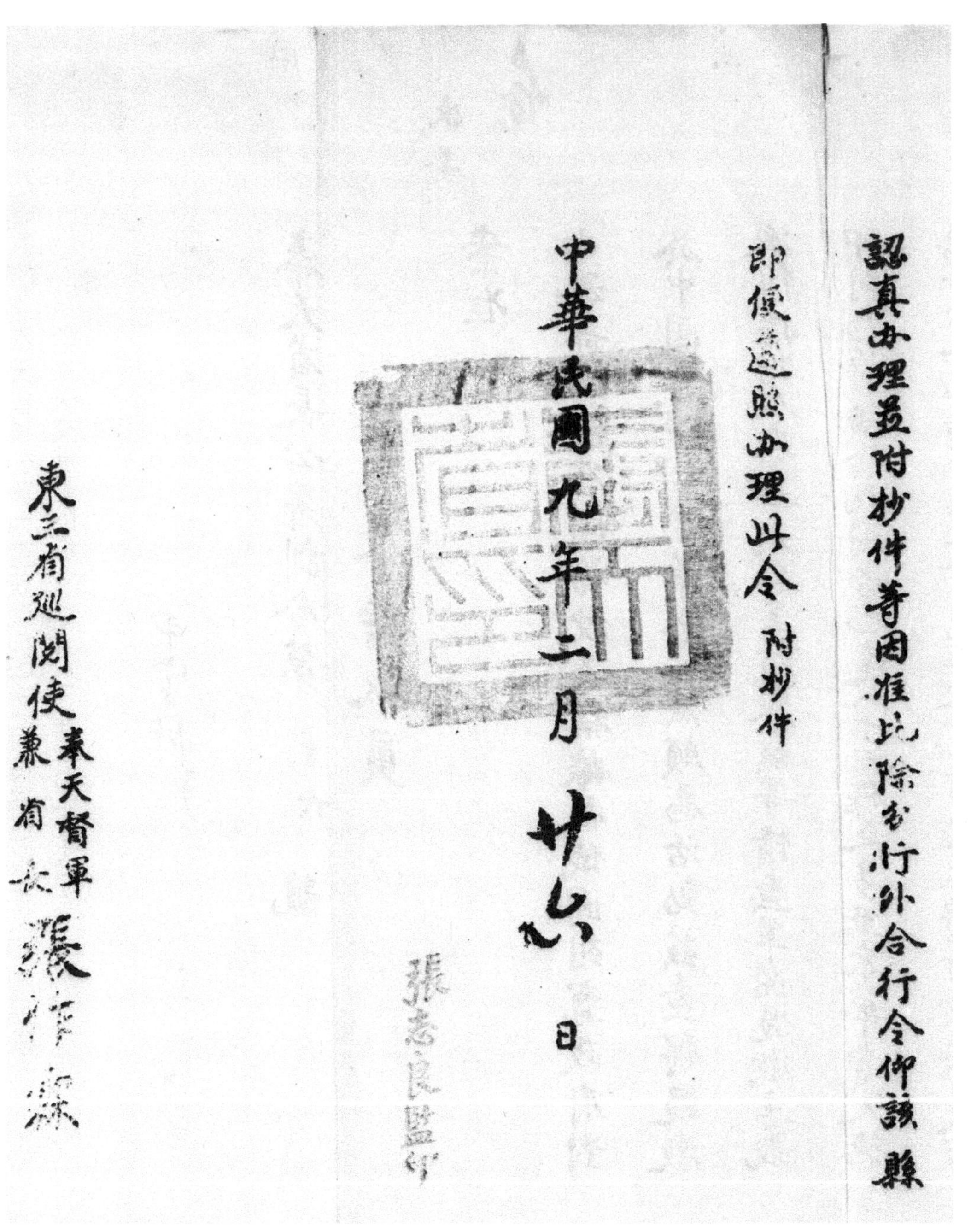
認真办理并附抄件，著即准此，除分行外，合行令仰該縣即便遵照办理。此令。附抄件

中華民國九年二月廿六日

張志良監印

東三省巡閱使兼奉天督軍兼省長張作霖

七十八 奉天省长公署为查获俄列宁政府传播过激主义印刷品事给奉天交涉署的训令（一九二〇年二月二十七日）

甲字陆号

奉天省長公署訓令第十六號

令特派員

案准

內務部咨開准國務院函稱據報俄國列寗政府對於中國內部社會革命黨頗為活動茲查得過激派傳播物及來華人名呈請鑒核等情查單開過激主義印刷物傳播於我國者已達八十三種之多至來華黨人德籍者六人俄籍者五人分別清錄送請查照轉行查禁嚴防

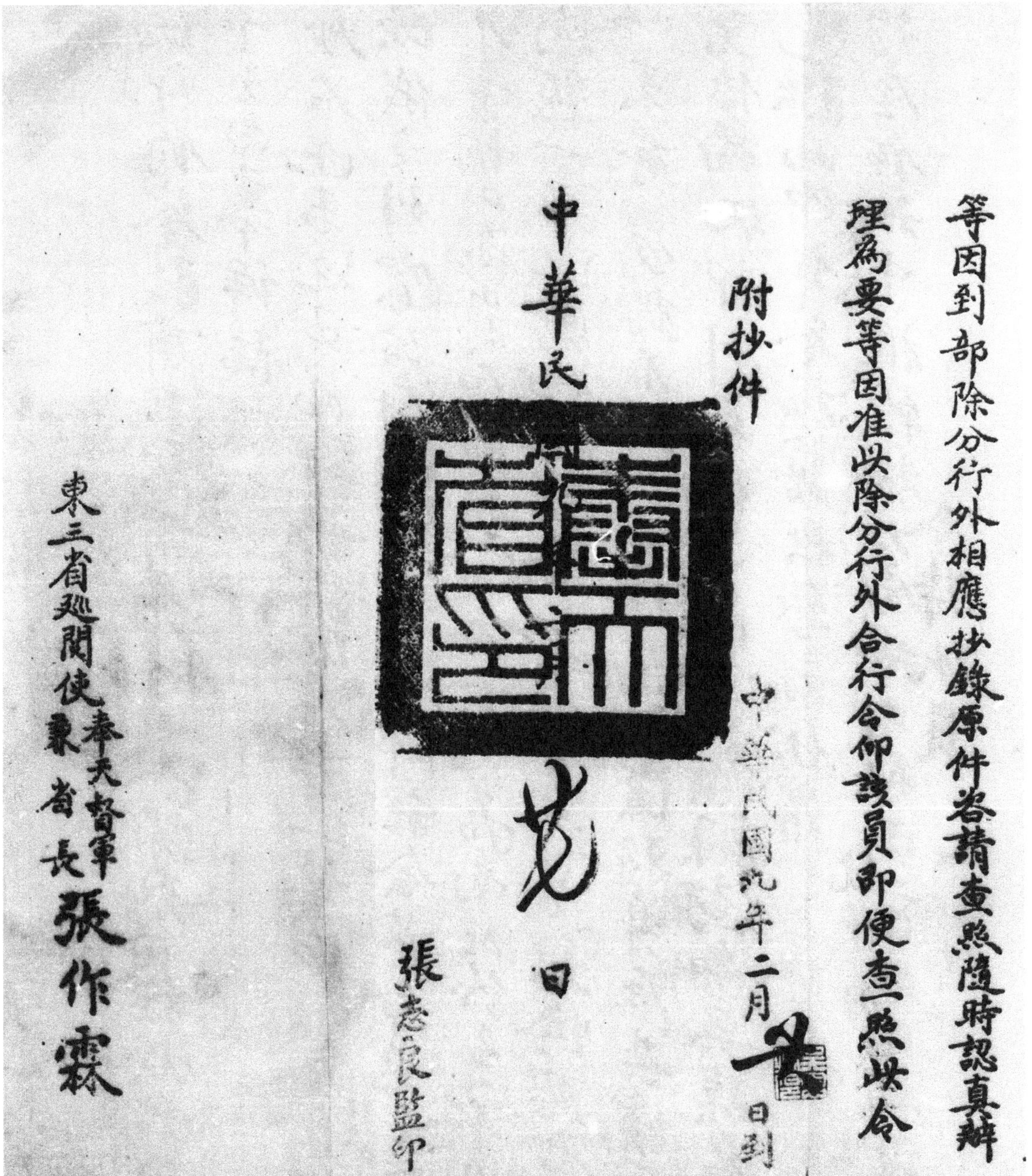

等因到部除分行外相應抄錄原件咨請查照隨時認真辦
理爲要等因准此除分行外合行令仰該員即便查照此令

中華民國九年二月　日到

張忠良監印

附抄件

中華民　　　　　日

東三省巡閲使奉天督軍兼省長張作霖

此悝钧鉴敬肃者窃前曾将日人煽惑回族叛我为我一
大内幕详陈
座右还希迅予防范盖渠阴恶毒一发而动全身彼远在
苏俄之列宁政府其与中国内部社会革命党之活动实
不啻铜山东崩而洛钟西应窃以为南北纷争不过政治
问题一旦过激化酝酿成熟其结局之悲惨恐为有史
以来所梦想不到者不揣冒昧复将身历其境所得证
凭传播物印刷两纸以陆军部调查员吴蕴名义呈
送张两次附呈条辑供参考者伏维
钧座领袖中枢斡旋大局救民救国务恳洞鉴设法预防

(民)

國民外交使俄國拋棄其降心接洽願為將來國際上之承認而得另締中俄平等條約不特從此開東亞新紀元更上之新紀元即國內社會革命亦為之融洽過半際另以西比利亞過激派與朝鮮獨立黨之運動其有良好影響于中日外交各情形囑柳夢蘇於晉謁鈞座時便中代陳外界再將該黨傳播物及來華黨人名姓呈覽即希

鑒核專肅敬頌

鈞祺

附傳播印刷物及名單各一件

一 社会革命党在中国之传播物
一 革命思想在革命中
一 反对军备论
一 法律与强权
一 集产党与将革命乎
一 无政府党之元素
一 将来之教育
一 社会主义与工团主义
一 新世纪
一 无政府主义讨论集
一 无政府主义
一 社会革命概阅一览

一 社会主义讨论集 (5)
一 蒲鲁东巴枯宁合传
一 鲁意布郎苏理亚合传
一 四万万之人
一 不入支那人清梦之五月一日
一 五月一日之产物
一 汝也在狱中
一 劳働与掠夺
一 专制之金字塔
一 撒布提陷
一 战争与资本主义

一民聲叢刻一集

一教育革命

一世界風雲

一平民之鐘

一社会世界

一改造論

一俄國革命之兩要人

一俄國過激派施行之政略

一亞东勞働同盟之動機

一俄社会党派及其機関报

一革命祖母布利细夫

一日耳曼之野蠻軍國主義

一工人寶鑑

一奈希理

一世界工会

一社会主義講演集

一中國社会党之源流致

一懲戒吾勞動小民之不平

一萬惡之產業

一人類与無政府的学理

一理想甚少年

一進化与革命

一拉沙利簡

一國家与革命

一國家主義與無政府
一無政府個人主義
一社会主義與共產主義
一未來之大革命
一自治之科學觀
一將來之社会
一危難中之社会主義
一何為產業
一革命党之評論
一人類幸福
一社会交換原理之研究

14

一社会科學
一平換釋疑
一經濟學之矛盾
一將死之社会與無政府
一公共痛苦
一自然神教之瘟疫
一革命党之懺悔
一托羅斯基自述
一托尔斯泰之勞動生活
一社会雜談
一列寧之解剖

一托尔斯泰之勞動主義　一列寧事略

一工人俱樂部之娛樂品　一萊薩雷小傳

一十九世紀歐美勞動党之主張　一黄色界限

一政治正谊及其在民法與幸福上之影響

一馬克思資本論　一國際社会党之組織

一克魯泡特金之無政府共產學説

一中國無政府共產党之小史

一聯合主義社会主義与反对神学主義

一進化　人權　良心　無雜誌

译林及英林漠界

1. Friedrich Saphra
2. W. Beuschel
3. Hugo Gerisch
4. Dr. Richard Ledermann
5. Dr. W. Peruger
6. Kurt Henke

以上為德國人

7. N. Vbazovaskij
8. Fino N. Sutirina
9. Ksaverio Trzcinski
10. Simon Maktiĉjan
11. Dr. Vladmik Lebedev

以上為俄國人 (1)

七十九 奉天省长公署为严惩结党集会游行妨碍交通骚动市面等行为构成犯罪者交由司法官厅办理事给宽甸县公署的训令（一九二〇年二月二十七日）

奉天省長公署訓令第　號

令寬甸縣

案准

司法部咨開本部前以時事多艱人心不靖往往

有不軌之徒肆意煽亂擾害地方曾經將刑律中妨

害秩序各條罪名舉其情節較重者通令檢察廳

依法檢舉並咨請貴公署查照飭屬協助在案乃

查近来積久玩生此風仍未戢止甚至變本而加厲動輒結黨以横行或利用學生或託名愛國小之有碍交通騷動市面大之妨害公務擾及治安若不依法嚴懲隨時防止則社會之安全信用既無以保持而殺傷毀損之暴行必且漸無忌憚言念及此可為寒心近讀本月六日

大總統明令國家生存全賴法律之維繫凡有搆成犯罪行為者交由司法官廳依法嚴懲本部職責所在亟應切實奉行嗣後無論何人其有妨害

秩序者自當查照前咨辦理此外如對於官署妨碍
其執務以及聚衆騷擾不服解散強暴脅迫危及
安全侵害他人剝權毀損公共器物凡刑律定有罪
名而敢於公然干犯者均應依法懲辦以伸國紀而遏
亂源除令總檢察廳通飭所屬各廳依法訴追外相應
咨請貴公署查照并希轉令所屬一體協助辦理共
保治安等因准此查此案前准來咨業經通令遵
辦在案茲准前因除分行外合令該縣即便遵照
辦理具報此令

中華民國九年二月 日

張志良監印

東三省巡閱使兼奉天督軍省長張作霖

八十 宽甸县公署为调查辖境内妨害秩序行为事给奉天省长公署的呈（一九二〇年三月四日）

呈為遵查縣境並無妨害秩序情形，覆請鑒核事。案奉
鈞署訓令第一三七號內開：嗣後無論何人，其有妨害秩序及侵害他人利權、毀
損公共器物，凡刑律定有罪名而敢公然干犯者，均應依法懲
辦。仰即遵照辦理具報等因。奉此，知事遵查縣境並無妨害
秩序情事，除仍令警甲妥為防衛外，理合具文呈覆
鑒核。謹呈
奉天省長張
署寬甸縣知事黃〇〇

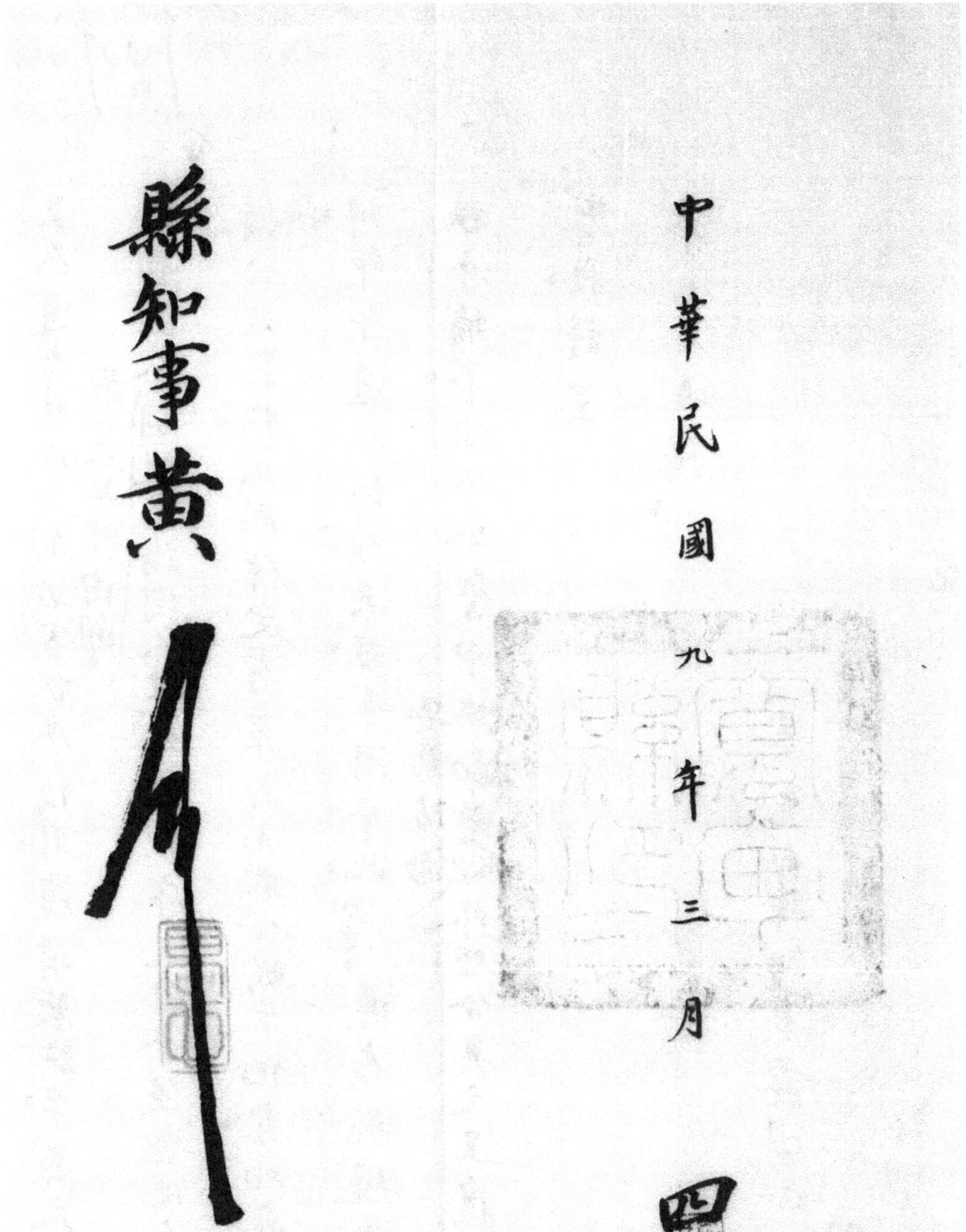

中華民國九年三月四日

縣知事黄〇

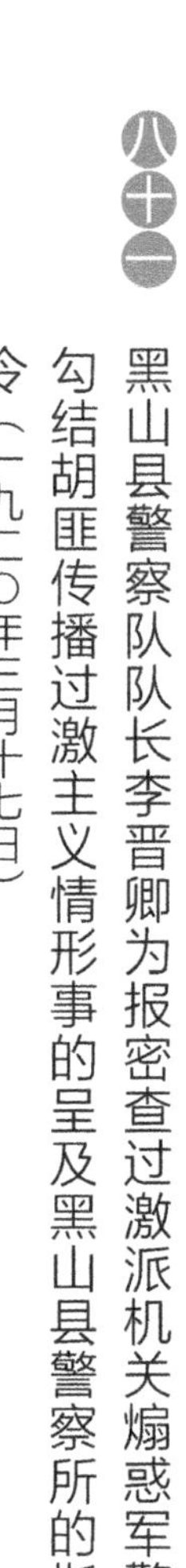

八十一 黑山县警察队队长李晋卿为报密查过激派机关煽惑军警勾结胡匪传播过激主义情形事的呈及黑山县警察所的指令（一九二〇年三月十七日）

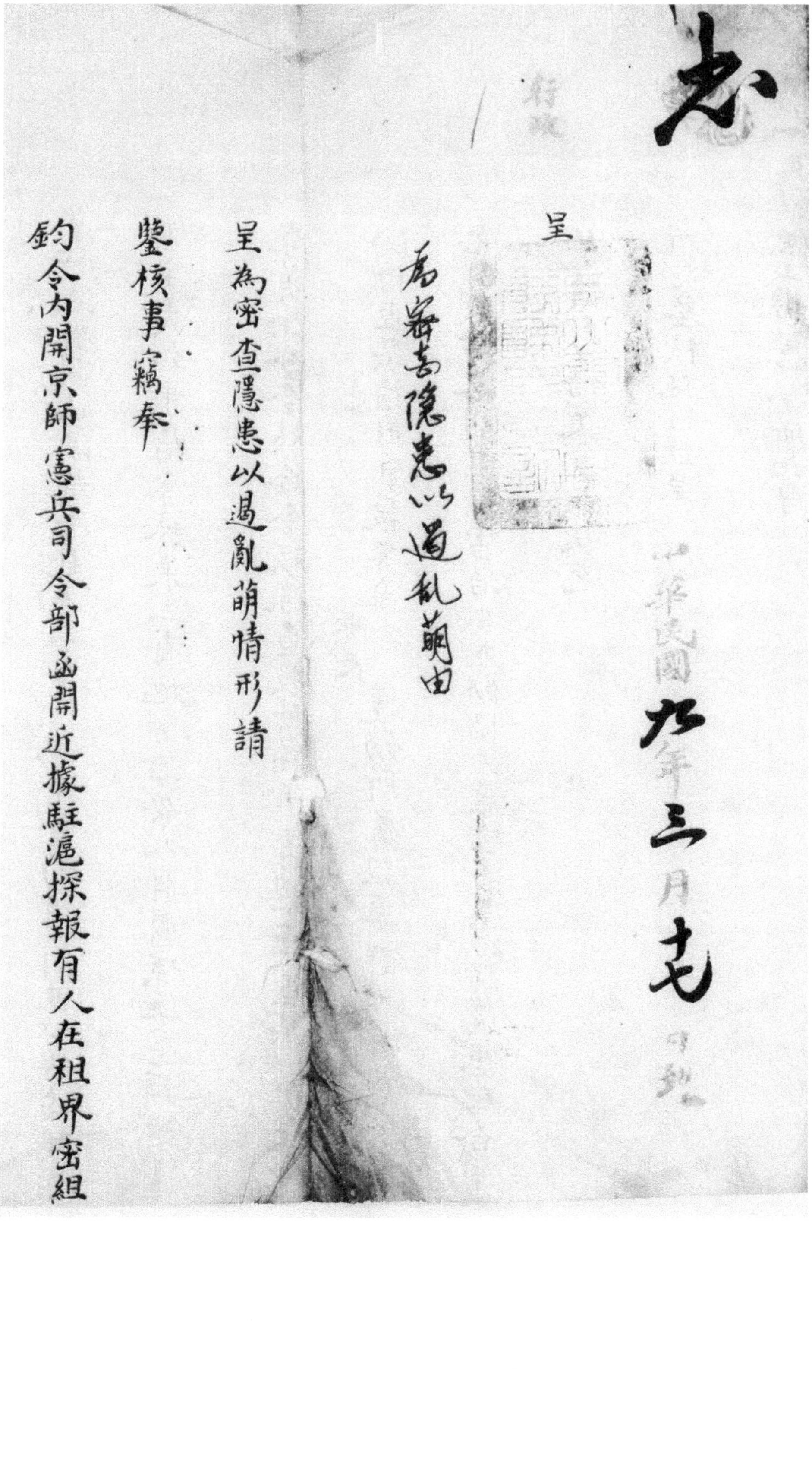

忠

呈

為密查隱患以遏亂萌由

中華民國九年三月十七日

呈為密查隱患以遏亂萌情形請

鑒核事竊奉

鈞令內開京師憲兵司令部函開近據駐滬探報有人在租界密組

過激派機關已派員潛赴東三省煽惑軍警勾結鬍匪以傳播其過
激主義如果屬實於東三省地方治安大有關係亟應預防以遏
亂萌除分令外合令該隊查照轉飭所屬認真查禁以弭隱患
仍將查禁情形具報等因
隊長
遵飭所屬認真詳查決無受其亂
党煽惑聯絡胡匪擾害治安並飭協力嚴密查禁以防隱患理合將查
禁情形備文呈報伏乞
所長鑒核施行謹呈
黑山縣警察所長曹

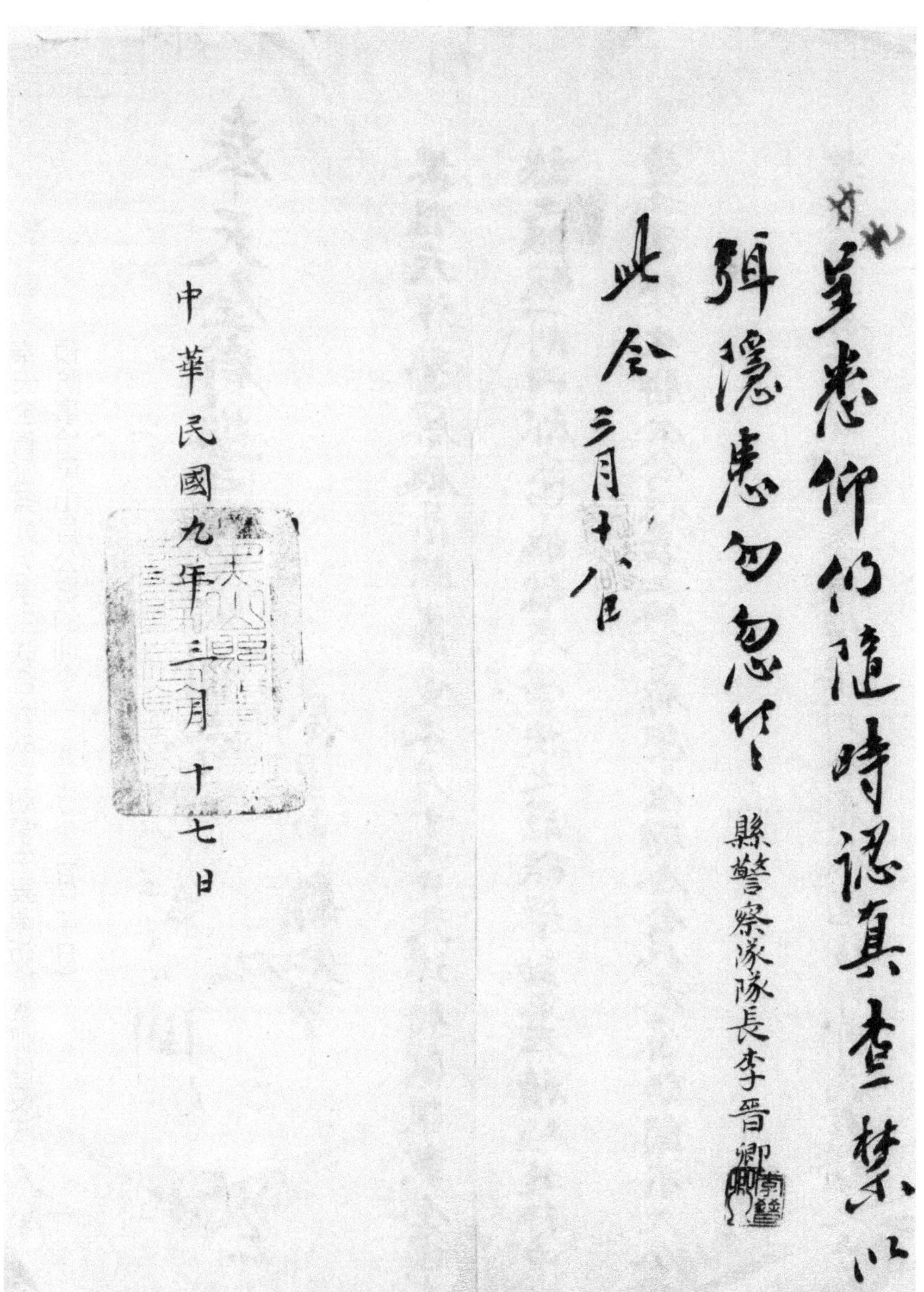
并該仰仍隨時認真查禁以
弭隱患勿忽切切
此令
三月十八日
縣警察隊隊長李晉卿
中華民國九年三月十七日

八十二 奉天全省警务处为学生联合会欲煽动学生罢课饬检察邮件设法预防事给黑山县公署的训令（一九二〇年三月二十日）

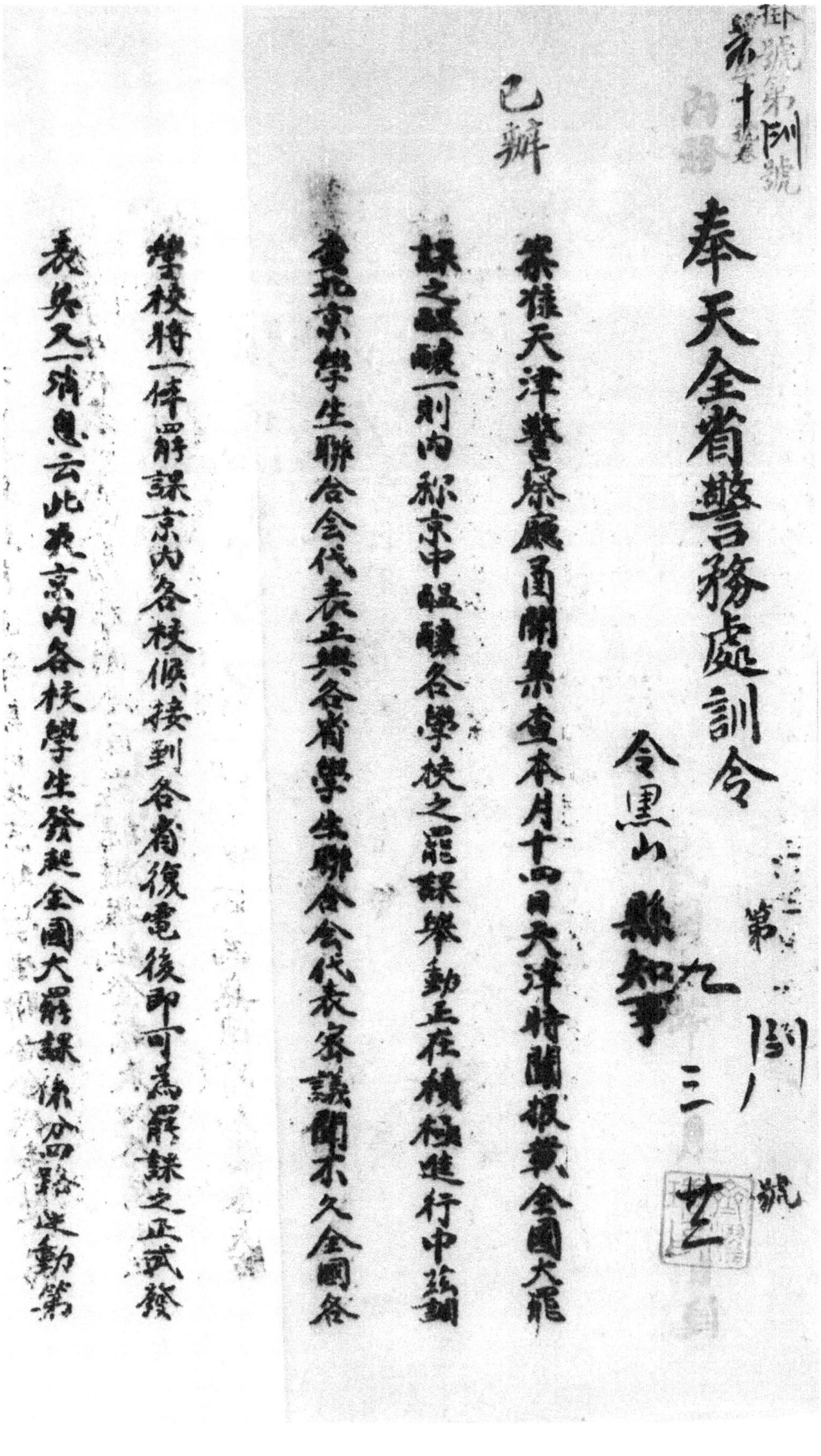

奉天全省警務處訓令 第 號

令黑山縣知事

案據天津警察廳函開案查本月十四日天津特聞報載全國大罷課之醞釀一則內稱京中醞釀各學校之罷課舉動正在積極進行中茲綱查北京學生聯合会代表正與各省學生聯合会代表密議聞不久全國各學校特一律罷課京內各校候接到各省復電後即可為罷課之正式發表矣又一消息云此次京內各校學生發起全國大罷課係爲四路運動第

一路為直隸河南等省第二路為江蘇浙江等省第三路為廣東廣西
等省第四路為奉天吉林等省所有各代表均已分途出發大約運動戚
熟即可有電到京等情查此種登載雖不能盡指為寔在然各學生
之暗中鼓動警廳近日檢查郵件所獲証據甚多事關大局亟應設
法預防以免再起風潮除分函外埠查照核辦見復等因准此查本
省各學校向無踰越軌道舉動此次京外學生聯合会代表望京内
各校學生代表四出運動希圖全國罷課雖報紙登載未必盡屬實在
然既經天津警察廳檢獲証據多件即不為無因事關大局奉天方

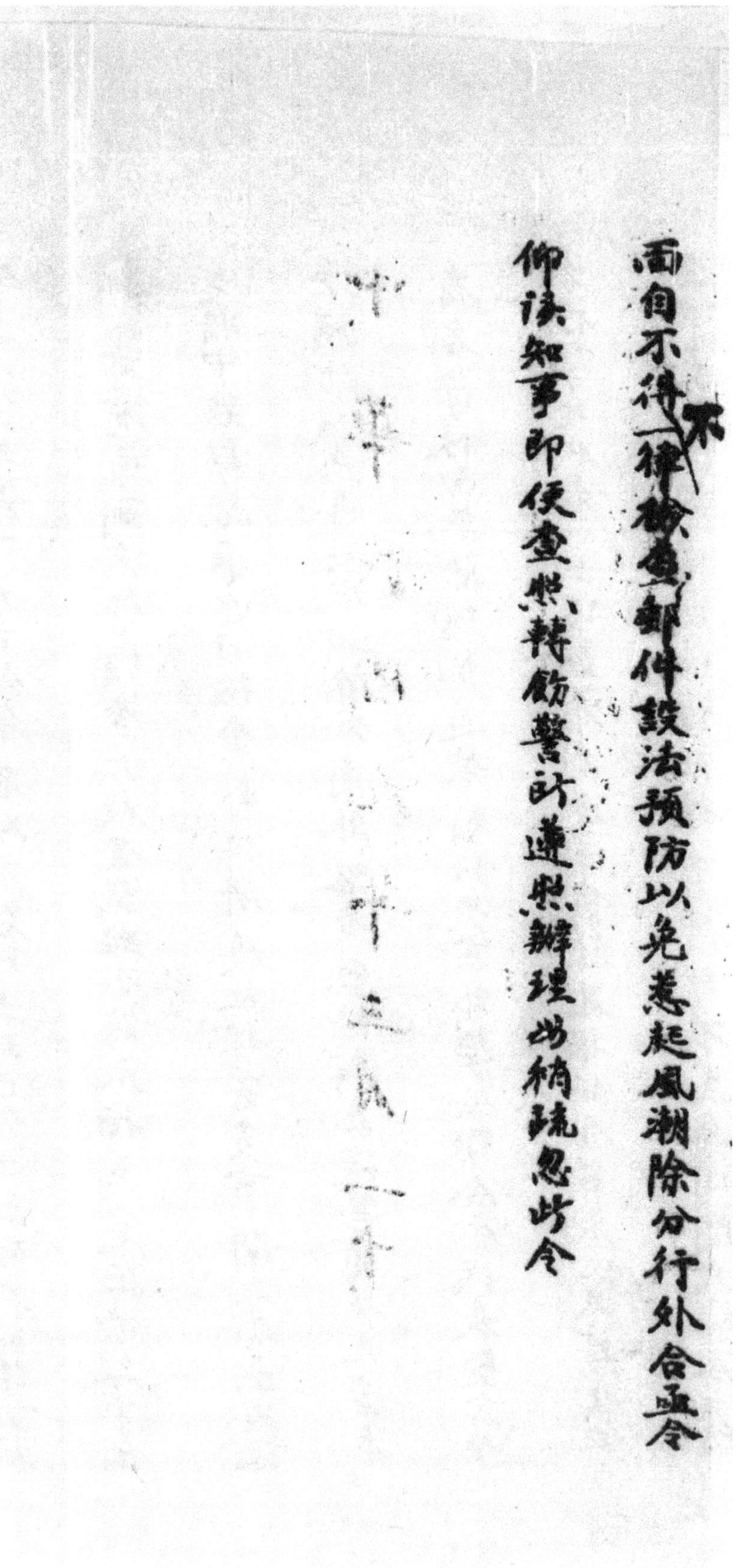
而自不得一律检查邮件设法预防以免惹起风潮除分行外合亟令
仰该知事即便查照转饬警所遵照办理毋稍疏忽此令
中华民国八年五月廿一日

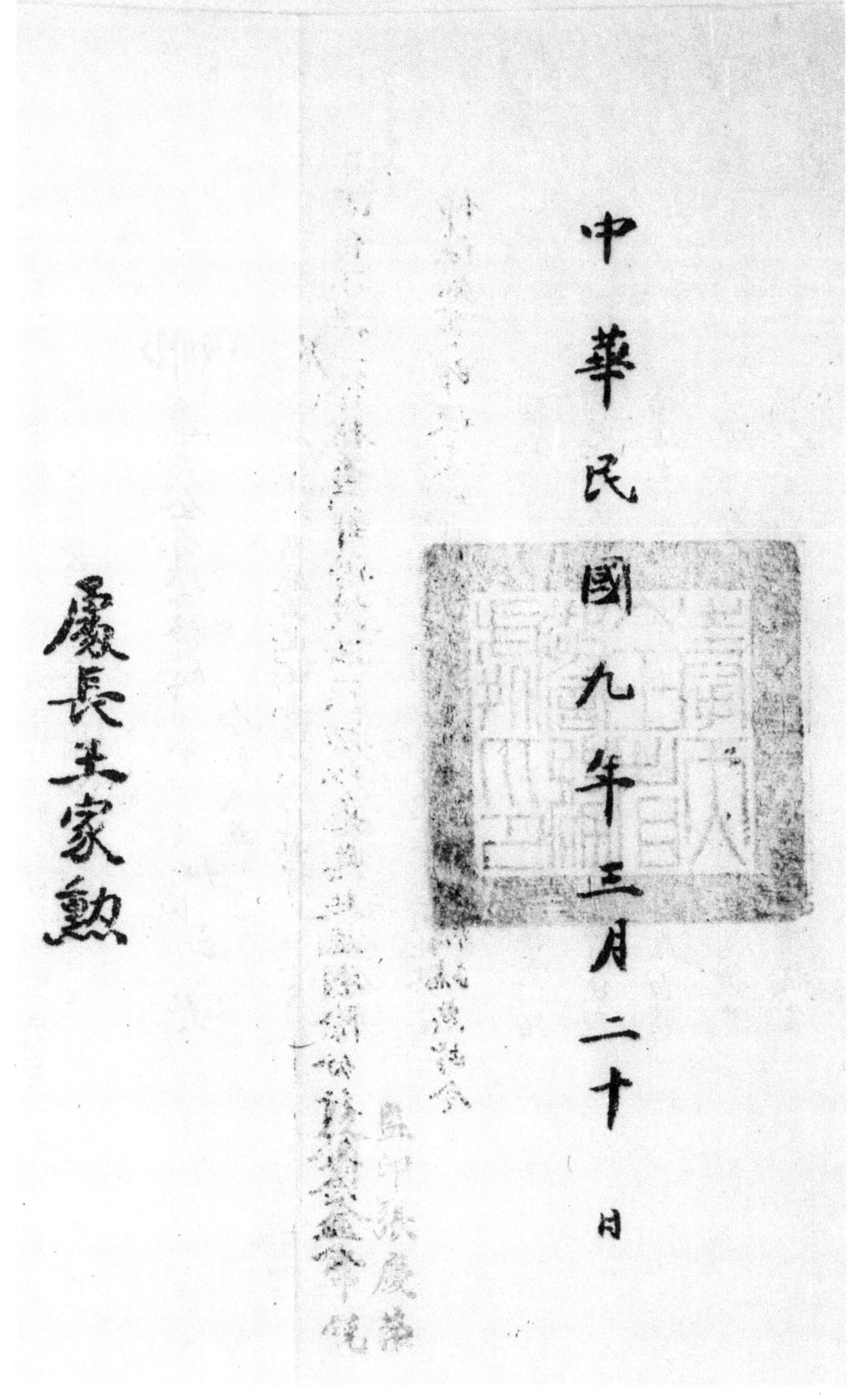
中華民國九年三月二十日

處長王家勲

八十二 奉天全省警务处为防范上海全国学生联合会姚作宾康白情到东三省活动及募捐事给彰武县公署的训令（一九二〇年三月二十三日）

奉天全省警務處訓令 第九四三號

令彰武縣知事

案准天津警察廳函開據密秘報告現查得上海全國學生聯合會總會議決案由會中理事分路出巡調查及募捐等事共分四路計長江以南數省為一區長江以北數省為一區東三省為特別區南洋各英屬為特別募捐之一路原定每路二人因會中理事只有六人不敷分佈經議決理事長狄侃守大本營王德熙去北幾省姚作賓康白情去東三省調查一切馮復光陳肇焱去南洋因馮復光現未到滬由劉清揚替代不日即分路前往等情報告前來查此項非法團體早奉

明令查禁茲仍在暗中計畫又復派人四出運動若不預為嚴防勢必造謠煽惑恐與各地治安均有妨礙除將該會理事所赴各處分別函達外相應函請貴處查照即希轉行各屬一體預為查禁俾維治安並希見復等因准此查奉省各學校現在雖尚無此項非法團体發生惟事關密秘防範不容稍疏天津警察廳既已探明該會有派姚作賓康白情密赴東三省調查勸募消息奉天方面自不得不先事預防設法查禁以免意外除分令並咨復外合並令仰該知事即便查照轉飭警所認真遵照辦理勿稍疏忽仍將辦理情形具報切切此令

中華民國九年三月二十三日

處長王永勳

八十四 奉天辽沈道尹公署为俄过激派政府派党员与工界代表陈家鼎秘密联络事给北镇县公署的训令（一九二〇年三月二十九日）

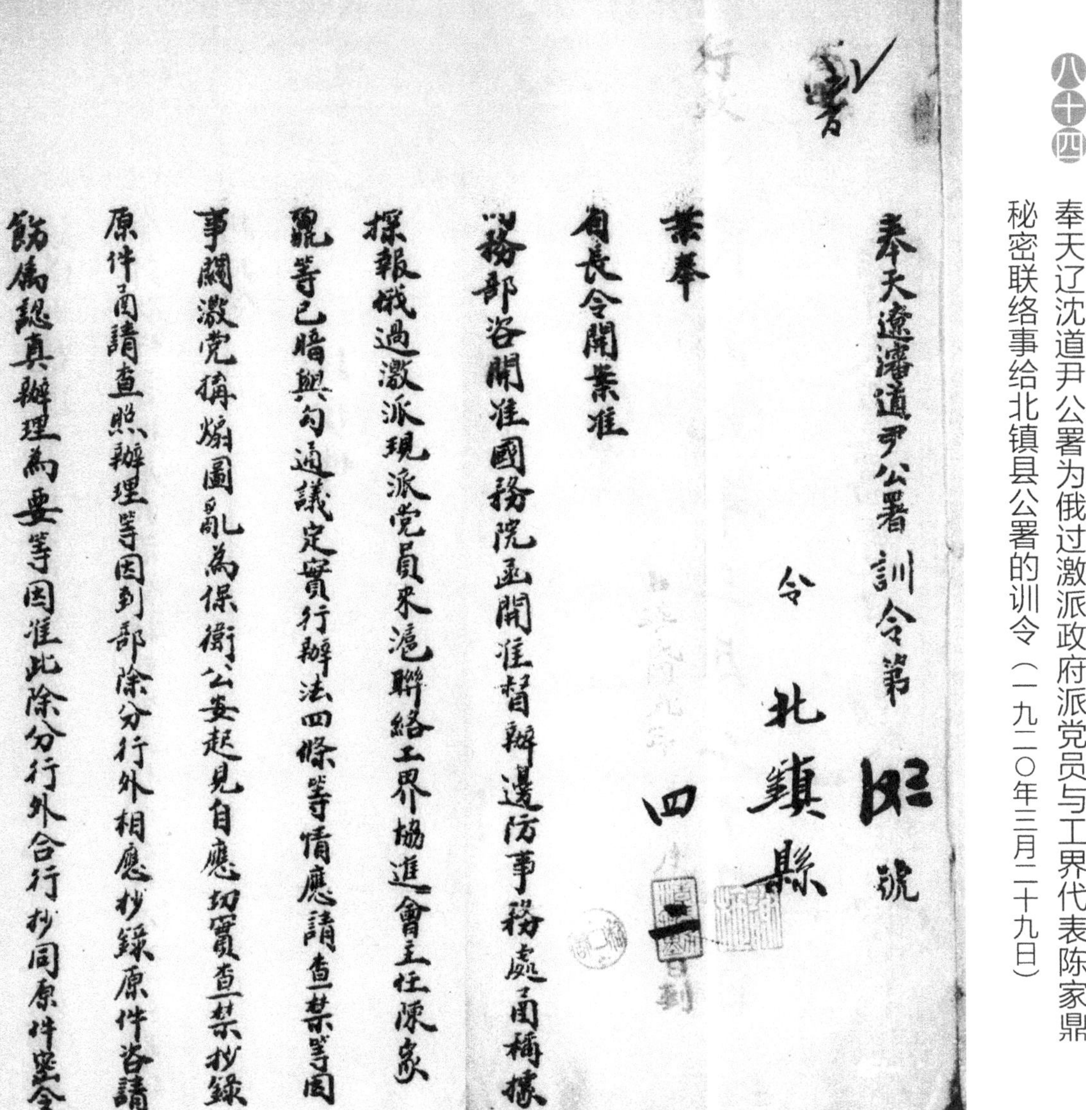
奉天遼瀋道尹公署訓令第 號

令北鎮縣

案奉

省長令開案准

□務部咨開准國務院函開准督辦邊防事務處函稱據

探報俄過激派現派党員來瀋聯絡工界協進會主任陳家

鼎等已暗與勾通議定實行辦法四條等情應請查禁等因

事關激党搆煽圖亂為保衛公安起見自應切實查禁抄錄

原件函請查照辦理等因到部除分行外相應抄錄原件咨請

飭屬認真辦理為要等因准此除分行外合行抄同原件密令

該道即便遵照密飭所屬一體認真防範毋稍疎虞切切此
令計抄件等因奉此除分行外合亟抄同原件令仰該縣遵
照此令

計抄件

民國九年三月二十九日

奉天遼瀋道道尹史紀常

監印 吳壽昌

钞録駐滬諜報員報告

探聞俄過激派現派党員来滬拟聯絡中國工界團体實行擴充該党主義並聞我國滬上全國工界協進會主任陳家鼐及曹子祥等已暗與勾通曾假法界貝勒路全國工商聯合會集議實行辦法如左

一各縣遍設工商聯合會及農工聯合會以厚勢力

一各省組織農工商演講團赴各村鎮演説平民自由主義

一先從西南各省實行

一暫假上海各農工商團体爲總辦事處

二月二十五日

八十五 奉天省长公署为切实查禁解散学生联合会事给奉天商务总会的训令（一九二〇年四月一日）

奉天省長公署訓令第川九四號

令商務總會

業准

內務部咨開：據京師警察廳呈稱：查上海近有中華民國學生聯合會總會發見，其組織宗旨業經載在上海各報，近更公然用該總會名義通信各屬學生聯合會互相應和，所寄北京信件經本廳查見扣留。查治安警察法第八第十二等條規定，學校學生不得加入政治結社、政談集會，原立法用意蓋以學

生當求學之時期萬不容分心政治致荒棄其學業之
法禁嚴不容寬假乃自上年學潮發生以來學生因
對外問題多有聯合會之組織官廳因其心存愛國
對於此項舉動多用勸導主義冀其自底於平近乃
氣燄愈張復有聯合會總會之設凌蔑法紀擾害公
安人民恃法以立國國家藉法以圖存法之不存何
以為國上年六月二日奉
大總統誥誡學生明令內有聯合會等項名目尤應
切實查禁等語是該學生聯合會總會在法律上事

實上均不能容其存在本廳於本年二月曾經原本
法意依照明令通達教育部將北京學生聯合會解
散在案擬請行文各省如有學生組織聯合會應即
依法解散并行文江蘇省長上海護軍使將該學生
聯合會總會從嚴查禁以維法紀而整學風等情到
部除咨呈國務院並行教育部切實查禁暨分行外
相應咨行查照飭屬認真分別解散查禁為要并希
見復等因准此除咨復并分行外合行令仰該會即
便遵照此令

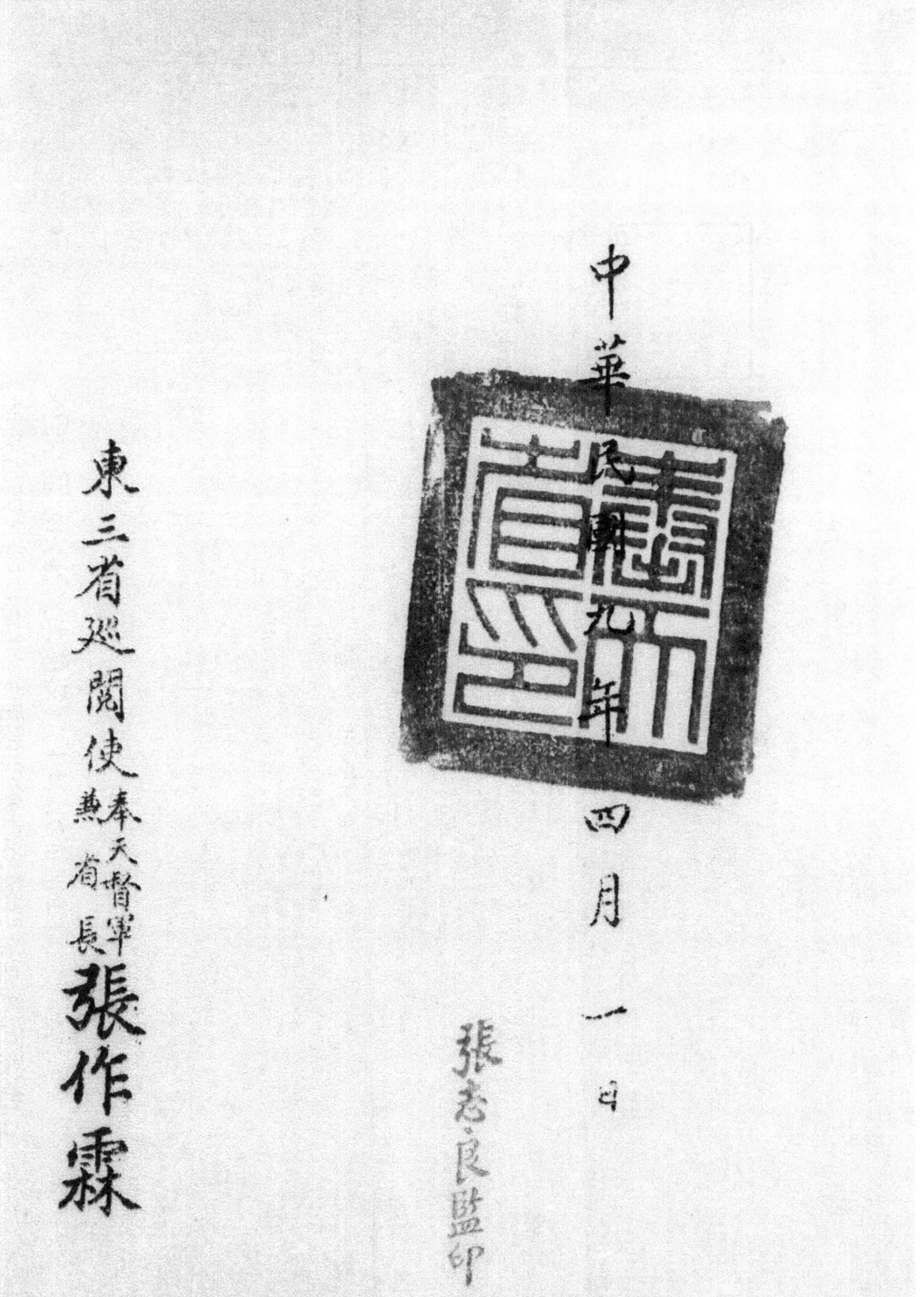

東三省巡閱使奉天督軍兼省長張作霖

中華民國九年四月一日

張志良監印

八十六 《盛京时报》登载有关梁启超召集讨论援助学潮等问题会议的新闻《天津又开秘议》（一九二〇年四月一日）

民國要聞

中華民國九年四月一日

天津又開秘議

天津要聞陸有會議發生各報記之已不勝記矣 自梁任公返國後面天津會議之（？）加多日昨（？）梁氏又在天津召集進步研究及交通舊系諸人秘議應付時局與援救學潮及發展梁氏黨派問題云

天津又開秘議

天津要衝屢有會議發生各報記之已不勝記茲自梁任公返國後而天津會議尤較前加多日昨（星期六）梁氏又在天津召集進步研究及交通舊系諸人秘議應付時局與援救學潮及發別林氏諸問題云

八十七 义县知事公署为查禁解散学生联合会事给义县劝学所的训令（一九二〇年四月九日）

義縣知事公署訓令第　號
令勸學所
本年四月三日奉
省長公署訓令內開案准
內務部咨開據京師警察廳呈稱
查上海中華民國學生聯合會總會
發起其組織宗旨業經載在上海各報近
更公然開設總會名義通信各處學生聯
合會互相應和所寄北京信件經本廳

查見扣留查治安警察法第八、第十二等
條規定學校學生不得加入政治結社政談
集會原立法用意蓋以學生當求學時代
若不專心政治致讀荒棄其學業定法
禁嚴不容寬假乃自上年學潮發生以
來學生因對外問題多有聯合會之組織
官廳因其心存愛國對於此項舉動多用
勸導主義冀其自覺於平近乃氣燄愈
張復有聯合會總會之設凌蔑法紀攪害
公安人民恃法以立國之家藉法以圖存法之

不存何以為國上年六月二日奉
大總統誥誡學生明令內有聯合會等項
名目尤應切實查禁等語是該學生
聯合會總會在法律上事實上均不能容
其存在本部於本年二月曾經原本法
意依照明令函達教育部將北京學生
聯合會解散並業據該部咨覆如有學生
組織聯合會應即依法解散並行文江
蘇省長上海護軍使將該學生聯合會
總會從嚴查禁以維法紀而整學風等

情到部除咨呈国务院并行教育部切
实查禁暨分行外相应咨行查照饬属
认真分别解散查禁为要并希见覆等
因准此除咨复并分行外合行令仰该县
即便遵照此令等因奉此除分行外合行
令仰该所即便遵照如有学生组织联合
会应即依法解散查禁以维法纪而整
学风切切此令

中華民國九年

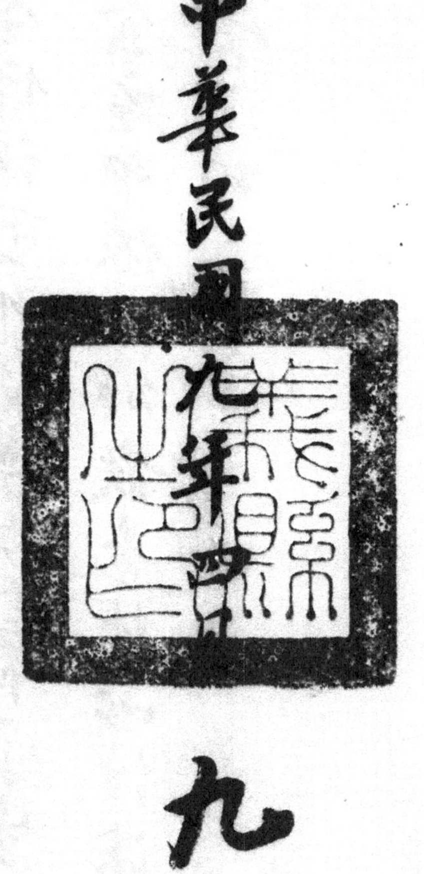

九 日

監印楊樹棠

義縣知事

八十八

教育部为查禁上海学生联合会宣传邮件驱逐煽动罢课之学生代表事给奉天省长公署的电（一九二〇年四月十七日）

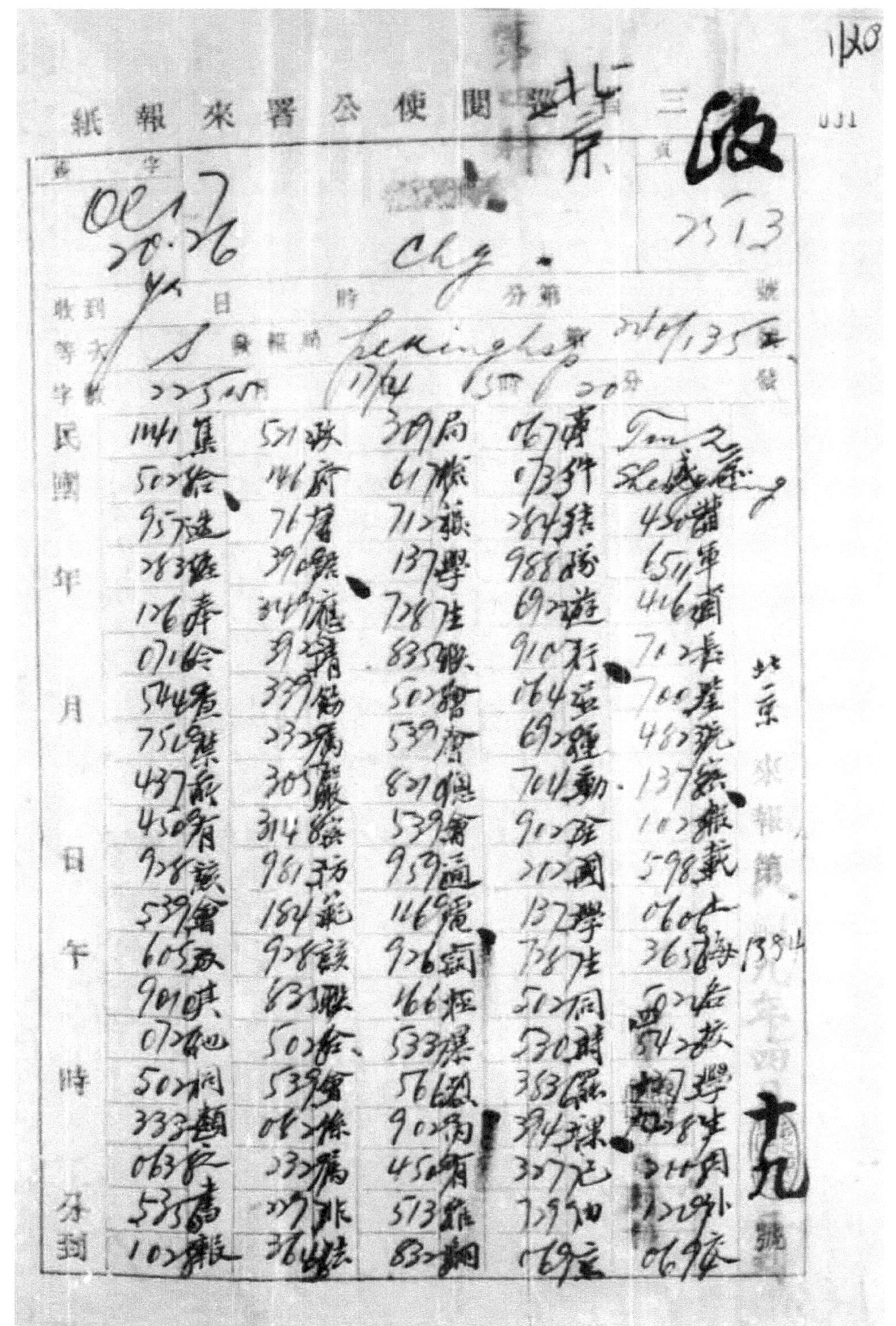

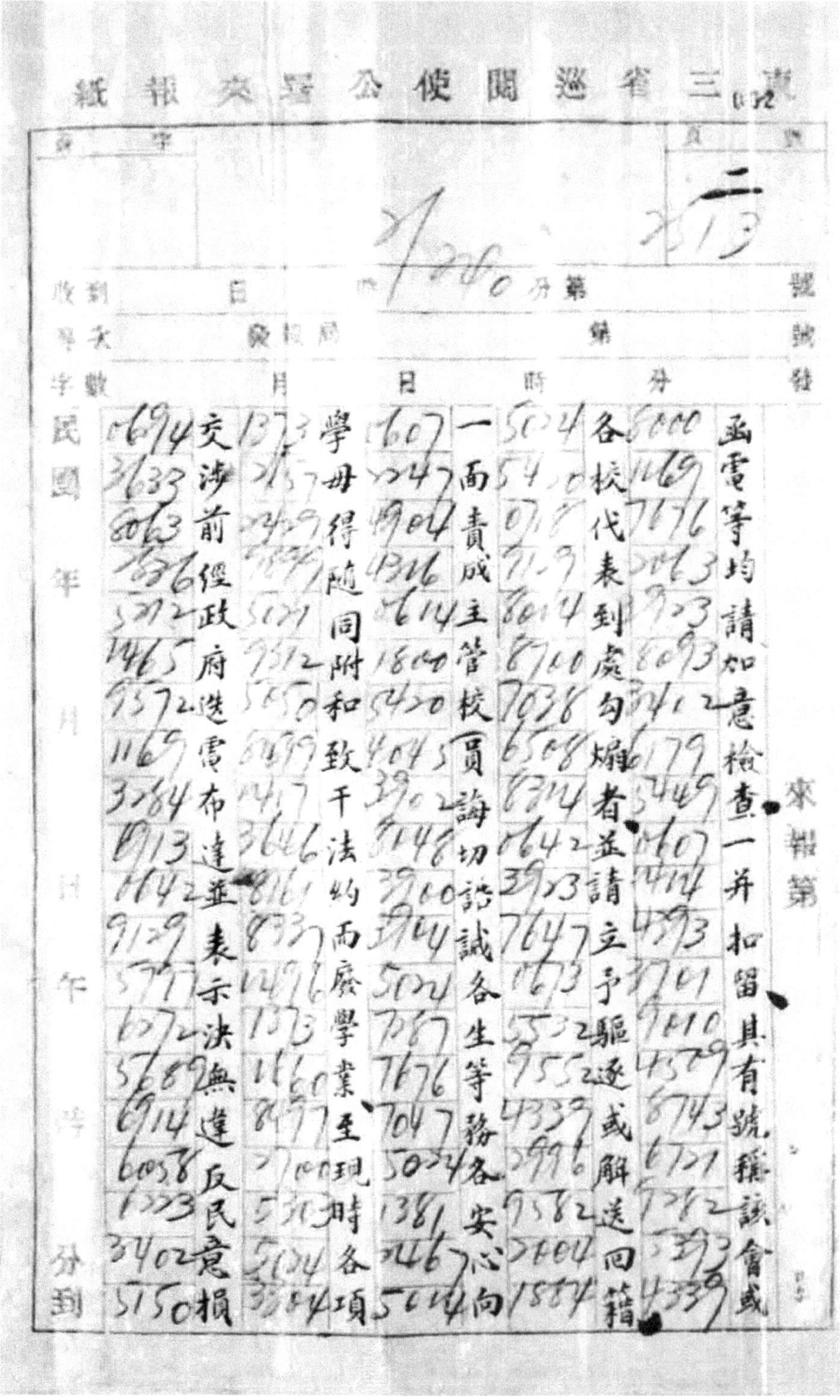

東三省巡閱使公署來報紙

二 2313

民國　年　月　日　午　時　分到

函電等均請加意檢查一并扣留具有號稱該會或
各校代表到處勾煽者並請立予驅逐或解送回籍
一面責成主管校員諭切誥誡各生等務各安心向
學毋得隨同附和致干法紀而廢學業至現時各項
交涉前經政府迭電布達並表示決無違反民意損

來報第

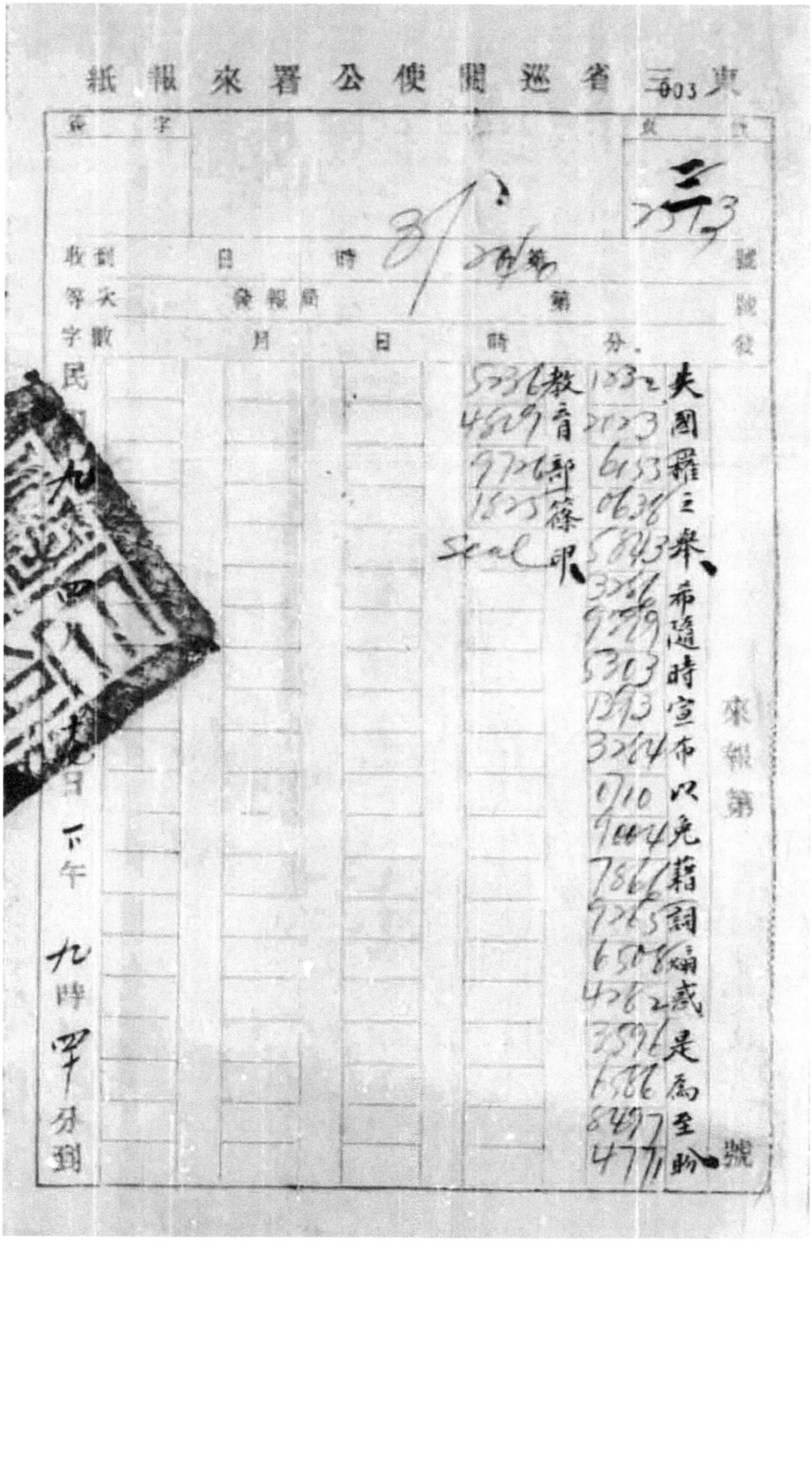

东三省巡閲使公署來報紙 603

三 2513

8/28

5336 1832 失國羅三樂、希隨時宣布以免藉詞煽惑是為至盼

4529 2123

9726 6153

1825 0638

5843

教育部篠

Seal 印

下午九時卅分到

八十九

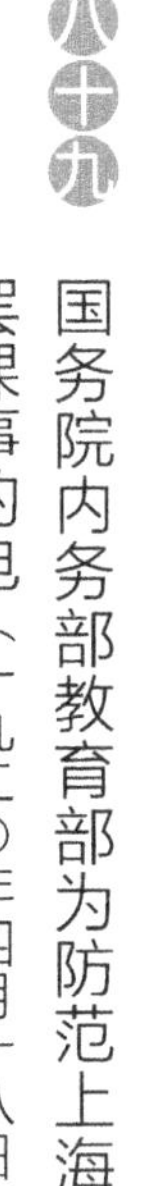

国务院内务部教育部为防范上海学生总会联合各地学生罢课事的电（一九二〇年四月十八日）

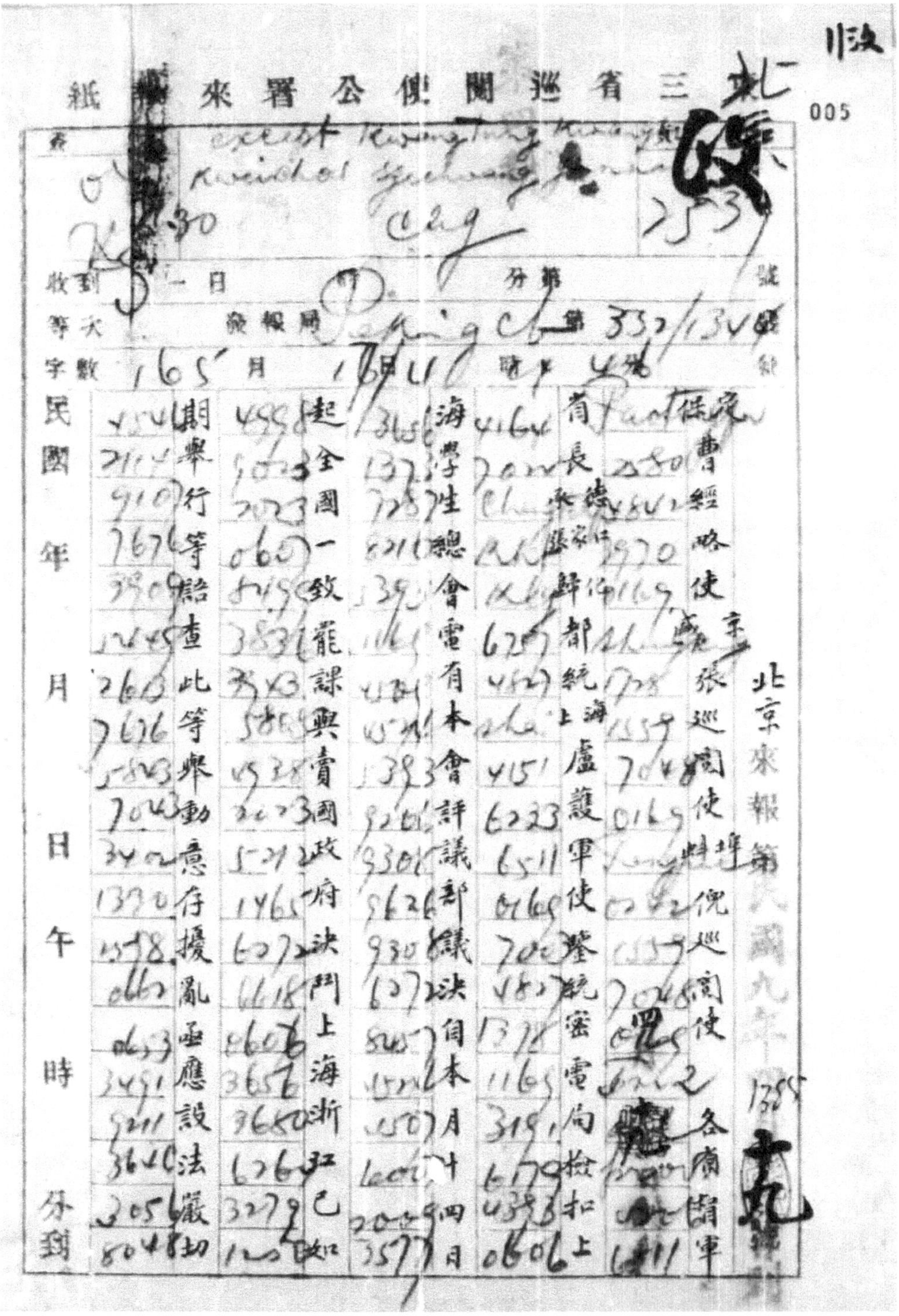

三省巡閱使公署來報紙

北京來報第 號 民國九年 1355

保定曹經略使、奉天張巡閱使、蚌埠倪巡閱使、各督軍、省長、張家口都統、上海盧護軍使鑒：統密。電向撿扣上海學生總會電，有本會評議部議決自本月十四起全國一致罷課，與賣國政府決鬥，上海、浙江已如期舉行等語。查此等舉動，意存擾亂，亟應設法嚴

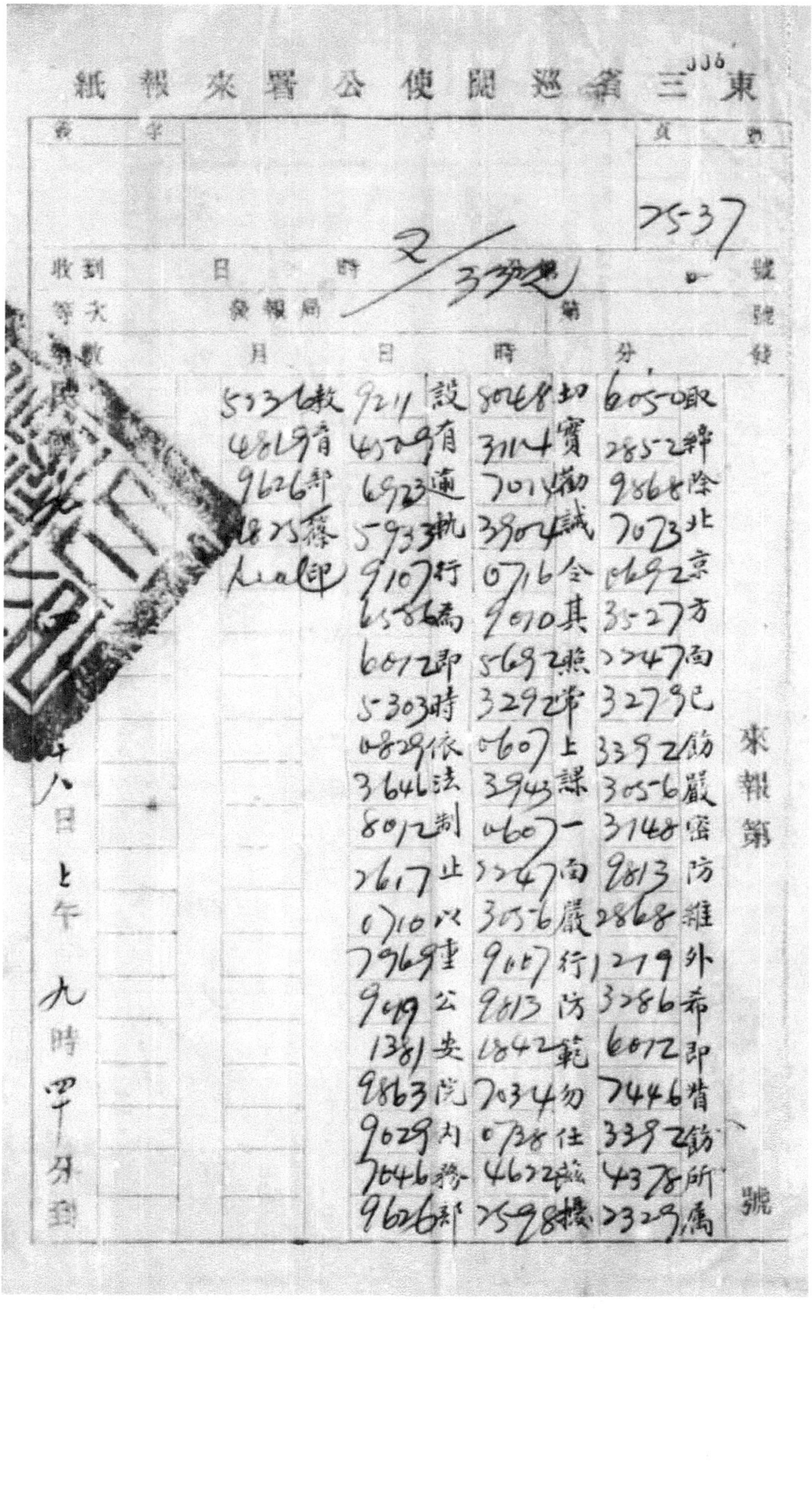

336

東三省巡閱使公署來報紙

簽字		頁數
		75-37

收到　日　時　分　號
等次　發報局　第　號
字數　月　日　時　分　發

6050取 2852締 9868除 7023北 0692京 3527方 2247面 3279已 3392飭 3056嚴 3148密 9813防 2868維 1279外 3286希 6012即 7446省 3392飭 4378所 2329屬

8068切 3114實 7014勸 3804誡 0716令 9010其 5692照 3292常 0607上 3943課 0607一 2247面 3056嚴 9007行 9813防 1842範 7034勿 0738任 4622滋 2598擾

9211設 4529有 6923煽 5933惑 9107行 6586為 6012即 5303時 0829依 3646法 8012制 2617止 0710以 7969重 9049公 1381安 9863院 7029內 7646務 9626部

5336教 4819育 9626部 1825蔡 印

來報第　號

十八日上午九時四十分到

九十 奉天省长公署为检查邮件防止学生受煽惑罢课事给东三省邮务局等的函及给教育厅警察厅的训令（一九二〇年四月二十日）

四澂

007

奉天省長公署

中華民國九年四月 日

判 月 日 發

宛 送 經手人印

第四科主任 第五股委員 張志良監印

政務廳長 第五股主稿

東三省巡閱使 奉天督軍 兼省長 張

爲令防止學生罷課

函東三省郵務局 東三省郵政監督

訓令各道尹 教育廳 警察廳

函

行

逕啓者案准

国务院 内务部 教育部 條電開統密電局〃〃以重公安等因此案

同時准教育部條電到署除另行函請 郵務局查

政監督檢查郵電並通令外准電前因相應再懇 合行令仰該縣知事遵照

查照嚴密檢查以遏亂萌此致

遵照加意防止並隨時勸誡以遏亂萌此令

東三省電政監督 新民縣知事

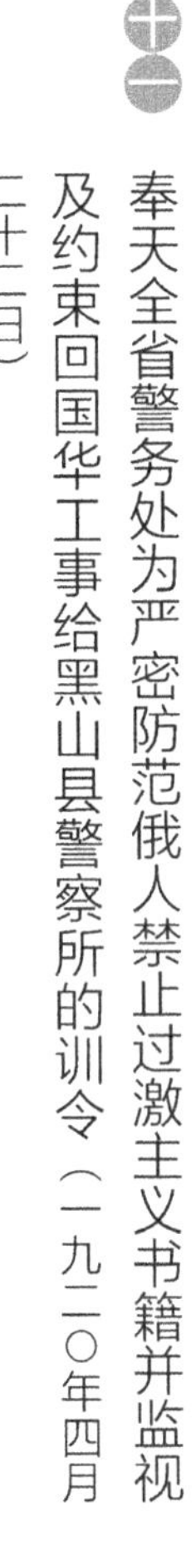

九十一 奉天全省警务处为严密防范俄人禁止过激主义书籍并监视及约束回国华工事给黑山县警察所的训令（一九二〇年四月二十二日）

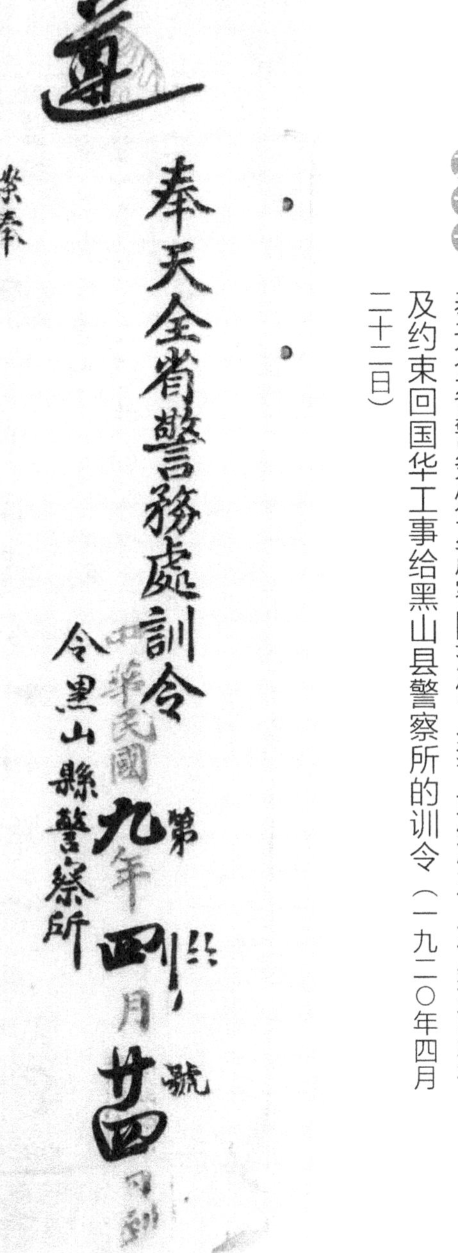

遵

奉天全省警務處訓令 第　號

中華民國九年四月廿四日

令黑山縣警察所

案奉

省長公署訓令准

國務院灰電開統察頃接美國芝加哥憲報訪員言、德關於防止過激主義語帖一件內稱為中國計欲防止過激主義之鼓吹首在監察與中國人民有特別關係之俄人禁止過激主義之書籍監視東清路界內之華工其中國人曾服務激黨而回國者因其接近國人較易尤須嚴

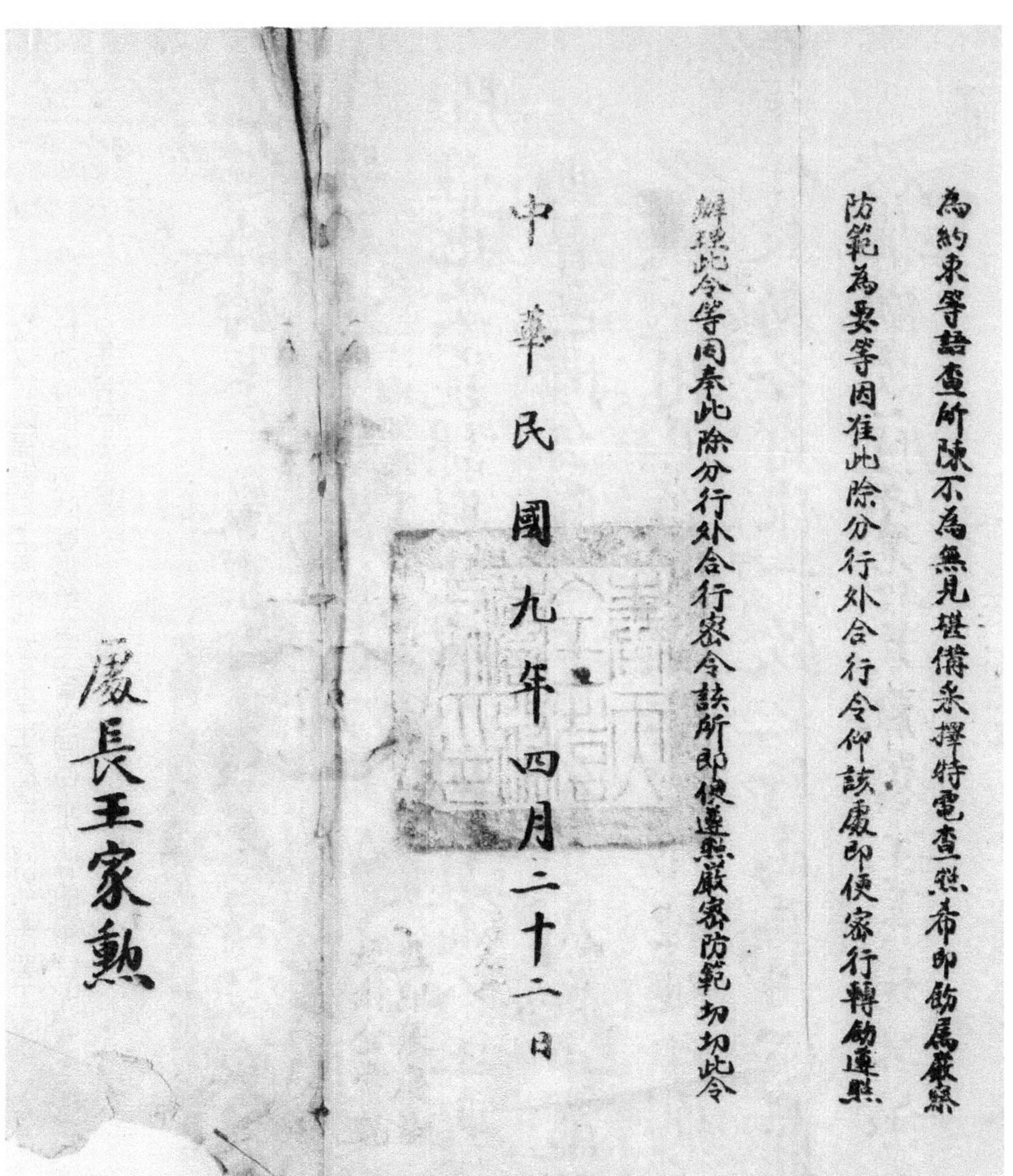

為約束等語查所陳不為無見推備柔擇特電查照希即飭屬嚴緊
防範為要等因准此除分行外合行令仰該處即便密行轉飭遵照
辦理此令等因奉此除分行外合行密令該所即便遵照嚴密防範切切此令

中華民國九年四月二十二日

處長王家勳

九十二 众议院魏福锡为上海等地发生学生罢课工商界罢市罢工等行动请设法预防等事给东三省巡阅使张作霖的禀（一九二〇年四月二十三日）

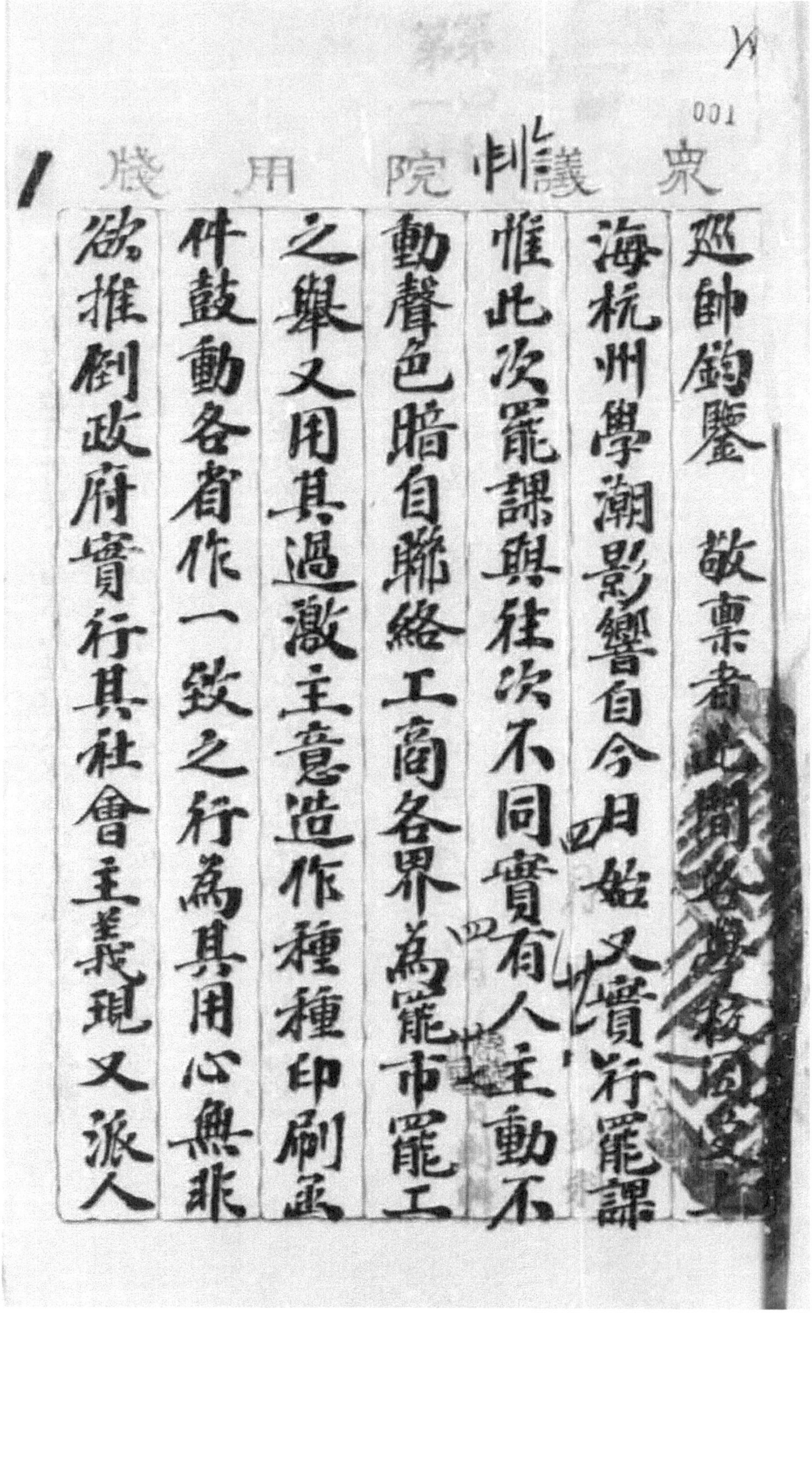

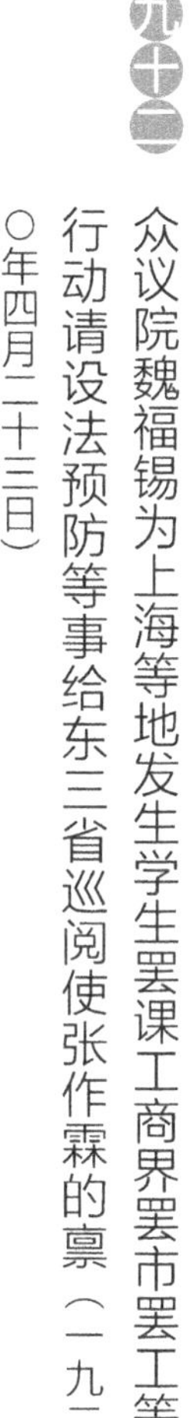
衆議院用牋

巡帥鈞鑒 敬稟者此間各學校因受上海杭州學潮影響自今日始又實行罷課惟此次罷課與往次不同實有人主動不動聲色暗自聯絡工商各界為罷市罷工之舉又用其過激主意造作種種印刷函件鼓動各省作一致之行為其用心無非欲推倒政府實行其社會主義現又派人

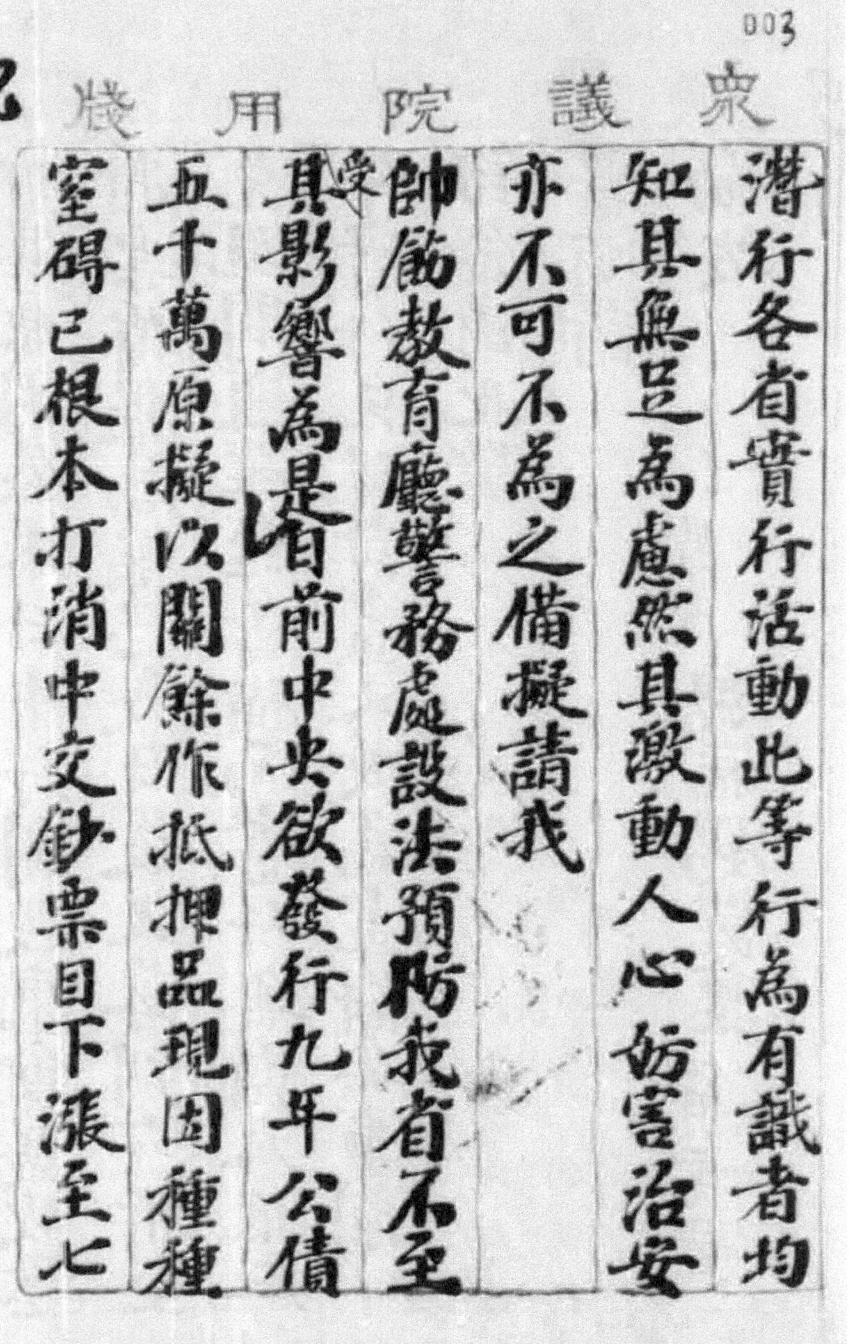
003

2 眾議院用箋

潛行各省實行活動此等行爲有識者均知其無足爲慮然其激動人心妨害治安亦不可不爲之備擬請我

帥飭教育廳警務處設法預防我省不至受其影響爲是目前中央欲發行九年公債五千萬原擬以關餘作抵押品現因種種窒碍已根本打消中交鈔票目下漲至七

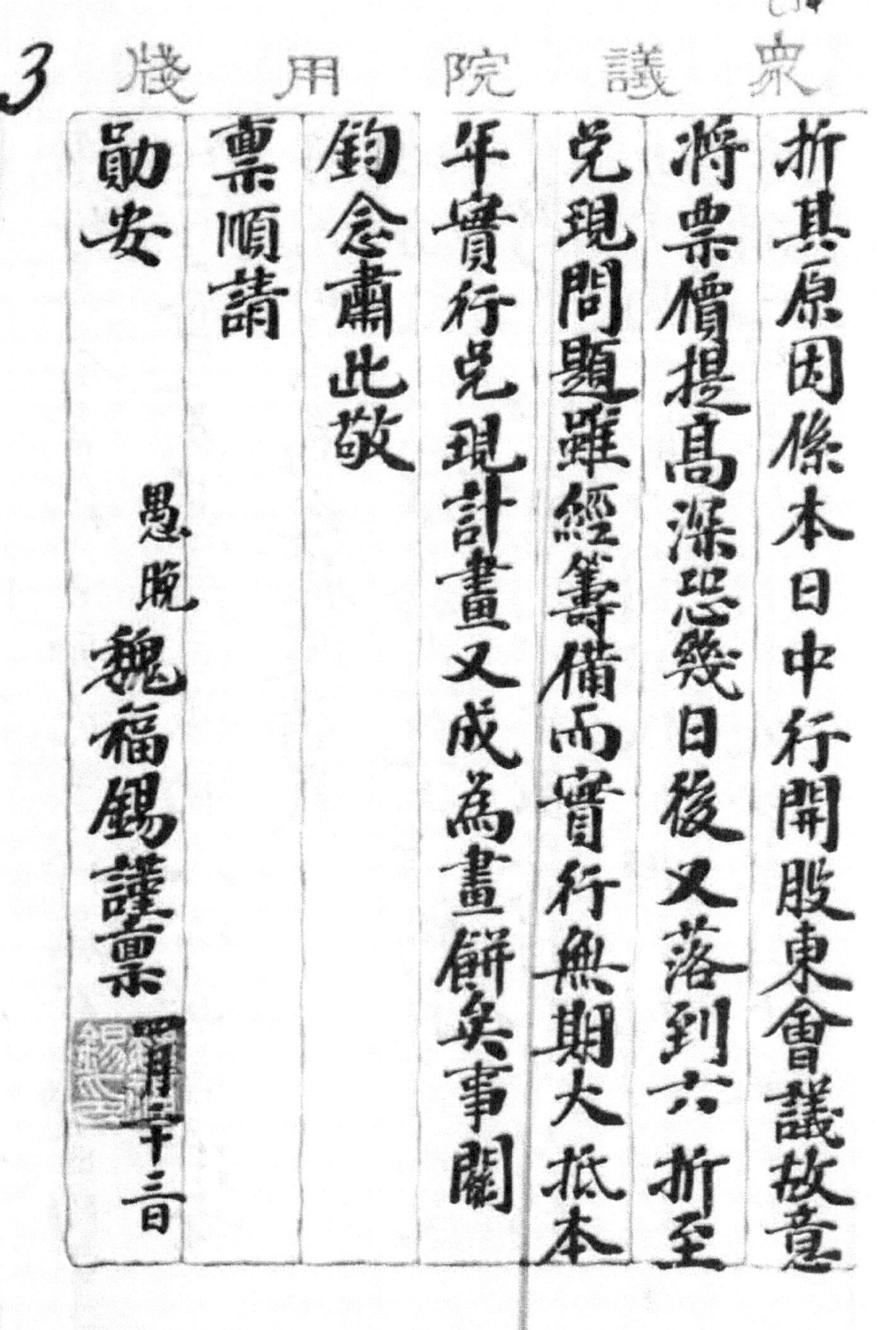

衆議院用牋

3

折其原因係本日中行開股東會議故意將票價提高深恐幾日後又落到六折至兌現問題雖經籌備而實行無期大抵本年實行兌現計畫又成為畫餅矣事關

鈞念肅此敬

稟順請

勛安

愚晚魏福錫謹稟

四月二十三日

九十二

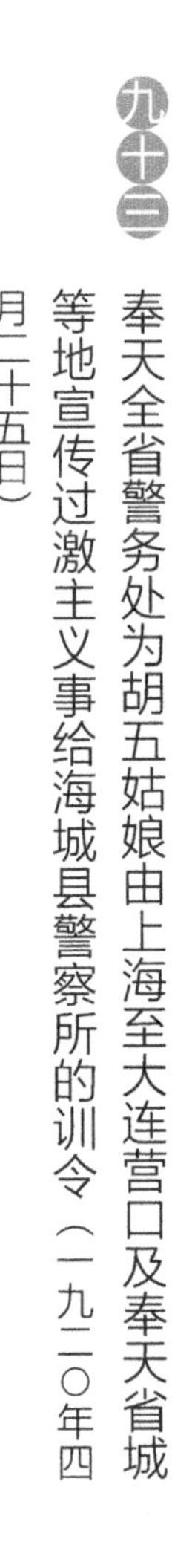

奉天全省警务处为胡五姑娘由上海至大连营口及奉天省城等地宣传过激主义事给海城县警察所的训令（一九二〇年四月二十五日）

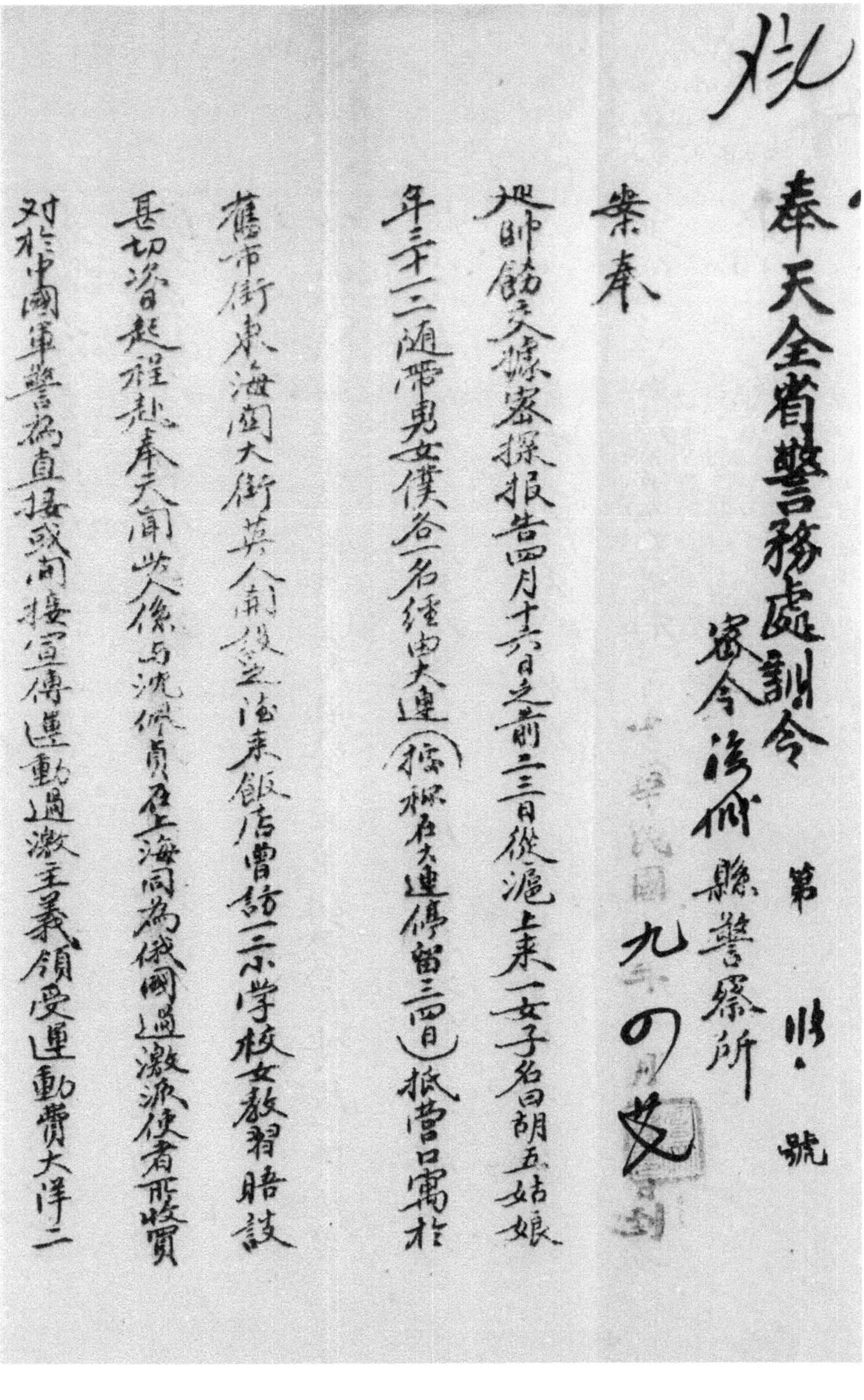

奉天全省警務處訓令　第　號

令海城縣警察所

案奉

巡帥飭交據密探報告四月十六日之前二三日從滬上來一女子名曰胡五姑娘年二十二三隨帶男女僕各一名經由大連（據稱在大連停留三四日）抵營口寓於舊市街東海關大街英人開設之海來飯店曾訪二示学校女教習晤談甚切旋即起程赴奉天聞此人係與流俄黨員在上海同為俄國過激派使者所收買对於中國軍警為直接或間接宣傳運動過激主義領受運動費大洋二

十萬元沉佩貞向南京漢口濟南方面宣傳胡五姑娘則在南滿一帶宣傳故已承奉廿情飭處通令查防廿因奉此查本省軍警向來均能恪守法律決不至受其運動然既有此輩到處宣傳恐一經煽惑於治安大有關係除分行外合亟令仰該所遵照密飭所屬嚴密偵查如有胡五姑娘其人即行拿獲嚴加訊究有無同黨併表詳細呈報並隨時防範查禁勿令此種主義輸入邊亂萌仍將遵辦情形具報切切此令

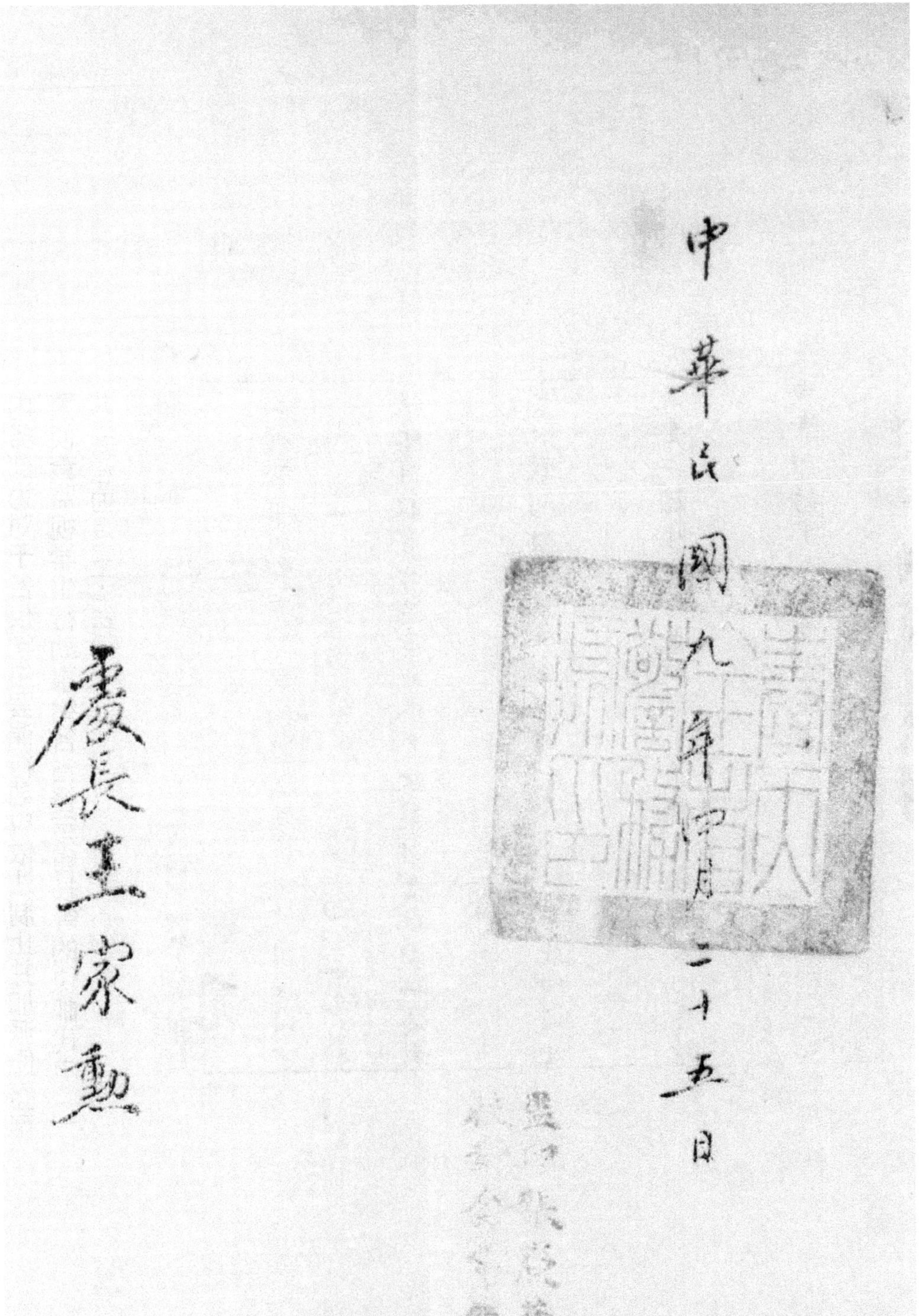

中華民國九年四月二十五日

處長王家勳

九十四 内务部为对于各校学生罢课行动应依法制止并加派便衣军警侦查监视学生行动事给各省督军省长等的快邮代电（一九二〇年四月二十七日）

018

012

內務部快郵代電用紙

第一葉

各省督軍省長[illegible]都統綏遠寧夏護軍使川邊鎮守

使鑒准教育部函稱此次各校罷課實係受上海影

響少數劫持所致除由敝部飭令各校長嚴切辦理

促令上課外如有逾軌行動事關地方治安仍應請

由貴部飭下各地方官廳嚴重取締至上海派來代

中華民國

四

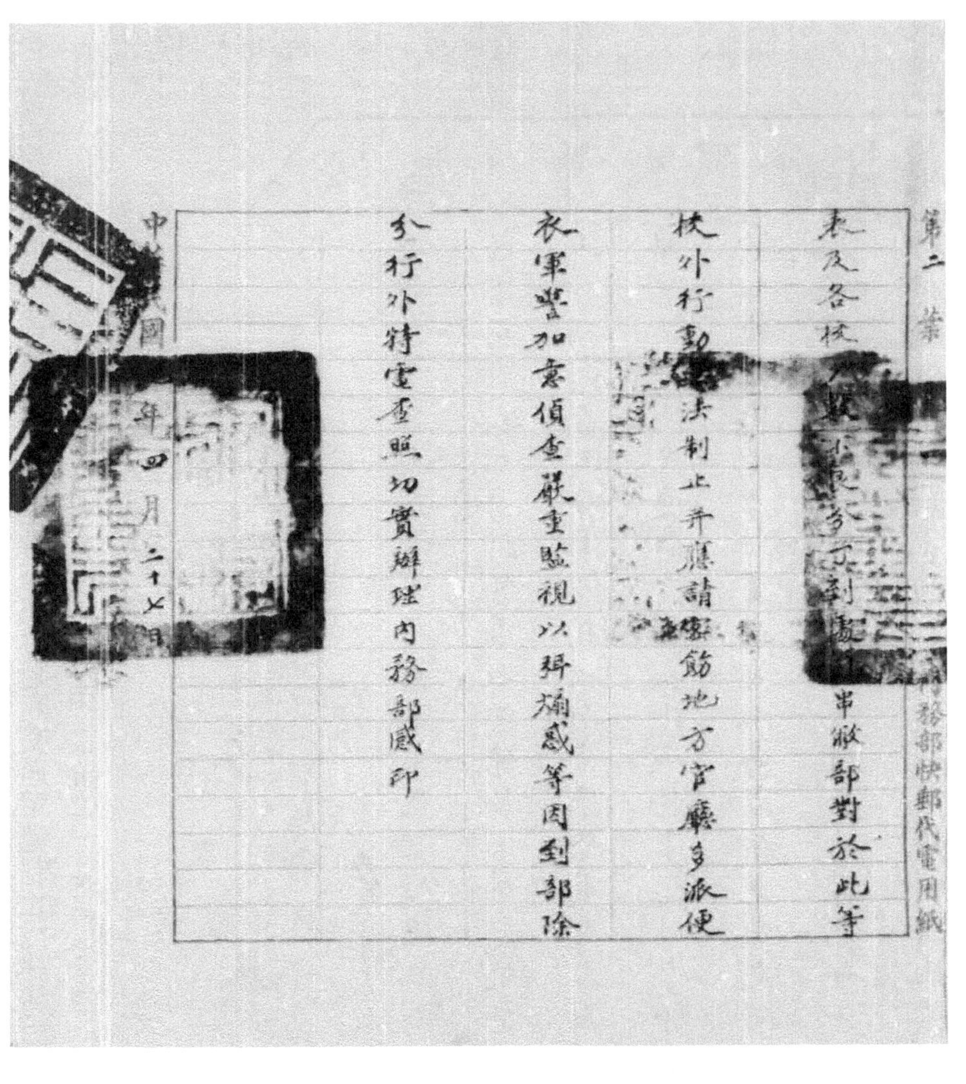

第二叶

來及各校少數不良分子利用[illegible]串掀[illegible]部對於此等

校外行動[illegible]法制止并應請[illegible]飭地方官廳多派便

衣軍警加意偵查嚴重監視以弭隱患等因到部除

分行外特電查照切實辦理內務部感印

中華民國　年四月二十七日

務部快郵代電用紙

九十五 松沪护军使署为上海学生游行演讲阻断交通军警制止戒严情形事给东三省巡阅使张作霖等的快邮代电（一九二〇年四月三十日）

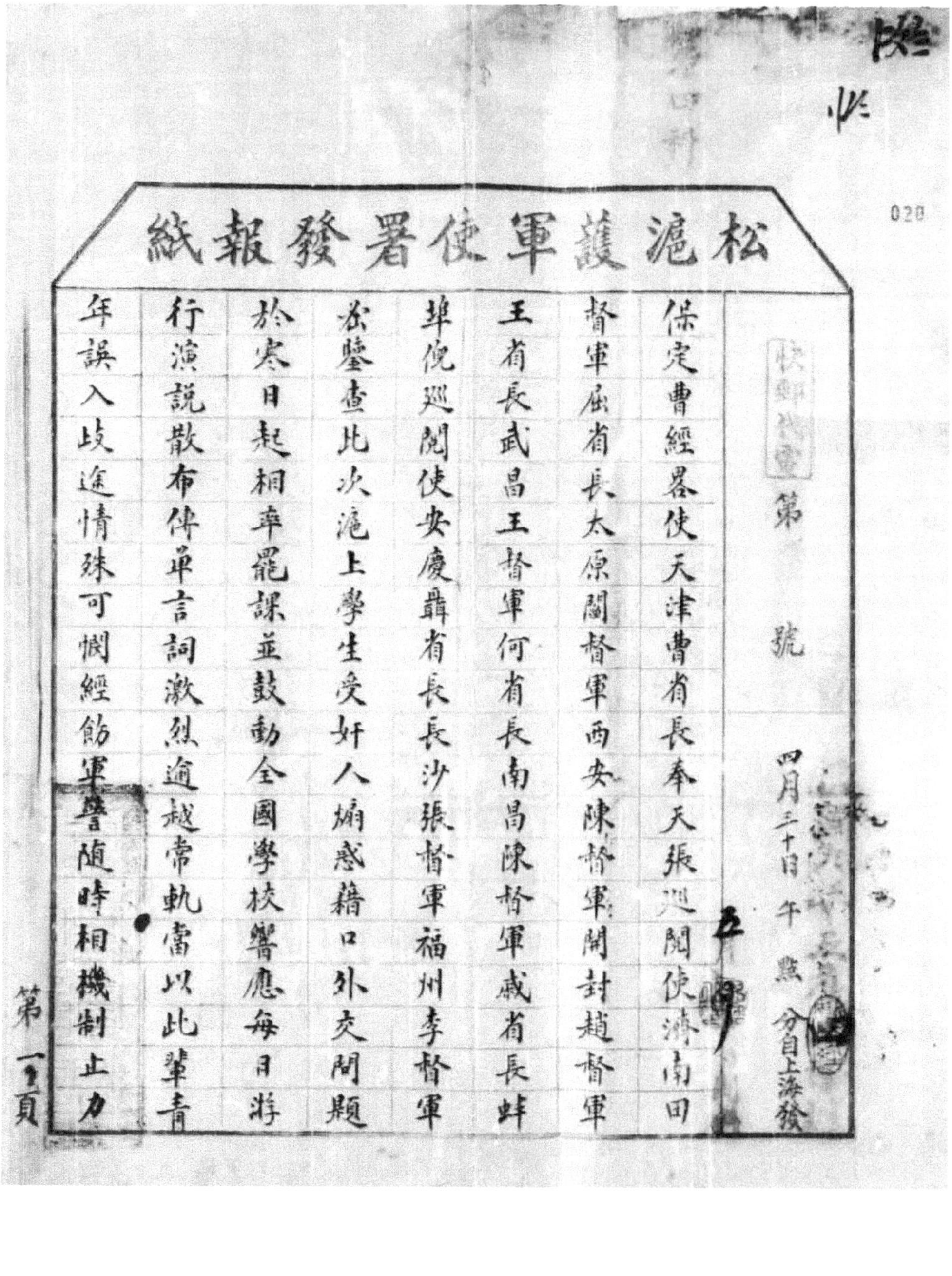

松滬護軍使署發報紙

快郵代電 第 號 四月三十日午 點 分自上海發

保定曹經畧使天津曹省長奉天張巡閲使濟南田督軍屈省長太原閻督軍西安陳督軍開封趙督軍王省長武昌王督軍何省長南昌陳督軍戚省長蚌埠倪巡閲使安慶聶省長長沙張督軍福州李督軍鈞鑒查此次滬上學生受奸人煽惑藉口外交問題於寒日起相率罷課並鼓動全國學校響應每日游行演說散布傳單言詞激烈逾越常軌當以此輩青年誤入歧途情殊可憫經飭軍警隨時相機制止力

第一頁

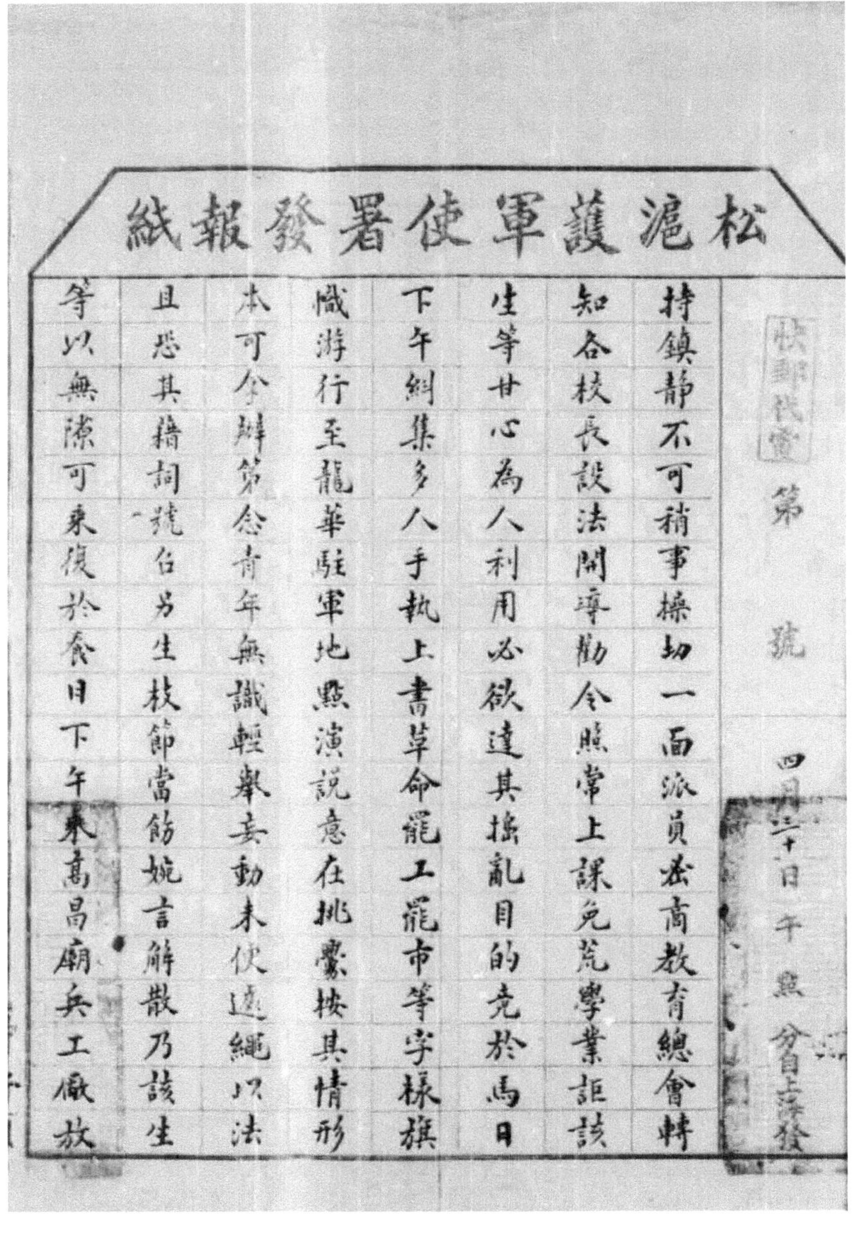

松滬護軍使署發報紙

快郵代電 第 號

四月三十日 午 點 分自上海發

持鎮靜不可稍事操切一面派員恣高教育總會轉
知各校長設法開導勸令照常上課免荒學業詎該
生等甘心為人利用必欲達其擾亂目的竟於馬日
下午糾集多人手執上書革命罷工罷市等字樣旗
幟游行至龍華駐軍地點演說意在挑釁按其情形
本可全解第念青年無識輕舉妄動未使遽繩以法
且恐其藉詞號召另生枝節當飭婉言解散乃該生
等以無隙可乘復於養日下午來高昌廟兵工廠放

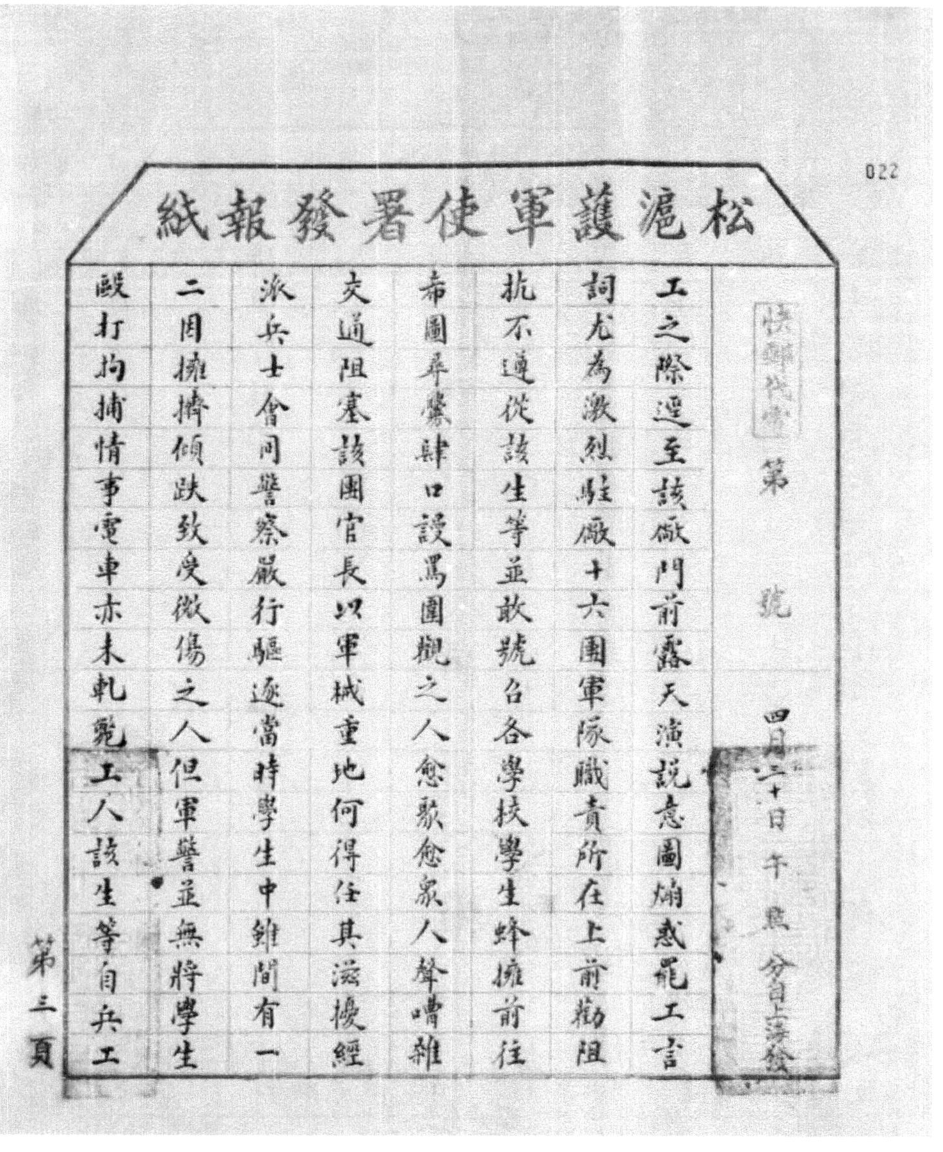

022

松滬護軍使署發報紙

快郵代電 第 號 四月三十日午 點 分自上海發

工之際逕至該廠門前露天演說意圖煽惑罷工言詞尤為激烈駐廠十六團軍隊職責所在上前勸阻抗不遵從該生等並敢號召各學校學生蜂擁前往希圖尋釁肆口謾罵圍觀之人愈聚愈衆人聲嘈雜交通阻塞該團官長以軍械重地何得任其滋擾經派兵士會同警察嚴行驅逐當時學生中雖間有一二因擁擠傾跌致受微傷之人但軍警並無將學生毆打拘捕情事電車亦未輟罷工人該生等自兵工

第三頁

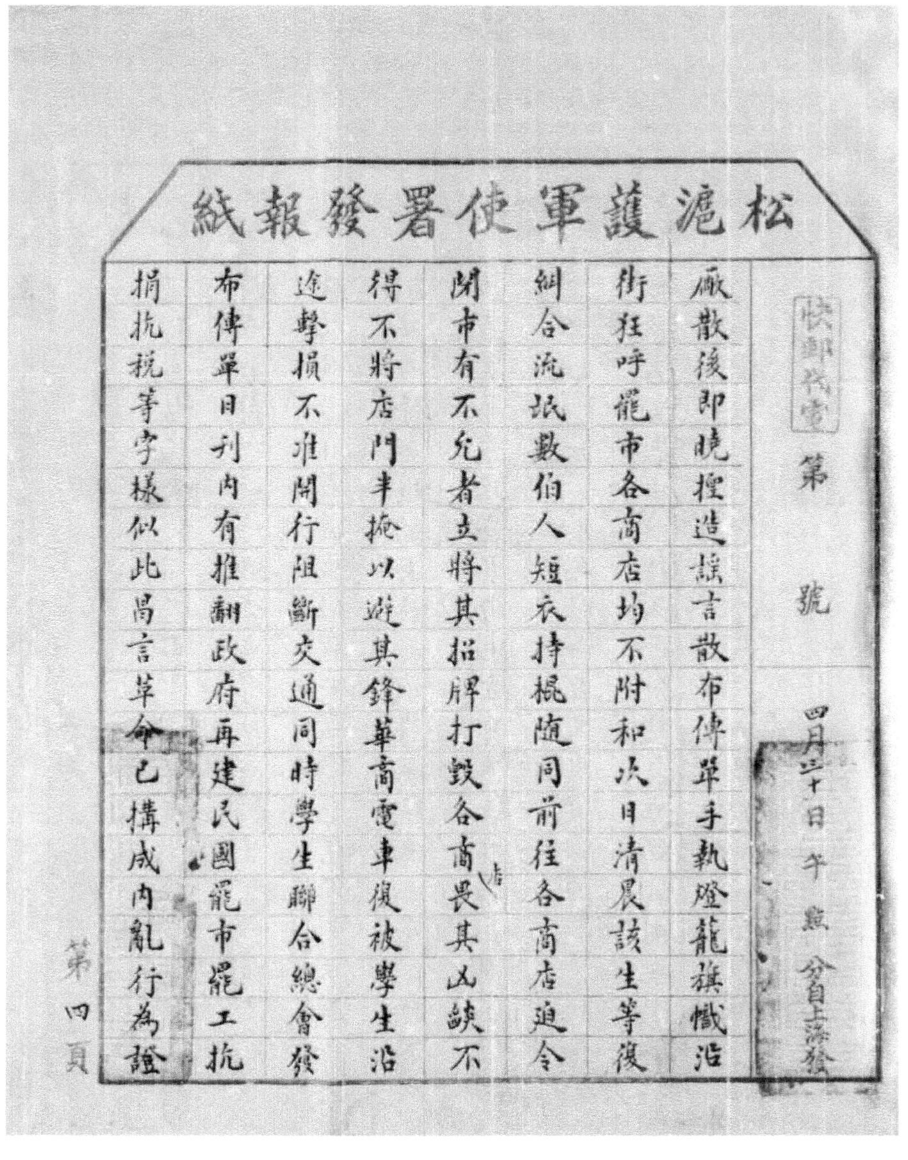
松滬護軍使署發報紙

收郵代電 第　號

四月三十日　午　點　分自上海發

厰散後即晚捏造謠言散布傳單手執燈籠旗幟沿街狂呼罷市各商店均不附和次日清晨該生等復糾合流氓數佰人短衣持棍隨同前往各商店逼令閉市有不允者立將其招牌打毀各商畏其凶燄不得不將店門半掩以避其鋒華商電車復被學生沿途擊損不准開行阻斷交通同時學生聯合總會發布傳單日刊內有推翻政府再建民國罷市罷工抗捐抗稅等字樣似此倡言革命已構成內亂行為證

第四頁

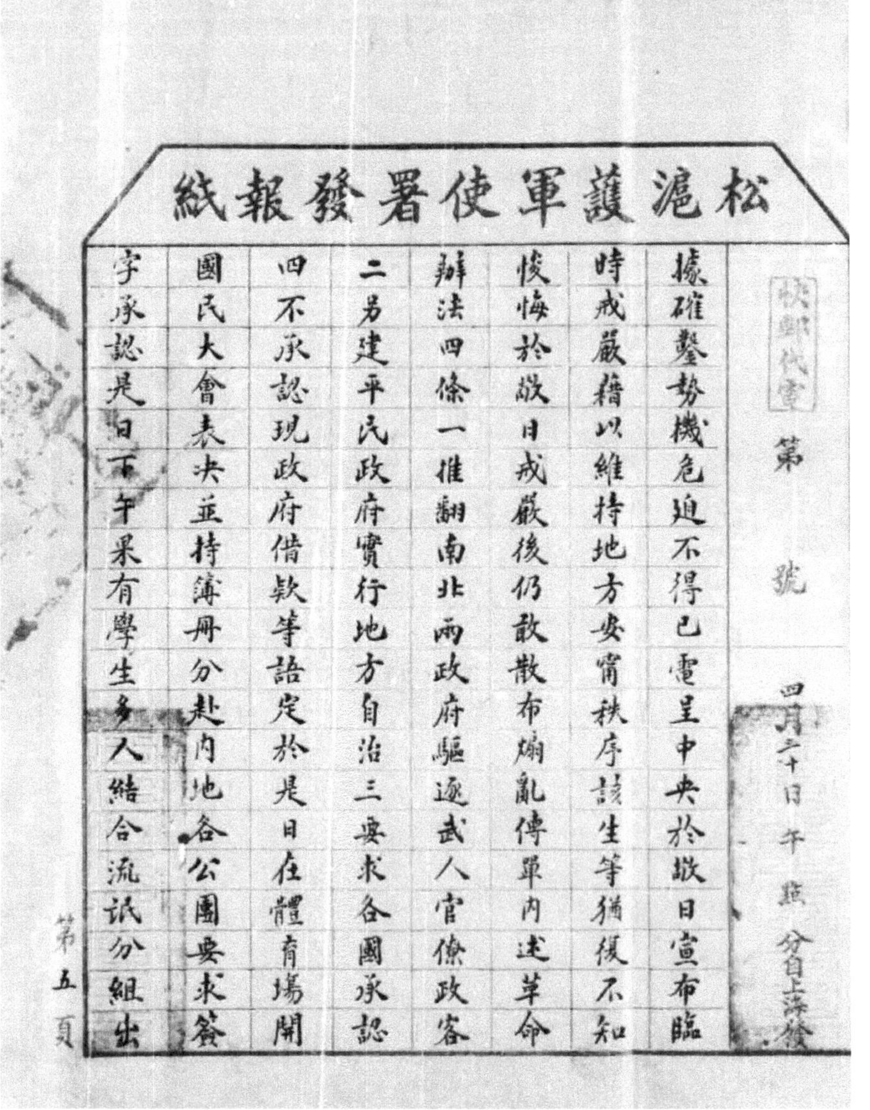

松滬護軍使署發報紙

快郵代電 第　號 四月二十日　午　點　分自上海發

據確鑿勢機危迫不得已電呈中央於啟日宣布臨時戒嚴藉以維持地方安甯秩序該生等猶復不知悛悔於啟日戒嚴後仍敢散布煽亂傳單內述革命辦法四條一推翻南北兩政府驅逐武人官僚政客二另建平民政府實行地方自治三要求各國承認四不承認現政府借款等語定於是日在體育場開國民大會表決並持簿冊分赴內地各公團要求簽字承認是日下午果有學生多人結合流氓分組出

第五頁

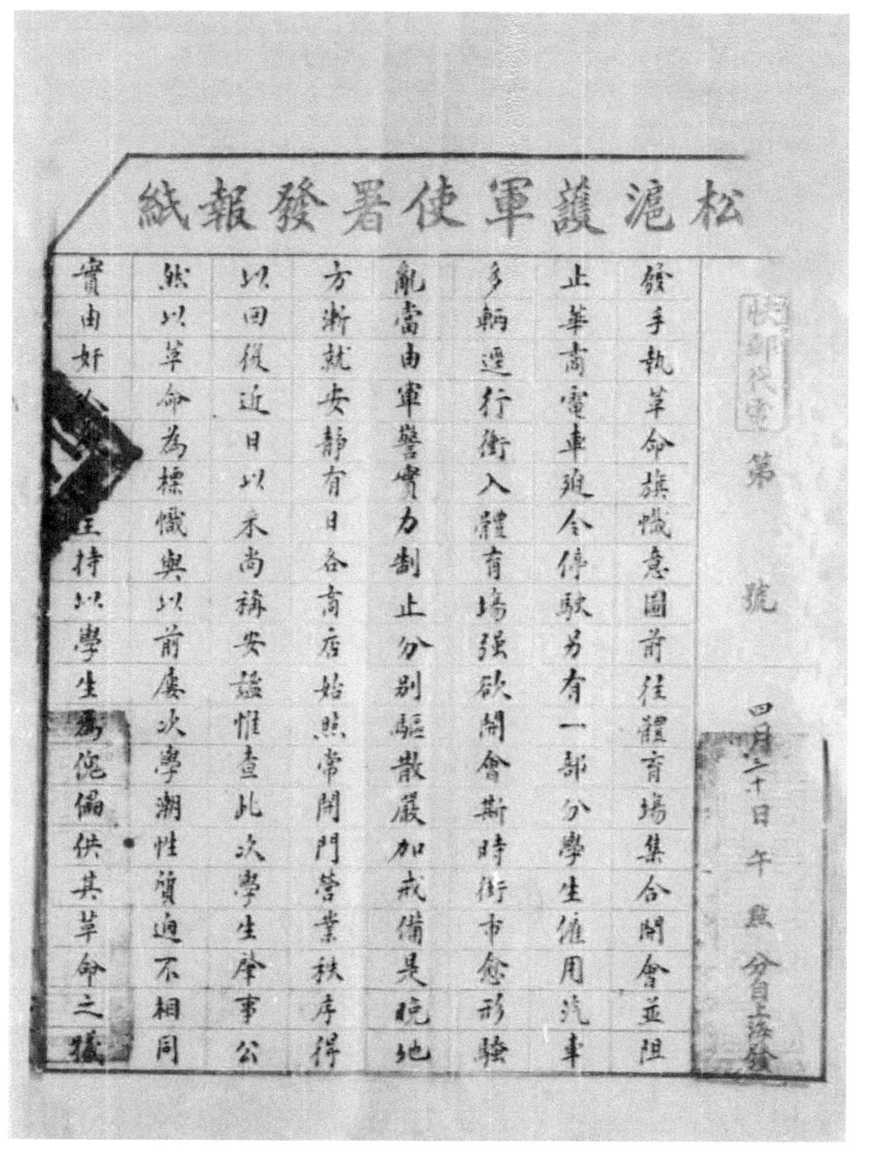

松滬護軍使署發報紙

收到代電 第 號 四月二十日午 點 分自上海發

發手執革命旗幟意圖前往體育場集合開會並阻止華商電車致令停駛另有一部分學生僱用汽車多輛遊行街入體育場強欲開會斯時街市愈形騷亂當由軍警實力制止分别驅散嚴加戒備是晚地方漸就安靜有日各商店始照常開門營業秩序得以回復近日以來尚稱安謐惟查此次學生肇事公然以革命為標幟與以前屢次學潮性質迥不相同實由奸人[illegible]主持以學生為傀儡供其革命之犧

026

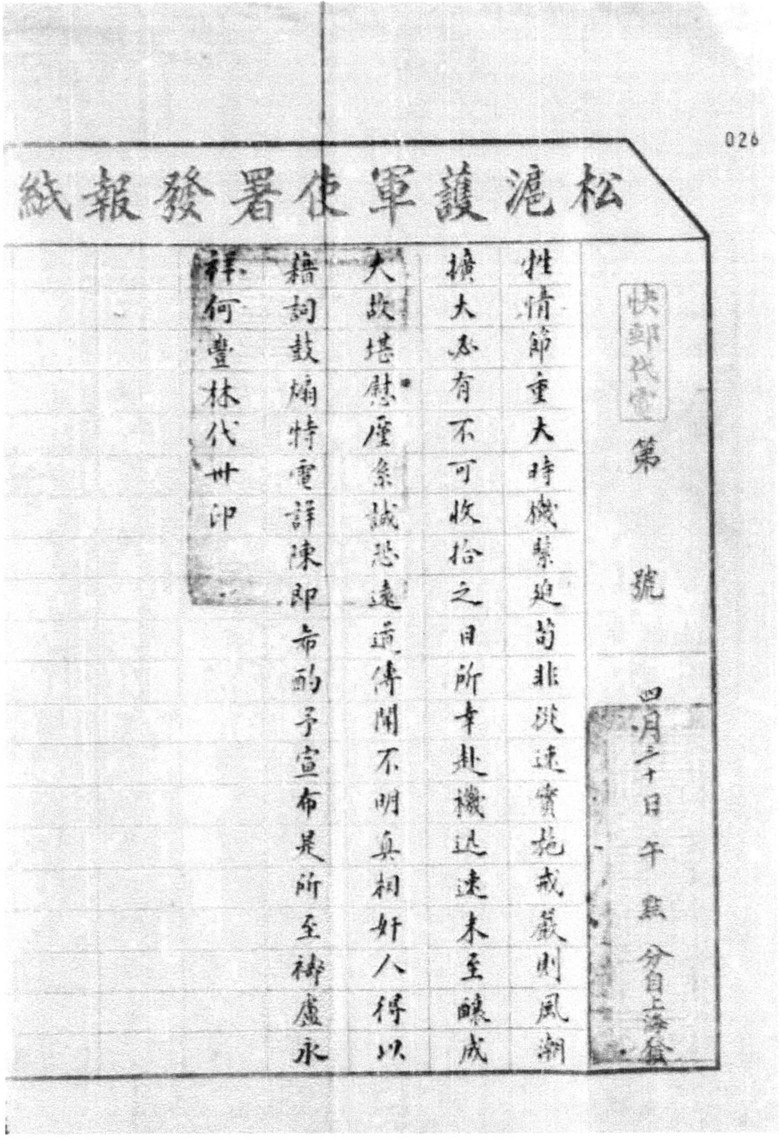

松滬護軍使署發報紙

快郵代電　第　號　四月三十日午　點　分自上海發

性情節重大時機緊迫苟非從速實施戒嚴則風潮横大必有不可收拾之日所幸趕緊迅速未至釀成大故堪慰厪系誠恐遠道傳聞不明真相奸人得以籍詞鼓煽特電詳陳即希酌予宣布是所至禱盧永祥何豐林代卅印

九十六

教育部为华北运动会因学潮未平缓办各学校及体育会暂缓派人与会事给奉天省长公署的电（一九二〇年五月一日）

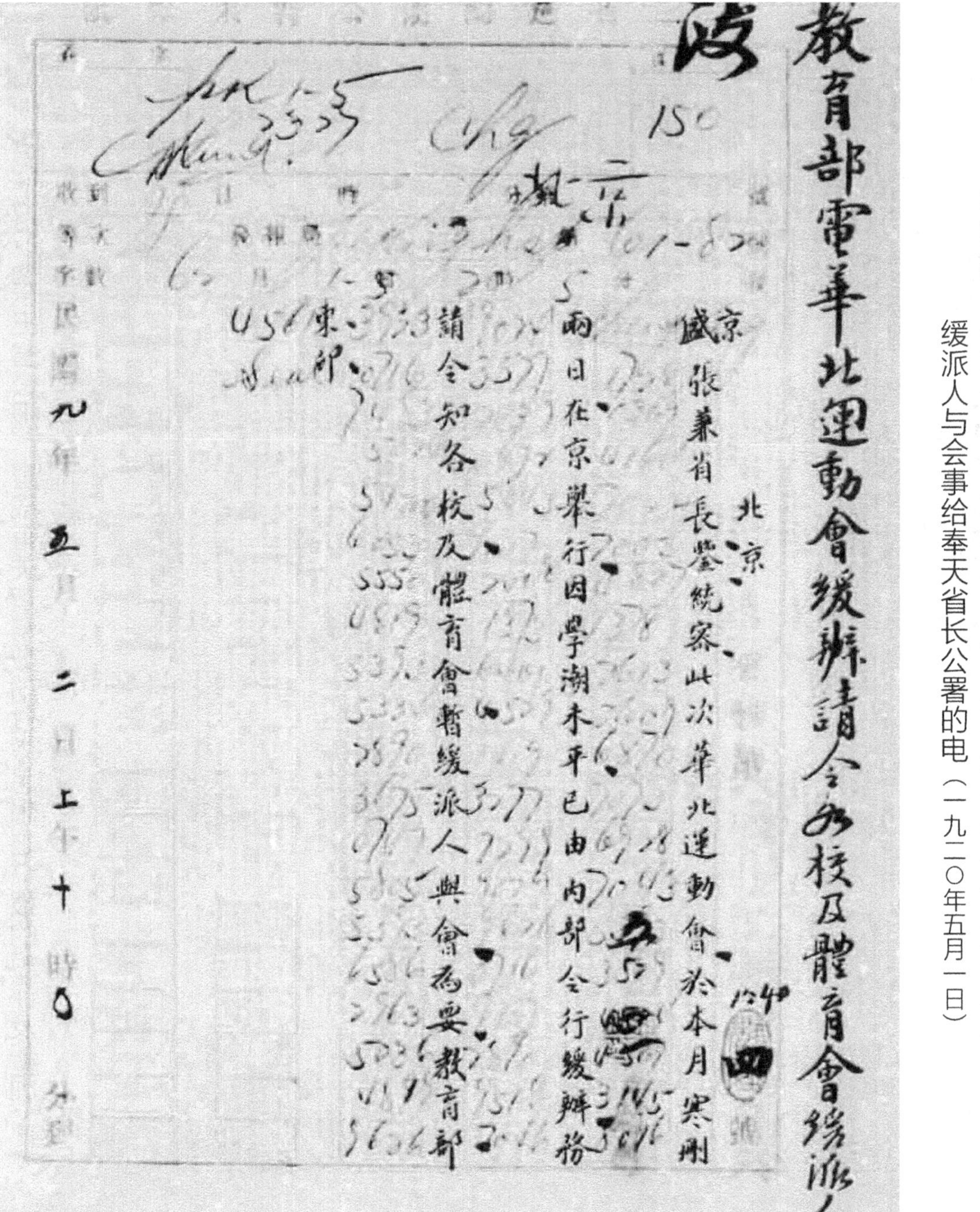

教育部電華北運動會緩辦請令各校及體育會緩派人

150

北京

盛京張兼省長鑒：統密。此次華北運動會於本月寒删兩日在京舉行，因學潮未平，已由內部令行緩辦，務請令知各校及體育會暫緩派人與會爲要。教育部。

九年五月二日上午十時〇分到

九十七 《东三省公报》登载有关查禁鼓动过激思想之书报的短评及新闻

（一九二〇年五月四日）

短評 二

▲欲傳播一種之思想、自不能不借重於書報、故革命成功、書報之力固居多數也、方今投時各報及雜誌、無不載有新思潮者、和平者固無方而激烈者乃或假新思潮之名以行鼓動過激之言、青年學子思想辨別之力稍覺薄弱、即墜玄中、舊日道德既鮮聞、眩於奇邪、日驅異路、今日查禁不合書報、雖非根本救止辦法、然能注意及此、或亦不無幾多之裨益歟（哲）

東三省新聞

▲奉　天▼

嚴防激派與邊防

▲查禁書籍　過激思想之傳播以書報為媒介現信件報紙均由當局專人察檢其書籍一項並由軍警隨時分往查察現已將不合者收禁並嚴禁各學校教師學生勿再購備此項書籍以免壞人心術

▲嚴防僑民　國家僑民移回內地業經注意防察惟韓人散駐東邊各縣有無播入過激思想殊為可慮應事先由地方官防範以免滋蔓藉已入手辦理

九十八

奉天省长公署为上海学生以革命名义游行罢课军警制止并实行戒严事给奉天省教育厅的训令（一九二〇年五月六日）

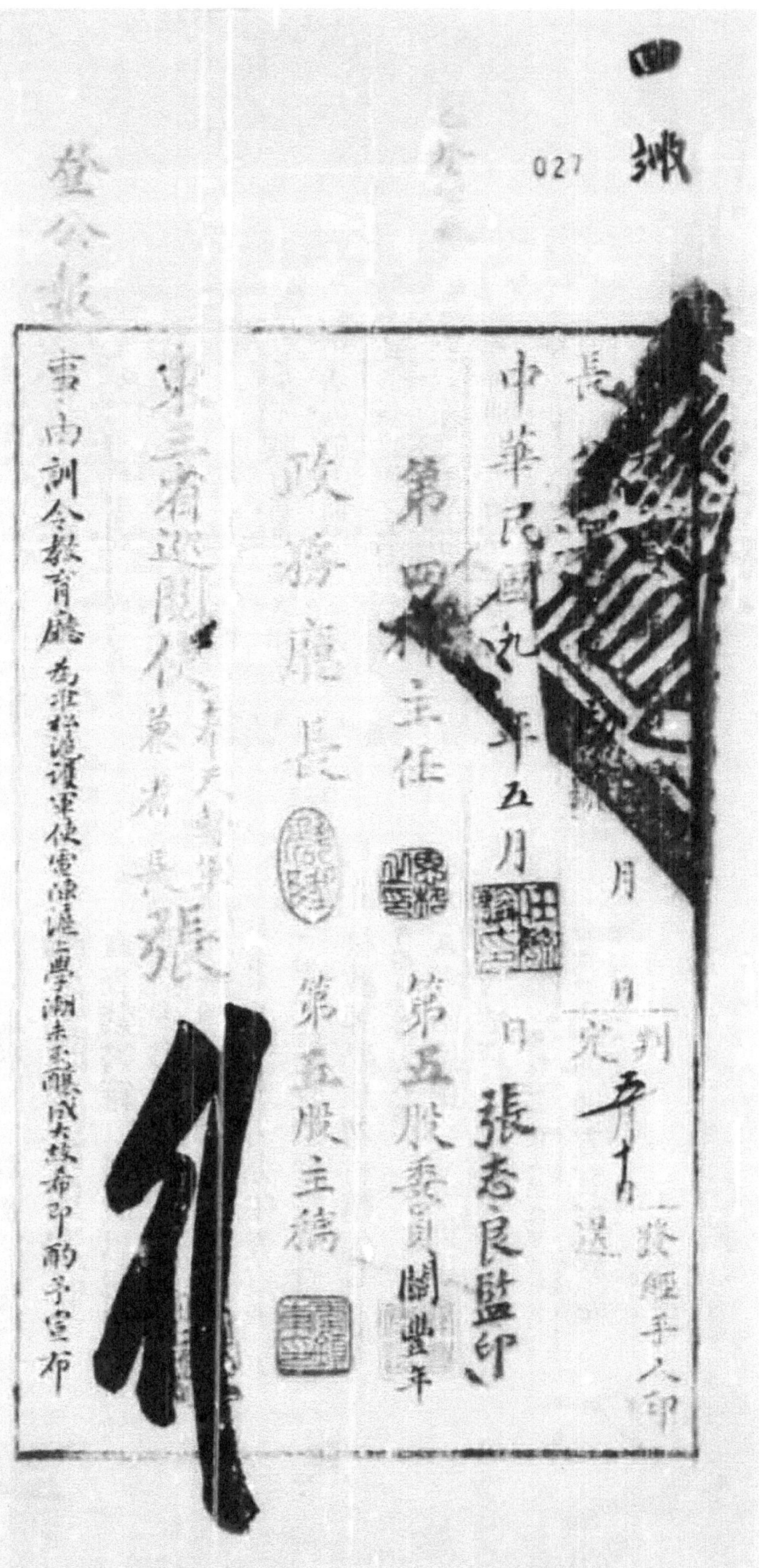
027
中華民國九年五月
第四科主任
政務廳長
東三省巡閱使兼省長張
第五股委員
第五股主稿
張志良監印

案准

松滬護軍使署快郵代電內開、查此次滬上學生受奸人煽惑、云云、甚盼至禱等因、合行令仰該廳轉令知照、此令

九十九 奉天省长公署为俄人过激党勾结中国工界团体应严加防范等事给奉天交涉署的训令（一九二〇年五月六日）

第二科 存 次要

甲子 陆

奉天省長公署訓令第　號

令特派交涉員

案准

内務部咨開准國務院抄交参謀部呈稱據諜報俄人過激党在滬暗中傳播過激主義者混入已有數十人之多首先運動旅滬俄人次而聯絡中國工党首領陳家鼐及激烈

派分子曹子祥等近日曹子祥等數人昨在法界鴻運樓酒館秘密召集在滬俄過激主義党首狄而那夫會議進行運動中國各處軍隊辦法運動費由狄而那夫担任聞狄氏由俄來滬時攜帶有鉅款其運動軍隊之宗旨散佈過激主義意圖煽惑軍心擾亂秩序安甯近滬上之俄文報已變為過激党機關報鼓吹過激主義俄激党與中國激烈分子曹子祥等在租界內密謀議事情形工部局亦偵知實有其事昨工部局商之俄領事先將俄

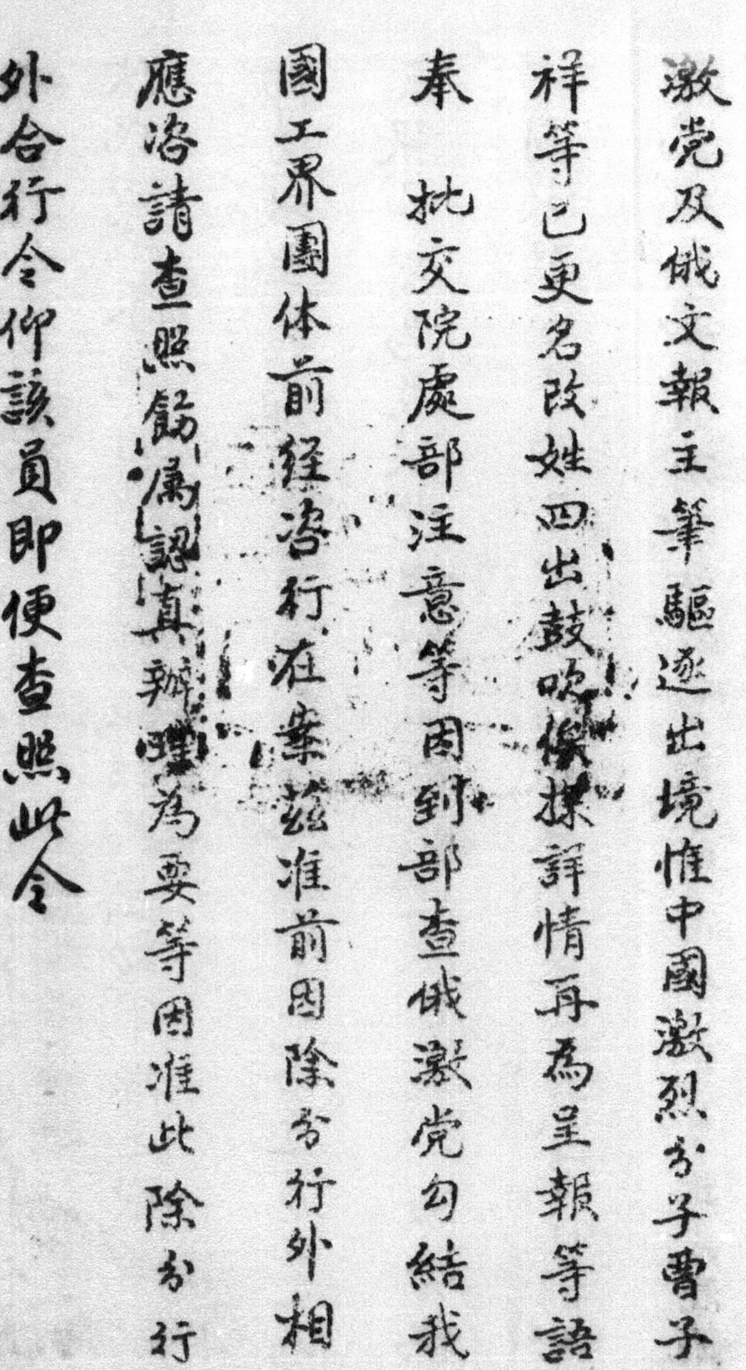
激党及俄文報主筆驅逐出境惟中國激烈分子曹子
祥等已更名改姓四出鼓吹煽採詳情再為呈報等語
奉
批交院處部注意等因到部查俄激党勾結我
國工界團体前經咨行在案茲准前因除分行外相
應咨請查照飭屬認真辦理為要等因准此除分行
外合行令仰該員即便查照此令
中華民國九年五月 十 日到

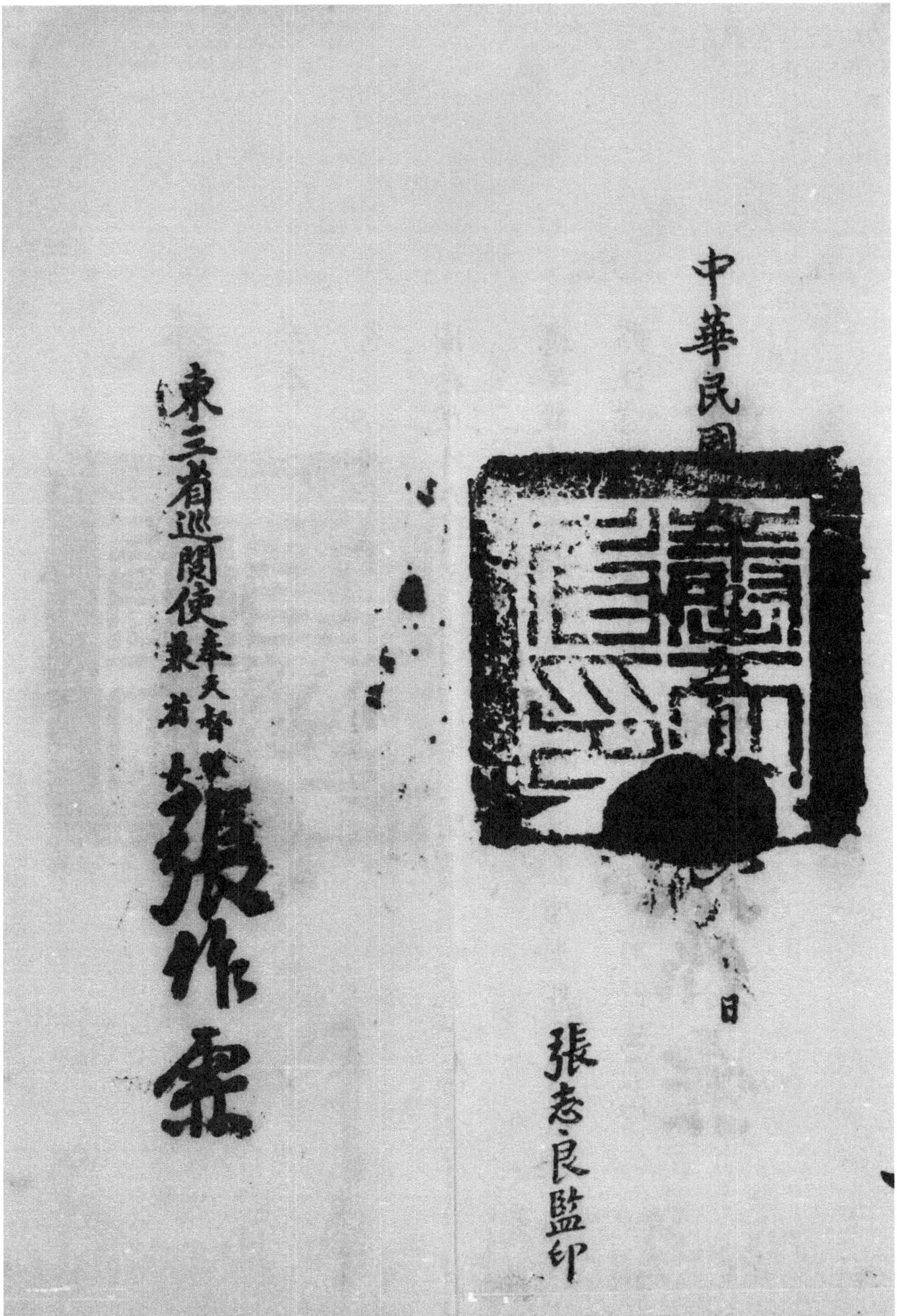

中華民國　　日

張志良監印

東三省巡閱使奉天督軍兼省長張作霖

一〇〇 奉天教育厅为严密侦查与防范过激派之函电印刷品事给奉天省立第二师范学校的训令（一九二〇年五月六日）

奉天教育廳訓令第206號

令第二師範學校

案奉

省長令開案准

國務院外交内務交通部敬電開過激潮流之傳入應早設法消弭嗣後遇有此項不法函電暨印刷品務飭注意檢查扣留等因除分行外合令遵照飭屬嚴密偵查認真防範等因合亟令仰該校遵照此令

民國九年五七

中華民國九年五月六日

監印宋亦陶

奉天教育廳廳長謝蔭昌

一〇一 国务院内务部教育部为严行取缔学生联合会及各界联合会等组织制止并逮惩罢课罢市等行为事给各省督军省长等的电（一九二〇年五月七日）

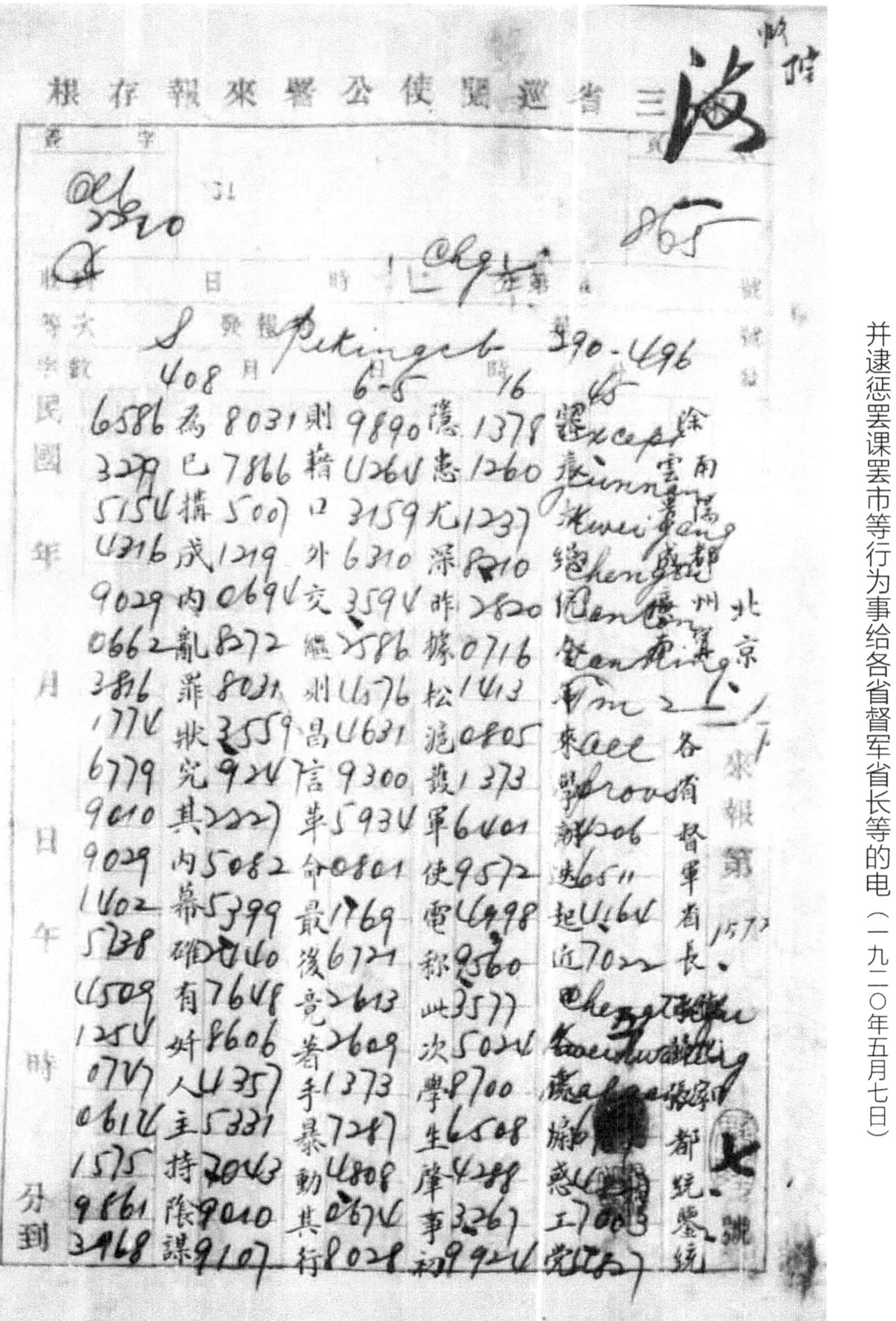
三省巡閱使公署來報存根

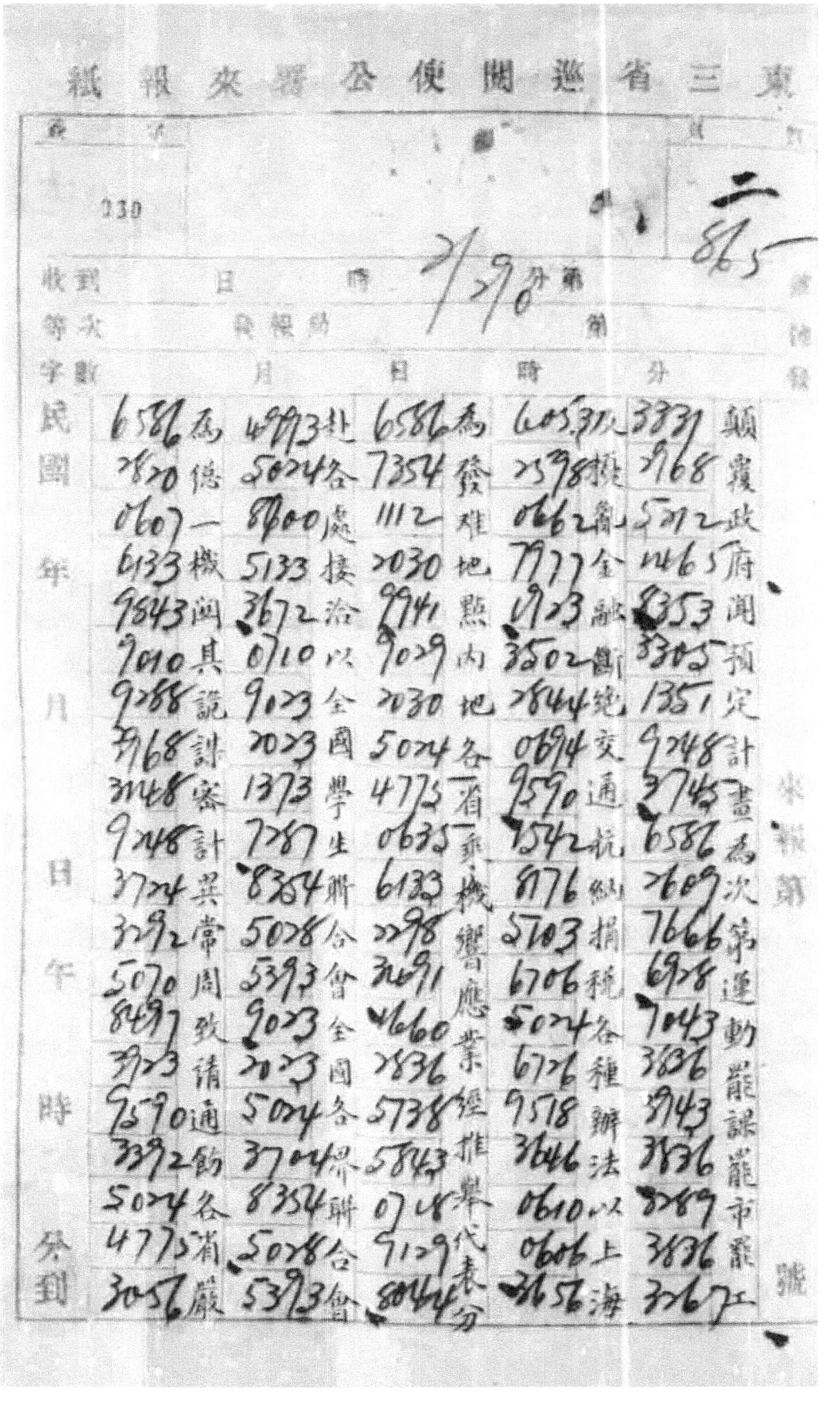

東三省巡閱使公署來報紙

230

收到 日 時 分 第

等次 發報局 第

字數 月 日 時 分

民國 年 月 日 午 時 分到

顛覆政府閱預定計畫為次第運動罷課罷市罷工

擬齊金融斷絕交通抗納捐稅各種辦法以上海

為發難地點內地各省乘機響應業經推舉代表分

赴北各處接洽以全國學生聯合會全國各界聯合會

為億一機詢其說詳密計異常周致請通飭各省嚴

來報第 號

二 865

东三省巡阅使公署来报存根

字 第 号 页

029

三 865

收到 日 时 3129 分 第

等 次 发报局 第

字数 月 日 时 分

民国 年 月 日 午 时 分到

应即依法制止分别逮惩以遏乱萌我国商工学界

法机关一律勒令解散倘不遵约束敢有逾轨行为

为敢行如有学生联合会改各界联合会会等非

播扬为害何堪设想应由各省区军民长官责饬

行取缔等语比年国家多故事变纷若再任邪说

号

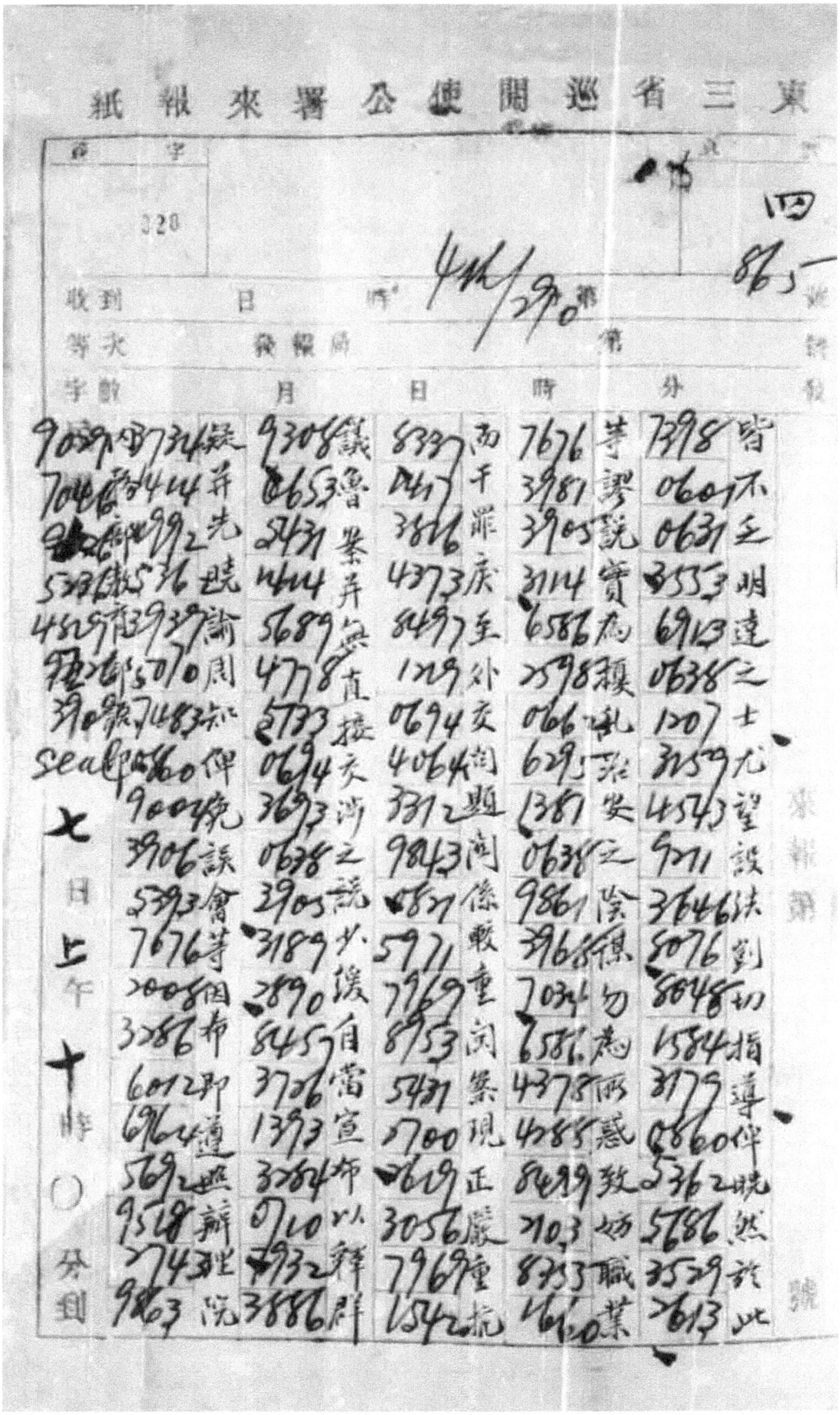

東三省巡閱使公署來報紙

號 字			
320			四 865
收到	日	時	第 號
等次	發報局		第 號
字數	月	日	時 分 發

皆不至明達之士尤望設法剴切指導俾曉然於此等謬說實為擾亂治安之陰謀勿為所惑致妨職業而干罪戾至外交問題關係較重閱案現正嚴重抗議魯案并無直接交涉之說以後自當宣佈以釋群疑并先曉諭周知俾免誤會等因希即遵照辦理院

七日上午十時〇分到

來報第 號

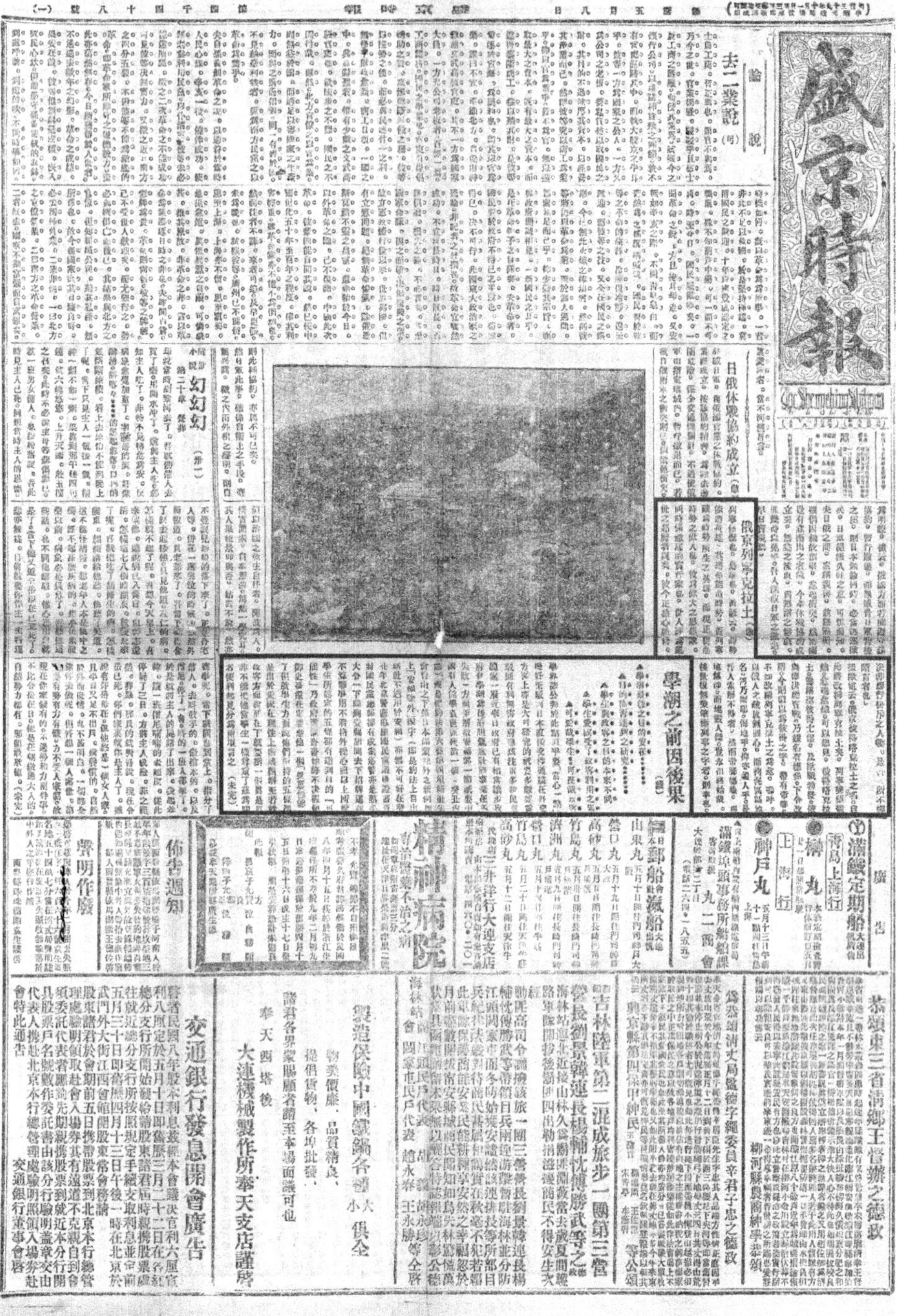

一〇二 《盛京时报》登载的评论《俄京列宁克拉士》《学潮之前因后果》（一九二〇年五月八日）

俄京列寧克拉土（要）

列寧怪傑也。梟雄也。西諺云。時勢能造英雄。英雄亦能造時勢。若列寧確爲時勢所生之英雄。而現正從造時勢之偉人也。彼爲偉大之思想家。同時係徹底的實行家也。世人詆爲亂世之惡魔者誤矣。彼今正恐心積慮。決非塵行排斥之人物。是吾所不憚斷言者也。

據歐電云。俄京彼得略克拉土之名。自此將改稱列寧克拉土矣。列寧聲望鬱然。愈趨愈煌。可以想見。彼得略克拉土。舊稱聖彼得士堡。及歐戰勃發。俄與德決絕宣戰。乃嫌名有德語。下令改稱。今則似以爲彼得之字。猶有帝餘。不如改稱列寧克拉土之爲愈。嗚呼。以俄人之疏放無礙心。而拘泥區區地名。何乃爾耶。侮地乎。抑亦媚人乎。是吾人索解不得者。然而帝業德籍。與地無涉。而地靈人傑。豈永相終始哉。後世復無棄筆刪列寧之字者。則幸也。

學潮之前因後果（續）

▲學潮最後之目的安在……
▲目的能否達到之研究……
▲學生與政客之目的本來不同
▲學生愛國受了政客利用之累
▲可愛哉學生。可畏哉政客

學界諸公對於此點似乎要「當心一點」纔好至駁回日本直接交涉通牒在外交方面上亦是大可研究的祇要多數認爲駁回有利無害政府應該注重多數民意鬧案一層近來日政府已有相當讓步政府在學潮爲後盾則氣愈壯將來還在不失敗一方面至解散安福部一節祇要中國有人能學袁世凱硬造一個（癸丑內亂）或是把約法第六條第四項結社集會自由之下照日本滿蒙除外之新例加上「安福除外」四字（即是約法上自由結社不適用於安福）亦無不可好在癸丑年北京警廳追擬國民黨議員證書查封國民黨總部都有成案巡警亦是熟手大令一下即到安福胡同去下招牌這并不算難事用不着格外操心照以上所說學生所認定的五條都有達到目的「可能性」乃政府漫[illegible]沓沓始終不決假使御史[illegible]還在定要參他一個「畏葸無能」了但就學生方面說他們所持的五條都是出於愛國在理性上應該照辦至若就政客方面說那在下就要辦一個真是真非不能把他當學生一樣算宣了茲爲閱者便利起見分爲兩項言之（未完）

一〇二 《盛京时报》登载有关上海学潮的新闻《五月二日之劳动大会》《天津学生又有新计划》（一九二〇年五月八日）

五月二日之勞働大會

上海學潮澎湃軍及工人惟以軍警取締嚴厲尚未至發生何種暴動五月一日幸得穩渡過惟工人之運動並未息止上海揭交涉員冬日(二日)曾有電報告政府略謂本日(二日)工人在公共體育場開勞働大會被禁未成又改在李公祠開會經租界捕房派出馬并又由警署派長前往彈壓解散解散之後續到男女學生一百餘名旋即散去地方安謐神聞云

天津學生又有新計劃

天津快信云天津學生會近日因罷課失敗頗思謀根本穩健之辦法以利進行而冀徹救或初要故連日開會商議擬從文化運動及平民教育着手關于文化運動先辦學術講演會請各處名人來津講演并刊雜誌專從調查社會情形改進人民生計入手一般覺悟之學生亦欲組織工讀社會實乃半工半讀主義將來此數事能實行擬再辦通俗講演所及平民圖書館平民學校等以增進人民之智識云

奉天东边道尹公署为地方政府加派便衣及军警侦查及监视学校和学生行动事给宽甸县公署的训令（一九二〇年五月八日）

奉天東邊道道尹公署訓令九年總字第陸號

令寬甸縣知事　九　五　十五

案奉

省長公署第一六八號訓令內開案准

內務部感代電開准教育部函稱此次各校罷課實

係受上海影響少數劫持所致除由敝部飭令各校長

嚴切辦理促令上課外如有逾軌行動事關地方治安

仍應請由貴部飭下各地方官廳嚴重取締至上海

派來代表及各校少數不良分子到處勾串敝部對於此

等校行動無法制止並應請密飭地方官廳多派便衣

一科

附卷

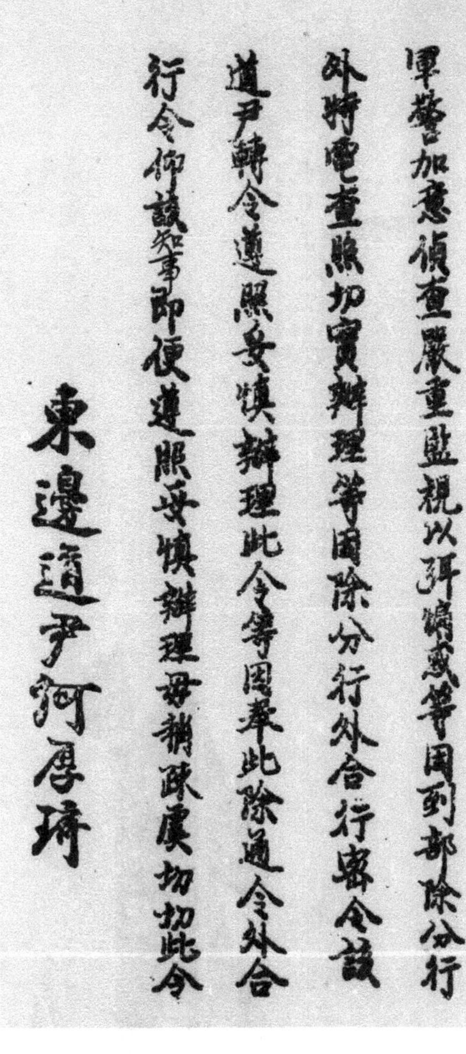

軍警加意偵查嚴重監視以弭禍亂等因到部除分行
外特電查照切實辦理等因除分行外合行密令該
道尹轉令遵照妥慎辦理此令等因奉此除通令外合
行令仰該知事即便遵照妥慎辦理毋稍疏虞切切此令

東邊道尹阿厚琦

中華民國九年五月　　日

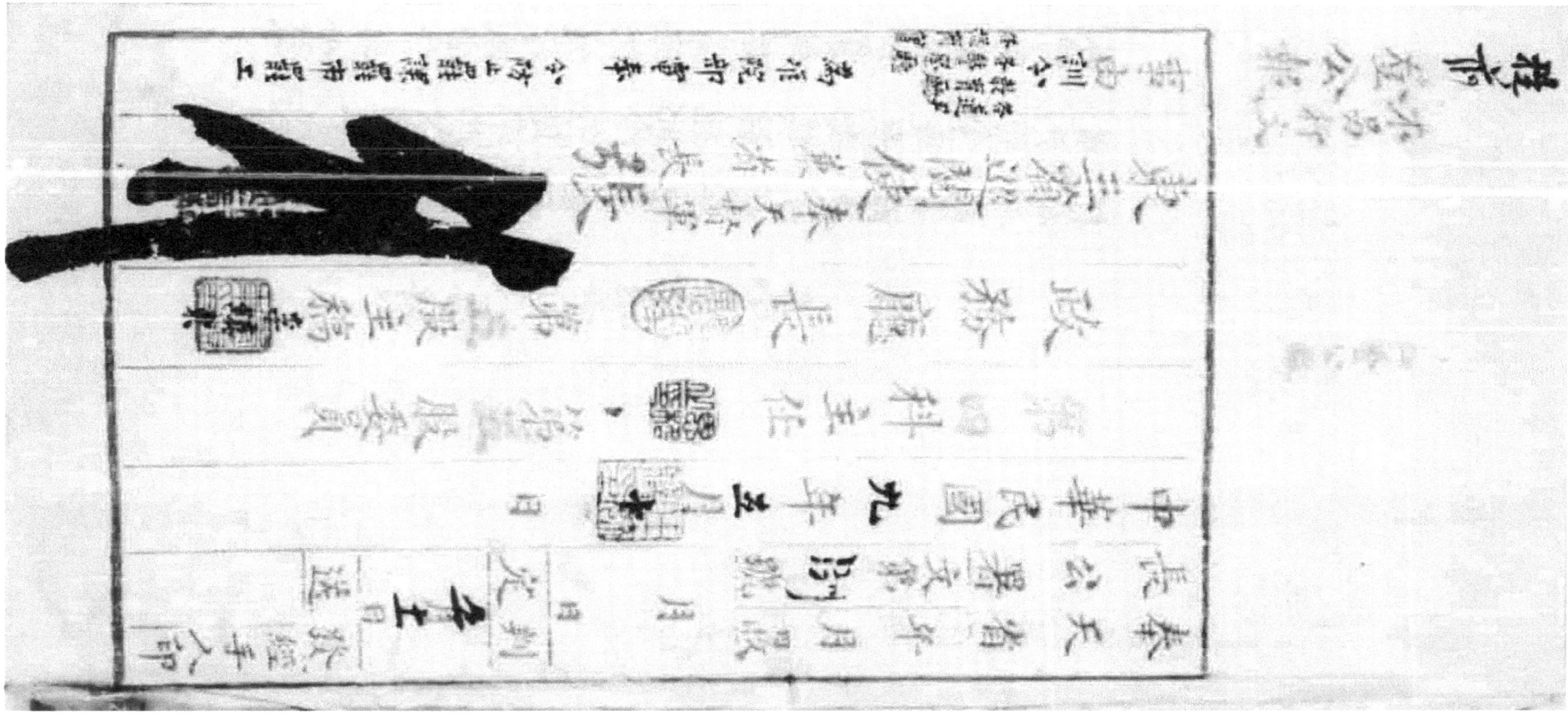

一〇五 奉天省长公署为防止学生罢课商界罢市工人罢工事给奉天省各道尹教育厅等的训令（一九二〇年五月十日）

奉天省長公署文第　號
奉天省　年　月　日收　月　日判定　月　日發送　經手人印
中華民國九年五月十日
第四科主任、第五股委員
政務廳長
第五股主稿
東三省巡閱使奉天督軍兼省長張
事由 訓令各道尹、教育廳、各警察廳、保安總…
為准院部電奉令防止罷課罷市罷工

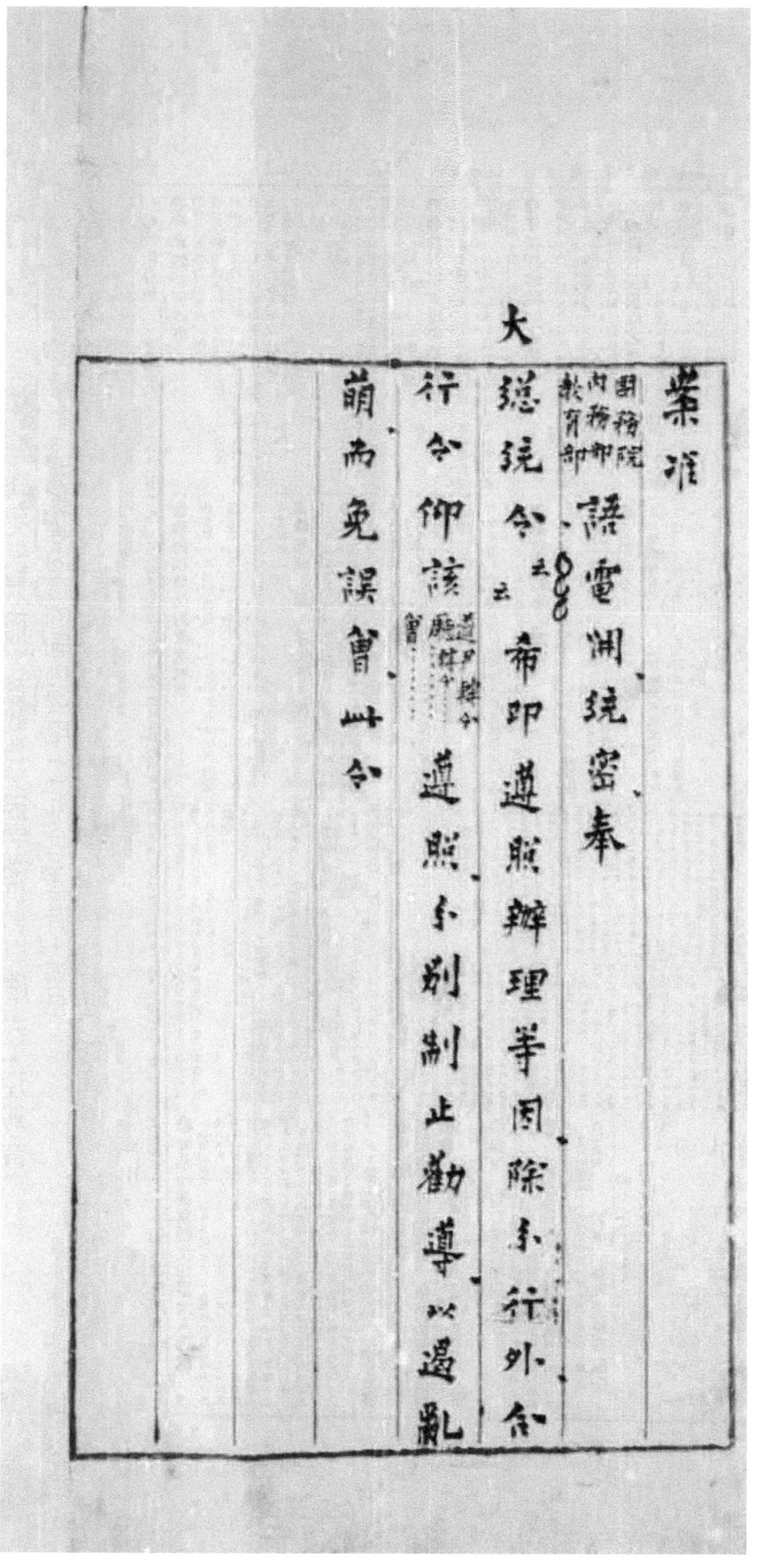

案准

国务院 内务部 教育部 語電開統密奉

大總統令云云希即遵照辦理等因除分行外合

行令仰該道尹轉飭所屬遵照分別制止勸導以遏亂

萌而免誤會此令

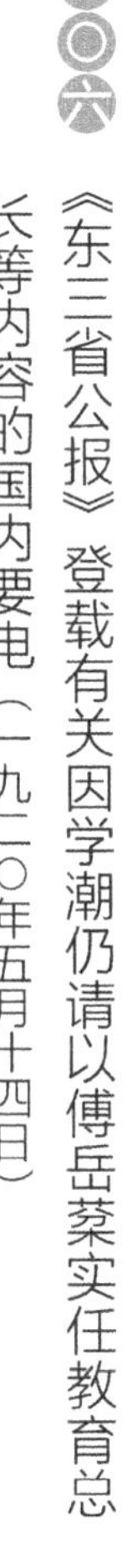

一〇六 《东三省公报》登载有关因学潮仍请以傅岳棻实任教育总长等内容的国内要电（一九二〇年五月十四日）

東三省公報 中華民國九年五月十四日

本館改組分館

本館特別啓事

蘇督電告陸榮廷願和

新授辭職督將邀准

陳代長貢除之疏通

補提閣員問題可起

刻下補提閣員問題未平而某方面則因學潮日烈仍請以傅嶽棻實任教育總長以資應付惟當軸准否雖未探悉但某方面確有不達目的不止之勢

中央慰留鮑督之原因

國內要電

舊議員反對改選總裁

英使否認丁恩代借日款

津埠又將開重要會議

郭管兩軍交戰

肇慶戰事之調停

整頓全國事政之提議

顧巨六電告抵滬

國外要電

雜紀

李耀漢之叫苦

東邊何道尹調東

恭頌興京縣沈知事大人德政

明察秋毫

東三省淸鄉總局第一路承審黃公捷靑德政

東三省郵務管理局廣告

本館營業部謹啓

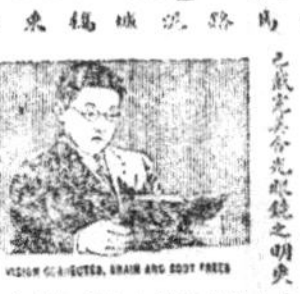

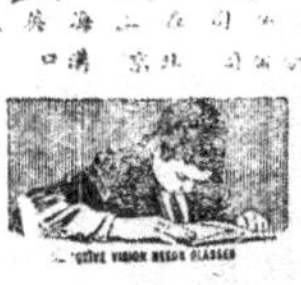

精益眼鏡公司

补提阁员问题可起

補提閣員問題可起

刻下補提閣員問題未定而某方面則因學潮日烈仍請以傅嶽棻實任教育總長以資應付至當軸准否雖未探悉但某方面確有不達目的不止之勢

一〇七 《盛京时报》登载的新闻《北京学界反对罢课之通电》《北京学界又有新决议》（一九二〇年五月十五日）

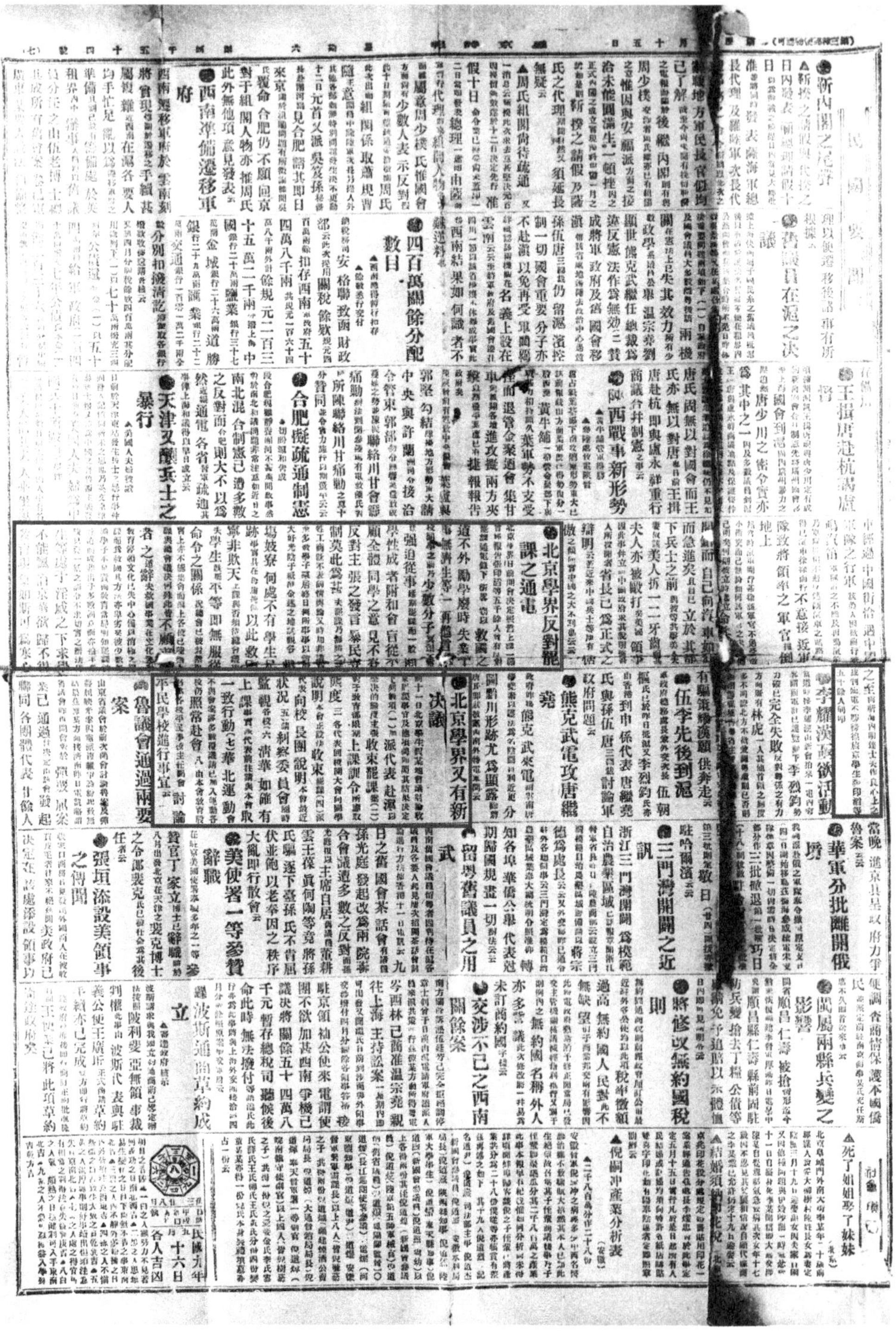

北京學界反對罷課之通電

北京學界日前開會決定照舊上課一節曾經報告茲將印滔等五千餘人曾有反對罷課通電錄下 衛略 竊以救國之道不外勵學廢時失業于事無濟生等一再忠告校中學之前乃少數分子[illegible]強迫從事延期能課而一般學性成者附和會盲從不顧全體同學之意見不容反對主張之發言暴民專制莫此爲甚 夫罷課乃無辦法之[illegible]工商既不表同情輿論又時加非議今多數學子蟄居終日無所事事以留連大好光陰于紙醉金迷之地試觀各戲場妓寮何處不有學生足跡事實具在毋庸掩飾以此救國寧非欺天 上課與否須待總會議決 夫學生既屬平等即無服從命令之關係 況總會已被封禁事實上亦不能集會而況上各校已陸續上課與總會議決何殊此皆不顧大局者之遁辭夫救國事業在文化運動教育淪胥文化已失中心僅以消極之罷課而爲救國其方法亦卑劣矣彼少數無識學子不足責獨教育當局明知罷課破壞迫而成非出于多數而意亦袒僅只發一紙之訓令不求切實之辦法使生等處于淫威之下求學不能飄泊京華欲歸不得教育現象如斯可爲寒心之至倘祈海內明達士夫作良心上之裁判臨電不勝彷徨旅京學生孫印滔等五千餘人同叩

北京學界又有新決議

前十一日北京學生假某地會議討論收束罷課事宜及他項問題其結果決定下列數項（一）加派代表赴滬以堅決的態度主張收束罷課案（二）對于教育部限期上課訓令所應取態度 三 各代表回校開大會向同學說明本會正設法收束罷課（四）派代表向校長團說明本會最近狀況（五）請糾察委員會隨時監視各校（六 清華如確有上課事實派代表前往請與本會取一致行動（七）華北運動會不與會案經多數覆議請已加入運動各校仍照常赴會（八）由本會教育股召集各校平民學校主任開會討論平民學校進行事宜云

一〇八 凤城县劝学所为县境各校并无罢课情形事给凤城县公署的呈（一九二〇年五月十七日）

呈為查明各校並無罷課情事請查核事案奉
鈞署第一百六十六號訓令内開案奉
東邊道尹公署第一三〇號訓令内開案准
國務院號電開統密近日滬杭各校紛紛罷云云此令等因奉此所長遵
即查明縣境各校並無罷課情事理合具文呈覆
鑒核施行謹呈
鳳城縣知事魏

鳳城縣勸學所所長赫貴綿

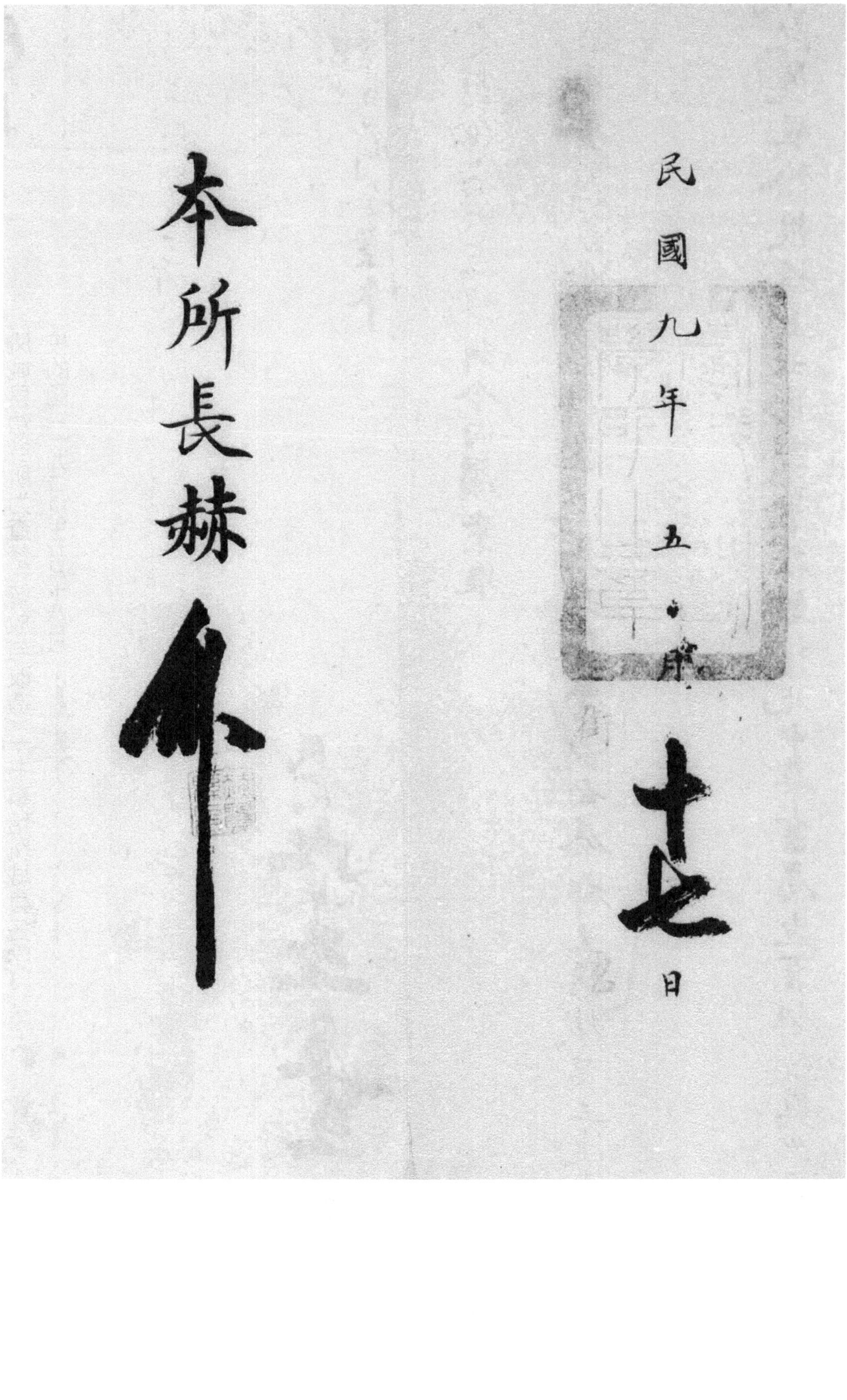

民國九年五月十七日

本所長赫[illegible]

一〇九 凤城县劝学所为查禁《解放与改造》一书事给凤城县各学校的函（一九二〇年五月十八日）

鳳城縣勸學所公函九年學字第二十九號

逕啓者案奉

縣公署訓令案奉

省長第四六七二號訓令內開案准

東三省巡閲使公署咨開案據憲兵營營長白慶都呈稱據第三連連

長張維翰報稱上士馬雲華在鼓樓北中華書局查有解放與改造

民國九年五月廿日

一書呈送前來詳為檢閱該書所載言論隱含有過激派煽惑社會主
義倘不查禁任其購買恐貽後害等因當派該連長前往搜查該
書局共買一百三十五本除分出外尚餘五十七本一併收帶來營理合檢同
樣本呈請鑒核可否准予查禁伏乞示遵等情據此除指令應予查
禁并隨將偵查等因印發外相應檢同原書二本咨請貴公署查照
轉飭各巡警學校遇有此種書籍一併收存不准購閱以免煽惑附和

二本等因准此除分行外合行令仰该县即便遵照转饬所属一体查

禁切切此令等因奉此除分行外合行令仰该所即便转令各学校一

体收尽购阅切切此令等因奉此除令函外相应函达

贵校即希收尽不准购阅施行此致

各区学校

民國、

十八日

一一〇 《盛京时报》登载关于学生回校的消息《京师学潮平息》、有关全国各界联合会宣布暂停运动的消息《沪上形势渐归平静》（一九二〇年五月十八日）

盛京時報

中國局勢

保定督軍署連日會議

群情對取消議員資格

勿赴酒樓情激

馬林反對楊永泰

熊克武亦辭却總裁

粵陸不睦與政系形勢

各軍預備進攻

顧巨六趕湘考察

滬上形勢漸歸平靜

國會移滬宣言書內容

粵人不歡迎楊省長

李烈鈞所持之主旨

美國發表組織新銀團

兩廣取消自主之原因

提出滿鮮併稱之抗議

京師學潮平息

鮑吉督復請辭却兼職

舊議員發表西林罪狀

歐美時事

朱爾典覲見英皇

阿剌伯人屠戮教徒

烏德薩陷落確息

西比利亞問題

鄧領事報告緩衝地帶

日本近情

司法次官辭任消息

兩大官員任用決定

大木伯任爲司法大臣

山縣氏繼任關東長官

親任駐英法兩使日期

駐華小幡使表示辭意

日政府決計整肅官方

舉行各大員親任式

審定追加預算

皇族會議之結果

永災妨礙選舉

政友會總務補選

命令專載

大總統令

中川男因病逝世

羅馬太子將抵東

擬設經貫鐵道

擴張特許局權限

歐洲經濟危機

魯議會電請議長

盧永祥之電聞

林熊最近之地位

京師學潮平息（十七日發 北京專電）

久已同盟罷課埋頭於政治問題之學生等遵照上海學生總會決議日本日（十七日）起各學生一律回校至此學潮之表面暫行告一段落

又電云北京大學及其餘各學校學生均十七日起照常上課

滬上形勢漸歸平靜（十六日發 上海專電）

全國各界聯合會發表宣言略云暫停運動將來若有五省以上之贊成即開大會滬上形勢至此已形平穩即將撤廢戒嚴令

一一一 奉天东边道道尹公署为请晓谕闽案及鲁案政府态度并制止所辖境内各学校罢课行为事给宽甸县公署的训令（一九二〇年五月二十一日）

奉天東邊道道尹公署訓令九年總字第一七二號

令寬甸縣知事

一科

附卷

案查五月十三日奉天公報內載

省長公署第一八三號訓令內開案准

國務院

內務部

教育部

語電開統密奉

大總統令年來學潮迭起近日各處煽惑工黨隱患尤深昨據松滬護軍使電稱此次學生舉事初則藉口外交繼則昌言革命最後竟著手暴動其行為已

構成内亂罪狀究其内幕確有奸人主持陰謀顛覆
政府聞須定計畫為次第運動罷課罷市罷工及
擾亂金融斷絶交通抗納税捐各種辦法以上海為
發難地點内地各省乘機響應業經推舉代表分
赴各處接洽以全國學生聯合會全國各界聯合會
總一機關其詭謀密計異常周致請通飭各省嚴
取締等語比年國家多故事變紛若再聽煽
惑為害何堪設想應由各省區軍民長官督飭所屬嚴

行取締如有學生聯合會及各界聯合會等非法機關
一律勒令解散倘不遵從約束敢有逾軌行為應即依法
制止分別處懲以遏亂萌我國商工學界皆不乏明達之
士尤望設法剴切指導俾曉然於此等謬說實為擾
乱治安之陰謀勿為所惑致妨職業而干衆戾至外交
問題關係較重閩案現正嚴重抗議魯案并無直
接交涉之說少幾自當宣布以釋群疑并先曉諭周
知俾免誤會等因希即遵照辦理等因除分行
外合行令仰該道尹轉令遵照分別制止勸導以遏

乱萌而免误会此令等因奉此除通令外合行令仰

该县知事即便遵照所属各学堂如有前项情事

应即分别制止以遏乱萌而免误会此令

中华民国九年五月廿日

安东县知事林国桢代行

一一一 全国商会联合会奉天省事务所为岫岩商会提议共同提倡国货事给奉天总商会的函（一九二〇年五月二十五日）

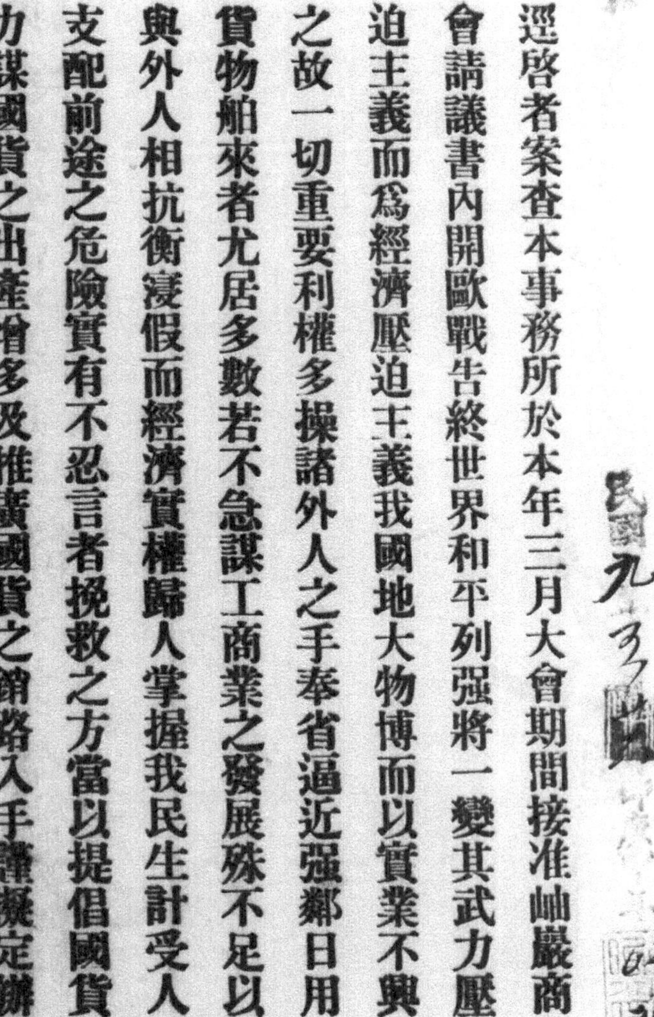
逕啓者案查本事務所於本年三月大會期間接准岫巖商會請議書內開歐戰告終世界和平列强將一變其武力壓迫主義而爲經濟壓迫主義我國地大物博而以實業不興之故一切重要利權多操諸外人之手奉省逼近强鄰日用貨物船來者尤居多數若不急謀工商業之發展殊不足以與外人相抗衡寖假而經濟實權歸人掌握我民生計受人支配前途之危險實有不忍言者挽救之方當以提倡國貨力謀國貨之出產增多及推廣國貨之銷路入手謹擬定辦

法數則是否有當伏候公決等因准此當經提出公議僉稱
該會所議提倡國貨各種辦法洵屬當務之急自應通函各
會一致籌備進行衆意相同即付表決除將該會條陳各項
辦法另行開列清摺并分函外相應函達
貴會請即查照辦理可也順頌
公綏
附清摺一件
全國商會聯合會奉天省事務所啓　五月　廿五號

計開提倡國貨辦法

一籌設國貨公司
設立國貨公司於奉天各埠設立分號資本金多寡由會公决仿股分有限公司辦法由各總商會商會擔任募股暫在奉天聯合會事務所内附設國貨公司籌備處擬定簡章俟股欵招足即行開辦所有國貨公司應辦事業如左

甲　運銷國貨　無論本省或外省出產之貨物一律經理零銷或躉售并可將本省土貨運銷於外省

乙　介紹國貨　凡國貨爲奉省所不多見者得由公司介紹於商界以利銷行

丙　調查國貨　公司須與本國各通商大埠互通聲氣隨時調查國貨以便運銷或介紹於本省商界并可將本省出品推銷於外省

一維持國貨工廠
我國工業不振各種工廠寥若晨辰其已經設立者往往限於資本之薄弱一經挫折即難支持長此不已工業將永無振興之一日嗣後本省各項工

廠各該埠商會當負維持之責俾能持久若商會能聯合出資設立工廠則挽回利權之效力當更大矣

一推廣蒙古貿易

蒙古乃極好商場久爲外人所垂涎但近年俄人不暇東顧東鄰勢力尚未十分伸張更兼外蒙及呼倫貝爾相繼撤銷自治五族一家此實我國商人推廣蒙古貿易之最良時機奉省接近蒙古通商便捷亟宜由聯合會分事務所選派熟悉蒙古情形之妥員前赴内外蒙調查商業狀况以爲預備并請求省憲極力奬勵蒙古貿易不惟蒙古利權不至外溢而國貨之銷路亦可因之而暢旺矣

一提倡小本工藝

設立工廠資本浩大勸辦不易惟日用物品如各項化粧品及香皂紙煙墨水墨油之類均有簡易製造法資本不必過多而獲利轉厚提倡之法宜由各商會將農商部刊行之實業淺説或其他關於工藝之出版物擇要翻印或定購多份頒給商民傳閲以資觀摩則小本工藝之發達固可預期也

一一三 热河都统公署为龙华护军使卢永祥电工党及学生联会总会利用五四运动纪念在上海开会宣传无政府的革命等思想事给热河全区警务处的令（一九二〇年五月二十六日）

熱河都統公署訓令第[illegible]號

令熱河全區警務處處長馮夢雲

為令行事總務處第二科案呈本年五月十四日准內務部咨開為咨行事准國務院抄交護龍華盧護軍使江電一件內稱工黨開會經依法制止地方尚靖至深佩慰該會蓄謀煽亂五四期近仍恐乘機利用務望隨時督飭嚴防以期弭患銷萌是要等因到部相應抄錄來電咨行查照此咨等因附抄件准此除分行外合亟抄電令仰該處長轉行所屬一体查照此令

計抄電一紙

中華民國九年五月廿六日

熱河都統姜桂題

參謀長兼軍務處長舒和鈞代

龍華盧永祥來電 五月二日

國務院鈞鑒統密滬上奸人因學潮失敗復欲利用工黨於本日開勞動紀念會煽惑暴動業經設法戒備疏導並詳情先後電陳在案本日工黨首領以西門体育場已被軍警駐守不能開会所有華界各地亦經軍警嚴防無處集合遂分投向英法兩界另覓開会地點復經捕房分別隨處制止因英法兩界當道早由職署派員接洽與內地軍警取一致辦法協同維持并商允特別通融內地軍隊得隨時經行租界開赴閘北迴防以壯聲威而備緩急玉本華

各工廠亦因事前知照防範本日均未放工該工黨首領曾派人至各工廠散布傳單意圖號召多數工人均不敢附和僅有碼頭小工隨同零星集合一見內地軍警及租界巡捕當即四散查閱學生聯合總會本日所出日刊及布傳單公然主張無政府的革命是此會目的雖係在挑撥工人鼓吹均產主義乘機暴動詭謀漸著幸早經察覺預事防維將此會完全禁止奸人無從利用地方毫無驚擾此後尚有五四運動紀念五七國恥紀念亦難保奸人不再圖利用除仍飭軍警隨時偵防外謹此電陳盧永祥何豐林庚二印

一一四 海城县警察第三区区官蒋世昌为报遵查境内无过激党前来传布过激主义事的呈及海城县警察所的指令（一九二〇年五月二十六日）

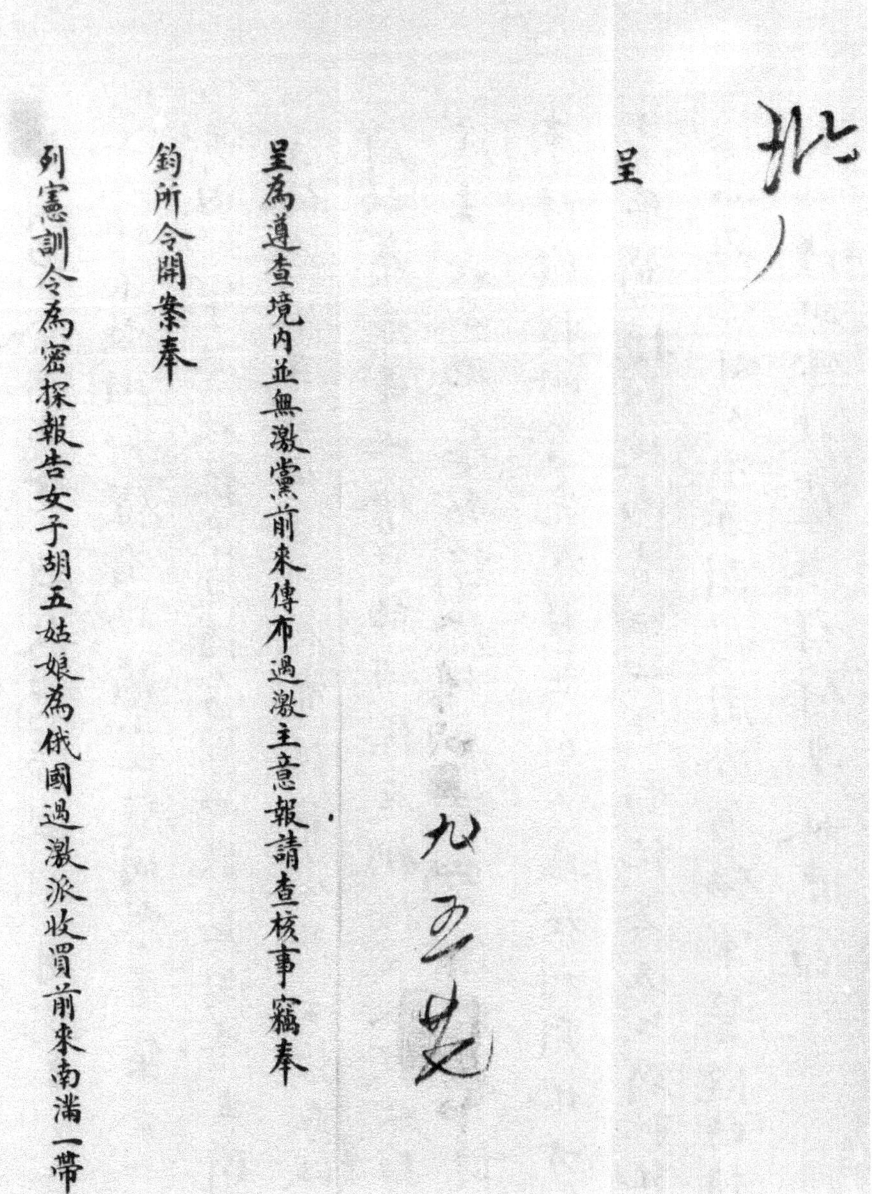

批

呈

呈為遵查境內並無激黨前來傳布過激主意報請查核事竊奉

鈞所令開案奉

列憲訓令為密探報告女子胡五姑娘為俄國過激派收買前來南滿一帶

宣傳過激主意令隨時防範查禁勿令此種主意輸入以遏亂萌仍將遵辦情

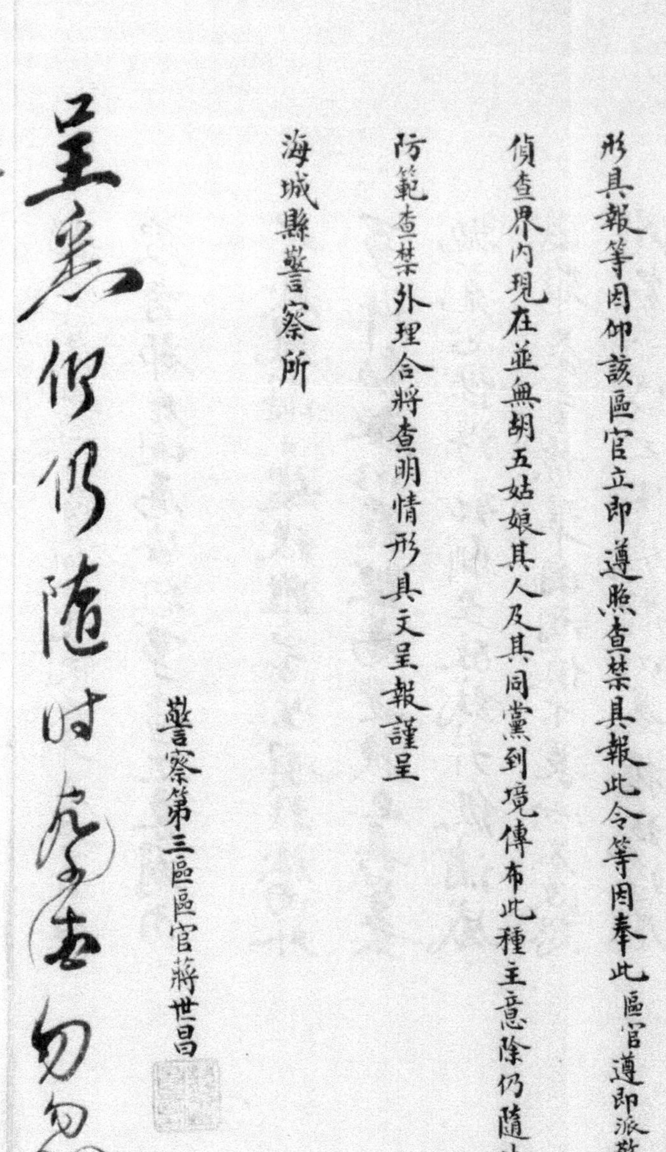

形具報等因仰該區官立即遵照查禁具報此令等因奉此區官遵即派警

偵查界内現在並無胡五姑娘其人及其同黨到境傳布此種主意除仍隨時

防範查禁外理合將查明情形具文呈報謹呈

海城縣警察所

警察第三區區官蔣世昌

呈悉仰仍隨時查察勿忽

此令

中華民國九年五月二十六日

热河道尹公署为教育部修正学业成绩考查规程一学期中缺席超过三分之一者不得升级或毕业事给热河省立师范学校的训令（一九二〇年五月二十九日）

熱河道道尹公署訓令第八五六號

令熱河師範學校

為令行事本年五月二十三日奉

部飭第五百三十號訓令內開本年五月十日准

教育部咨開為咨行事查近來國內

學校風潮日趨複雜學生對於校內外

事件動輒以罷課為要挾之具學業

拋荒心性浮動馴至考試升級諸感

困難教育標準因而低下長此不改恐

國家一綫之生機將以是摧殘淨盡

亟應聲明定章以圖挽救查修正學
業成績考查規程第九條內載學生
每學期缺席時間逾該學期授課
時間三分之一者不得升級或畢業
並規定缺席時數雖未逾三分之一
亦應按時扣分原以防學生之隨意
曠課致荒學業定章綦嚴業經
公布通行在案應即由各校校長
遵照該項規程隨時查明學生出席
缺席時數切實辦理毋得稍予寬
容以誤學生升級或畢業時並

應將各學期預定授課時數及各
學生出席時數分別詳列表册呈
報教育行政官署以備考核除令行
各直轄學校及京師學務局外相應咨
請貴部統轉令所屬一體遵照以重教
育此咨等因准此合亟令仰該道尹轉
行飭所屬師範學校中學校遼陽中學校
暨各縣所屬高小國民各學校一體遵照
認真辦理以重教育切切此令等因
到道除分行外合亟令仰該校長一
體遵照辦理以重教育切切此令

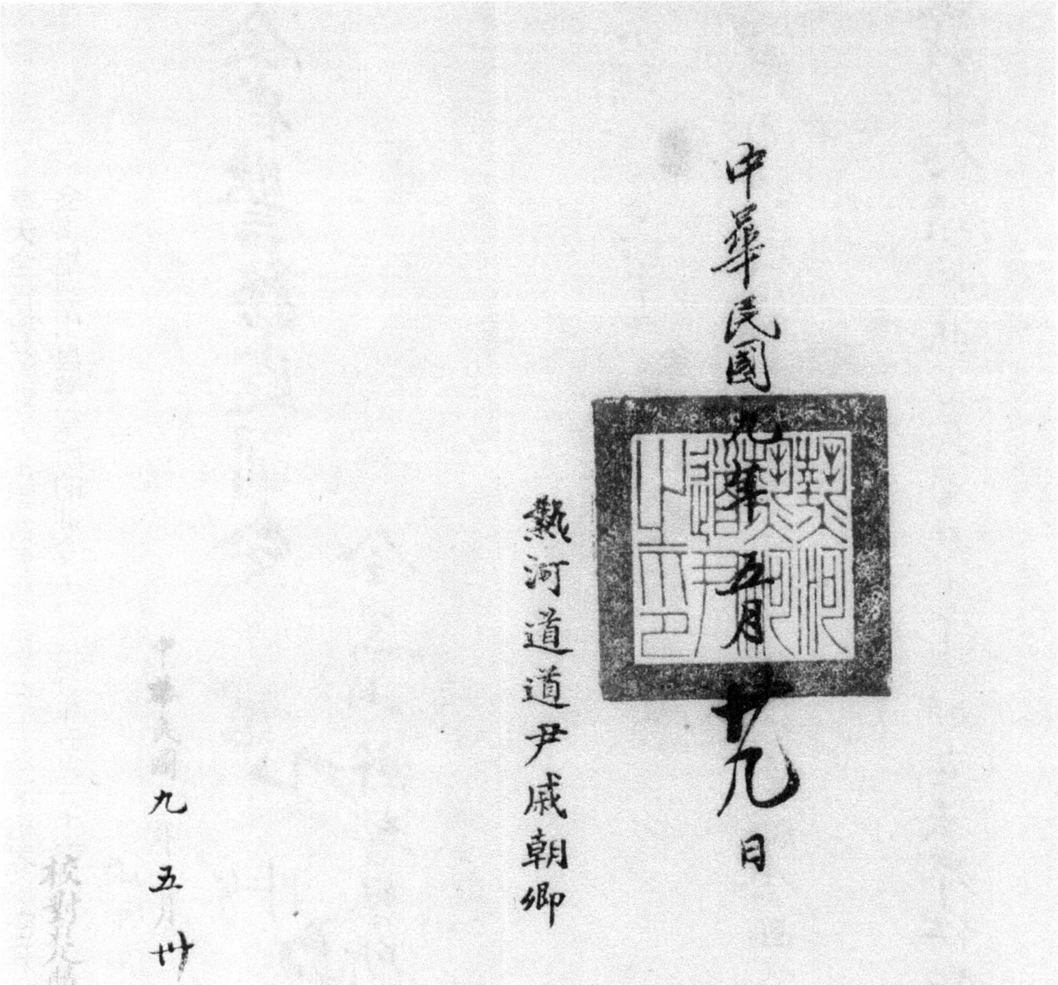

中華民國九年五月廿九日

熱河道道尹戚朝卿

九 五 卅

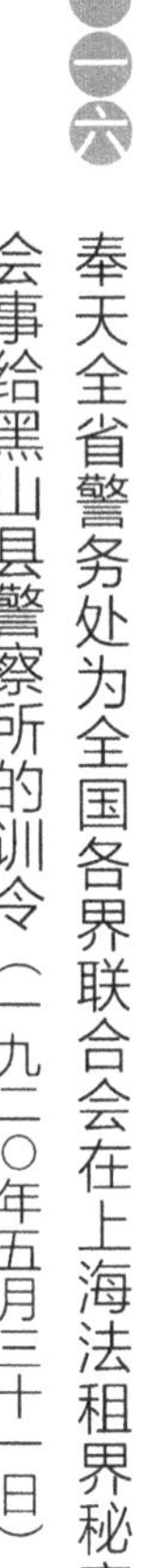
一一六 奉天全省警务处为全国各界联合会在上海法租界秘密开会事给黑山县警察所的训令（一九二〇年五月三十一日）

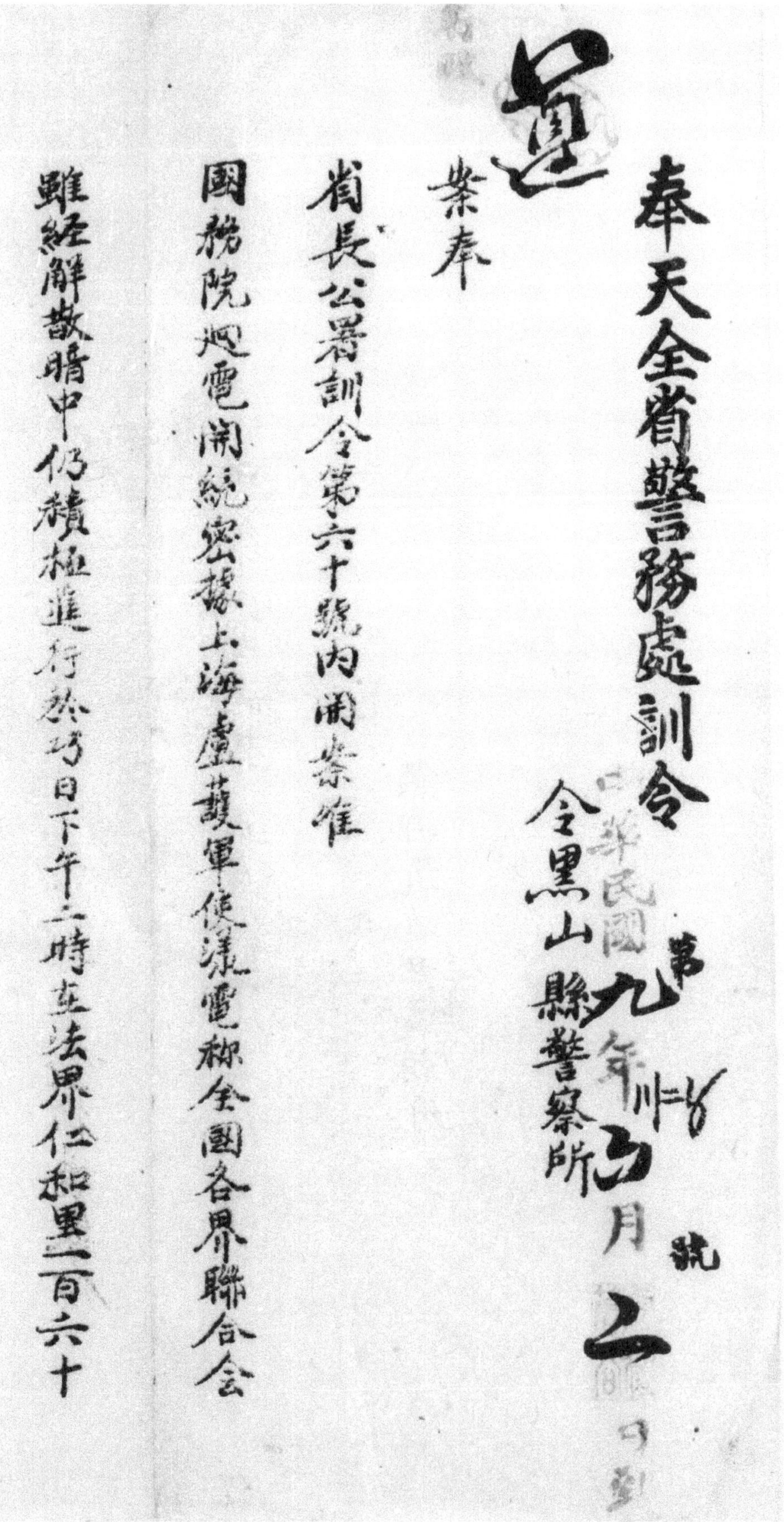

奉天全省警務處訓令 第　號

令黑山縣警察所

中華民國九年五月卅一日

案奉

省長公署訓令第六十號內開案准

國務院廻電開統密據上海盧護軍使漾電稱全國各界聯合会

雖經解散暗中仍積極進行於巧日下午二時在法界仁和里二百六十

三號屋内開代表会議到会者有翁吉雲施洋馬驥駿李進禮李拂塵劉俊英等三十餘人首由翁吉雲提議此次既被解散本会在滬已失活動能力惟有再從各省根本方面積極着手办去當經議決二條一各省代表分函各地報告總会横被解散及暫停職務各情形並籌商另行擇地組織總会問题如有五省各界聯合会贊成擁護本總会另行擇地組織則再招集大会討論办法現各代表已分头出發除仍飭隨時偵查外應請鑒覈各省一体注意查察如尚有各界聯

合會機關存在即嚴行解散以遏亂萌是所至禱等情查各界聯
合總會既經就地解散所有分布各省支部自應一律查察銷弭
俾絕根株希即嚴飭所屬查照办理為要等因除分行外合行令仰
該處迅即嚴飭所屬一体查禁勿稍違延切切此令等因奉此除分行
外合行令仰該所即便遵照办理此令

中華民國九年五月卅一日

一一七 奉天东边道尹兼安东交涉员公署为转发外交部与日方交涉山东问题致日方的节略事给宽甸县公署的训令（一九二〇年六月二十二日）

奉天東邊道道尹兼安東交涉員公署訓令 外字第六十四號

令寬甸縣知事

布告

案奉

外交部函開關於日本請求解決交還青島及其他山東善後問題一事前准日使來文業經本部于五月二十二日備文答復相應將該項節略稿印送尊處查照籍資接洽並請酌量宣布以免人民無

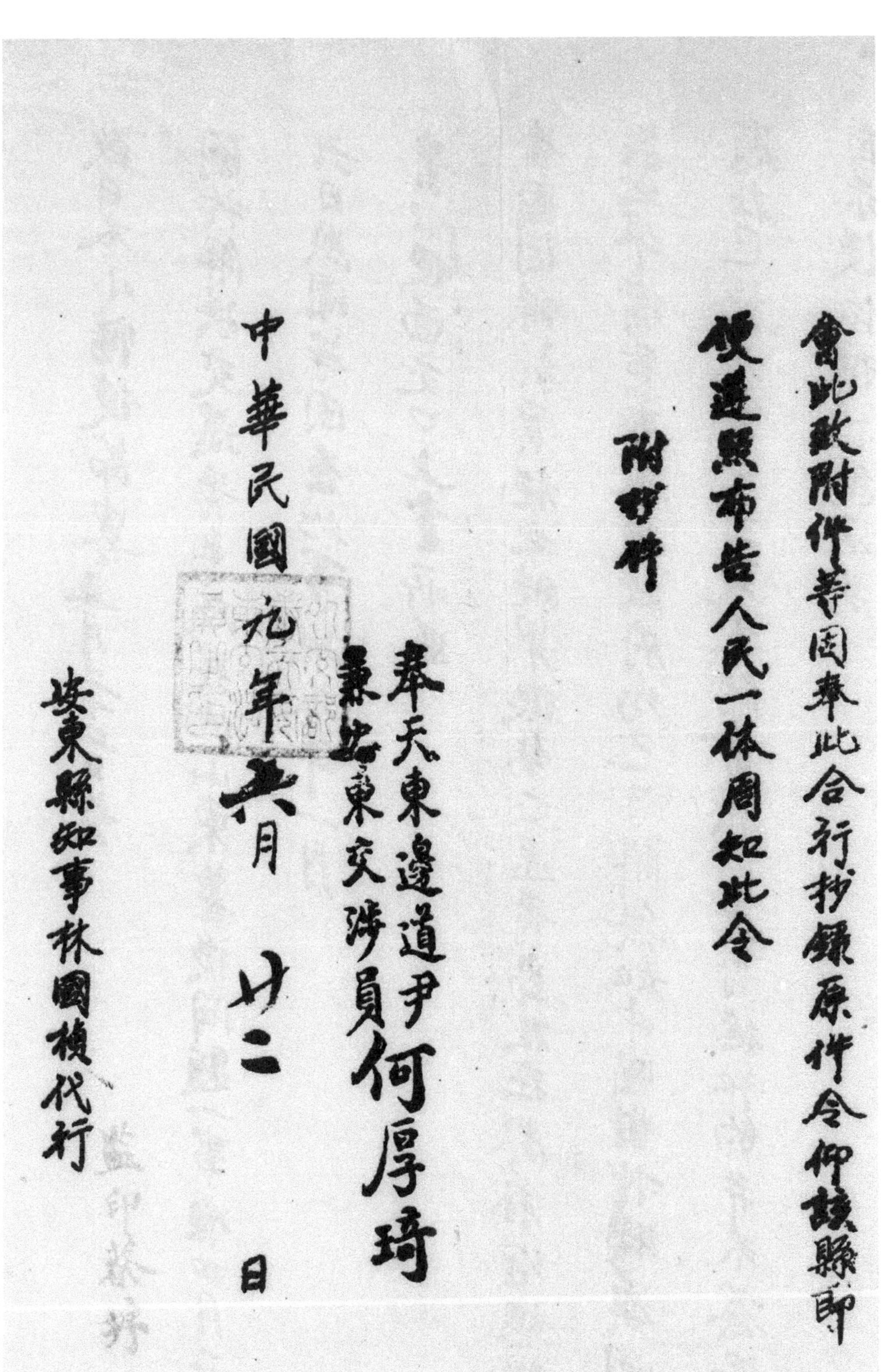
會此致附件等因奉此合行抄錄原件令仰該縣即
便遵照布告人民一体周知此令
附抄件
奉天東邊道尹
兼安東交涉員何厚琦
中華民國九年六月廿二日
安東縣知事林國楨代行

致日本小幡使節書　五月二十三日發

關於解決交還青島及其他山東善後問題一事，准四月二十六日照開等因，查此事准本年一月

貴公使面交口上書所述

貴國因條約實施之結果，擬將交還青島及在膠濟撤兵之準備，貴節本國政府均已了解，無如中國對於膠澳問題，在巴黎大會之主張未能貫徹，因之對德和約并未簽字，

國，未便依據德約遽與

貴國開議青島問題，且全國人民對於本問題態度之激昂尤

照

貴公使所懇悉本國政府甚於以上原因為顧全中日邦交起

見自示未便率爾答復至續准送交政府口上書聲明爰

貴國政府欲將膠濟沿線之軍隊撤退本國政府正與地方官

籌商和調他路警備隊以任保護全路之責又准 照開前

因當經本部長將上述本國政府不能遽行與 貴國開議

各情形面達在案惟根據目前事實上之情狀對德戰爭狀

態早經終止所有 貴國在膠濟環界內外軍事設施自無

繼續保持之必要而膠濟沿路之保衛從速恢復歐戰以前

之狀態實為本國政府及人民最所欣盼自當爲相之組織

以稱督 貴國沿路軍隊維持全路之安寧此節與解決交還

青島問題純為兩事想貴國政府必不延遲其實行之期致

益滋本國人民及世界觀聽之誤會也 貴國政府如將戰

時一切軍事上之設施逐漸收束以為恢復和平之表示本

國政府自當訓令地方長官 貴國領事官等協洽辦理相

應奉復即希查照為荷

一一八 奉天实业厅为查禁《光明杂志》《进化丛书》等印刷品事给奉天总商会的函（一九二〇年六月二十九日）

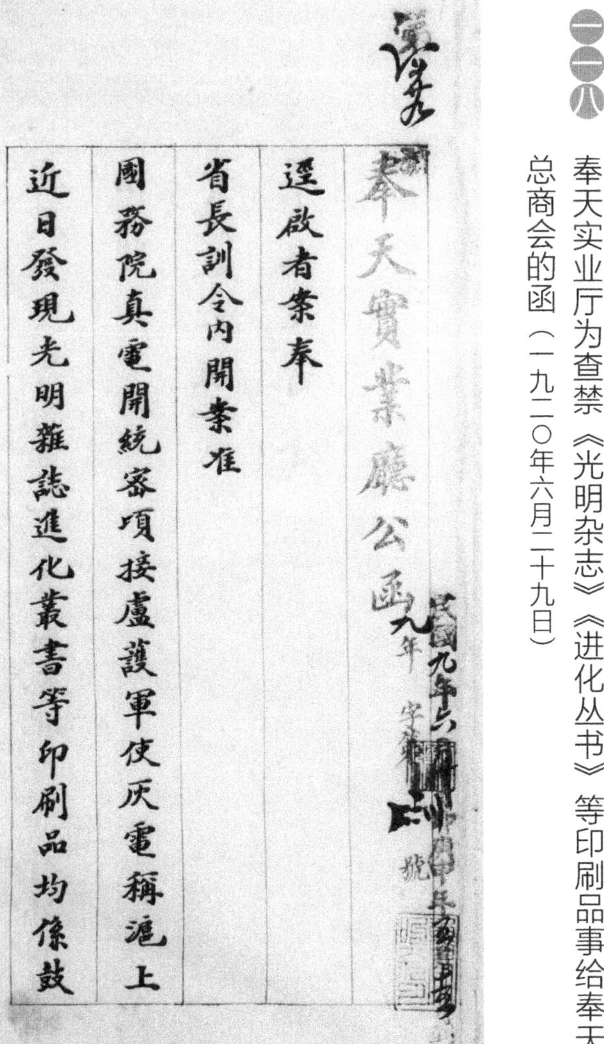

奉天實業廳公函 九年 字第 號

逕啟者案奉

省長訓令內開案准

國務院真電開統密頃接盧護軍使灰電稱滬上近日發現光明雜誌進化叢書等印刷品均係鼓吹無政府主義又有工党首領陳家鼐組織白話日報已於前日出版其目的專在煽動工人實行社會革命飭查此種書報均在租界出版其散布內地各省係假外國郵箱接遞除密商英法各捕房嚴行取締外應請中央通飭各省一體查禁並轉

知外交部商請公使團分飭各外國郵局對於此
種印刷品注意檢查扣留以免傳播是所至禱等
因除函外交部商請公使團嚴行取締外合行電
達希即通飭所屬一體嚴密查禁務絕謬說毋使
流傳是爲至要等因准此除分行外合令遵照飭
屬嚴密查禁爲要此令等因奉此除分行外相應
函請
貴總會查照此致
奉天總商會

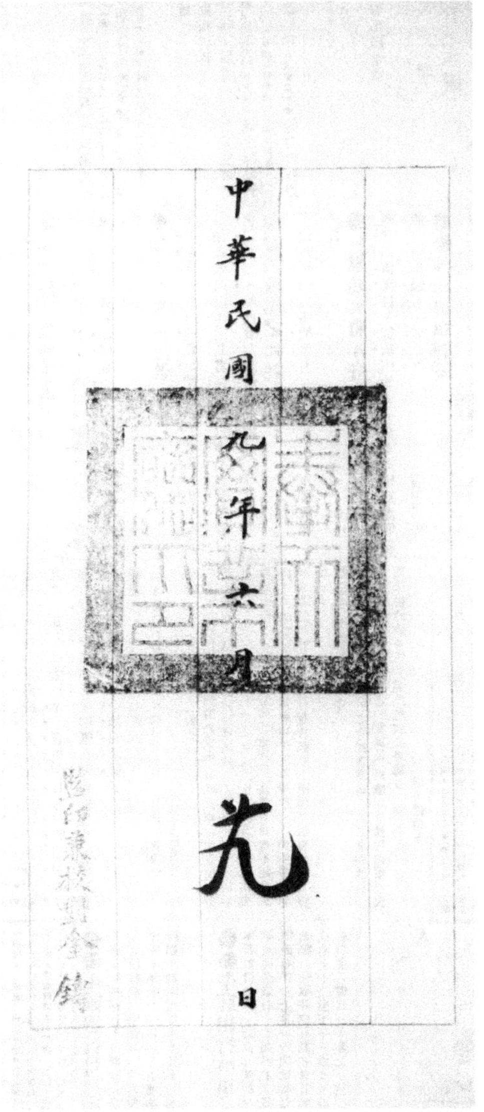

中華民國九年六月　先　日

一一九 《东三省公报》登载张国辉署名文章《驳日本关于山东问题交涉之经过宣言》（一九二〇年七月二日）

东三省公报

中华民国九年七月二日

●●本館特別啓事

國令

國內要電

●●靳翼青將銷假之不確

●●岳州附近無戰事

●●兩樹楨不爲安福利用

●●擬派宣慰湖南大員

●●李烈鈞攻粵之電報

●●上海米荒愈甚

●●張敬湯之死耗

●●嘉魚亦將不守

●●沙市與軍譁變

●●閩南形勢之陡變

●●滇省聯合會對外交之來電

●●顏公使已到京

奉天中法實業銀行啓

國外要電

●●日本東京發現炸彈

●●對俄勞農政府之條件

●●日本國民黨出普選案

●●新內閣成立

來件

駁日本關於山東問題交涉之經過宣言

●●中國銀行付息廣告

●●牛莊銀行啓事

中國銀行啟

中國精益眼鏡公司

來件

駁日本關於山東問題交涉之經過宣言

（上海博士張鵬輝）

日報載三日之通牒方電東京發表關於山東問題交涉之經過宣言又發表全部觀全文其要點有二一則曰「處理該問題之根本原則在於中日兩國間之公約」再則曰「日本繼承德國對於膠州灣所有之權利已為明確之事實」此兩種似是而非之言論若不加以痛駁深恐淆亂世界之觀聽 僕亦國民之一份子初由美洲來歸對於膠州問題頗有研究故不揣冒昧特就實際之要點就法律方面 評論之

夫日本之依據德約來求交涉不過謂該約於本年一月業經三大國批准現已實行發生效力殊不知此約特對於德國及已經批准之國而言耳（參觀德約第四百四十條第七八項）若謂一經三大國之批准德約之全體任何條款無論對於何國皆可發生效力則此約既有三大國批准何國必須其餘各國之贊成與否應乎此中法理爭為明顯例如關於美國條款必待美國之批准然後發生效力關於中國條款務須得有中國之簽字方能發生效力今中國既未簽字批准此德約關於山東之條款對於中國當然不能發生效力且明甚抑更有進者該約關於山東所有權利財產讓給日本之條文之第一百五十六七八款將德國將實在法律上實為無效何以言之按照法律無論何人不能將非己所有之權物讓與他人膠灣完全無效膠灣在千九百十七年前同為德國租界地自是年八月中國宣戰後中德於千八百九十八年所締結租約按照國際公法早已廢止在法律上膠灣租地已經退歸為地主之中國中國既已收其租借權則租借仍歸為中國之完全領土毫無疑義膠灣既為中國完全領土則德國在法律上並無將膠灣轉讓與他國之權能茲彼之膠灣既無領土權又無租借權實無所以讓與日本且日本亦必不能因而轉讓之條文而有所得故在法律上與德中和條約其無德國前時在山東所有之利權移轉於日本之効力蓋德國於巴黎和會時早已喪失其前時在山東所享之利權也善哉我國專使在巴黎和會之宣言曰「自中德宣戰德約廢止膠灣已返成完全中國領土自歸還中國日德人即依據之租約有約文規定德人不能將租借土地之權利轉讓與第三國（參觀千八百九十八年中德租約第五款）故無論千八百九十八年之租約廢止與否德國在法律上不能將膠灣租地讓與日本也此四日本所依據之德約關於山東之第一百五十六七八各條僅中國未及簽字即德國亦無轉讓之權並在法律上該三條款之完全無効無論對於何國不能發生効力也明矣在歐戰時期日本在膠灣猶可謂為軍事上暫時的占領今平和早已恢復日本已批准和約與德國互換大使而其軍隊仍舊占領中國土地久假不歸甚為非法之占領此實為世界所公認故日本宜當實所謂「明確之事實」乃法律所不容許之事實也 （未完）

热河都统公署为查禁福建漳州印行过激主义书报事给热河道尹公署的训令（一九二〇年七月七日）

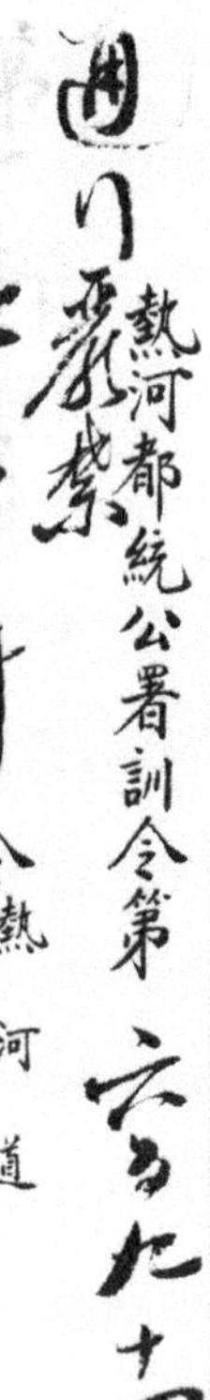

熱河都統公署訓令第六百九十四號

七月九日到科

令熱河道道尹戚朝卿

為咨令事總務處第二科案呈本年六月三日准

內務部咨開為咨行事承准國務院咨函開前

准外交部函准英使館函稱福建漳州印行過激

主義書報有陳烱明從中協助希轉行檢查等

因當經函達貴部暨交通部嚴行查禁在案

茲復准外交部將英館送到該項印刷品轉送

到院除分行外鈔錄原件函送查照飭屬隨時防

禁並將辦理情形見覆等因并鈔件到部復准

外交部函同前因除函覆國務院并分行外相應

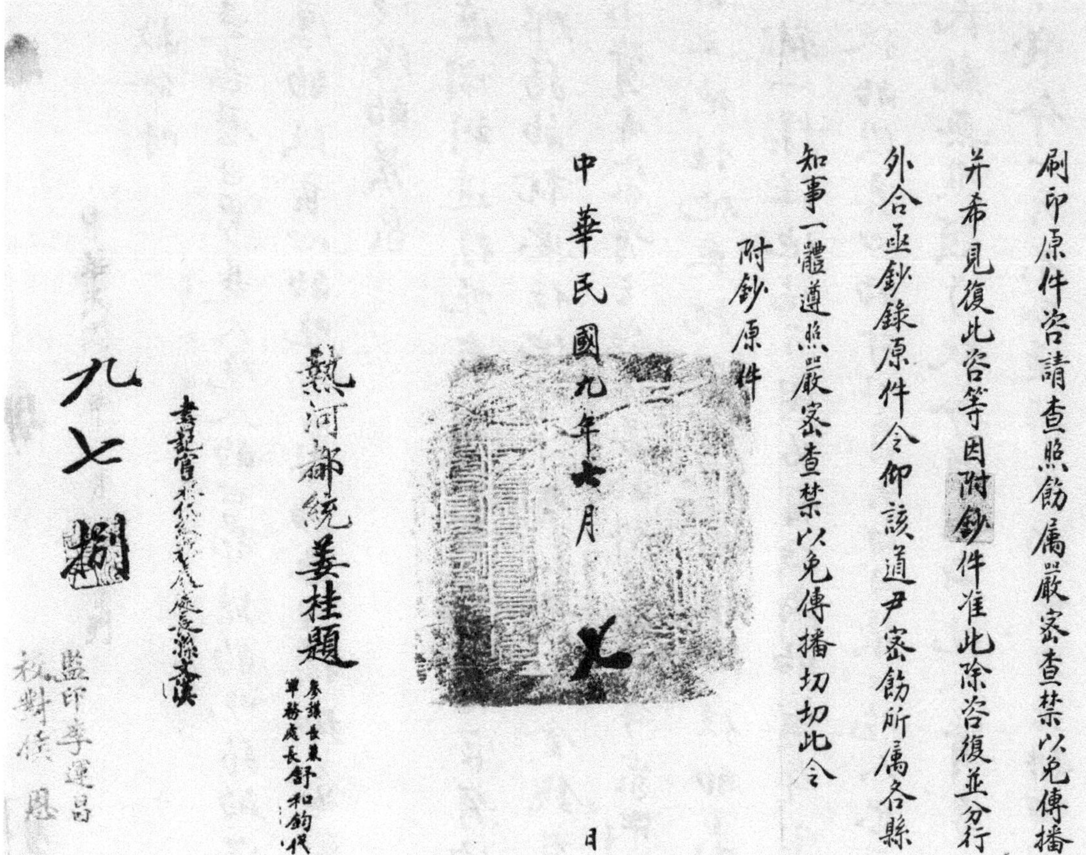

刷印原件咨請查照飭屬嚴密查禁以免傳播
并希見復此咨等因附鈔件准此除咨復並分行
外合亟鈔錄原件令仰該道尹密飭所屬各縣
知事一體遵照嚴密查禁以免傳播切切此令

附鈔原件

中華民國九年七月七日

熱河都統姜桂題

參謀長兼軍務處長舒和鈞代

九七

監印李運昌

校對侯恩

救命呀

現在是甚麽世界是人吃人的世界强的吃弱的富的吃貧的兇狡的吃忠厚的没良心的吃有良心的血肉模糊禽獸界斷没有這樣慘淒慘淡的景象

是甚麽鬧到這樣呢有國家有政府有官有紳有兵一輩都是强者那弱的就要任他吃了有私產有金錢有三幾萬家富的叫做小資本家有之幾十萬的叫中資本家幾千數萬萬的叫大資本家土地任他要机器由他霸衣食住的東西該他獨占那貧的就一樣任他吃了因為有政府的資本家的强力来保庇所以兇狡的没良心的可以青天白日張口吃人忠厚的有良心的清白平民就無噍類了救命呀政府吃人資本家吃人我們平民窮命賤命一天不知送掉多少勞力去耕田做工做商月月年

々辛々苦々来捱那毫無趣味的残生如何得了救命呀只有革命是救命的唯一方法

甚麽叫做社会革命 社会革命又叫经济革命和从前的政治革命不同经济革命固然先要把吃人政府推倒更要把吃人的資本家都剷清光以後不許某人得有私産

不做工的不許吃飯 其餘間接吃人的偽道德偽名教一律肅清那麽我们清白的平民只有做工吃飯

吃飯做工絶对自由極端平等

做教師学生的呵你们讀書講学要預備做工吃飯的資格不要求得一点学问去做政府資本家的走狗

当兵的呵你们要将好身手預備剷除政府資本家為平民作前驅為大幸福去犧牲不要帮助政府資本家来吃人

做農的啊你们结合團体自耕自享田地是天然的勞力是你自已的納税與政府納租與田主就是把你的膏血供他喝把你的骨肉供他吃了

做工的啊你能建屋你就應該住他的你能織布你就應該穿好的你能做種々物品你就應該享受至大的福為什麽你們如今苦到這樣呢你能聯合起来把原料机器搶回自己手裏誰還敢剝奪你呢失業的遊民呵你能夠不懶惰能夠合大群去征服資本家那[那]村土地田園工廠物料机器都是从共的你一定有工做一定有飯吃再不会失業的了

一切的人聽呵社会革命不是皇帝換过大總統的戲法是我們救命的方法毋另人々都要一齐動手的来啊来呵早一天動手早一天救命

新世纪二十年四月二日

我们的運動

非賣品　　閱者注意　勞力運動

　　　　　　　　　　聽待傳播

無政府共產党目的与手段

何謂無政府共產党乎無政府共產党之目的果何在乎試以簡明之語條述之

（一）一切生產要件如田地礦山工廠耕具机器等　悉數取还归之社会公有廢絶財產私有权同时廢去錢幣

（二）一切生產品物件均為社会公物惟生產家須自由取用之（例如耕者自由使用田地及耕具而必不今日之納租与地主或受僱於耕主工業者自由使用工廠之机器原料以製造物品

而不必如今日之受雇於廠主

(三)無資本家與勞動家之階級人人皆當從事於勞動(如耕織建築交通教育醫業保育以及其他等等凡人類正當生活所應有之事業皆為勞動)惟各視其性之所近與力之所能自由工作而無壓迫與限制

(四)勞動所得之結果如食物衣服房屋以及一切用品等均為社會公物人人皆得自由取用之一切幸福人人皆得共同享受之

(五)無一切政府(無論中央政府或地方政府)凡為統治制度之機關悉應絕之

(六)無軍隊警察與監獄

(七)無一切法律規條

(八)自由組織種種公會以改良各種工作及整理各種生產以供

给与众人（例如长于农事者可联合同志组织农会长于镶业者可组织镶（金）公会）之组织由单纯以至复杂惟组织某种公会者即为集种工作之劳动者而推首领推戴负任此者亦视为劳动之一种而无管理他人之权会中亦无章程规则以限制人之自由

（九）废婚姻制度男女自由结合产育者由公共产育院调理之所生子女受公共养育院之保养

（十）儿童满六岁以至廿或廿五岁皆入学校受教育无论男女皆当治同等之学问

（十一）无论男女由学校毕业至四十五或五十岁皆从事于劳动此后休养于公共养老院凡人有废疾及患病者由公共病院调理之

（十二）废去一切宗教及一切信条道德上人人自由无谓义务与制裁使「互助」之天能道德得自由发达至于圆满

（十三）每人每日劳动时间大约由二小时最多至四小时其余时日自由研究科学以助社会之进化及游息于美术技艺以助个人体力脑力之发达

（十四）学校教育采用适宜之万国公语以渐废去各国不同之语言文字而达远近东西全无界限

以上即无政府共产主义之最终目的也欲达此种目的当用以下之手段

（一）用报章书册演说学校等等传播吾人主义于一般人民务使多数人晓然于吾人主义之光明学理之圆满以及将来组织之美善及使劳动为人生之天职互助为本

來之良法

（二）當傳播時期中各視此時勢與地方情形可並用兩種手段（甲）抵抗如抗稅抗捐抗兵役罷工罷市等（乙）擾動如暗殺暴動等此兩種手段所以反抗強權伸張公理亦所以激動風潮縮傳遞速務異迅速有力之傳播

（三）平民大革命即傳播成熟眾人起事推翻政府及資本家而改造正當之社會也

（四）平民大革命即世界大革命故吾黨萬國聯合不過為一國說法惟最要者則為傳播時期各國同志各就其地位之所宜與能力之所及急須從事于（一）（二）兩種方法蓋世界革命時機既熟俄羅斯同志今已大舉推翻政府及私產主義矣法德英西班牙意大利等國均已傳播成熟

引彼传播工党罢工于常军队倒戈相向欧洲政府将於
第倒毙吾党之东南北美洲及亚洲者亦已接踵而起
其成功之迅速必有不可思议者今日中国若不急起直追
一面致力传播一面筹备大举诚恐欧美各国行告成
功而东方传播者未成熟反呈为世界进化之大梗也
以上文即吾党用以达吾人目的之手段也
抑时人对于吾党主义往往多所犹虑多视以为难行而
已成则犹今日人类之道德不啻一旦无政府必有种种
纷扰及规避劳动任意夺取需要物品之流弊或又犹
大地人类众多传播势难普及各国政府之强权终非
小数之无政府党所能敌此两种犹虑大抵为今日一般人
所通具者今当有以解释之

一吾人已言欲实现无政府共产之社会须先传播吾人主义为求平民多数之赞成倘多数人既然于此主义之美善则少数人之未明晓者感之固自易曾何患其纷扰既无政府之人能必具有若何高深难行之道德无政府之道德不外劳动互助而已二者皆人类之本能非由外烁但使社会改善生活之状态日趋于适宜此种天然之美德必能自由发达且彼时之劳动乃最愉快之事能如今日之苦恼者科学昌明复无金钱之束缚凡事皆可使用机器无论何种工作必求其推捉者时合于卫生故于每日数小时之工作无异于体操游艺人何乐而避之夫既有机器之迅速加以作工者之众多生产之丰富当不可思议需要品惟有过多无虞不足又何所用其夺取倘仍有冥顽强暴之人必欲他人为

之服设而已则绝无重其吾人当奋反抗强权之大义横之社会之外被少数人宰制为之患哉

二凡事不合于天然公理者其传播难合于天然公理者其传播自易今无政府共产主义实人人心上所同具之公理其传播又岂极难但视吾人之毅力为何耳试观欧洲无政府主义之出世不过六七十年党人从事运动传播者不过四十余年然今日欧洲各国已异常发达近十年间其进步又有一日千里之势无政府之团体遍布各地无政府之书报汗牛充栋在中国人之闭而昨者其在欧洲则已视为老生常谈去年俄国社会大革命以来红旗军之势力已播及于此欧洲中亚更由西伯里亚而入于海参崴欧美各国皆莫不有革命之表示世界革命之实行具将不远

尤可宜者欧洲社会除资本家外即是工人今日之工党勝
中皆已深入即社会主義无政府主義之義理观近年工
党之活動即为各政府实行之朕兆政府所恃者不外軍隊
而各國所行徵兵制度当兵者亦多系平时之工人故出数年
前已常有政府调兵禁壓罷工而軍人均不肯從命甚
或倒戈相向者盖軍人覺悟不肯助政府以攻其兄弟朋
友也然則將来一旦大革命起軍人亦將反抗政府此实
可断言彼食國之政府与資本家何足懼哉茲就中國
今日情形论之此主义之传播识不若欧洲之广然吾东
亚同志苟能羣策羣力犧牲数年之时先竭力於事
於传播吾敢决吾主義行將徧布於东亚大陆欧洲
之進步为更不可思议实行之期必为吾人所(親)見快旬

視為不可實行之理想也
嗚呼歐洲戰雲彌漫天地以億兆人之生命為彼富貴
者之犧牲政府之罪惡至此而完全揭露矣才令戰
事完結即為宣佈政府資本家死刑之時矣政府風潮
將從此日益洶湧願吾東亞平民急從好夢中醒覺
奮步疾追幸勿瞠乎落後也

令子令孫斷斷有飯吃

我從前看見一本曲本裏頭說有一個很慳吝的富翁碰着人勸他做好事的時候不特不答應去做并且說象你這个樣子連子孫都要沒有飯吃了勸的人問他你相信你的兒孫能彀有飯吃麼他說

不教舍子舍孫斷斷有飯吃

這一段話看了的都笑但是不理會子孫吃飯的問題的人有幾多呢現在聽見廢止財產承繼制度就要怕起來的不是狠多麼我們且不向少數的青年講且問一問他們多數的人假使給你十萬萬的家財你們令子令孫實在能彀斷斷有飯吃麼試想一想承你的宗祧掃你的墳墓的固然是子孫女婿也是半子女兒的兒女也是外孫比方一对夫婦生出兒女三

個到孫輩便有九个了到曾孫輩就有八十一个了這許多孫你
無論遺留什麼財產總有一天是乾淨的是会接續不来的
那个时候令子令孫就没有飯吃了况且這个只算你的子孫
都是很安分的来講如果他不安分起来你還没有死就在外
頭借債收寫着嚴親绝氣本利清还你死了不到三五年早已
一个大錢都花乾淨了那個时候恐怕你老人家还是斷斷無
他救[拔]就算你的兒孫不壊世界还有壊人哪偷的騙的有意的
無意的直接的間接的官司寇盗水火那一件不是可以把你吃飯的
錢財剝去的你能穀都心住他不来侵犯你麼還是你這個
富厚的人首先要這些軍官匪騙的敲詐去了錢还要賠
命他不殺你你还要餓死那个时候令子令孫也没有飯吃了又
不講這些天災人禍就拿平常的营生来說隨你積[棣]一百有

鈔的人問他祖上有錢多个是一直都有錢的呢并拿一百个没有觀的人來請他的內外長親沒有一個曾經有过鈔的幾多个呢把他平时的情態來說放債就會收不起買田就會碰着沒有收成做買賣又會因貨價漲落虧本放在最堅牢的銀行也會倒賬簡直叫做世界沒有可以放錢放得安安全全的道理這樣想來令子令孫还是不能斷斷有飯吃更這樣講是不是凡有人的子孫都不能斷斷有飯吃的呢能彀的不過不要把鈔來傳給兒孫本來人是應該替子孫想吃飯的方法的他這一生一世都只管顧着子孫吃飯是一種好處不是壞處常人往往說莫替兒孫作馬牛這是錯的我們沒有祖先的做馬牛自己能彀到這个地步麼要人類向上不是一天可以辦得到的人類向上的結果不是在那裏用力的人可以見得到的

所以凡有能彀使人類向上的努力都是替兒孫作牛馬我們有了無數作馬牛的祖先纔能彀有今日我們也要对於將來無數的兒孫負一个做他們馬牛的義務（但是作馬牛和作强盜不同应该分别）如果大家只做乘馬服牛的聰明聖人不做牛做馬那一代兩代前人的貽留用完了差不多人類便要五世而斬了所以我想变换了這句成語說

应替兒孫作馬牛作馬牛的內容不止一種穿衣住屋讀書走路都要替他做工夫的却是吃飯又比這幾種事情要緊所以不特你們要求子孫有飯吃我們也希望令子令孫有飯吃但是你們積財產的子子孫孫斷不能个个有飯吃是已經明白的了請你試想想這個不能從什麼地方來不是因為只有少數人有錢多數人沒有錢麼如果人人有錢用不着做騙子做强盜了用不着做

兵做匪了也没有賭錢放賬也没有娼寮诱姦了还有不能的就
是個々人只管自己不管人家所以做生意的欺弄也没有人肯賠
他過着天災人禍也没有人肯救他甚至于搶他人的騙他人
的錢都是想積起给子孙的那晓得世界錢財是很少的人
數享用是很多的打个坐食的算盤一定是不能穀所以要積
起錢財来叫子孙有得吃就顧不得别人不特顧不得别人連自
己的兒孙也是顧沒了一個吃飯就損那幾十幾百幾千幾万個兒
孙弄到他們没有飯吃了本来同是你的子孙你断不会分出
這一個該食那一個不該食卻是弄到後来真是箕豆相煎這
是何苦来呢所以這些只管自己兒孙食飯的一定不能穀保得
兒孙吃飯多數人没有錢自然也不許少數人永遠有錢食飯
這便是現在打算子孙吃飯的所以艱難的原故了然而古人也有

说不许子孙有钱的为什麽行不去呢因为子孙没有钱便要作工来食做你們第一是怕子孙没有会做工以前和已经不能做工以後没有饭食第二是怕子孙只管会做工仍然没有饭吃這些都是现在社会裏頭必然的事实我們只管出去一看街上三岁小孩六十岁都老婆有讨饭的他們能做工麽现在不是许多壮年的工人也是空闲着找工做找不到麽因为他熟這一门不熟那一门人家偏偏找那一门工不找這一门工他的食饭问题就出来了所以你們想要子孙靠做工食饭也不能断断有饭食是不错的然而你們也没有方法只希望多积一点钱财多养他們几年這个方法不中用是上頭已经说明的不用再说现在所问的只是还有别的方法保证他們有饭食一没有麽既然晓得多数人没有钱的时候少数人有钱也不能食饭又晓得有不能做工无工可做的时候虽想做工食饭也

不能彀那就當然可以想得到假如我們的子孫把錢財當做公共的能做工的人養不能的々人有工做的人养沒有工做的人豈不是子孫有飯就穩固得多麼從前喜歡說九世同居不分財產的話不就這樣麼這個團体趣大子孫有食一層趣盡靠得住嗎所以我們的子孫如果肯和別個人的子孫合起來做這個九世同居不分財產也是願意不謀九世就是九百世九千世也願意的不止兩戶家族一百個一千一萬個乃至世界全人數如果擴到九世同居不分財產老者安之少者懷之死有葬病有養那些話你以為是好呵還是不好呢老實說這就是共產主義共產主義底下我們的子孫只要人家有飯食有衣穿他決不怕凍餓只要世界永遠進步我們的努力我們的子孫都能享受的他們的生活比我們現在強多了你們

不希望兒孫是這個樣子麽共產主義就是能夠保得将来人
類永遠有飯吃的主义将来的人類就是我們的子孫也是你
們的子孫我們你們的區別到那個時候或者已經去掉了
子孫的分別到那個时候也只是歷史上名詞了但是我們的
拿現在的話來講我們舊在你們面前保証一自
听我們的話令子令孫斷斷有飯食
請看了的人送给別一個人看
請曉了的人讀给不曉的人听
請批評我的人另外做一篇更好的

一二一 奉天东边道尹公署兼安东交涉员公署为北京政闻报发表过激派文章《过激派与中国论说》事给抚顺县公署的训令（一九二〇年十月二十三日）

奉天東邊道道尹兼安東交涉員公署訓令九年外字第九十三號

民國九年十月二十三日

令撫順縣知事

案奉

省長公署訓令內開：准

內務部咨開：承准國務院函開：准外交部譯送法文北京政聞報關於過激派與中國論說一件，查此事關係地方治安至為緊要，應由貴部注意。如查有該派意圖煽惑並散布印刷文字情事，應即依法辦理，以弭患萌。欽錄原件，請查照辦理，并通飭所屬一體遵照等因，并抄件到部。除函覆國務院并分行外，相應刷印原件，咨請查照轉飭所屬，如查有該派意圖煽惑并散

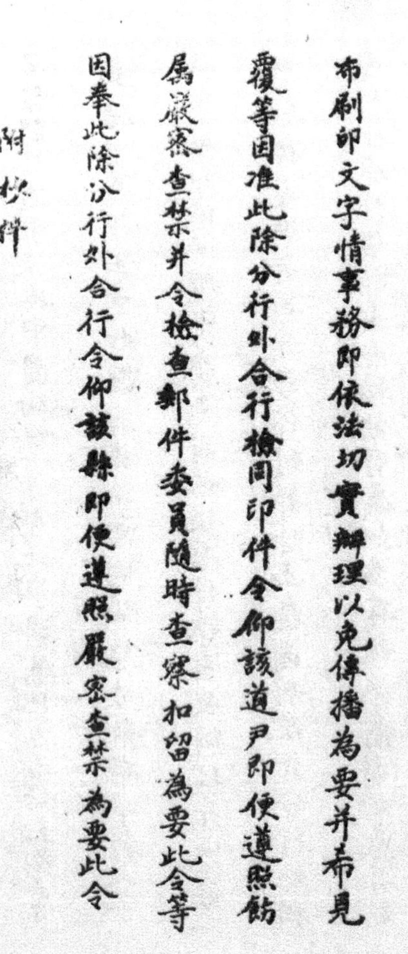

布刷印文字情事務即依法切實辦理以免傳播為要并希見
覆等因准此除分行外合行檢同印件令仰該道尹即便遵照飭
屬嚴密查禁并令檢查郵件委員隨時查察扣留為要此令等
因奉此除分行外合行令仰該縣即便遵照嚴密查禁為要此令

附抄件

奉天東邊道道尹
兼安東交涉員何厚琦

中華民國九年十月廿三日

監印何延齡

過激派與中國

節譯九月十二日法文北京政聞報

是篇大旨謂過激派党人之前來北京者日益衆多外使禮之詐
之訴詞然內實利其情感之伎倆蓋利用中國目下排日之風潮鼓
舞人以抵抗日本當軸諸公其宜三注意乎可也
過激派党人前来都門者絡繹於道考日前過激党人乘俄國
西伯利亞難民之来沪雜居其間群集中於上海旨其加来北
京也尚正層長法令則日益衆多備半正式委員團之名義
有上烏金斯克 Verkneudinsk 委員團其有俄屬黑河 Blago-
vestchensk 委員團其中國政府對于彼輩固有種種之戒備並未正
式接見不過用非正式名義探詢彼輩之用意蓋中國洞燭
斯等人士地位曖昧其所代表之機関均帶有幾分虛偽性

賀决不為其所愚也以較日惠卿之流毅未敢舉動必能適
宜瀉之雖然使中國而成一第崇蘭寧 Lenin 等說該党
人鼓吹煽惑之場于中國實有莫大之危險吾人須知莫斯庫
Soviet 政府之計畫實欲驅亞洲人民以與歐洲相反抗
也現本月八日之電訊益凡尔伯夏 Enver pasha 應蘭寧
Lenin 及塔洛斯奇 Trotsky 之請求受命為進取印度
過激軍總司令此等軍隊包含高哥索 Caucasus 波斯 Persia
阿富汗 Afghanistan 及土尔其斯坦 Turkestan 該過激党人莫其
庫 Moscow 之計畫正為明晰即圖攀印度間接的攻擊英國
殖民使英人其之初議和是也即其对待中國之手段亦異常明瞭
(一)餌中國以虛無渺茫之利益使其無該党相親善
(二)利用中國人民及学生排日風潮驅中國以與日本相戰鬥為求

達此目的莫斯科所利用之路識即上烏金斯克委員團是也
莫斯科之利用上烏金斯克委員團也有二利焉一曰該委員團以
擁有政治頭銜庶可減少中國之畏懼二曰該委員團所承認讓與中
國之利益一旦莫斯科在西伯利亞復建其無上威權時不難
拒絕而否認之讀者試閱下面所載羅薩納La Semaine日报
某專件即不難洞燭蘭寧党羽所用之手段也
又九月六日來自東京之電訊曰據某軍官電报上烏金斯克共
產党自謂在中國之鼓吹大有進步伊尔庫斯克d'Irkoutsk之所
派委員对於中國諸青年學者鄉人軍士大施運動散布红軍之
宗旨欲組織一中國红軍隊之
夫吾人之对於該電报也固並不完全信任但吾人深知過激派
之在中國實有中心集合之地点以從事於秘密之鼓吹最近來自

上海又报告非稱有移挪巨款以撥給該處某種暧昧事業之一事吾斷言者此種煽惑技倆在華人中必受有極大之阻碍敝处对於斯点曾已有所建言中國人民不易为过激主義所浸入盖就全体論華人尚係世界最良善之民族之一中国鄉人对於過激主義自必甚为反对惟学界中抵拒力容或稍逊近年以来因国家苦於無政府之現狀学界中民主義思想渐々发達頗有不服紀律之举動不難為不逞之徒所利用目下危險之点即系於此故吾人对於斯等勞農代表用巧妙之手段前来中国外何種之詐偽之託辞而欲實施其煽動之技倆者宜小心防範之處

一二二　奉天全省警务处为俄国政府派遣代表计划于各地设立宣传所事给海城县警察所的训令（一九二〇年十一月五日）

1522X

奉天全省警務處訓令　第　號

令海城縣警察所

案奉

省長公署訓令內開：案准

國務院哿日電開：據探聞俄過激政府派遣代表宣傳過激主義，決擬於我國設立多數宣傳所，上海之我國過激派與勞動者同盟取連絡之行動，並語查過激主義傳播極速，亟應及早設法取締，以遏亂萌，務希通飭所屬一體嚴密防範，遇有宣傳此項主義之人，並應嚴行緝拿，依法懲治，勿任擴

是所切盼等因，准此，除分行外，合行令仰該處即便遵照嚴密

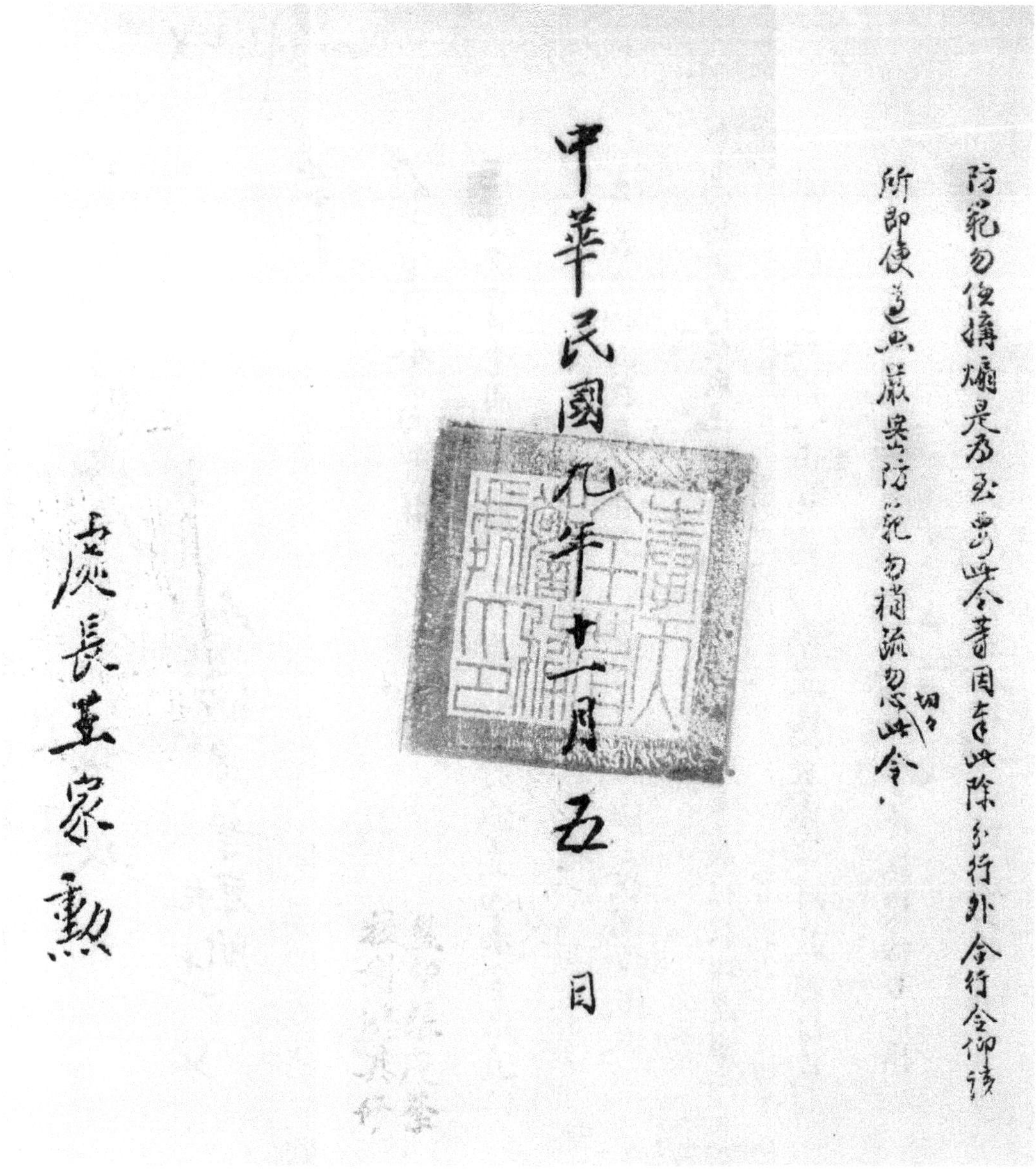

防範勿使擴煽是為至要此令等因奉此除分行外合行令仰該

所即便遵照嚴密防範勿稍疏忽此令 切切

中華民國九年十一月五日

處長董家勳

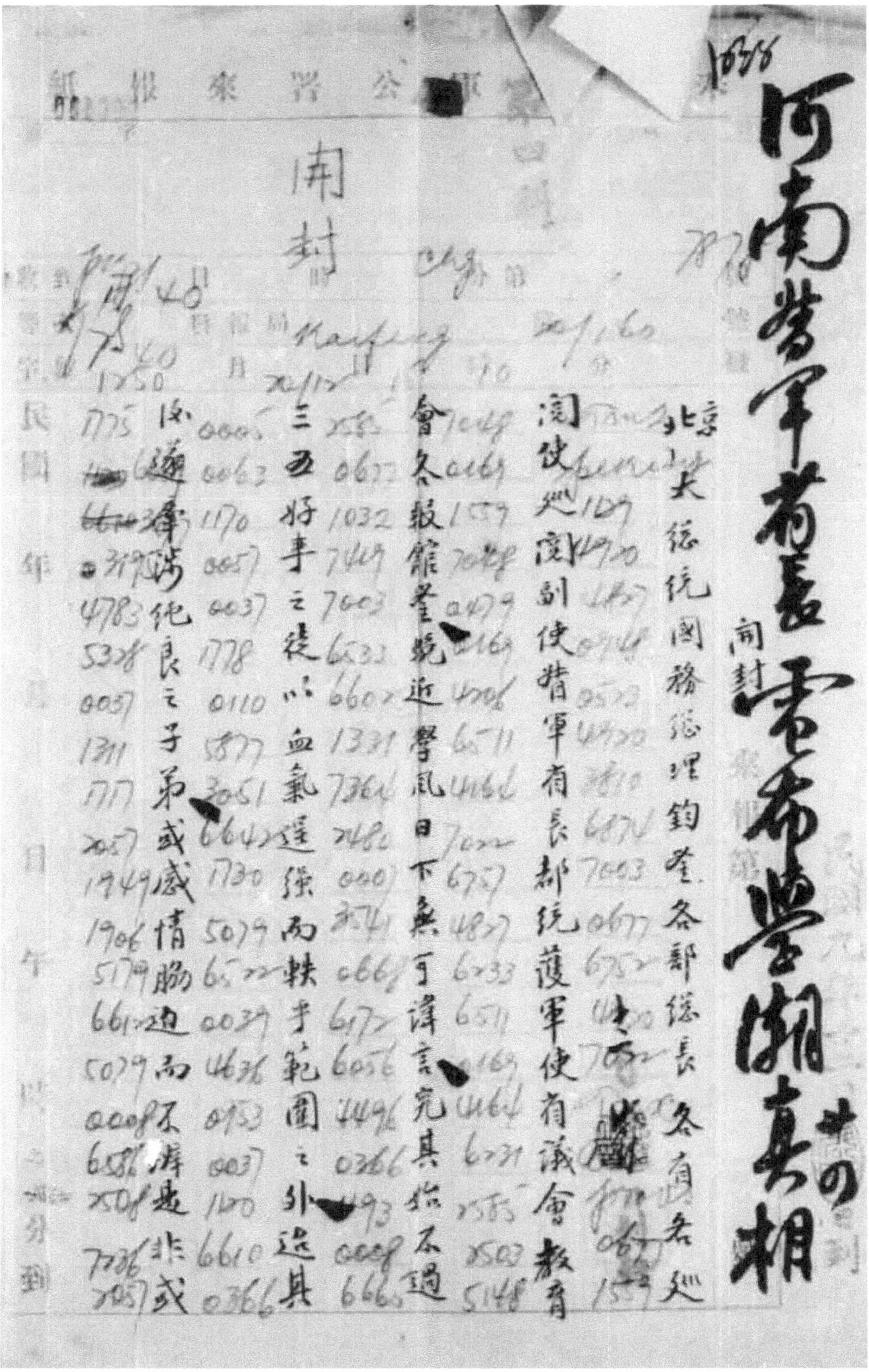

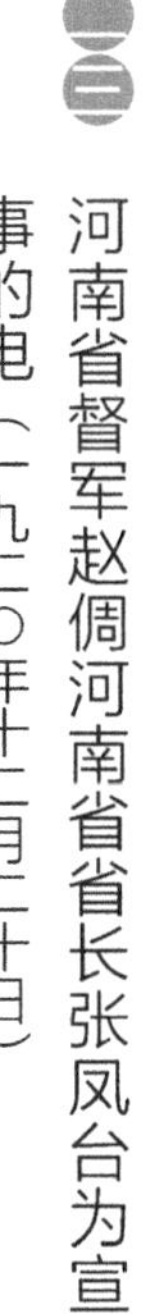

一二二 河南省督军赵倜河南省省长张凤台为宣布『学潮真相』事的电（一九二〇年十二月二十日）

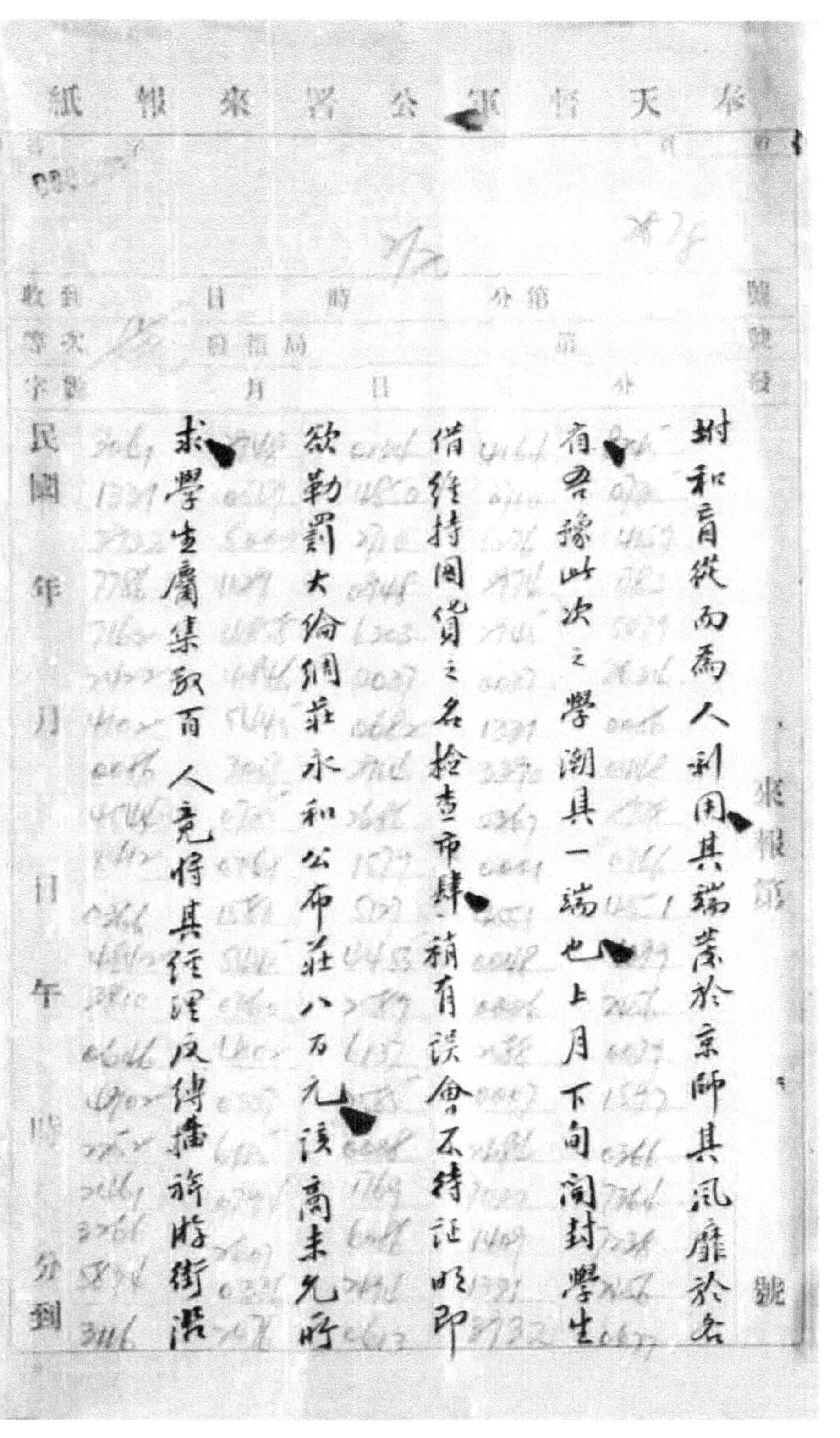
奉天督軍公署來報紙

收到　日　時　分第　號

等次　自　局　第　號

字數　月　日　時　分

民國　年　月　日　午　時　分到

來報第　號

附和盲從而為人利用其端萌於京師其風靡於各省吾豫此次之學潮其一端也上月下旬開封學生借維持國貨之名檢查市肆稍有誤會不待証明即欲勒罰大綸綢莊永和公布莊八万元該商未允將求學生屬集數百人竟將其經理反縛播游街渫

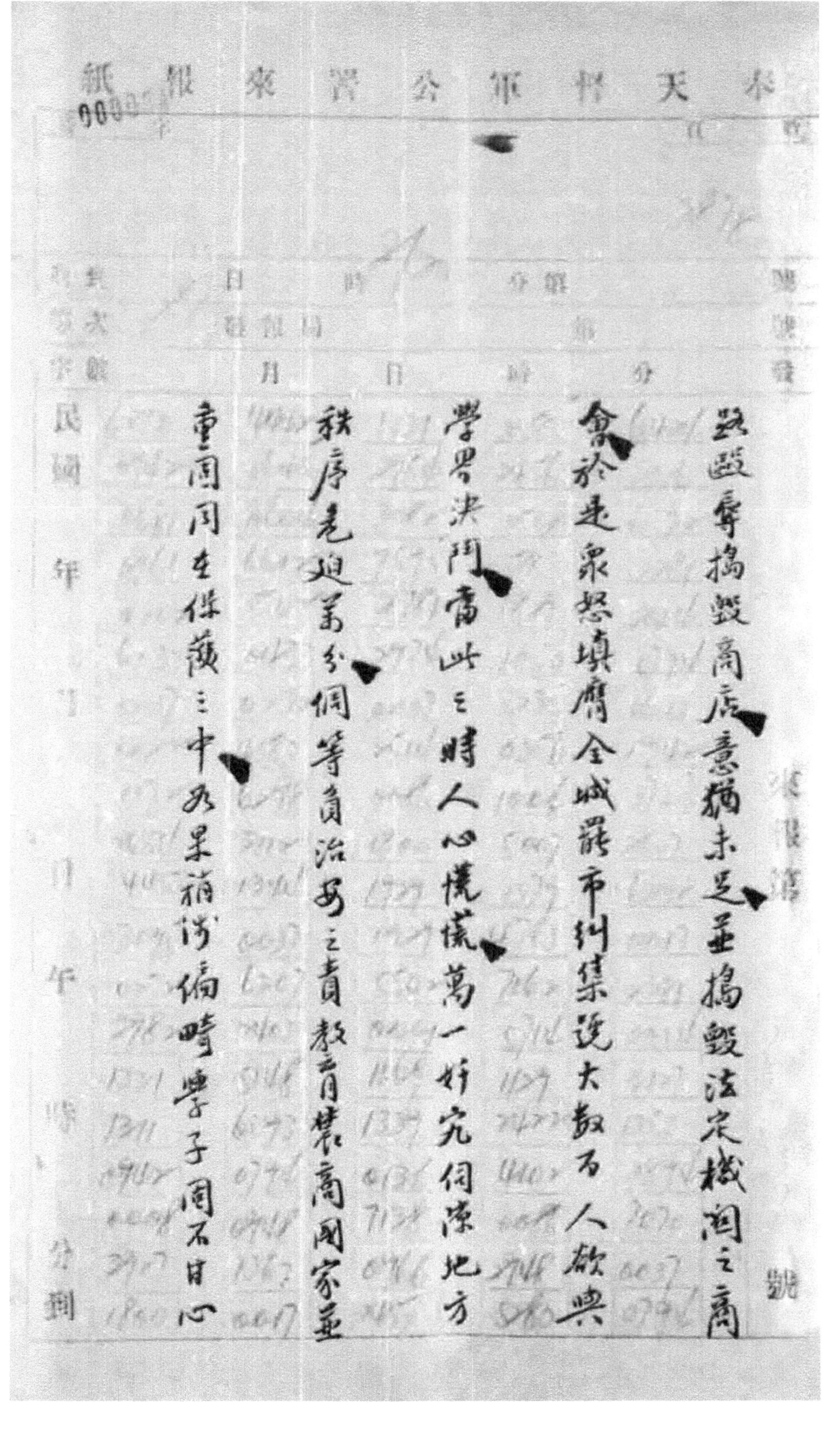
奉天督軍公署來報紙

毆辱搗毀商店意猶未足並搗毀法宋機關之商
會於是衆怒填膺全城罷市糾集徒衆數百人欲與
學界決鬥當此之時人心慌慌萬一奸宄伺隙地方
秩序危迫萬分伺等負治安之責教育農商國家並
重而同在保護之中如果稍涉偏畸學子固不甘心

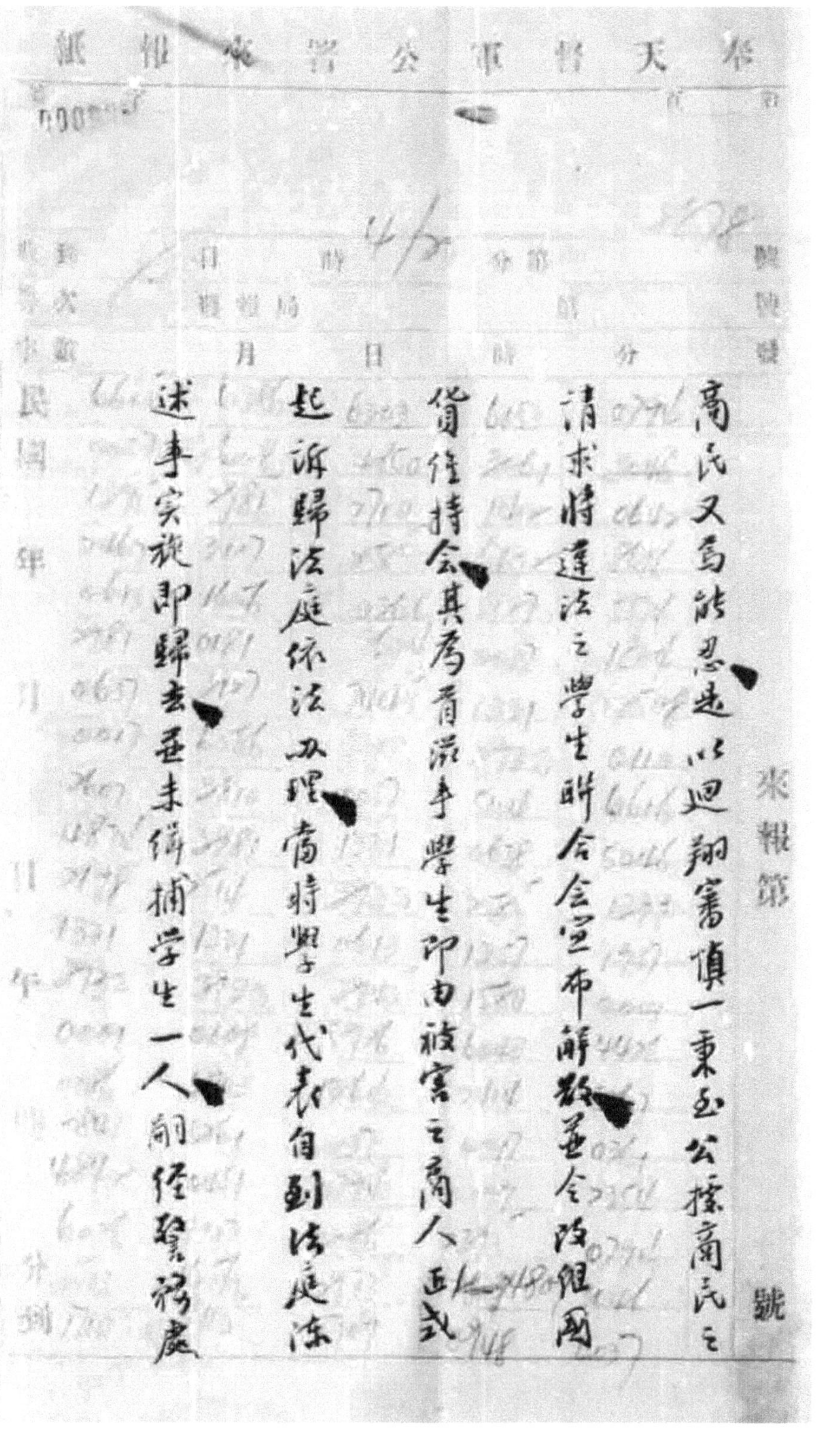
奉天督軍公署來報紙

來報第　號

商民又為該恶迭以迴翔寰慎一秉至公採商民之
請求將違法之學生聯合会宣布解散並令改組國
貨維持会其為首滋事學生即由被害之商人正式
起訴歸法庭依法办理商將學生代表自到法庭陳
述事实旋即歸去並未緝捕学生一人嗣經警務處

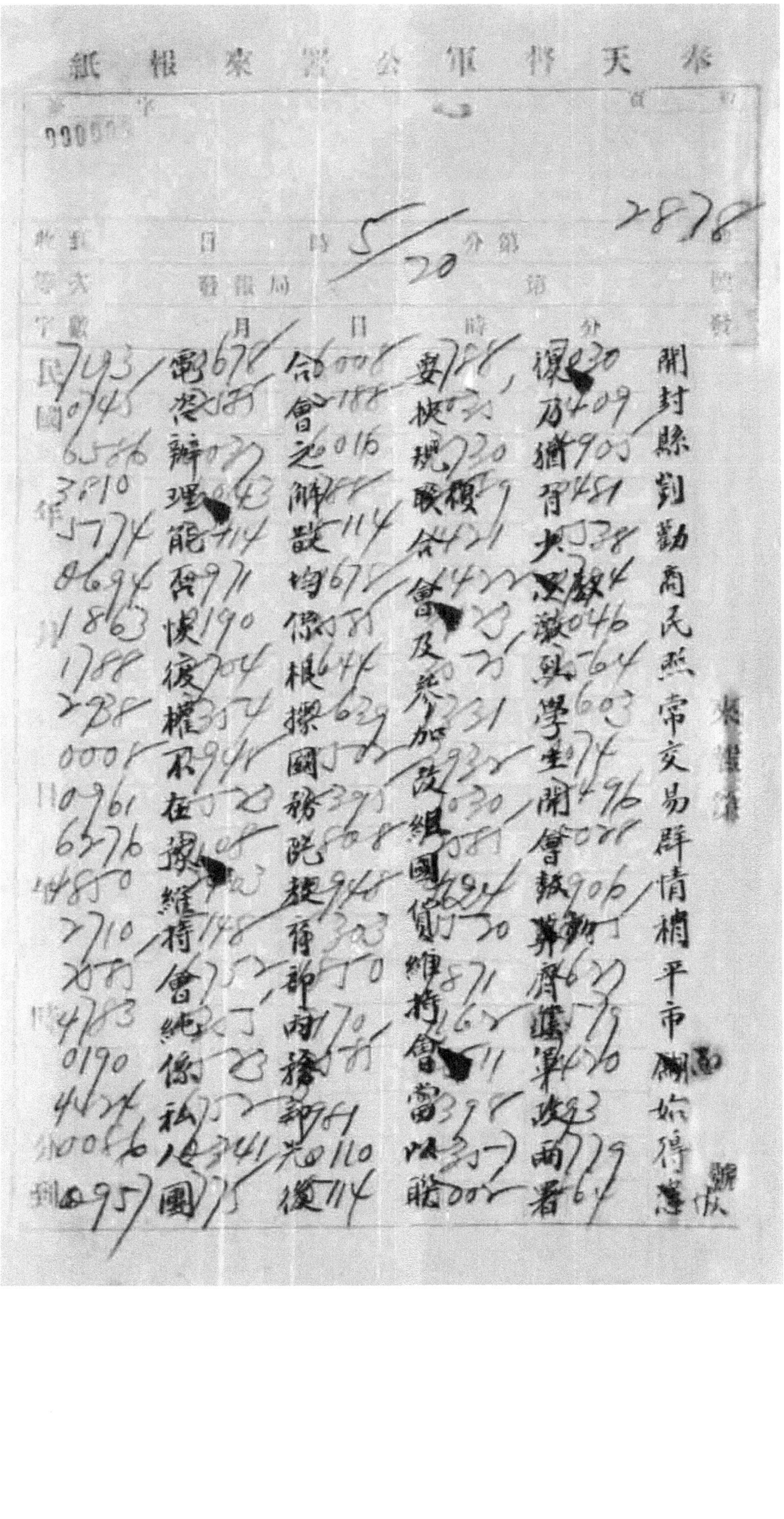

奉天督軍公署來報紙

5/20

2878

開封縣劉勤商民照常交易群情稍平市面始得

復方猶有少數激烈學生開會鼓舞[illegible]運動兩者

要挾現[illegible]合會及参加改組國貨維持會當以[illegible]

合會之解散均係根據國務院[illegible]部商務部[illegible]

電悉辯理[illegible]能否[illegible]慎復權不在[illegible]維持會純係私人團

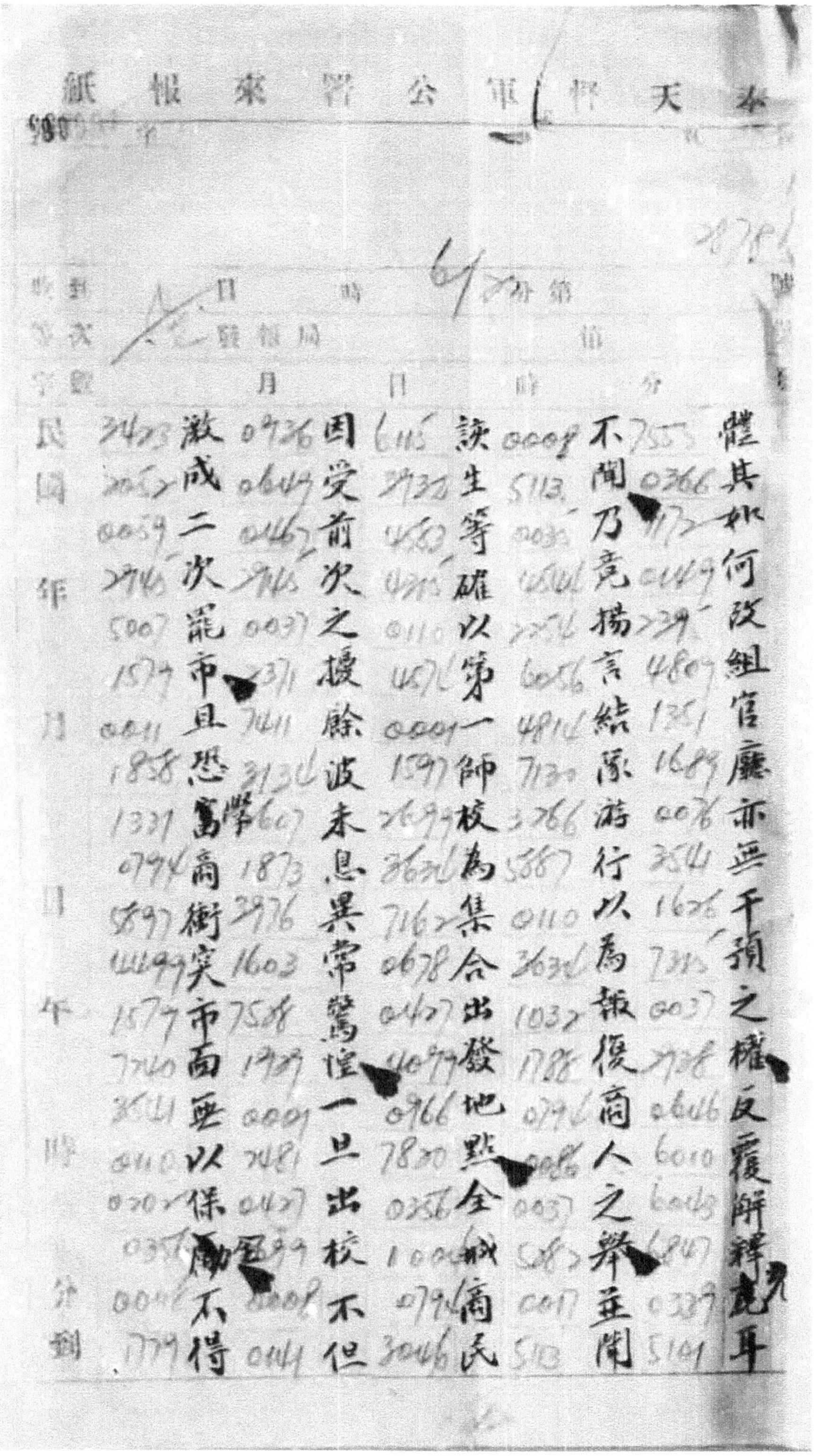

奉天督軍公署來報紙

收到　日　時　分第　號

等次　發報局　前

字數　月　日　時　分

民國　年　月　日　午　時　分到

體其如何改組官廳亦無干預之權反覆解釋詎耳
不聞乃竟揚言結隊游行以為報復商人之舉並聞
該生等確以第一師校為集合出發地點全城商民
因受前次之擾餘波未息異常驚惶一旦出校不但
激成二次罷市且恐學商衝突市面無以保勵不得

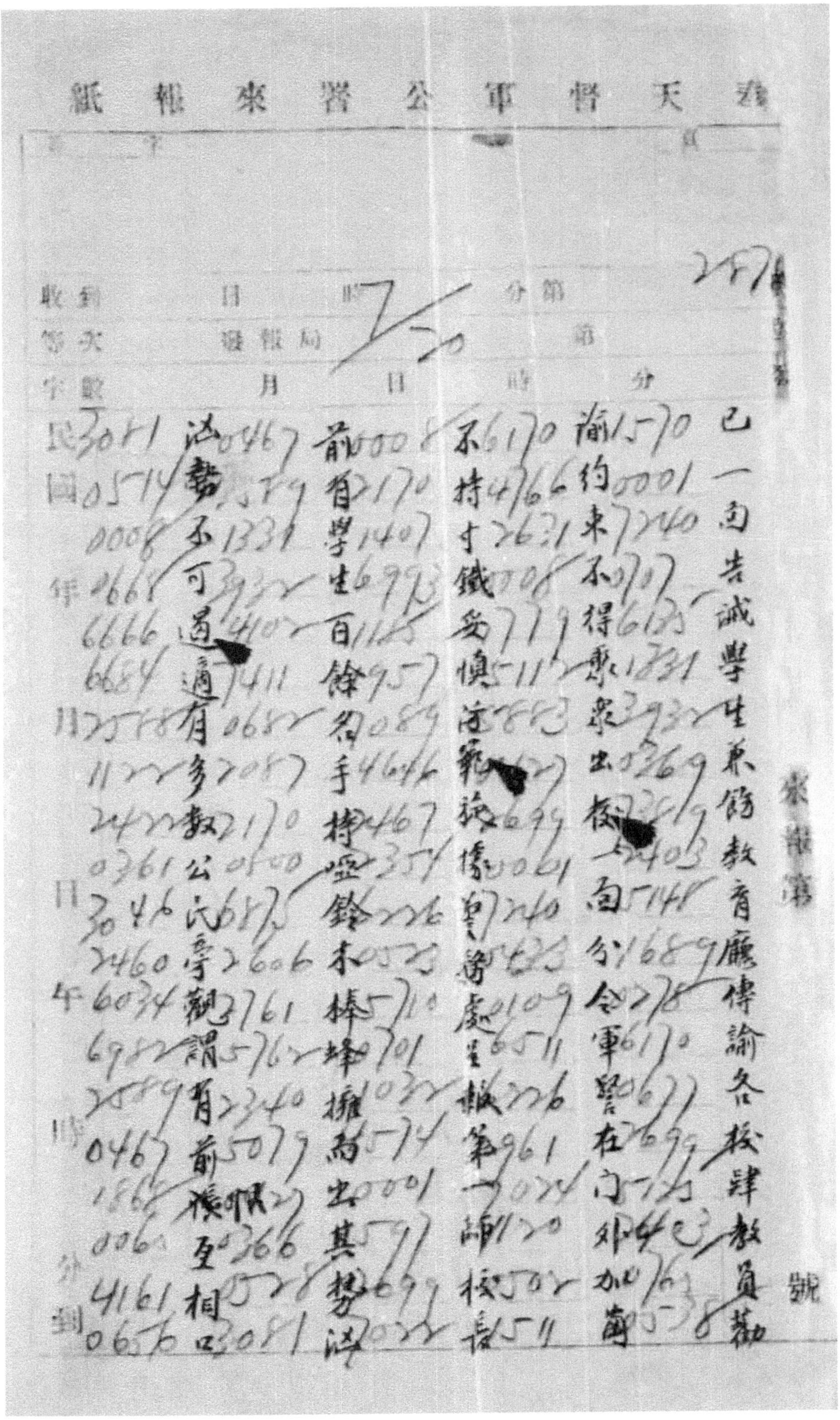

奉天督軍公署來報紙

收到　日　時　分　第

等次　發報局　第

字數　月　日　時　分

來報第　號

已一面告誡學生並飭教育廳傳諭各校肆教員勸

諭約束不得稟衆出校面分令軍警在門外加崗

不持寸鐵妥慎從[illegible]旋據[illegible]處[illegible]第一師校長

前有學生百餘名手持啞鈴木棒蜂擁而出其勢洶

洶勢不可遏適有多數公民亭觀謂有前帳至相口

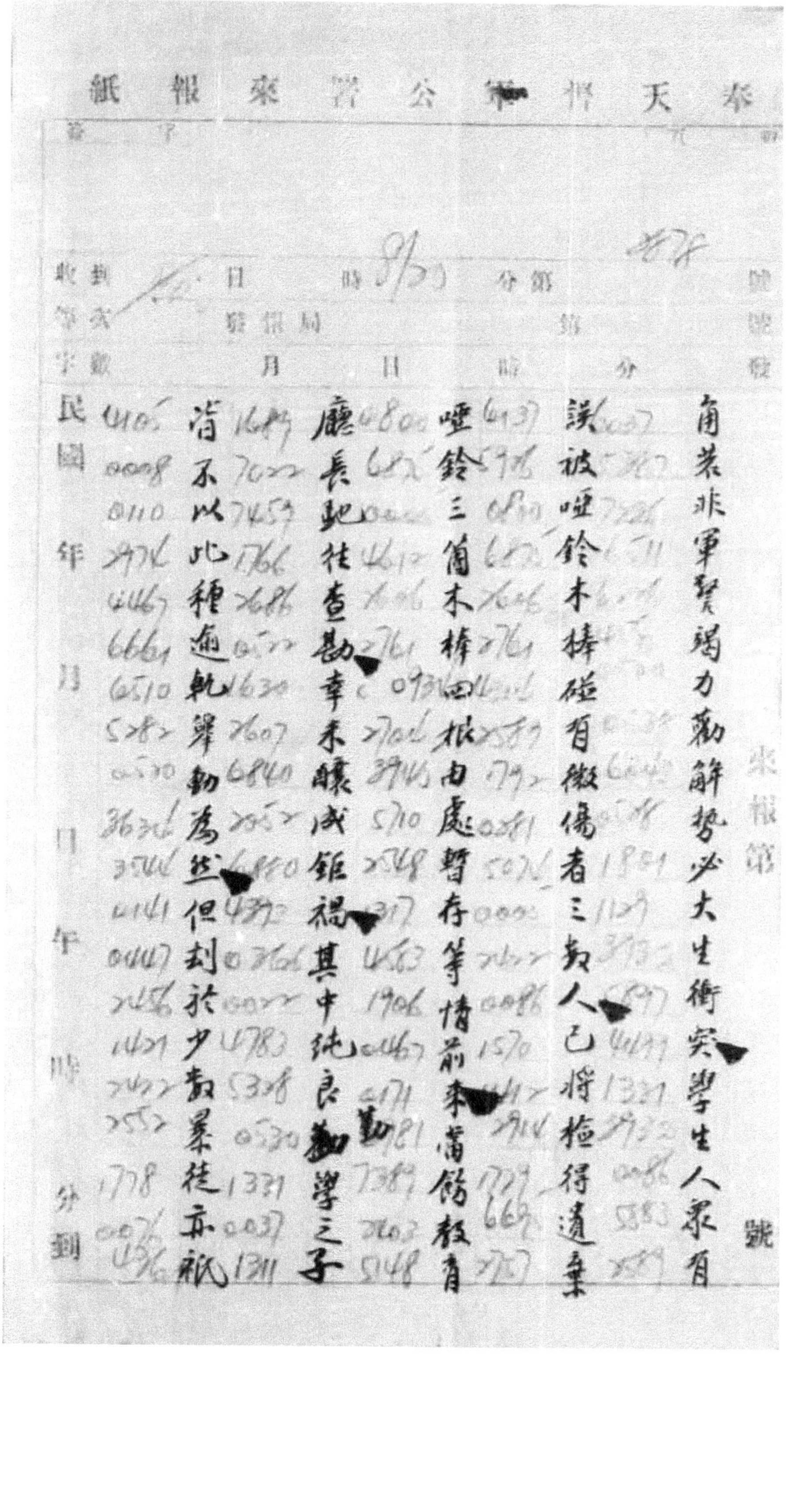

奉天督軍公署來報紙

收到　日　時　分　第　號

等次　發報局　第　號

字數　月　日　時　分　發

民國　年　月　日　時　分到　　來報第　號

角若非軍警竭力勸解勢必大生衝突學生人衆有誤被啞鈴木棒碰有微傷者三數人已將檢得遺棄啞鈴三箇木棒四根由處暫存等情前來當飭教育廳長馳往查勘幸未釀成鉅禍其中純良勤學之子肖不以此種逾軌舉動爲然但刦於少數暴徒亦祇

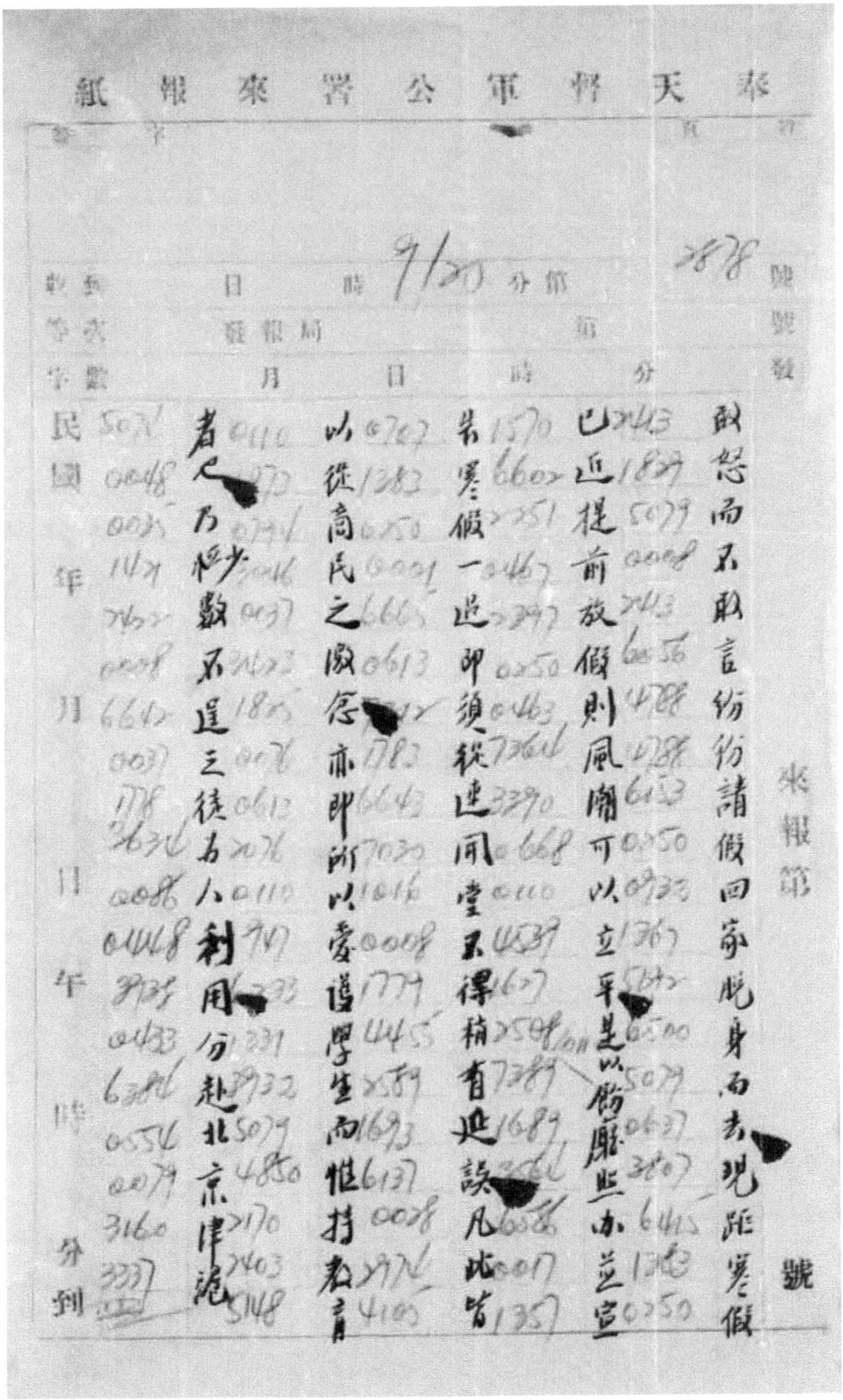

奉天督軍公署來報紙

2878 號　9/20

來報第　號

敢怒而不敢言，紛紛請假回家，脫身而去。現距寒假已近，提前放假，則風潮可以立平。是以彷照此亦並宣告寒假一過，即須從速開堂上課，稍有延誤，凡此皆以從商民之願，忽亦即所以愛護學生，而惟持教育者，乃極少數不逞之徒，右人利用，分赴北京、津滬

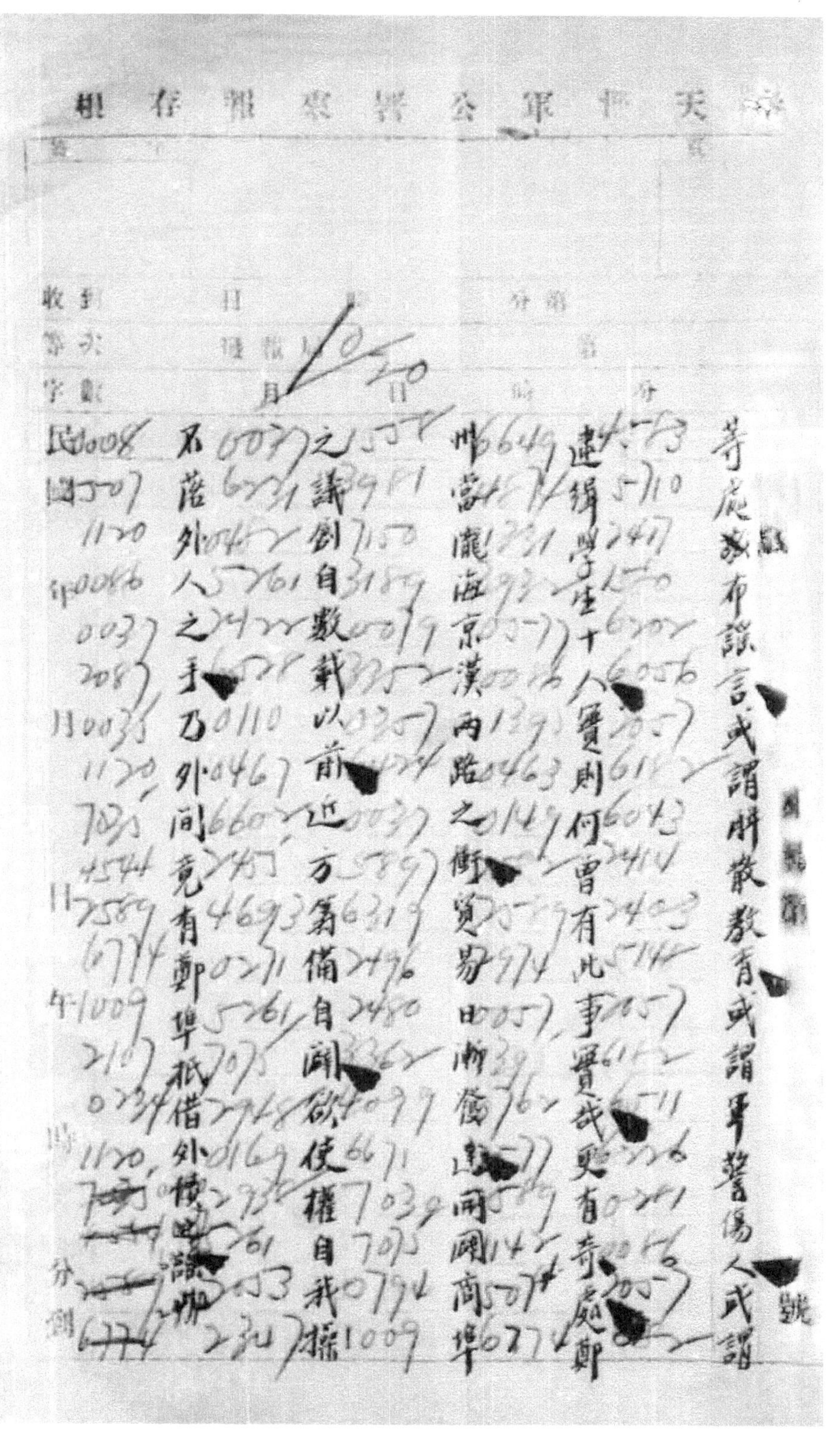
奉天督軍公署電報存根

等處散布謠言或謂解散教育或謂軍警傷人或謂
逮捕學生十人實則何曾有此事實或更有奇[illegible]郎
州當隴海京漢兩路之衝貿易由漸發達商國商埠
之議創自數載以前近方籌備自開欲使權自我操
不落外人之手乃外間竟有鄭埠抵借外債之謠[illegible]

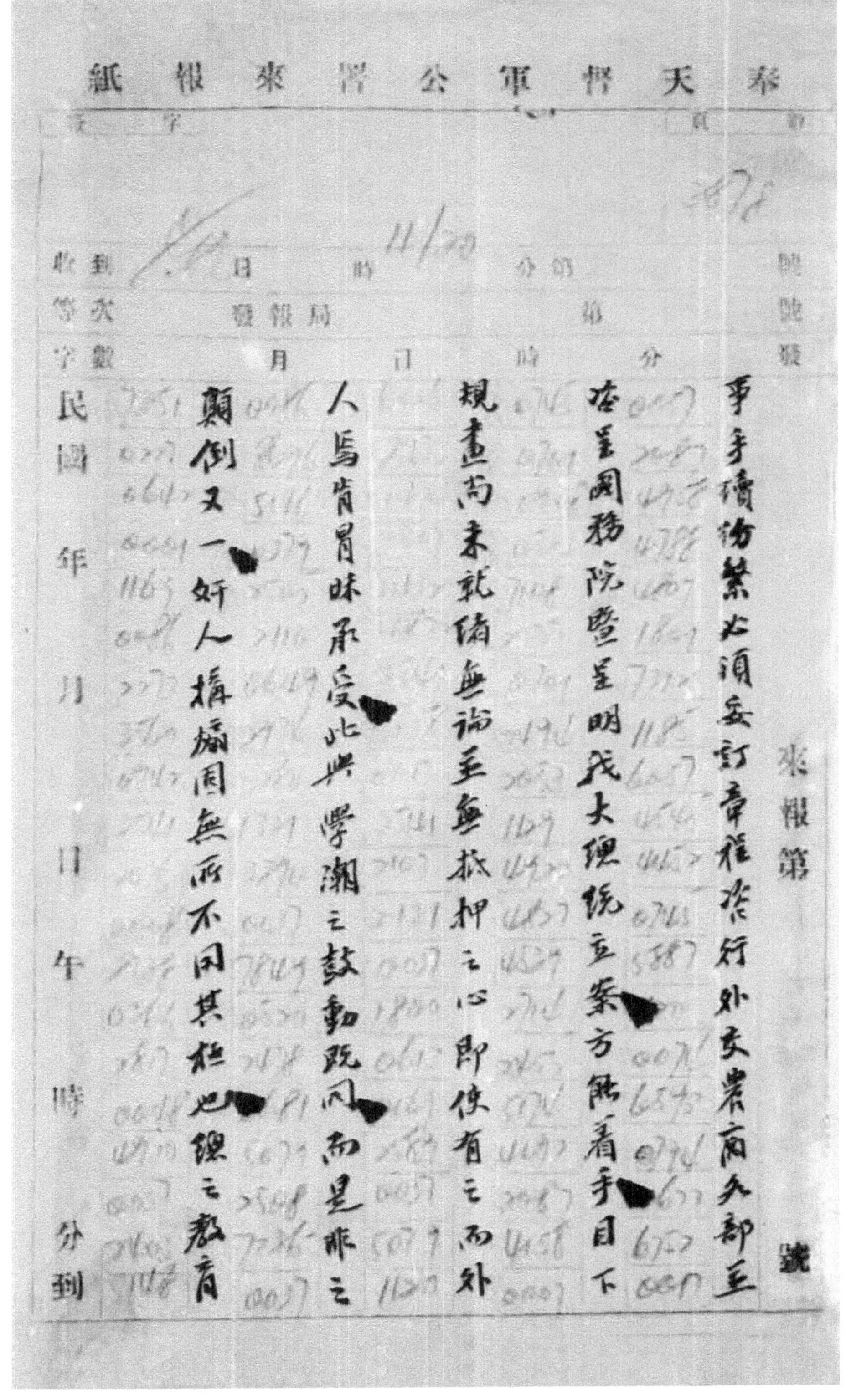

奉天督軍公署來報紙

來報第　號

事手續飭禁必須妥訂章程咨行外交農商各部並
咨呈國務院暨呈明我大總統立案方能著手目下
規畫尚未就緒無論並無抵押之心即使有之而外
人焉肯冒昧承受此與學潮之鼓動既同而是非之
顛倒又一奸人搆煽罔無所不用其極也總之教育

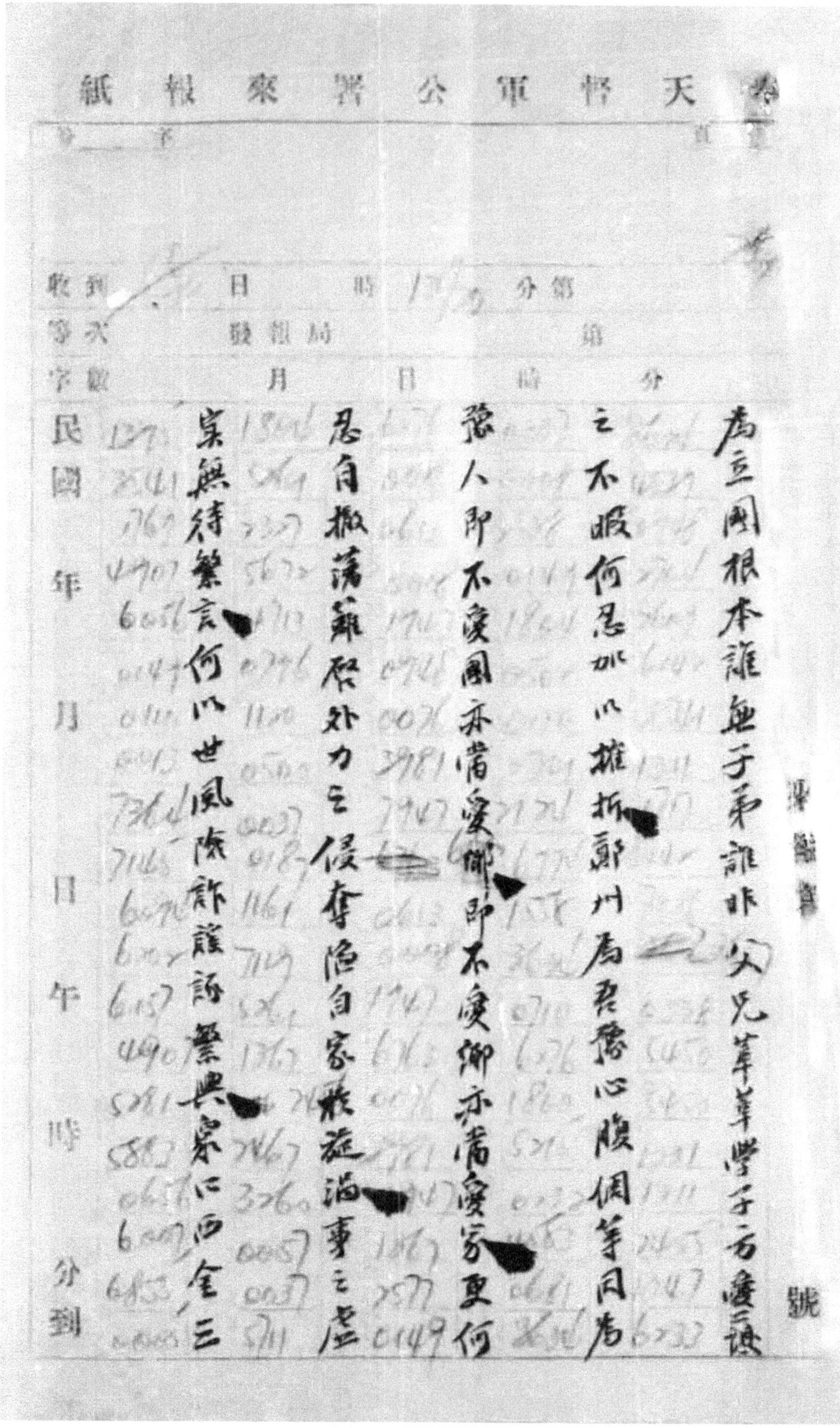

奉天督軍公署來報紙

收到 日 時 17 分 第

等次 發報局 第

字數 月 日 時 分

為立國根本誰無子弟誰非父兄莘莘學子方慶讀
之不暇何忍加以摧折鄭州為君腹心僩等同為
發人即不愛國亦當愛鄉即不愛鄉亦當愛家更何
忍自撤藩籬啟外力之侵奪陷自家於旋渦事之虛
寔無待繁言何以世風險詐讒諂叢興象以西金三

民國 年 月 日 午 時 分到

譯 號

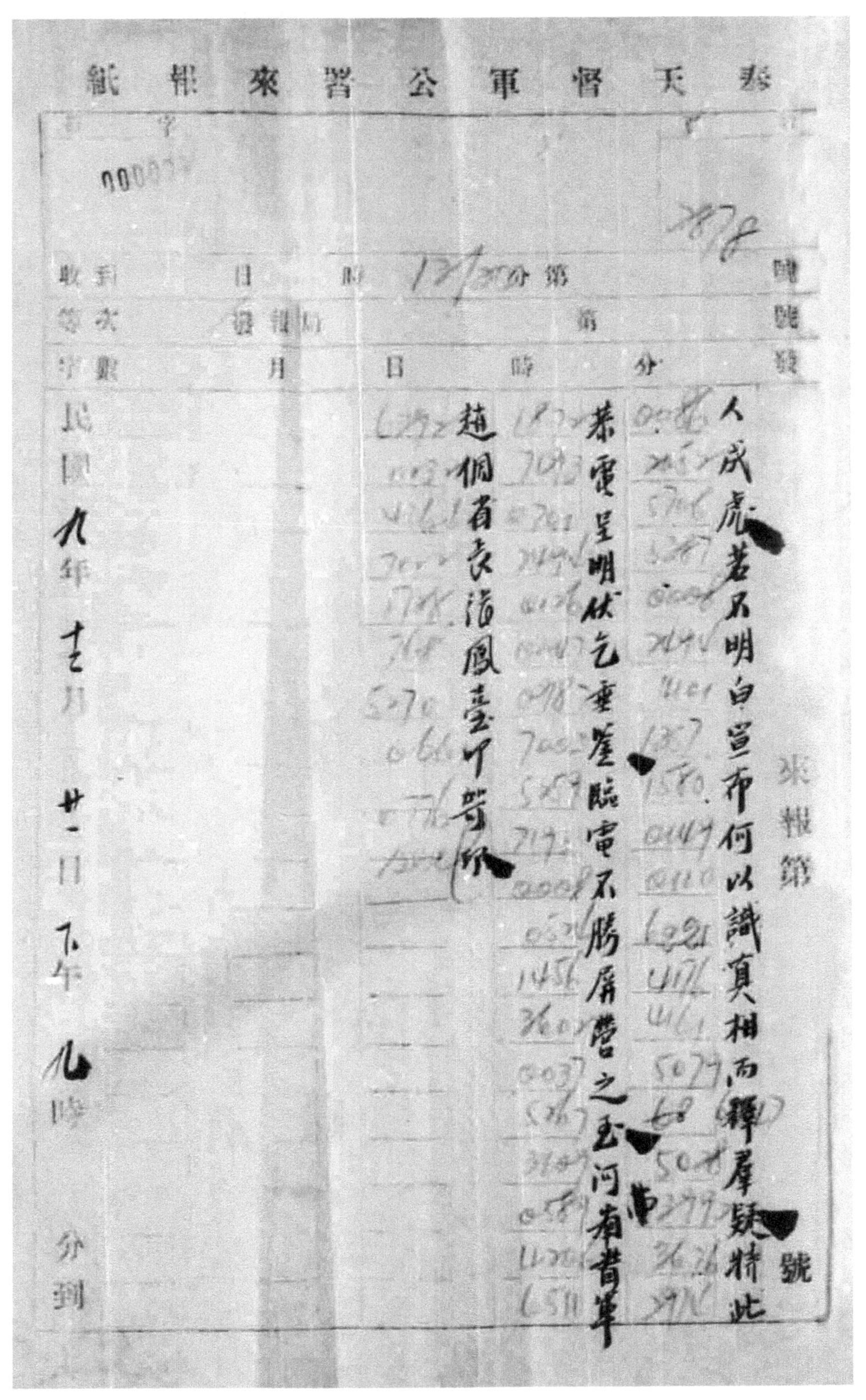

奉天督軍公署來報紙

收到　日　時　12/30分　第　號
等次　發報局　第　號
字數　月　日　時　分　發

民國九年十二月廿一日下午九時　分到

來報第　號

人成虎若不明白宣布何以識真相而釋羣疑特此
恭電呈明伏乞垂鑒臨電不勝屏營之至河南省督軍
趙倜省長張鳳臺叩哿印

一二四 奉天教育厅为处理各校学生运动情形事的呈及奉天省长公署的指令（一九二〇年十二月三十一日）

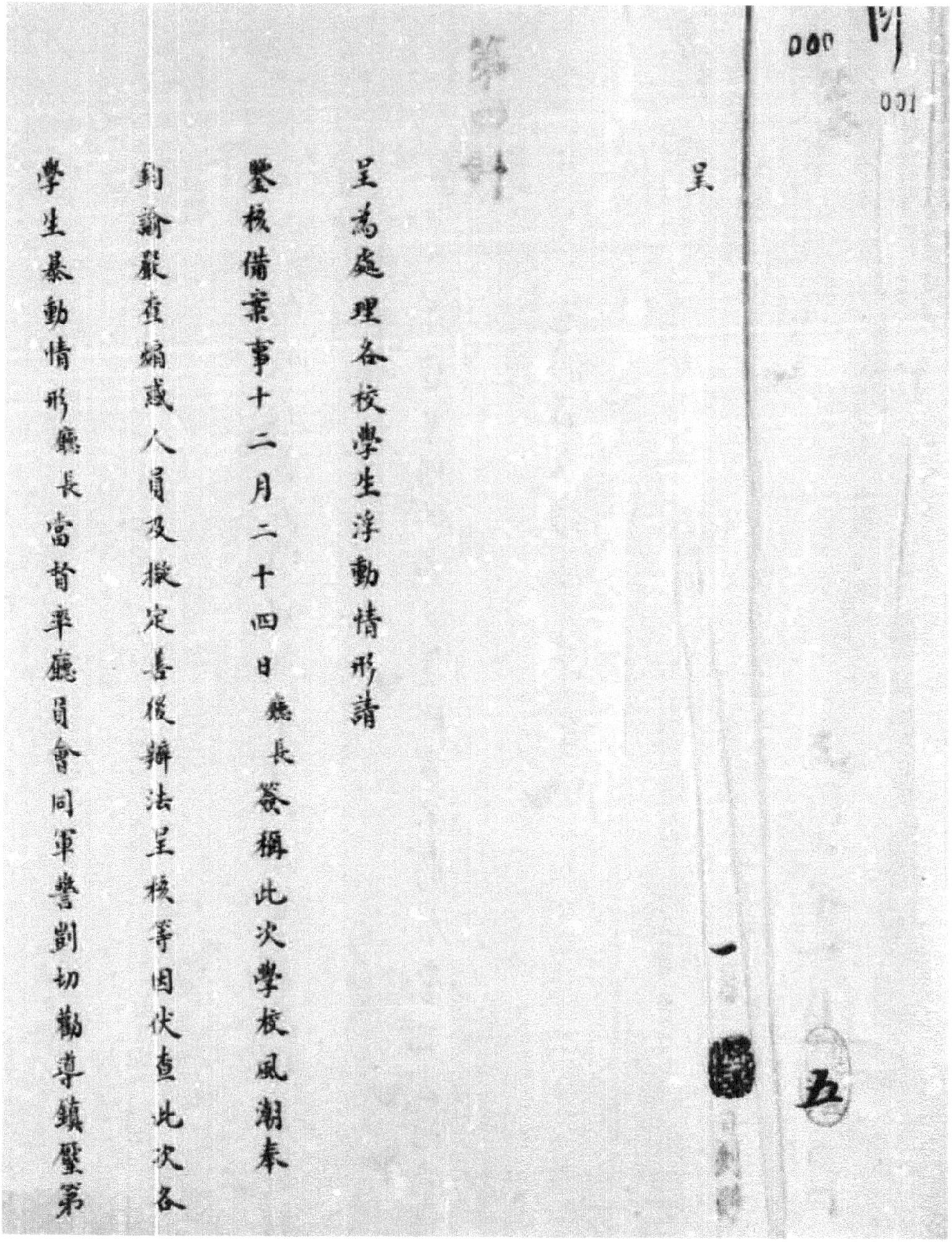

呈

呈為處理各校學生浮動情形請

鑒核備案事十二月二十四日 廳長簽稱此次學校風潮奉

鈞諭嚴查煽惑人員及擬定善後辦法呈核等因伏查此次各

學生暴動情形 廳長當督率廳員會同軍警剴切勸導鎮壓第

一中學學生雖已整備外出然經 廳長 及營長訓勸即行上課

第一師範學生頑抗較烈 廳長 與參謀長訓勸再四至下午始

允上課女師範學校學生 廳長 因其女子祇派巡警數名並未

請派陸軍至上午八鐘突由旁門溢出六十二人商業學校學

生雖停課二小時然該校學生尚明大體上次各校學生赴省

議會該校近在咫尺竟拒絕不赴工業學校學生上次雖已赴

省議會此次尚安靜文學專門學校學生兩次並不與聞上課

如故此 廳長 查明各校大略情形也至此次學校風潮因何而

起一因京津吉長學生舉動甚烈奉天學生為其勾引一因學

校中有年輕不明時局之教員對於外交時發激於血氣之言論而以第一師範教員楊興棟第一中學教員劉宗禧女子師範女教員黄潔如為最著 廳長 婁傳避匿不到應請由 廳咨警務處轉令警廳嚴緝到案訊辦其餘如第一師範第一中學女子師範各職教員一律解職由 廳 派員另定辦法再行開校商業工業學校各職教員均記大過一次示懲至此次主動附和之學生刻已由 廳設法解散明年擬將第一師範由十級改為五級裁汰學生一百八十餘人學生公費均照第二師範辦理第一中學亦改為五級裁汰二百五十餘人女子師範由七級

002

改為五級裁汰一百一十人商業學校由六級改為五級裁汰
九十餘人其經費亦均重行規定另案呈報並擇學生之最激
烈者行舉追繳學費嚴加管束以示懲罰至廳長司教育行政
十六載目覩各該生等勝衣就傅竭十餘載教訓之力其結果
竟至於斯念
帥座倚畀之殷受父兄付託之重痛心靦面咎實難辭應請
憲台嚴予懲處以謝邦人垂涕陳詞伏乞
批示等情奉批令照辦該廳長記大過一次等因奉諭之下悚
惕莫名除分別嚴重辦理具報外理合備文呈請

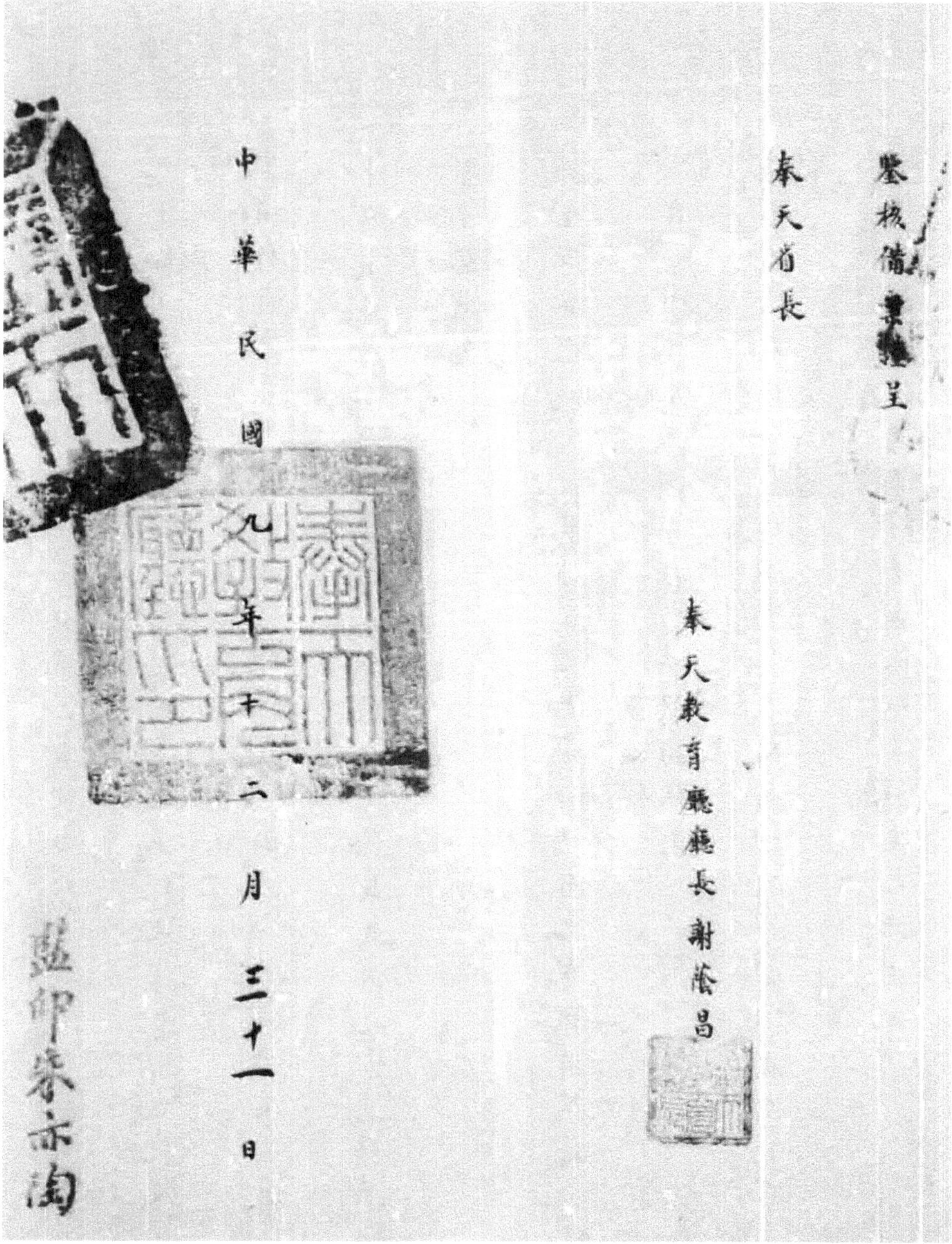

鑒核備案謹呈

奉天省長

奉天教育廳廳長謝蔭昌

中華民國九年十二月三十一日

監印李亦陶

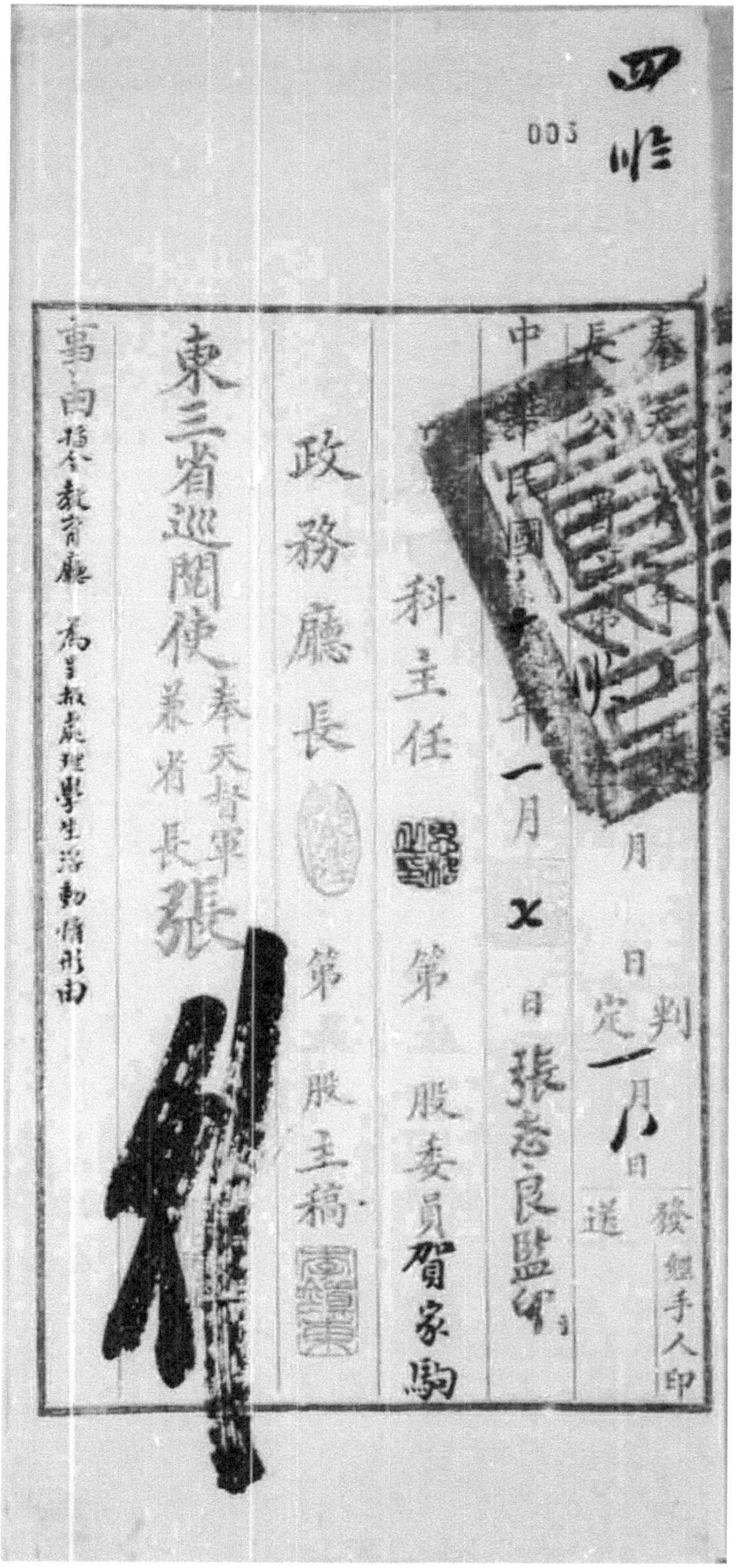

四帖

003

奉天……長

中華民國 年 一月 日

判定 一月八日

月 日

繕發 手人印

送

張志良監印

科主任 第 股委員 賀家駒

政務廳長 第 股主稿

東三省巡閱使奉天督軍兼省長張

事由 據令教育廳 為呈報處理學生活動情形由

如呈备案，仰仍将办理情形，随时报查。此令

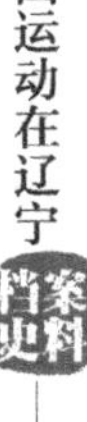

一二五 奉天教育厅为省城中等以上各校学生已放假回籍请各地派警严行监察严禁集会讲演及散布传单事的训令（一九二〇年十二月三十一日）

目錄

訓令各縣知事爲中等以上各校學生放假不准在外集會講演等事應從嚴監察(不另行文)

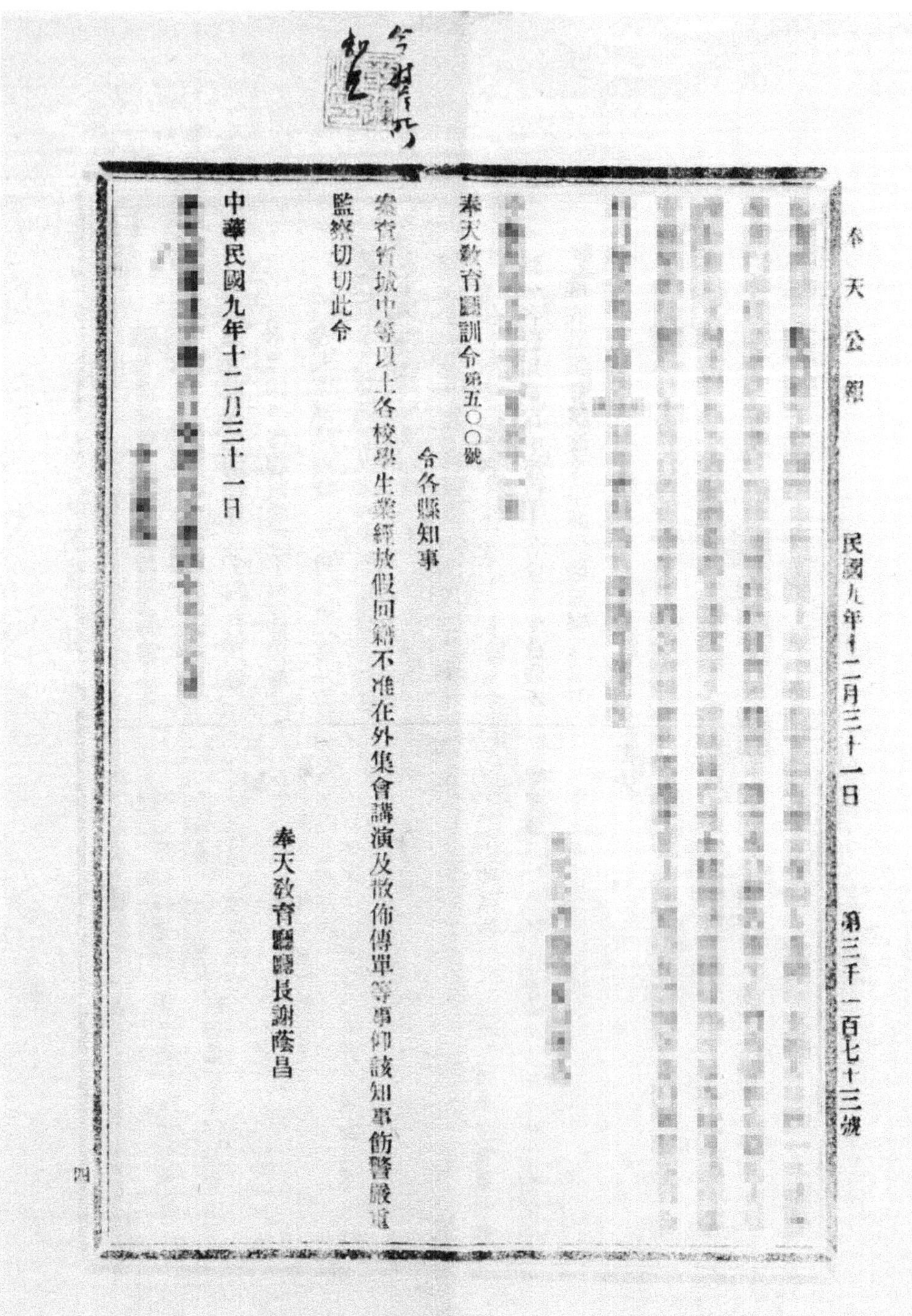

奉天公報　民國九年十二月三十一日　第三千一百七十三號

奉天教育廳訓令第五〇〇號

令各縣知事

案查省城中等以上各校學生業經放假回籍不准在外集會講演及散佈傳單等事仰該知事飭警嚴重監察切切此令

奉天教育廳廳長謝蔭昌

中華民國九年十二月三十一日

四

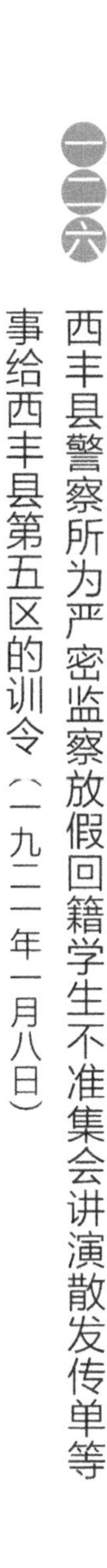

一二六 西丰县警察所为严密监察放假回籍学生不准集会讲演散发传单等事给西丰县第五区的训令（一九二一年一月八日）

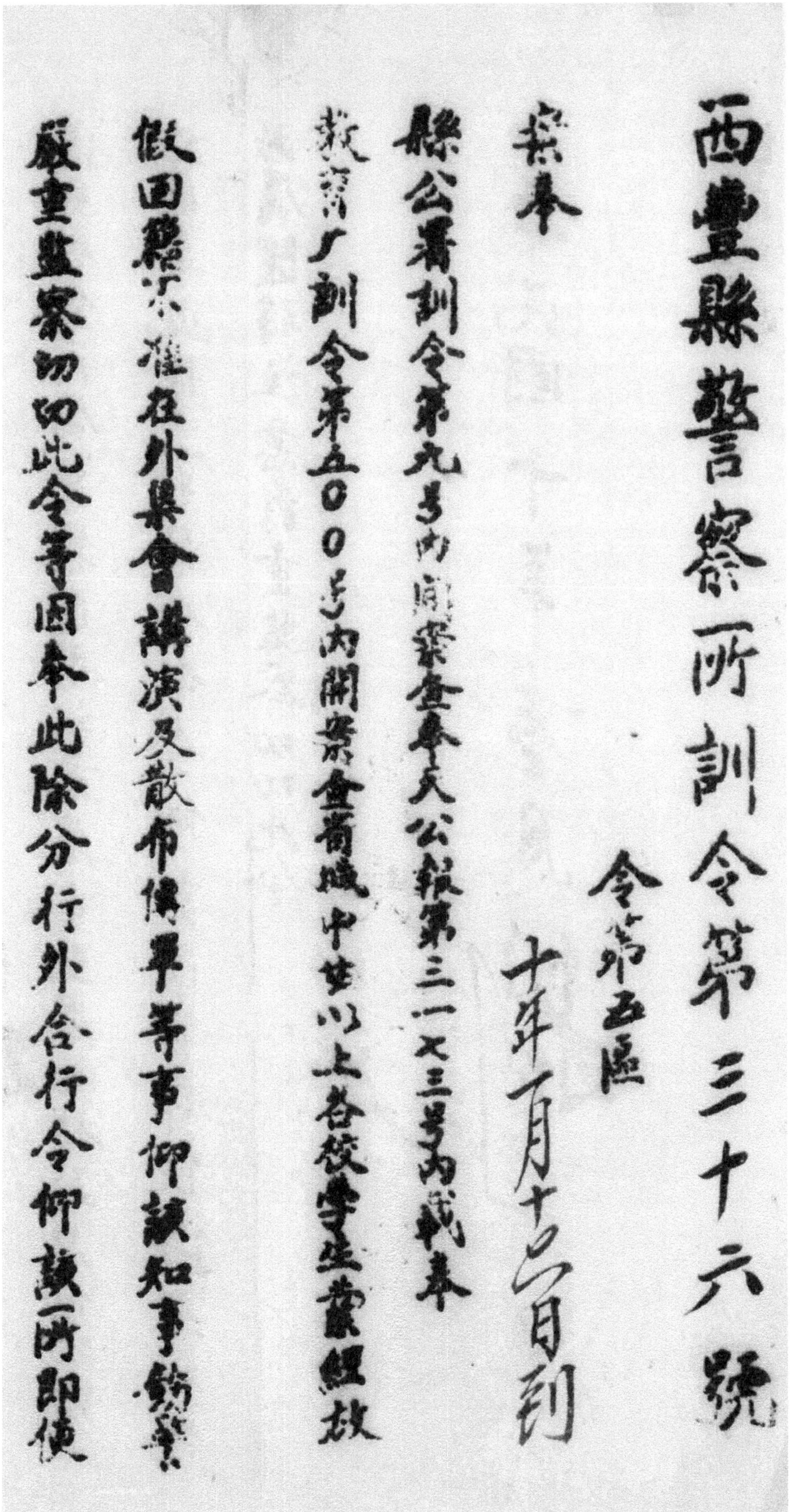

西豐縣警察所訓令第三十六號

令第五區

十年一月十六日到

案奉

縣公署訓令第九号内開案查奉天公報第三一七三号内載奉

教育廳訓令第五〇〇号内開案查前歲中等以上各校學生紛紛藉故

假回籍不准在外集會講演及散布傳單等事仰該知事飭警

嚴重監察切切此令等因奉此除分行外合行令仰該所即便

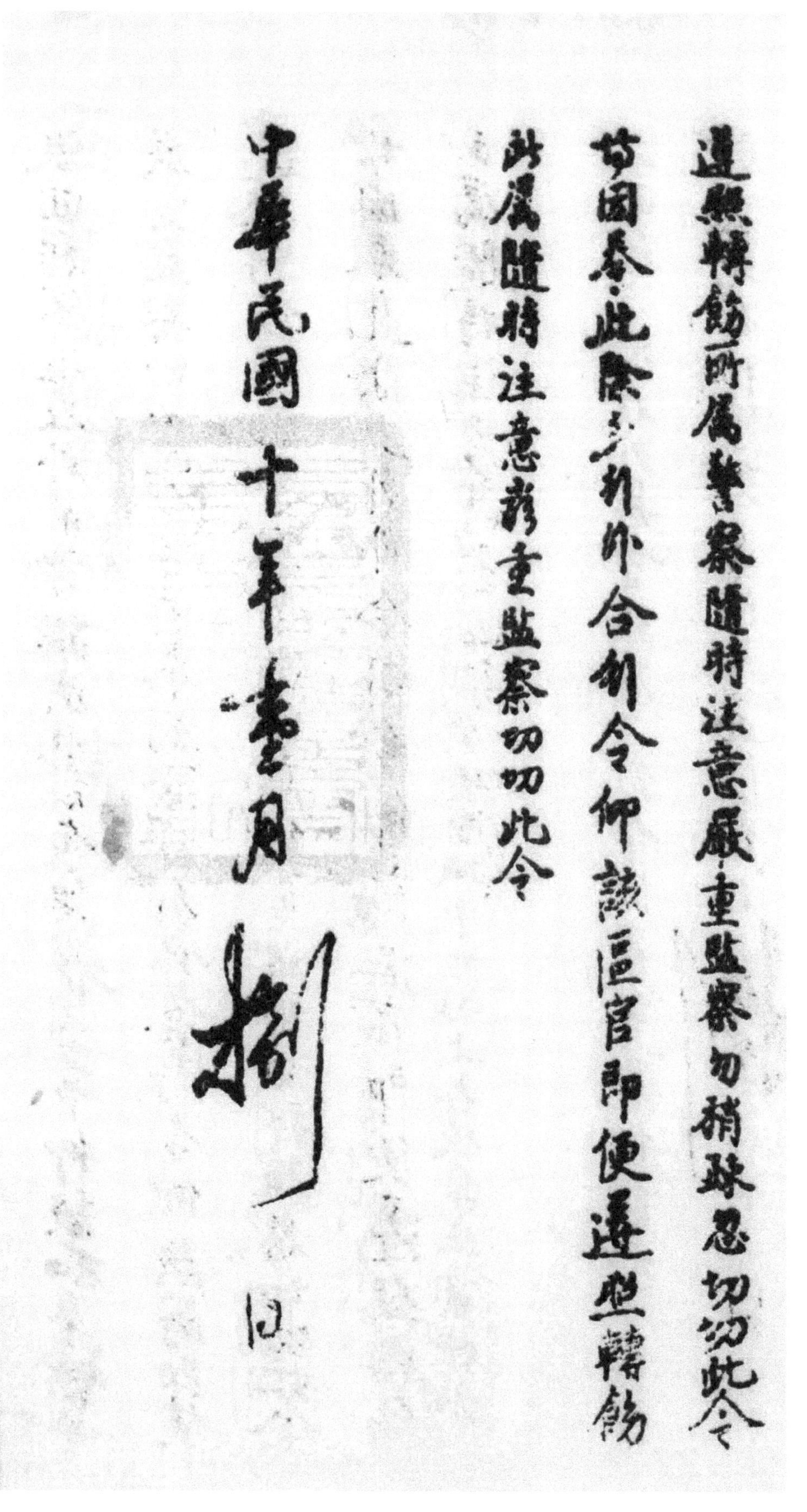
還縣轉飭所屬警察隨時注意嚴重監察勿稍疏忽切切此令
等因奉此除分行外合行令仰該區官即便遵照轉飭
所屬隨時注意嚴重監察切切此令

中華民國十年壹月　　日

一二七 奉天省教育厅为报奉天第一师范等四所学校学生运动善后处理办法事的呈及奉天省长公署的指令（一九二一年二月一日）

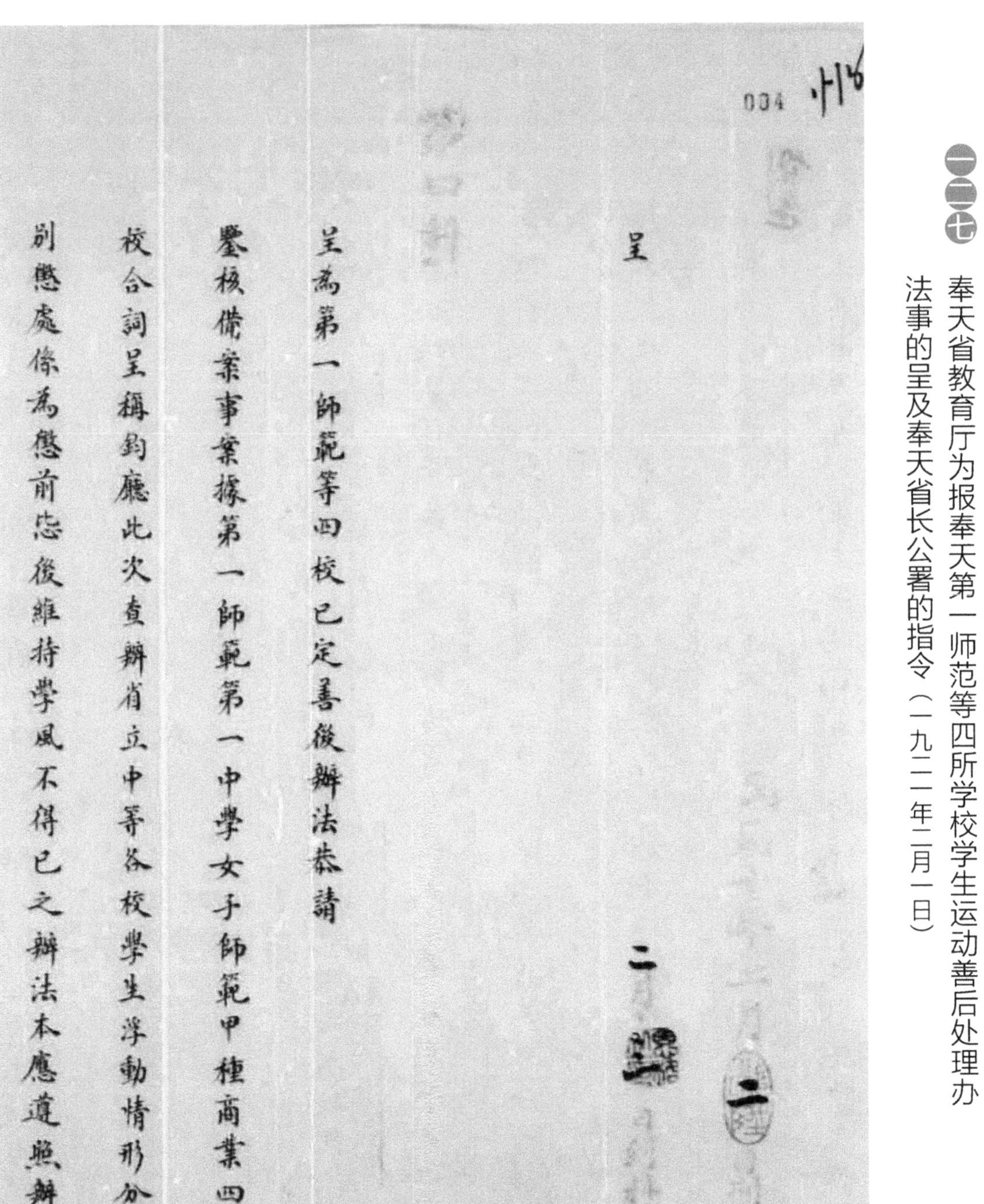
呈

呈为第一师范等四校已定善后办法恭请
鉴核备案事案据第一师范第一中学女子师范甲种商业四
校合词呈称窃厅此次查办省立中等各校学生浮动情形分
别惩处系为惩前毖后维持学风不得已之办法本应遵照办

理無事賡請惟查發呈載有明年擬將第一師範由十級改為
五級裁汰學生一百八十餘人學生公費均照第二師範辦理第
一中學亦改為五級裁汰二百五十餘人女子師範由七級改
為五級裁汰一百一十餘人商業學校由六級改為五級裁汰
九十餘人並擇學生之最激烈者行縣追繳學費嚴加管束以
示懲罰各等語職等再四籌維其中不無困難請為廳長一詳
陳之查此次滋事學生不過少數激烈分子糾合於前青年無
知被其誘惑脅迫以致盲從於彼其事可恨其情可憫倘即一律
裁汰其中優秀之輩才堪造就者以併級裁額致令廢學不惟

005

因人受禍有玉石俱焚之慨即公家設學養士耗許多款項培
植有年一旦摒棄亦誠為可惜且級次銳減年級參差學級編
制勢難整齊程度錯綜教管尤多困難刻由校長等默察事
各生現在頗知改悔似不妨寬其既往予以自新之路可否按
照前後單開主從各生分別懲處以儆效尤其餘附和諸生擬
請於開學後仍暫歸原級肄業由校長等從嚴考覈其品性分
年分期陸續淘汰於前令仍不牴觸於學子矜全實多按諸
省長教養子弟懲勸兼施之意亦相符合至於第一師範學生
公費以前規定之數所以優於第二三等校者原非有所歧視

係因省城物價昂貴生活程度較高不得不稍為優厚將來招
考新班擬即遵照第二師範辦理今若將舊級各生比照第二
三等校一律辦理中途減費學生擔負驟增貧家子弟將有無
力求學之感官家有款無多青年因之失學權其輕重得失不
難立辨亦懇暫照舊案辦理以恤寒畯而圖教育所有裁班減
費諸多困難懇請變通辦理各緣由是否有當理合會銜呈請
鑒核等情查此次嚴定學級裁汰各生無非為痛予懲創起見
現首事各生已行嚴重追費附和各生亦知改悔各校長既
積極負責分年分期陸續淘汰於前呈仍不牴觸似可照准除

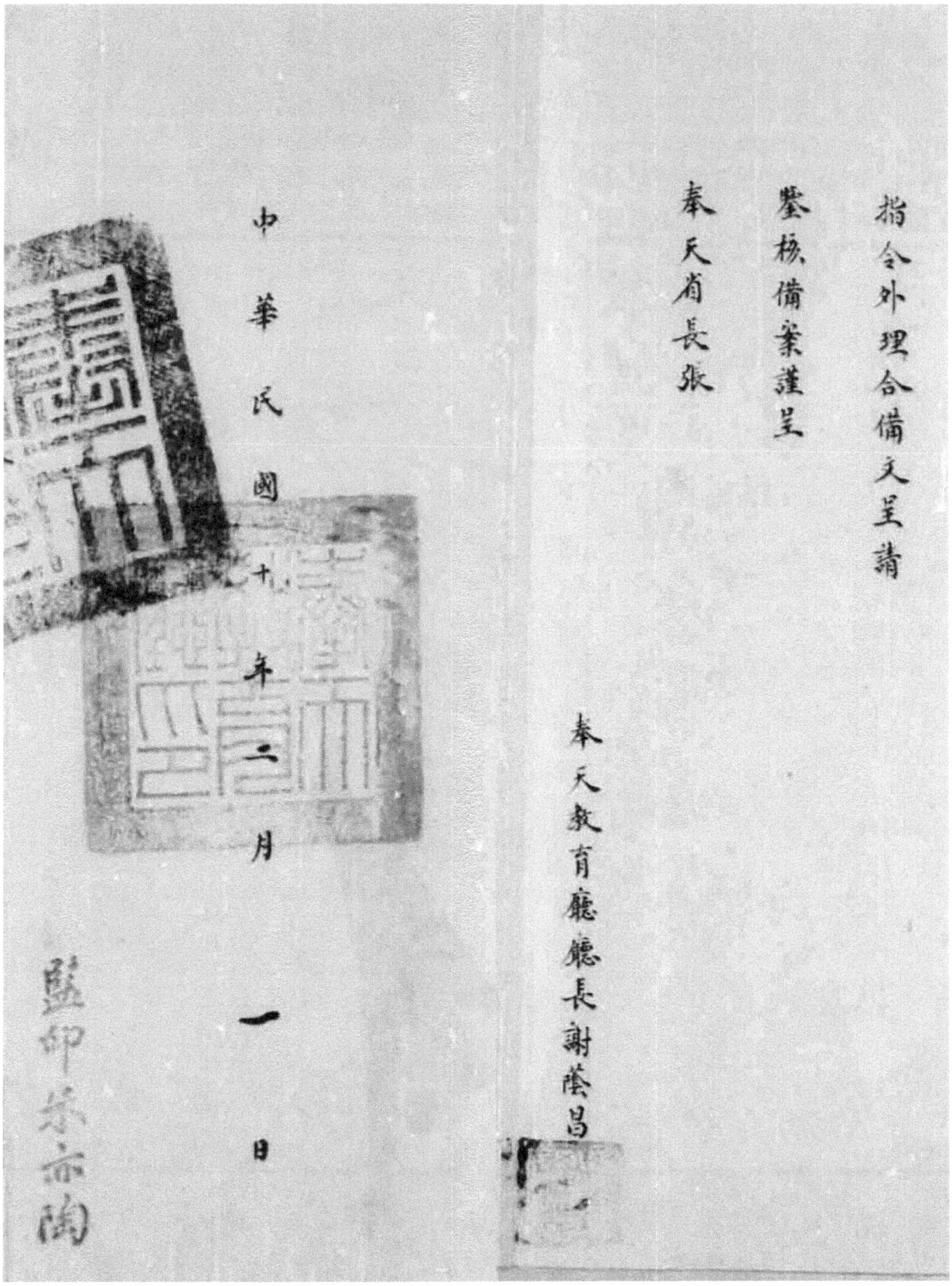

指令外理合備文呈請

鑒核備案謹呈

奉天省長張

奉天教育廳廳長謝蔭昌

中華民國十年二月一日

監印　恭亦陶

四 [illegible]

006

奉天省長公署 文第 [illegible] 號 年 月 日收 月 日 判定 二月廿日 發送 經手人印

中華民國十年二月四日 張志良監印

科主任 第 股委員 賀家駒

政務廳長 第 股主稿

東三省巡閱使奉天督軍兼省長張

事由 指令教育廳 呈爲第一師範等四校已定暑假辦法請備案由

如呈備案此令

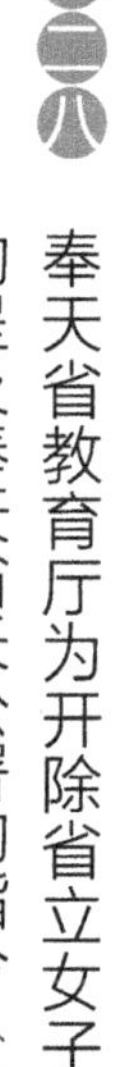

一二八 奉天省教育厅为开除省立女子师范等学校参与学生运动之学生事的呈及奉天省长公署的指令（一九二一年二月一日）

007

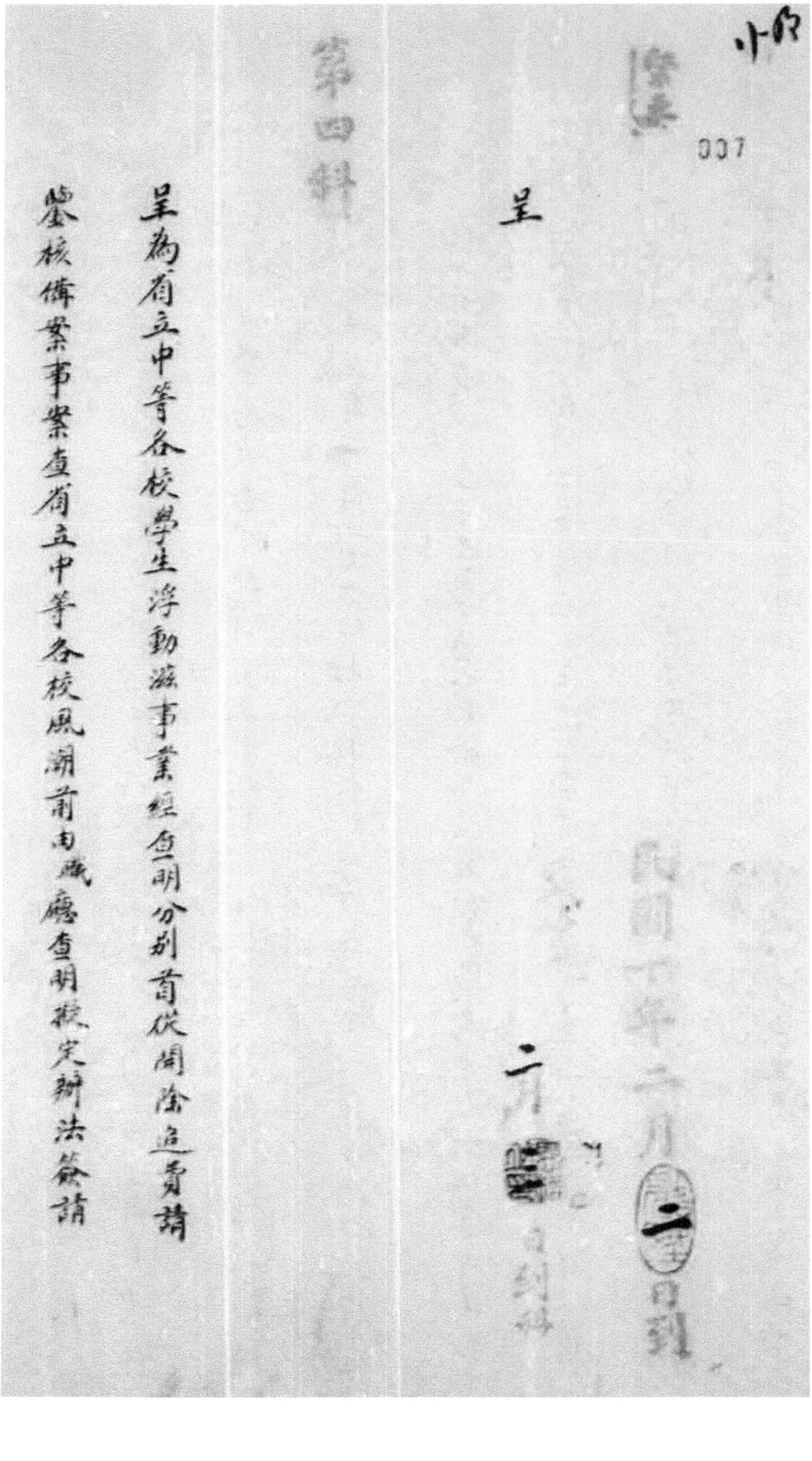

呈

呈為省立中等各校學生浮動滋事業經查明分別首從開除追費請

鑒核備案事案查省立中等各校風潮前由職廳查明擬定辦法簽請

鈞座核示業奉

指令照辦等因奉此竊查各校學生此次浮動情形以省立女子師範第一師範第一中學爲最甚甲種商業次之所有滋事之學生若不分别懲處實難以示儆戒茲查有省立女子師範學生朱秀雲等四名省立第一師範學生高元捬等六名省立第一中學學生艾錫綸等五名行爲最爲激烈純係當時主動之人應即按名開除學籍追繳在校之學膳各費其應追各費已咨明財政廳由該縣知事係公項下如數扣留其扣留之數俟將各費追繳清楚再行歸補所有開除之一師一中各男生併交該管地方官嚴加管束至省立女子師範學

生马秀清等十名省立第一师范学生马宝位等十三名省立第一中学学生李桂

庭等十七名省立甲种商业学校学生聶成福等二十名均系附和行为亦应一

併开除学籍从宽免予追费除分别咨行外理合开单呈请

鑒核示遵谨呈

奉天省长张

附呈清单一纸

奉天教育厅长谢荫昌

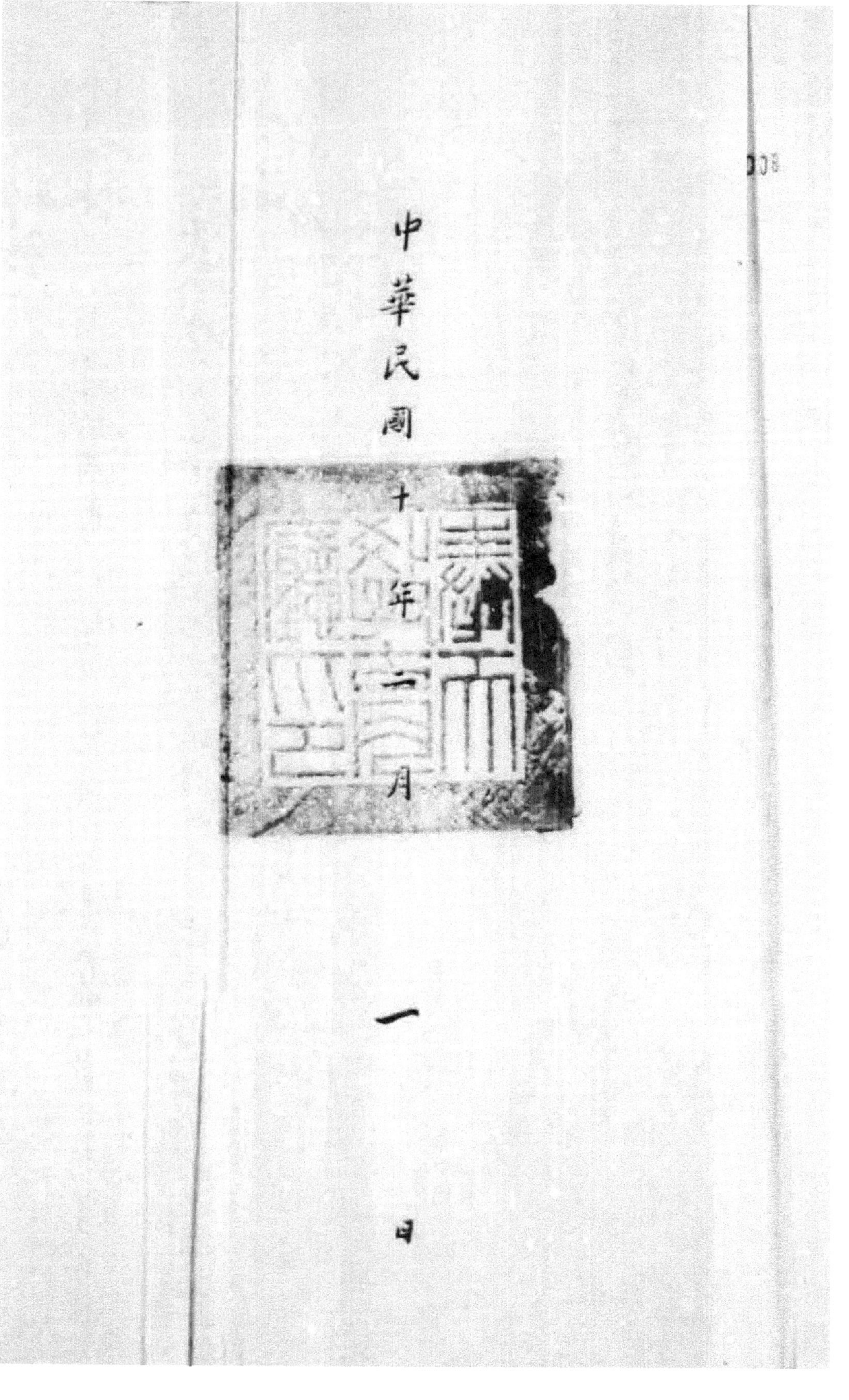
中華民國十年二月一日

清單

計開

省立女子師範學校學生

姓名	籍貫住址	入校年月	應追費數
朱秀雲	海龍縣人 住縣城内	民國六年二月	一五六
朱蕙蘭	北鎮縣人 住城内西街	民國六年二月	一五六

姓名	籍贯住址	入学年月	号数
德淑煊	京兆人住奉天省城大東關小韭菜胡同	民國六年二月	一五六
張蔚芝	瀋陽縣人住省城大東關二道街	民國六年八月	一三六五

以上四名係應行開除并追費者

馬秀清	海龍縣人
夏康清	開原縣人
魏玉清	瀋陽人
邢純厚	瀋陽縣人
盧錦堂	鳳城縣人

011

顧錦文　鳳城縣人

延玉光　新民縣人

郎安庠　開原縣人

李永春　瀋陽縣人

耿俊貞　瀋陽縣人

以上十名係應行開除者

省立第一師範學校學生

姓名	籍贯住址	入校年月	應追費數
高允掄	遼陽縣人住河欄淋	民國五年八月	一七五
王勝德	洮南縣人住縣城内	民國六年二月	一五六
王景陞	瀋陽縣人住省城小北關長平胡同	民國六年二月	一五六
蘇志奇	瀋陽縣人住省城小北關伏馬營胡同	民國七年二月	一一七
羅士清	遼陽縣人住北岳家堡	民國七年二月	一一七
甯愚承	遼中縣人住北各三屯	民國五年八月	一七五

以上六名係應行開除并追費者

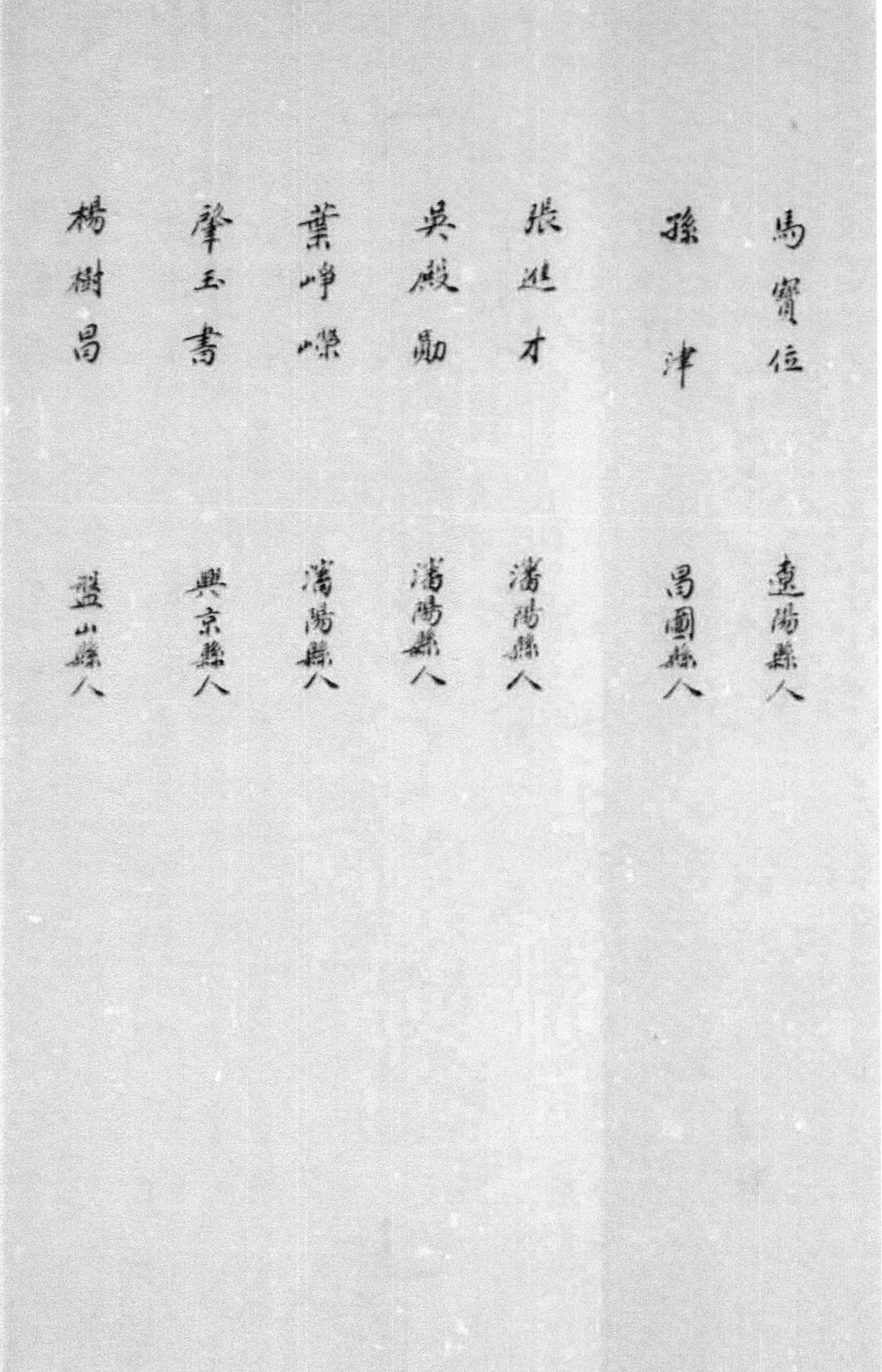

馬寶位　遼陽縣人

孫津　昌圖縣人

張進才　瀋陽縣人

吳殿勛　瀋陽縣人

葉崢嶸　瀋陽縣人

鞏玉書　興京縣人

楊樹昌　盤山縣人

015

田德景　遼中縣人
蕭術林　遼中縣人
周紹岑　新民縣人
裴紹武　遼中縣人
章鳳山　興京縣人
許桂權　遼陽縣人

以上十三名係應行開除者

省立第一中學校學生

姓名	籍貫住址	入學年月	應追費數
艾錫綸	瀋陽縣人住城北沙河子	民國六年八月	八四
高際雲	開原縣人住城東南大臺	民國七年二月	七二
趙連甲	遼中縣人住滿都户胡家屯	民國六年八月	八四
齊滕周	北鎮縣人住城南王家屯	民國七年二月	七二
于鵬九	鳳城縣人住三區東尖山子	民國六年八月	八四

以上五名係應行開除并追費者

016

李桂庭　懷德縣人

張維翰　梨樹縣人

丁福熙　瀋陽縣人

王寶善　遼陽縣人

姜萬寶　昌圖縣人

王國桐　昌圖縣人

劉百泉　瀋陽縣人

魏守芳　昌圖縣人

魏志良　瀋陽人

張殿緒　撫順縣人

趙連緞　撫順縣人

韓家桂　復縣人

郭壽光　台安縣人

張天佐　本溪縣人

陳大昌　吉林雙城人

張壽汎　遼陽縣人

傅長祥　錦西縣人

以上十七名係應行開除者

省立甲種商業學校學生

聶成福　山東掖縣人

王琳璞　撫順縣人

何守仁　復縣人

馬正德　蓋平縣人

趙翰文　瀋陽人

017

吴英　海城縣人

戴奉　遼陽縣人

張樹滋　瀋陽縣人

張連舉　撫順縣人

馮保璽　遼陽縣人

富清濱　遼陽縣人

楊景霖　遼陽縣人

恆保舜　遼陽縣人

王保祿　蓋平人

李玉衡　撫順縣人

劉仁奎　本溪縣人

陳　昌　瀋陽縣人

楊世英　海城縣人

王樹桂　寬甸人

范景融　遼陽縣人

以上二十名係應行開除者

四
009
收

奉天省年月日收　判　發　經手人印
長公署文第撤號　月　日　定二月五日　送
中華民國十年二月四日　張秀良監印
科主任　第　股委員　賀家駒
政務廳長　第五股主稿
東三省巡閱使奉天督軍兼省長張
事由據奉教育廳呈為省立中等各校學生滋動滋事已查明擬定分別首從開除記過辦法並呈單請核由

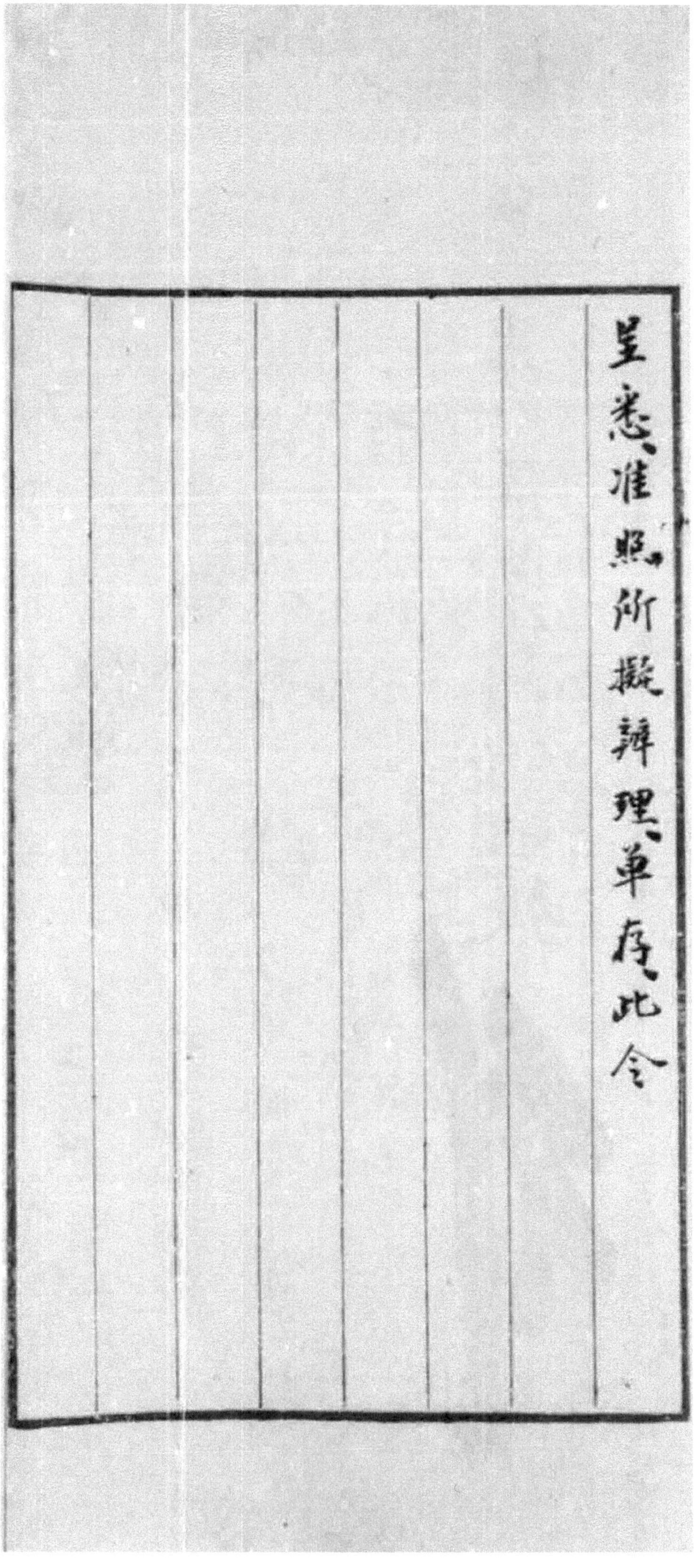

呈悉准照所拟办理单存此令

一二九 奉天省教育厅为报整饬校风办法事的呈及奉天省长公署的指令（一九二二年三月一日）

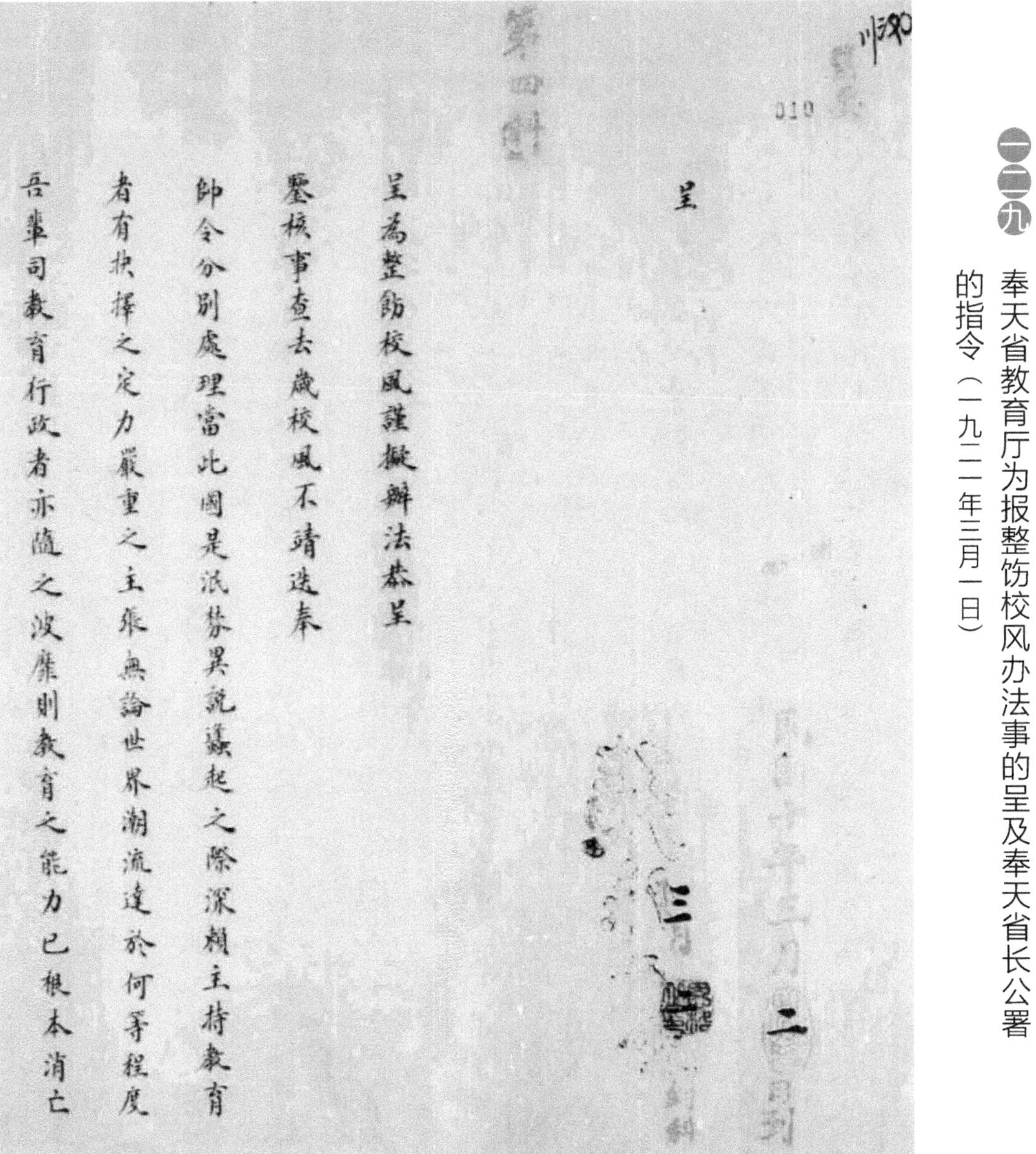

呈

呈為整飭校風謹擬辦法恭呈
鑒核事查去歲校風不靖迭奉
帥令分別處理當此國是泯棼異說蠭起之際深賴主持教育
者有抉擇之定力嚴重之主張無論世界潮流達於何等程度
吾輩司教育行政者亦隨之波靡則教育之能力已根本消亡

國家地方何必歲糜鉅款以養吾儕重為世蠹況
鈞座揆文奮武締造邦家將以奉天治行為全國模範則奉天
者自有奉天人之教育新學說之適於吾奉者吾取之不適於
吾奉 者當與一千三百萬人民共棄之廳長知事視學毋戀
戀於一官以見好士紳為倚計所長校長教員毋斤斤於一職
以敷衍學子為薪傳上下一心內外一體以忠懇純潔者督勵
學修整飭風紀遇有横逆難以理喻即予破壞亦所不辭蓋破
壞者進化之母也民元以後學校為黨人政客所利用以學生
為政爭之武器以致青年學子能達城闕叫囂都市中風狂走
幾類病魔荒千萬人之學業遂一二人之私圖誰為厲階人天

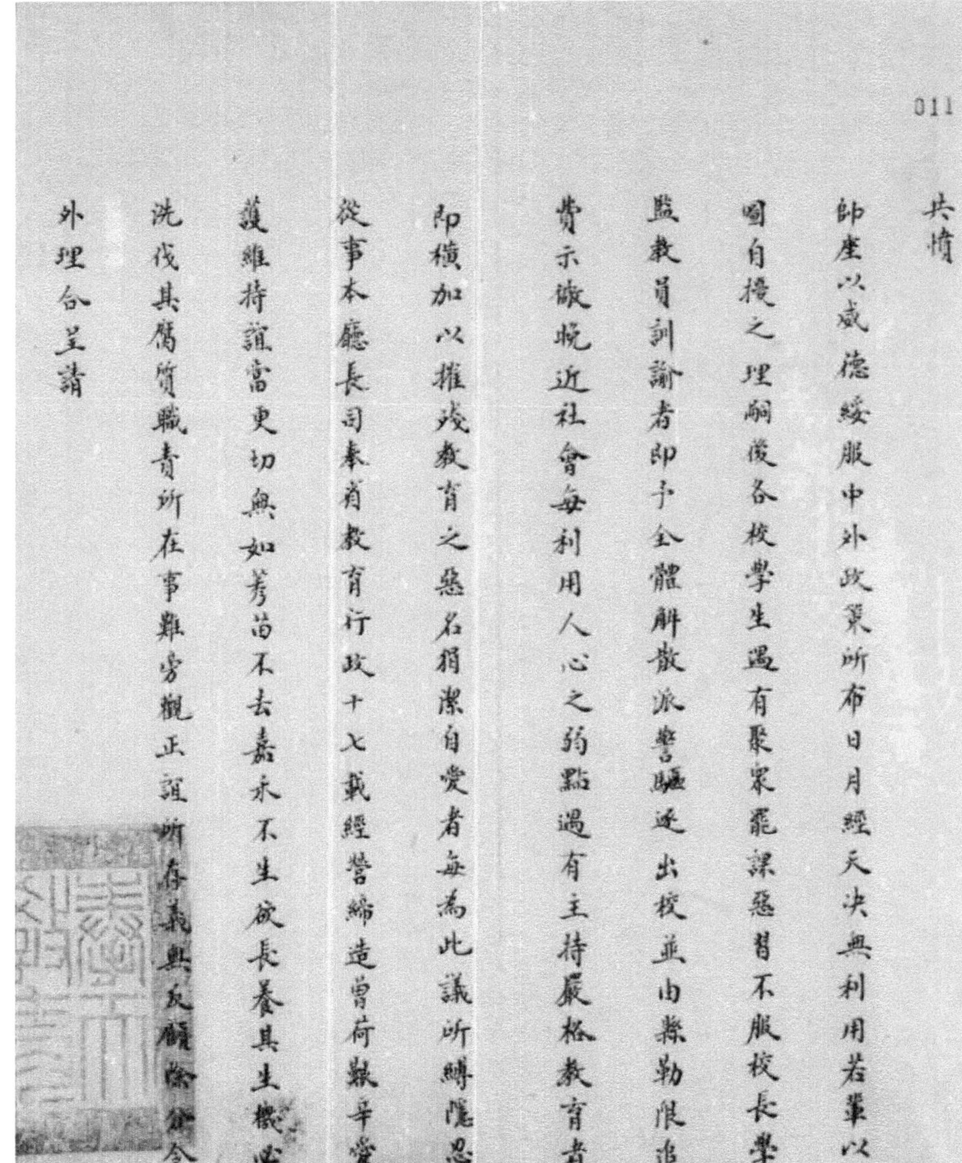

011

共憤

帥座以威德綏服中外政策所布日月經天決無利用若輩以圖自擾之理嗣後各校學生遇有聚衆罷課惡習不服校長學監教員訓諭者即予全體解散派警驅逐出校並由縣勒限追費示儆晚近社會每利用人心之弱點遇有主持嚴格教育者即横加以摧殘教育之惡名狷潔自愛者每為此議所縛隱忍從事本廳長司本省教育行政十七載經營締造曾荷獎乎愛護維持誼當更切無如莠苗不去嘉禾不生欲長養其生機必洗伐其腐質職責所在事難旁觀正誼所存義無反顧除分令外理合呈請

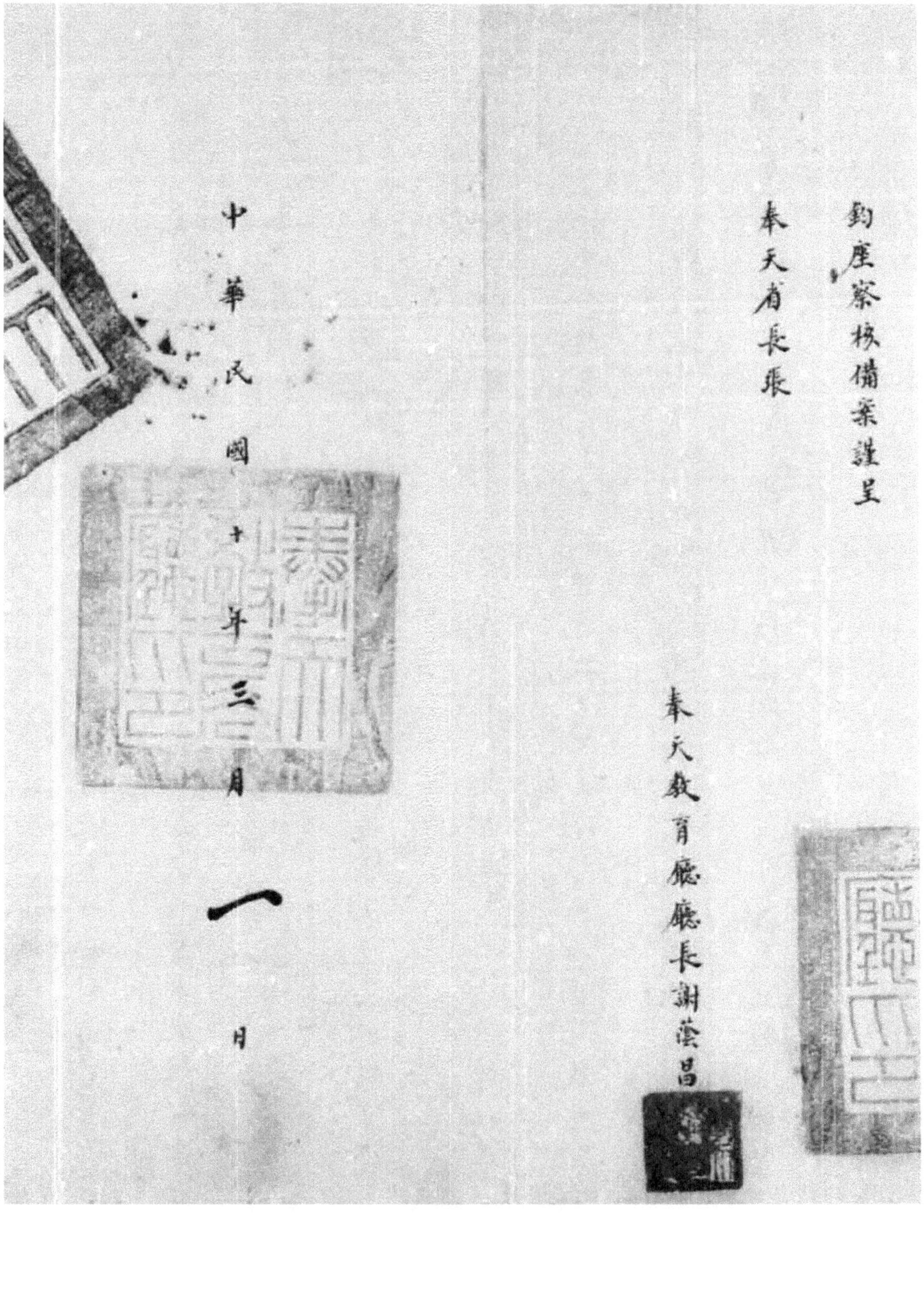

鈞座察核備案謹呈

奉天省長張

奉天教育廳廳長謝蔭昌

中華民國十年三月一日

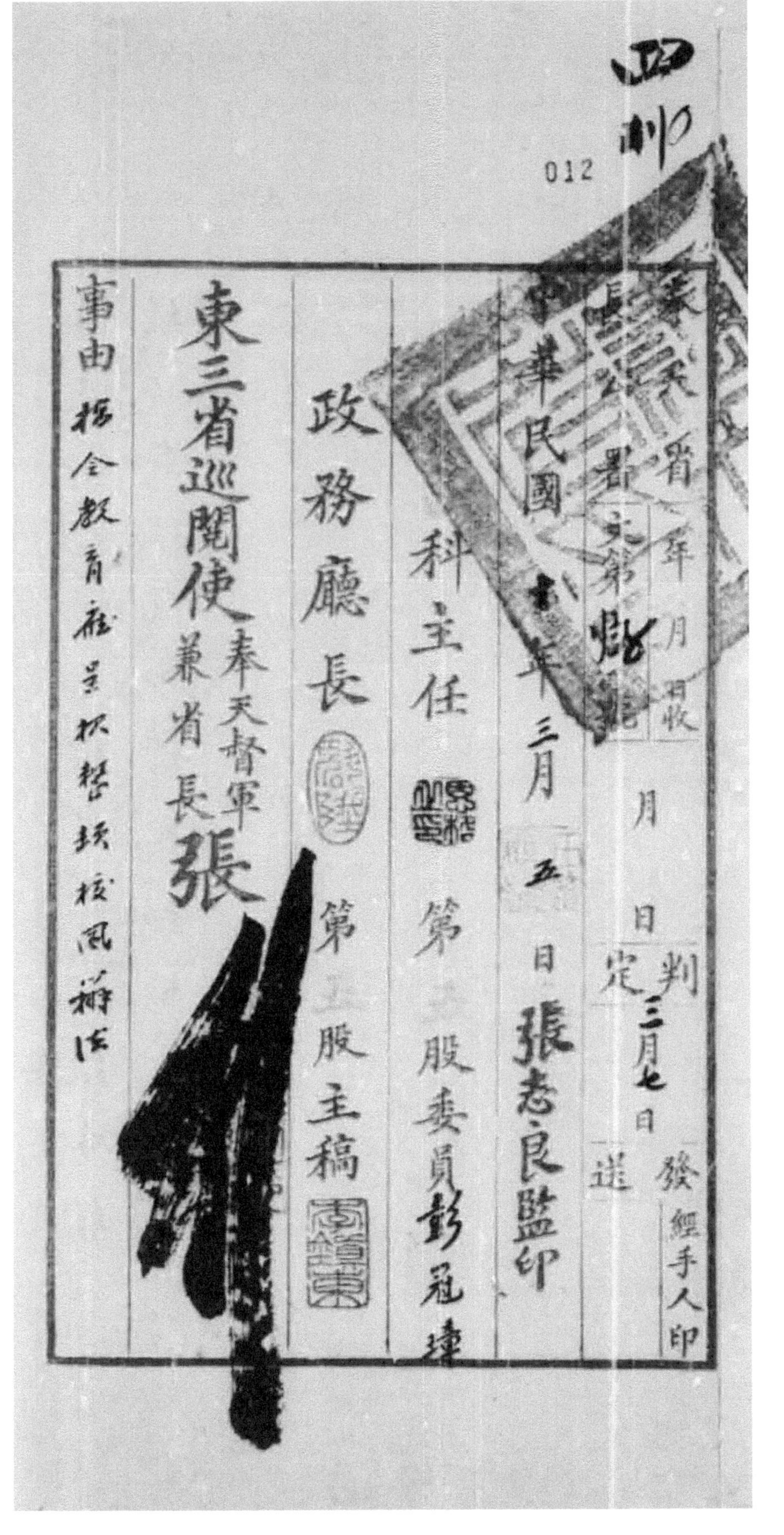
012

奉天省公署文第　號　年　月　日收

判 月 日 定 三月七日 送 發 經手人印

中華民國八年三月五日 張志良監印

科主任　第　股委員 彭冠瑋

第　股主稿

政務廳長

東三省巡閱使奉天督軍兼省長 張

事由 据全教育薪呈拟整頓校風辦法

呈表所见甚是，仰即随时督饬，厉行整
颓，以肃校风，勿稍殊懈，是为至要。此令

一二〇 奉天省教育厅为学校学生如有聚众罢课不服训谕者一律解散开除事给彰武县劝学所的训令（一九二二年三月一日）

奉天教育廳訓令第 九 號

令彰武縣勸學所

中華民國十一年三月 日

查去歲校風不靖迭奉
帥令分別處理當此國是泯棼異說蠭起之際深賴主持教
育者有抉擇之定力嚴重之主張無論世界潮流達於何等
程度吾輩司教育行政者亦隨之波靡則教育之能力已根
本消亡國家地方何必歲糜鉅款以養吾儕重為世蠹況
帥座揆文奮武締造邦家將以奉天治行為全國模範則奉
天者自有奉天人之教育新學說之適於吾奉者吾取之不

適於吾奉者當與一千三百萬人民共棄之廳長知事視學毋戀戀於一官以見好士紳為得計所長校長教員毋斤斤於一職以敷衍學子為薪傳上下一心內外一體以忠懇純潔者督勵學修整飭風紀遇有橫逆難以理喻即予破壞亦所不辭蓋破壞者進化之母也民元以後學校為黨人政客所利用以學生為鼓爭之武器以致青年學子佻達城闕叫囂都市中風狂走幾類病魔荒千萬人之學業遂一二人之私圖誰為厲階人天共憤帥座以威德綏服中外政策所布日月經天決無利用若輩以圖自擾之理嗣後各校學生遇有聚眾罷課惡習不服校長學監教員訓諭者即予全體解散派警驅逐出校並由縣勒限追費示儆

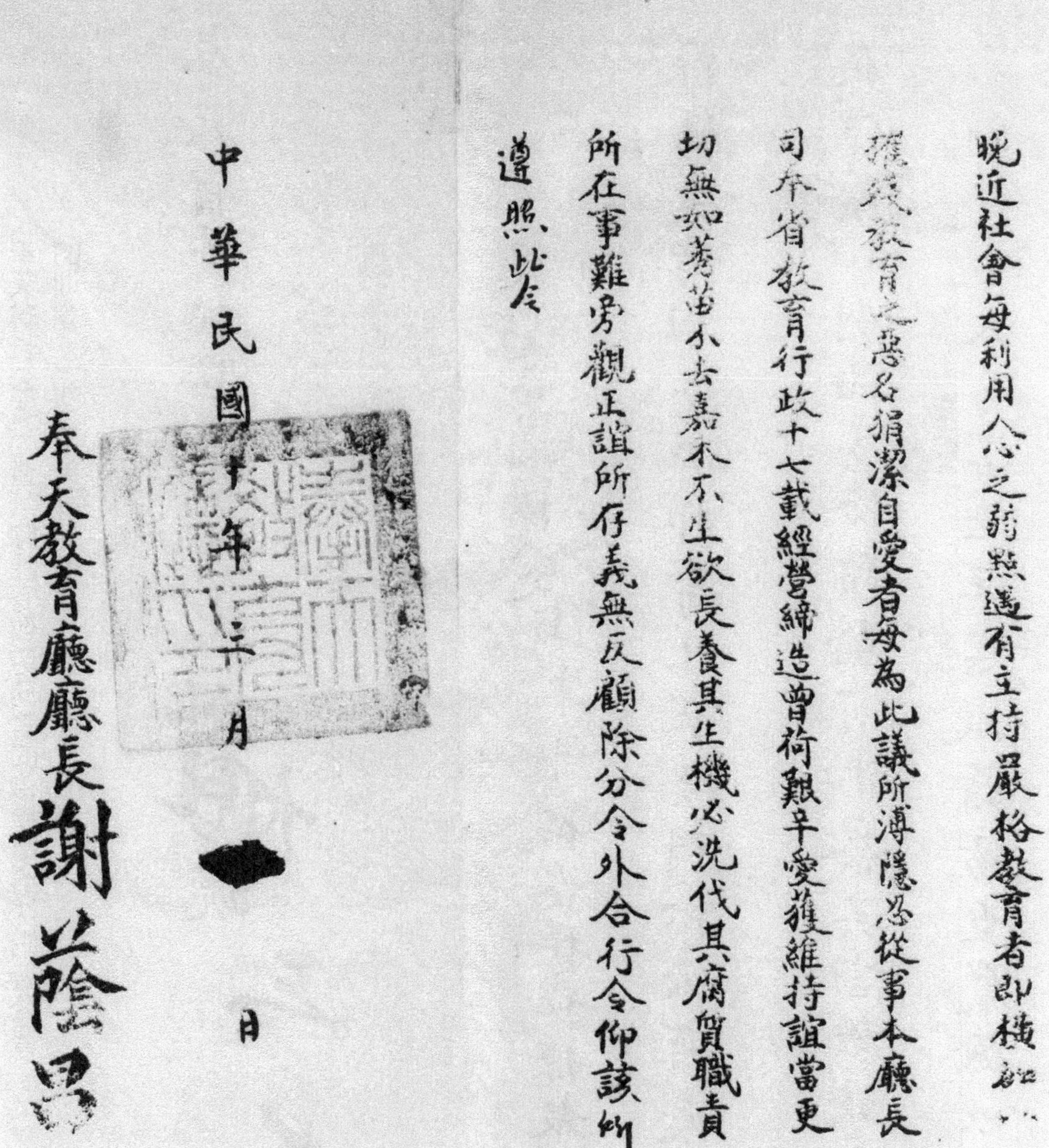

晚近社會每利用人心之弱點遇有主持嚴格教育者即横加
攖以教育之惡名稍潔自愛者每為此議所沮隱忍從事本廳長
司本省教育行政十七載經營締造曾荷艱辛愛護維持誼當更
切無如莠苗不去嘉禾不生欲長養其生機必洗伐其腐質職責
所在事難旁觀正誼所存義無反顧除分令外合行令仰該所
遵照。此令

中華民國十年十二月 一 日

奉天教育廳廳長謝蔭昌

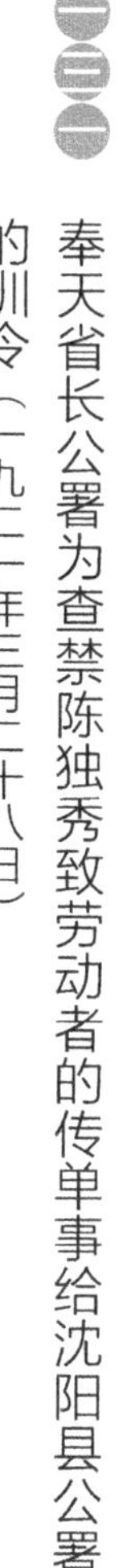

奉天省长公署为查禁陈独秀致劳动者的传单事给沈阳县公署的训令（一九二一年三月二十八日）

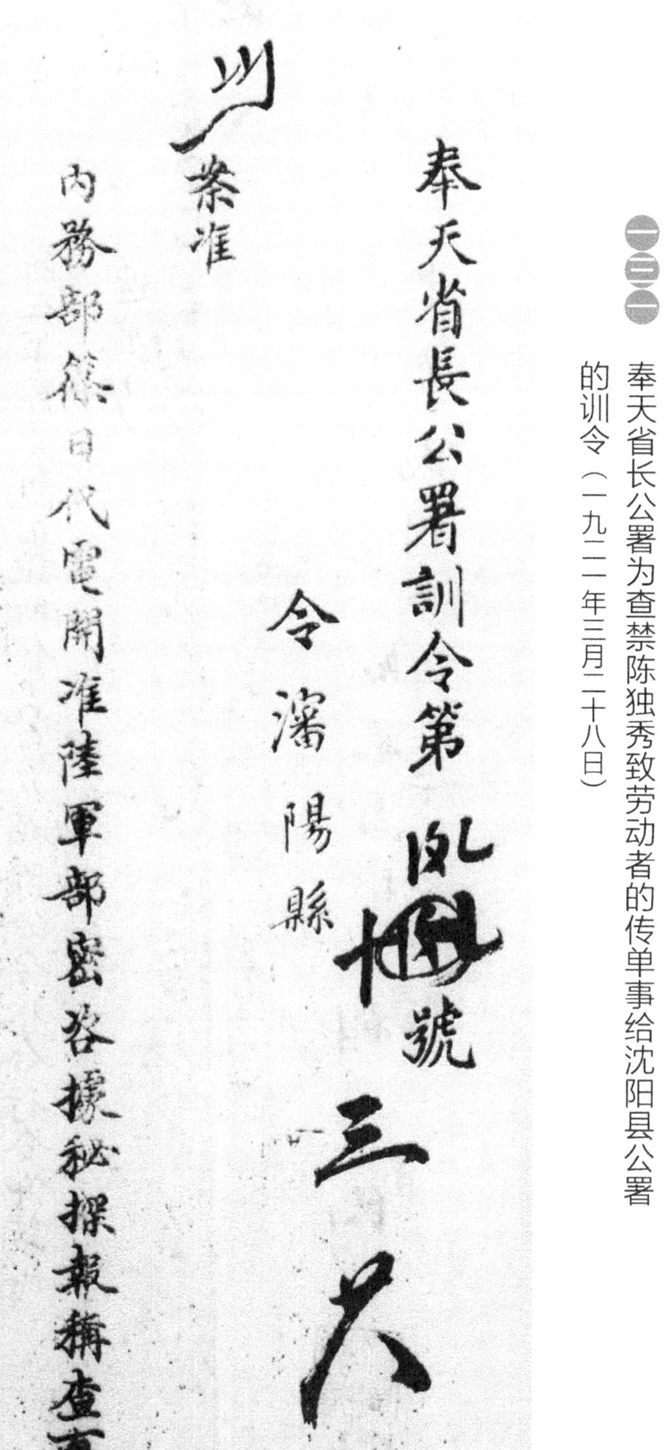

奉天省長公署訓令第[illegible]號

令瀋陽縣

訓
条准

內務部篠日代電開准陸軍部密咨據秘探報稱查有陳獨秀者由廣州郵寄北京後門松公府夾道七號張愷蔭印刷品多份請驗前來察其言語鼓惑勞動希圖擾亂大局深堪注意擬請飭查嚴辦以遏亂萌

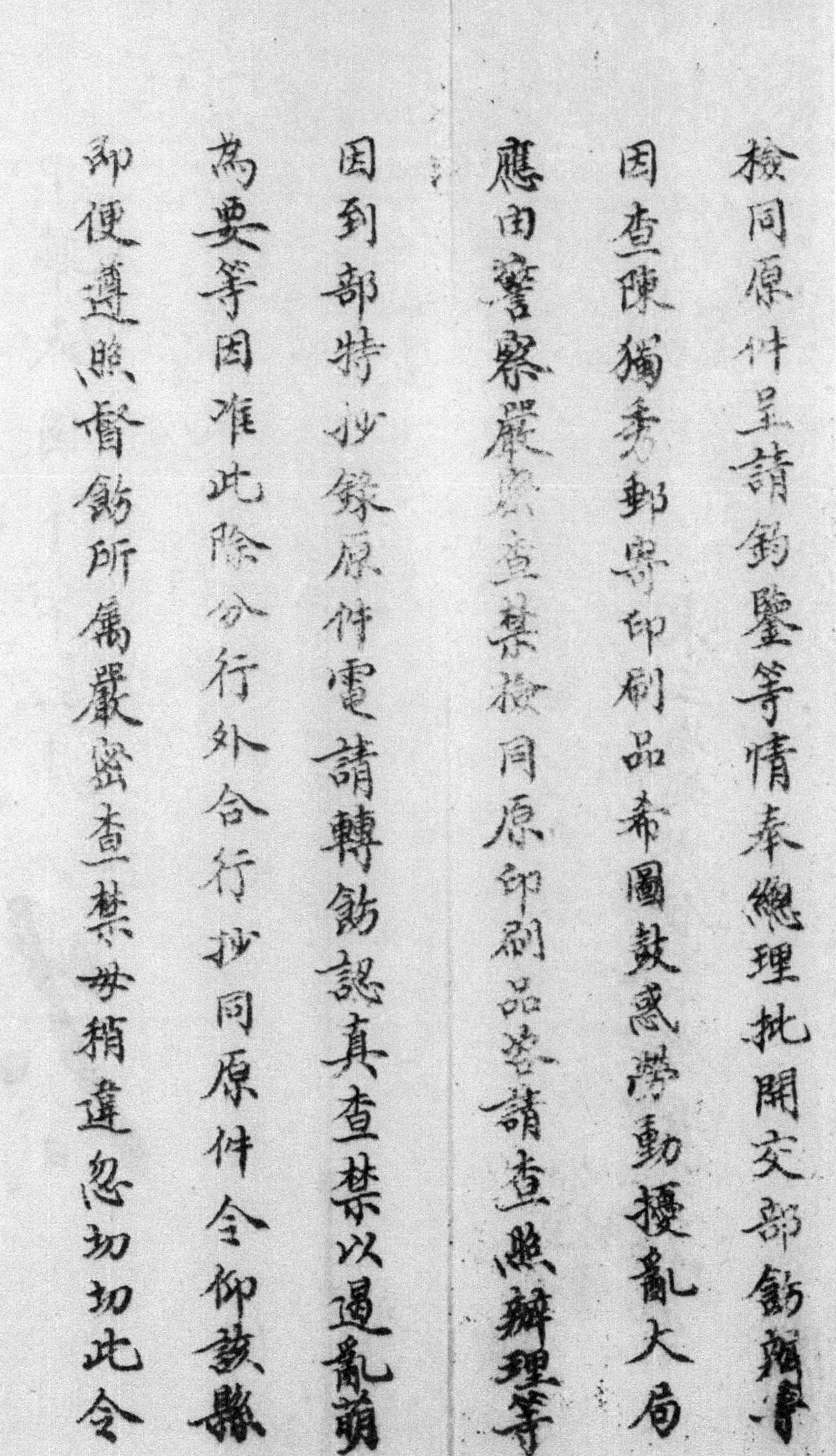
檢同原件呈請鈞鑒等情奉總理批開交部飭辦等
因查陳獨秀郵寄印刷品希圖鼓惑勞動擾亂大局
應由警察嚴密查禁檢同原印刷品咨請查照辦理等
因到部特抄錄原件電請轉飭認真查禁以遏亂萌
為要等因准此除分行外合行抄同原件令仰該縣
即便遵照督飭所屬嚴密查禁毋稍違忽切切此令

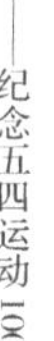

中華民國十年三月廿六日

張學良監印

東三省巡閱使兼奉天督軍省長張作霖

劳动诸君你们的困苦你们自己都知道不用我说了你们的困苦也决不是枝枝节节可以解决的现在要紧要奉告诸君的就是无地方无行业之劳动都必须知道必须遵守的两条大义第一条大义第一条大义是阶级的觉悟粮食是诸君种的布帛是诸君织的衣服是诸君缝的房屋是诸君盖的矿山是诸君开的一切车船机器无不一是诸君造的全世界的东西都由诸君做成全世界的权柄都应该归诸君执掌现在诸君都为什么还这样困苦呢诸君知道诸君困苦是从那里来的吗不用说了诸君的困苦是从诸君都是一个被佣的劳动而来的土地机器房屋生产工具都归资本家私人占有了诸君要做工糊口而没有土地机器房屋等工具所以不得不把力气卖给资本家做他的佣工资本家给佣工的工钱仅够糊口度命其余大部分利益都归到资本家的荷包里因此

資本家一天富似一天勞動者一天窮似一天講到的困苦就是從這裏來的我們想要免除困苦能把
資本家私有的土地機器房屋和生產工具沒歸勞動界大家公有不可這件事都不是少數勞
動可以辦得到的並且不是一些主張不同方法不同各個自由奮鬥的散漫團體可以辦得到必須各行
業各地方之勞動都覺悟到各行業的僱主資本家是一個階級各行業僱傭的勞動是一個階級
這兩個階級的利害是永不相同的資本家階級組了政府國會有了這些權力所以才能夠壓制
勞動所以才能夠保護他們的私有財產勞動向來沒有組織不能團成一個階級所以敵不過你們的威力
所以才永遠是困苦的僱工因此可以知道能把各地方各行業的勞動組織成一個階級決沒有反抗
組織強大的資本階級的力量沒有反抗資本階級的力量決不能將資本家私有的生產工具集
歸勞動界公有生產工具不歸勞動界公有勞動的困苦決不能免除這就叫作階級的覺悟第三條
大意是革命事業自古到今所有的國家政府國會都是族資本家中等社會為他們自
己階級利益而組織的與勞動平民沒有關係所以勞動平民的困苦他們向來不聞不

這也怪不得他們只怪勞動自己沒有階級覺悟沒有能力建設自己階級的國家沒有國會來解決自己的困苦減少工作時間自然是勞動應該要求的但時間雖然減少若是工作上加倍了負重仍和不曾減少的時間一樣加增工錢自然也是勞動應該要求的但物價跟著工價漲了起來仍和不曾加增工錢一樣所以這等枝枝節節的要求決不是免除勞動困苦之根本方法免除困苦之唯一根本方法只有各地方各行業的勞動都有了階級覺悟大家聯合起來用革命的手段去組織勞動階級的國家政府國會省議會縣議會去解決勞動界困苦勞動界決不可依賴他們所可依賴的只有你們自己的勞動革命軍

（陳獨秀）

一二二 奉天省长公署为俄国过激派古里脱夫等在上海与中国过激派张继陈独秀等秘密接触事给昌图县公署的训令（一九二一年四月十五日）

奉天省長公署訓令第[illegible]號

令昌圖縣

案准

内務部快郵代電開准陸軍部咨送據京師憲兵司令部報告轉據駐滬密探報稱近来過激派勢力漸次伸入揚子江流域彼輩雖藉新思潮之傳播亦假屢次政變為口實查有俄國過激派古里脫夫等由海參崴潛来滬上分匿寶昌路及虹口一帶密與中國過激黨沈某等秘密圖謀一俟蒙亂延至張家口京綏搖動時先以交還罷工為起點再行乘機擾亂

流亡舊識自加入者頗衆而張繼戴天仇及陳獨秀等本係著名過激派復有基督教激烈學子以該教為護符於中主持甚力斯輩均用單名無姓潛伏京津者甚夥等情前来除飭属嚴行偵防外理合據情報告鑒核等因到部查莠民布散流言及發行印刷品淆惑衆聽實足以擾亂治安除由本部通咨各省督軍護軍使令行各鎮守使各師師長一体嚴密偵查務獲法辦外咨請查照核辦等因到部除分行外特電遼轉飭嚴密查明認真辦理為要等因准此除分行外合行令仰該縣即便遵照嚴密偵防隨時具報此令

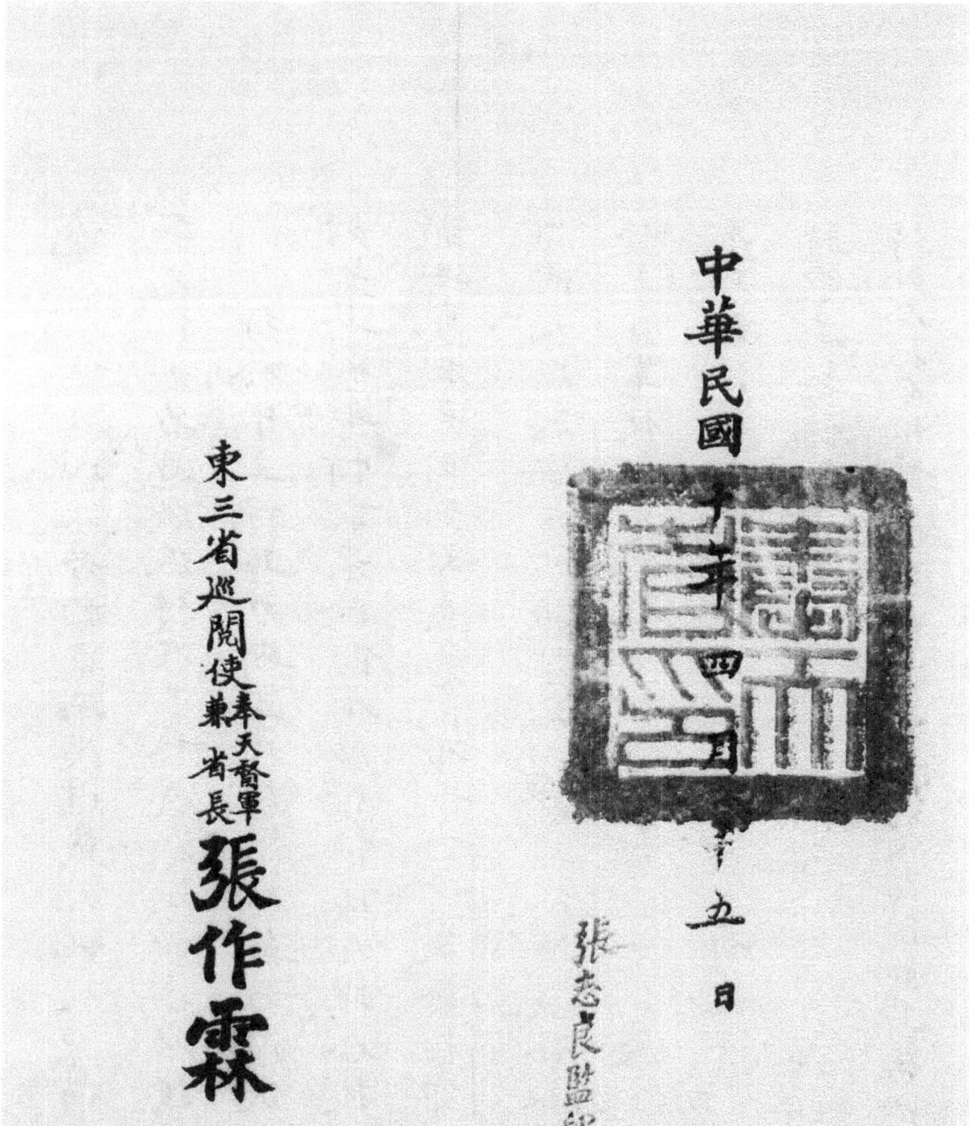

中華民國十年四月十五日

張志良監印

東三省巡閱使兼奉天督軍省長張作霖

一二二 热河全区警务处为国务院密咨广东劳农党举动事给滦平县知事杜霆的训令（一九二二年四月二十八日）

熱河全區警務處訓令第七十一號

令灤平縣知事杜霆

為密令事民國十年四月二十二日奉

熱河都統公署訓令第三百五十號內開為密令事總

務處第二科案呈本年四月六日准

內務部密咨內開為密咨事准國務院秘書廳函

公府交

大
總統發下說帖一件內開關於勞農黨在廣東己舉動
飭部抄交主管機關偵查虛實設法辦理以弭亂
源等語奉
批交院部抄錄原件函達查核辦理等因到部查
原說帖內稱失業游民須加注意一節現在饑荒及
兵匪以擾各省幾致靡有寧宇失業游民易受
煽惑自應設法加意撫輯以弭亂源除分行外相應
抄錄原件咨請查酌妥為辦理並將辦理情形並

希隨時見覆為要此咨等因附抄件准此除咨
覆並分行外合亟抄錄附件令仰該處長妥飭所
屬查酌妥為辦理仍將辦理情形隨時呈報以憑
咨部切切此令計發抄件一件等因奉此除分行外
合亟令仰該知事立即咨行縣警察所妥飭區
確妥為辦理以弭亂源仍將辦理情形隨時呈報以
憑轉呈切切此令
計發抄件

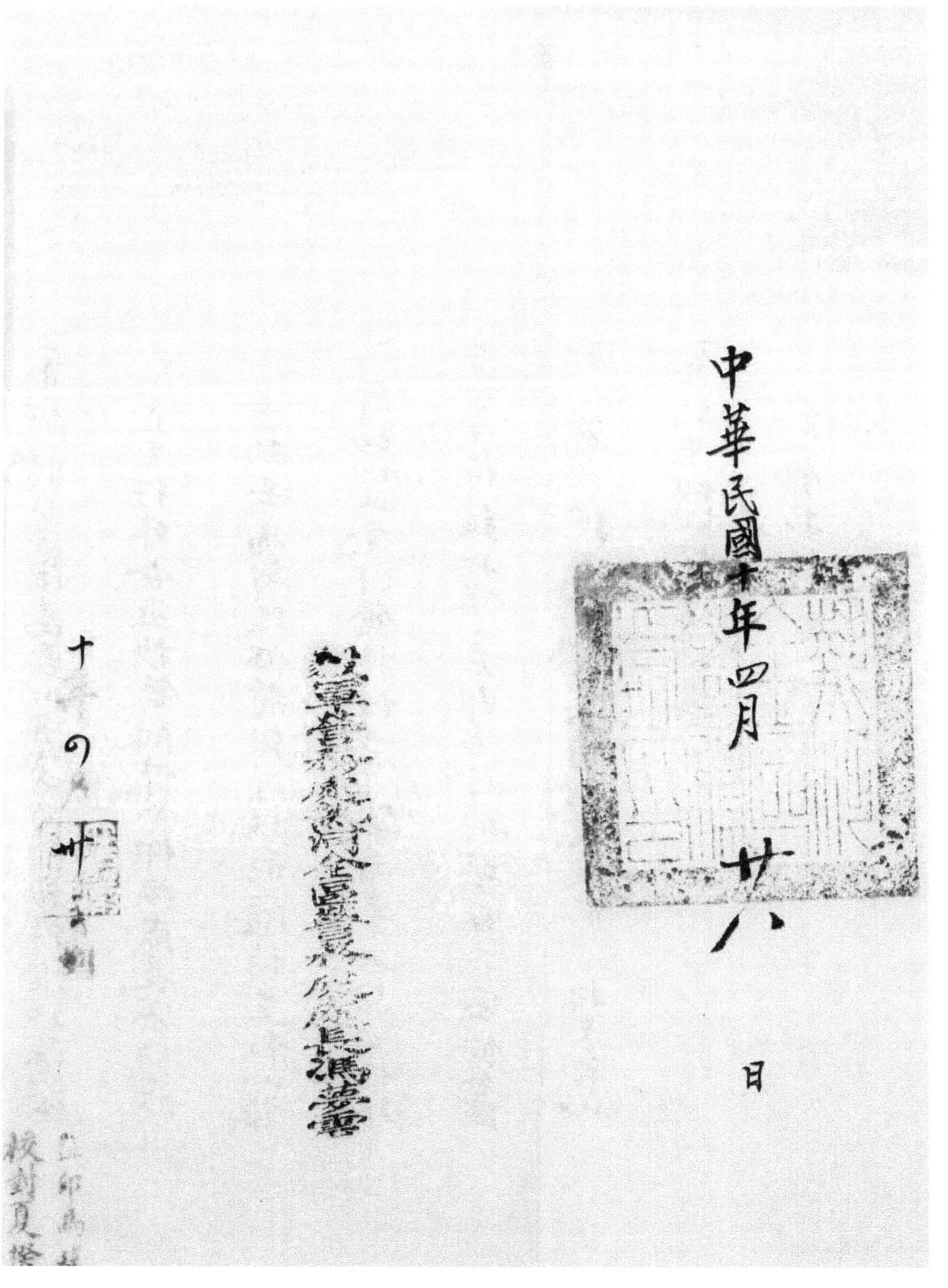
中華民國十年四月廿八日

查中美通信社勞農党在廣東之舉動一件

查陳炯明軍隊向閩粵金從多本帶有激党性

質萬再任激党傳播恐將轉相煽惑殊為可慮

就中國習慣論各地方農民多係自有田產佃

租亦雖又荒大宗工人惟京城及各省通商市埠當有聚

集勞工原無可慮於激党惟無業游民及飢軍尚

須注意前代流寇等亦此輩第如原件所擬似

在廣東設一華俄大學講究社会政治一節似屬
采聯俄勞農者將成事實殊礙大局現勞農
政府亦以五派代表為要求我們亦以禁絕其
聯廣以為條件新俄以舊黨為新黨我之視廣東亦之似
交主管机關轉呈原件各節俯查虛實設法办理以弭亂
源是否有當伏乞
鈞酌

一二四 内务部为俄共产党在上海运动中国工人暴动宣传共产主义等事给奉天省长公署等的快邮代电（一九二二年四月二十九日）

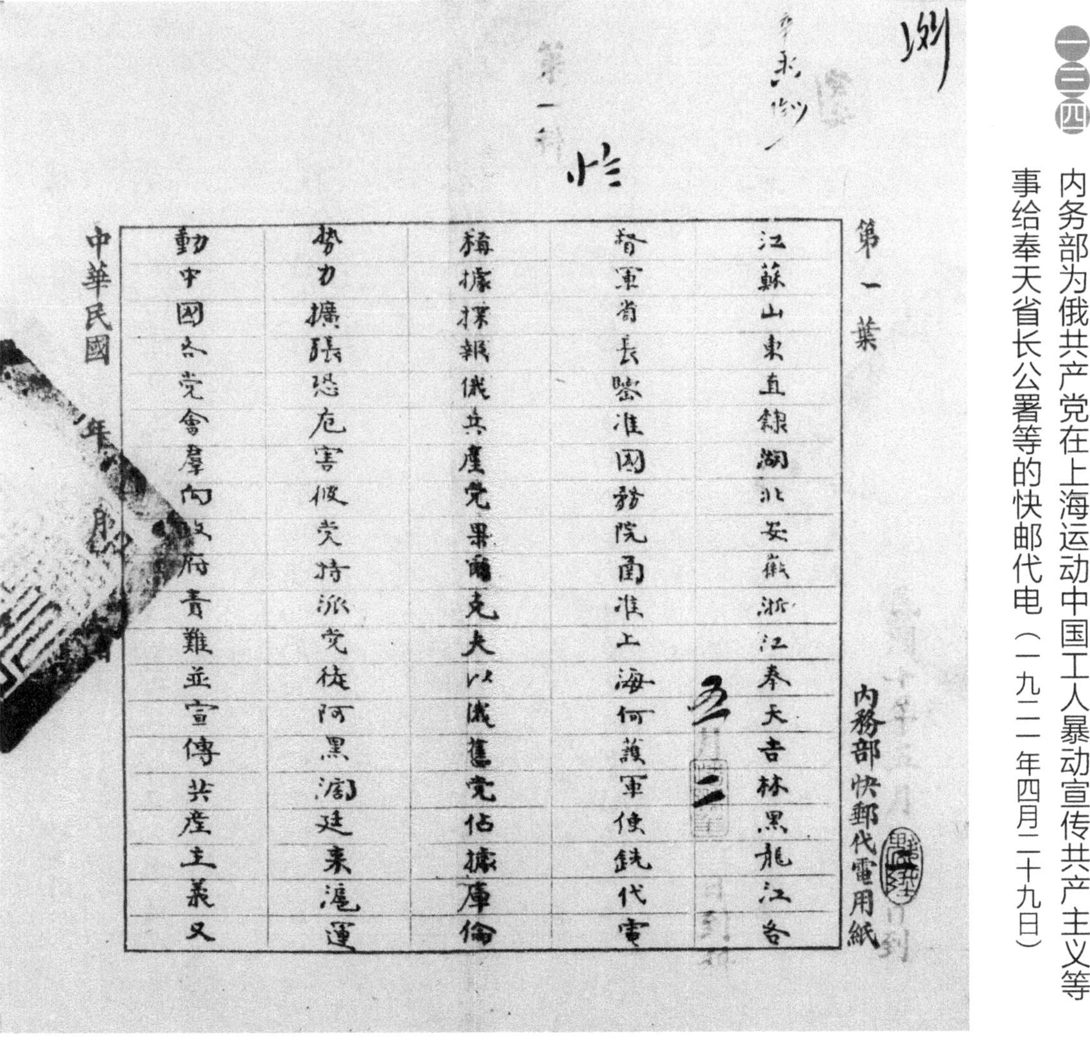

内務部快郵代電用紙

第一葉

江蘇山東直隸湖北安徽浙江奉天吉林黑龍江各
督軍省長鑒：准國務院函准上海何護軍使銑代電
稱：據探報，俄共產黨業爾克夫以職舊党佔據庫倫，
勢力擴張，恐危害彼黨，特派党徒阿黑瀾廷來滬運
動中國各党會，羣向政府責難，並宣傳共產主義，又

中華民國 年 月

第二葉　　　務部快郵代電用紙

興會亞伯等勾結[illegible]派[illegible]運動各工廠工人假慶
祝萬國勞働紀念節有所舉動業經分行查禁并密
令轉各工廠設法預防又據英捕房密報激黨在滬
不下數十人行動詭秘運送秘密文件專用婦女携
帶由哈尔濱經津浦路南下除轉電蘇督設法檢查

中華民國　　年　　月　　日

第三葉

已签核酌转一体……等因照录原电函达查核办理等因到部。事关地方治安，除分行外，特抄录原件电请转饬设法侦查严密防范为要。内务部艳印

附钞件

中华民国八年四月二十九日

内务部快邮代电用纸

松滬護軍使何豐林快郵代電 四月廿一日

北京國務院新總理密鑒頃據探報俄共產黨果然先天以俄遠東佔據庫倫勢力日見擴張於我政府迭示派兵討平且中東路一帶舊黨亦異常活動深恐日久蔓延危害彼黨根據地特派黨徒阿黑瀾廷來滬運動中國共產黨會聲向政府責難並宣傳共產主義現已聯絡中國工会總会工商友誼会電氣工業聯合会中華全國工界協進会及馬路商業聯合会全國各界聯合会等十數團體擬組織公民大会責備政府即日剿平庫難并於日前在中國二会秘密会議討論辦法對蒙題入爲重理事際國聯盟現不要核洽籌備中並聞

該阿累潤廷又與曹亞伯曾向該黨派黨徒運動各工廠工人擬於五月
一日假慶祝萬國勞働紀念節煽動各業僱董任分行罷擊
嚴行查禁並密令上海各縣知會各工廠設法預防並知照稽查又
據英捕房密報秘查得俄激黨在滬者不下數十人帳行動異常
詭秘不易偵查其內容聞該黨近日運送秘密文件來滬專用
婦女攜帶由哈爾濱經津浦路南下此輩婦女服飾極其闊綽
請轉知注意檢查等語除密電各處督於浦口車站設法檢查
鈞命　併陳　伏乞　察核轉飭一體注意是所感禱　何豐林　銑印

一二五 奉天洮昌道尹公署为延吉查获宣传共产主义的韩文日报事给昌图县公署的训令（一九二一年六月六日）

奉天洮昌道尹公署訓令第[illegible]號

令昌圖縣知事

[illegible]

案奉

省署訓令內開案准

東三省巡閱使公署咨開案據吉林延吉道尹兼交涉事宜陶彬呈稱竊據職署韓文部件檢查呈聞查郵局檢獲自上海寄延韓文月報多冊當令韓文繙譯員擇要譯出內容純係鼓吹共產主義此項報冊既有韓文恐尚有華文印行影響社會為害匪淺況東三省各縣多有韓民雜處難保無此項報冊輸入除通令查禁並分呈外理合檢同原報一冊備文呈請鑒核通令查禁施行計韓文日報一冊等因據此除分別咨令外相應抄

録冊目咨請查照轉飭（甲警）一体查禁等因准此除分行外合
行照抄原件令仰該道尹即便遵照轉令所屬隨時認
真查明嚴禁俾遏亂萌毋稍疏忽此令計抄件等因
奉此除分行外合行照抄原件令仰該縣即便遵照
轉飭所屬認真查禁俾遏亂萌毋稍疏忽此令
計抄件

中華民國十年六月 六 日

洮昌道尹馬龍潭

要目
第三國際同盟宣言
自由
第二黨과第三黨
昨日과今日
兩世紀의分野
[illegible]革命의將來
國際[illegible]地盤
民族及殖民地問題에關한提案
遠東에의第三國際黨
國際黨
今[illegible]政府의古跡

一三六 奉天辽沈道尹公署为过激主义思想在各省教育机关青年会团体及学子中传播事给海城县公署的训令（一九二二年九月二十日）

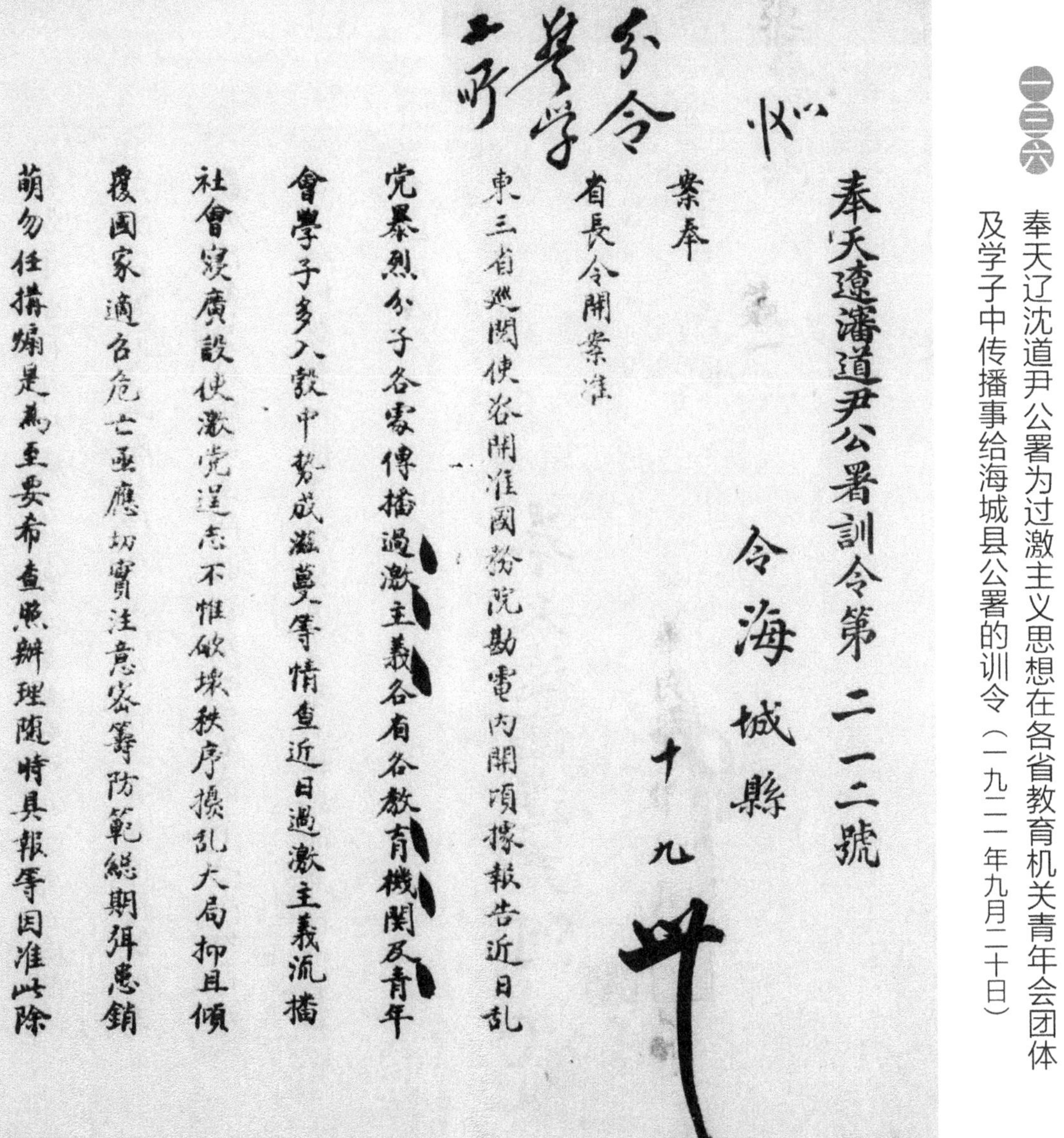

奉天遼瀋道尹公署訓令第二一二號

令海城縣

十九

案奉

省長令開案准

東三省巡閱使咨開准國務院勘電內開項據報告近日亂党暴烈分子各處傳播過激主義各省教育機關及青年會學子多入數中勢成滋蔓等情查近日過激主義流播社會寖廣設使激党逞志不惟破壞秩序擾亂大局抑且傾覆國家適召危亡亟應切實注意密籌防範總期弭患銷萌勿任搆煽是為至要希查照辦理隨時具報等因准此除

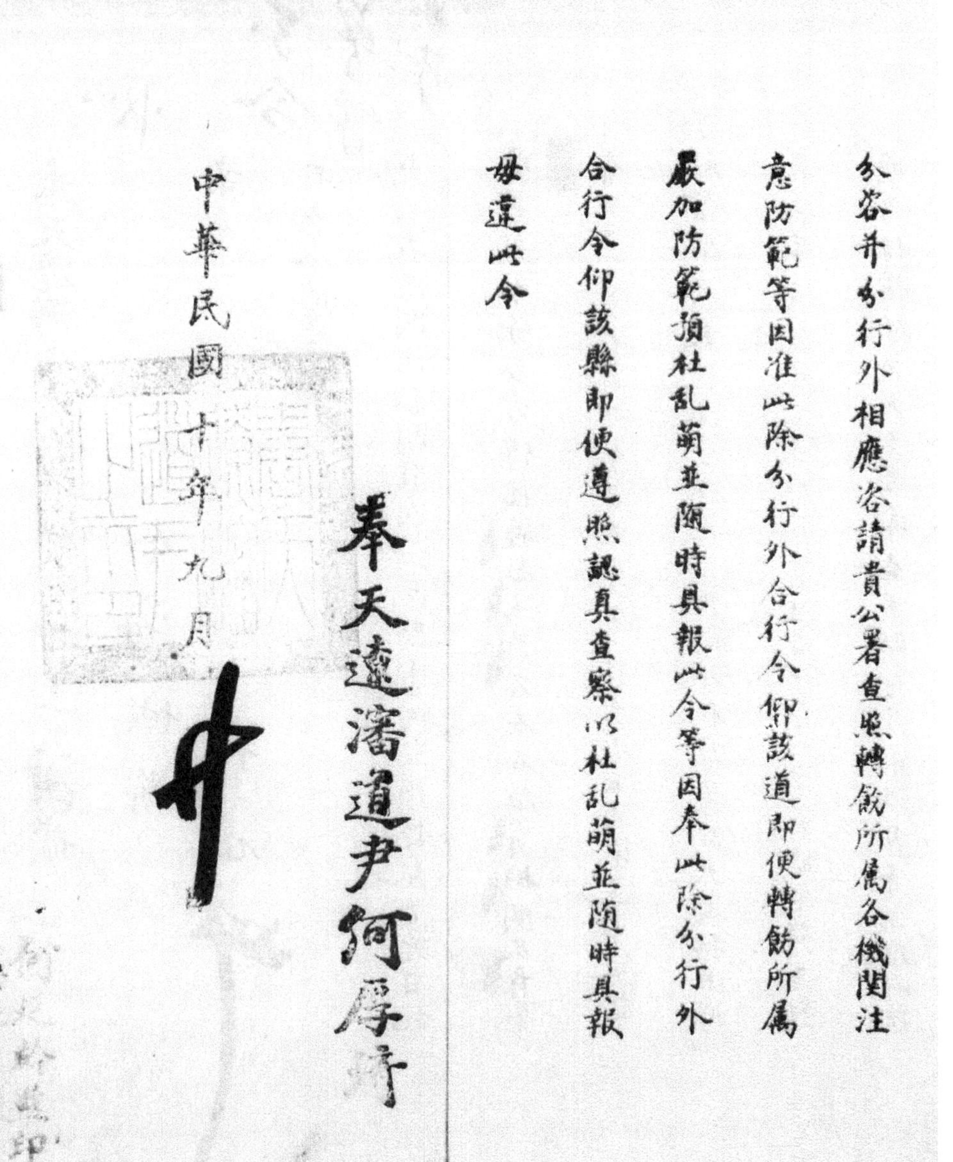
分咨并分行外相應咨請貴公署查照轉飭所屬各機關注
意防範等因准此除分行外合行令仰該道即便轉飭所屬
嚴加防範預杜亂萌並隨時具報此令等因奉此除分行外
合行令仰該縣即便遵照認真查察以杜亂萌並隨時具報
毋違此令
中華民國十年九月
奉天遼瀋道尹荷厚齋

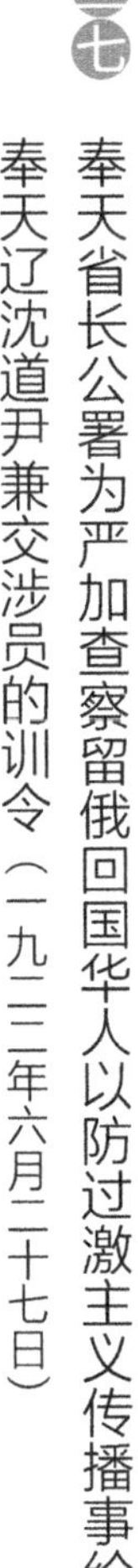

一二七 奉天省长公署为严加查察留俄回国华人以防过激主义传播事给奉天辽沈道尹兼交涉员的训令（一九二二年六月二十七日）

奉天省長公署訓令第　號

令遼瀋道尹兼交涉員

案准

外交部代電開據駐赤塔王總領事呈稱有曾充紅黨兵役之華人張培基等三十九人又苗自新等三十七人又劉得福等二十六人均前後由西俄回國行抵赤塔經給與護照叁張惟當此謠言蠭起之時前次既有李福順等八十八人回國此次又有張培基等數十人回國皆係曾在紅黨充當兵役似不能不加以慎重除電滿洲里交涉署於該華人行抵滿洲

里時驗明解散並轉駐滿司令部外抄單呈請鑒核
等情查留俄華人往往染有過激主義回國後種種
行為實於地方治安不無妨碍自應嚴加察看免貽
後患布轉飭各地方官隨時注意為荷原單另錄附閱
等因查此項回國僑民恐其傳染過激主義貽害地
方合抄單令仰該員查照於此項僑民到奉時係奉
籍者應即勒令回縣轉知縣知事嚴加查察其係外
省者恐其流落奉境亦應隨地盤查遣令出境勿任
滋事為要此令

附抄件

中華民國十一年六月廿七日

張志良監印

東三省巡閱使兼奉天督軍省長張作霖

政務廳廳長[illegible]代

計開張培基等回國僑民名單一紙

張培基 年五十五歲 係山東文登縣人

王振全 年五十四歲 仝上

黃青雲 年三十二歲 係山東德平縣人

高獄芝 年二十七歲 係山東文登縣人

曹高雲 年二十九歲 仝上

張 銀 年三十歲 仝上

張振海 年三十五歲 係山東棲霞縣人

張 起 年三十三歲 係山東即墨縣人

何長清 年二十九歲 係直隸灤州縣人

拾一

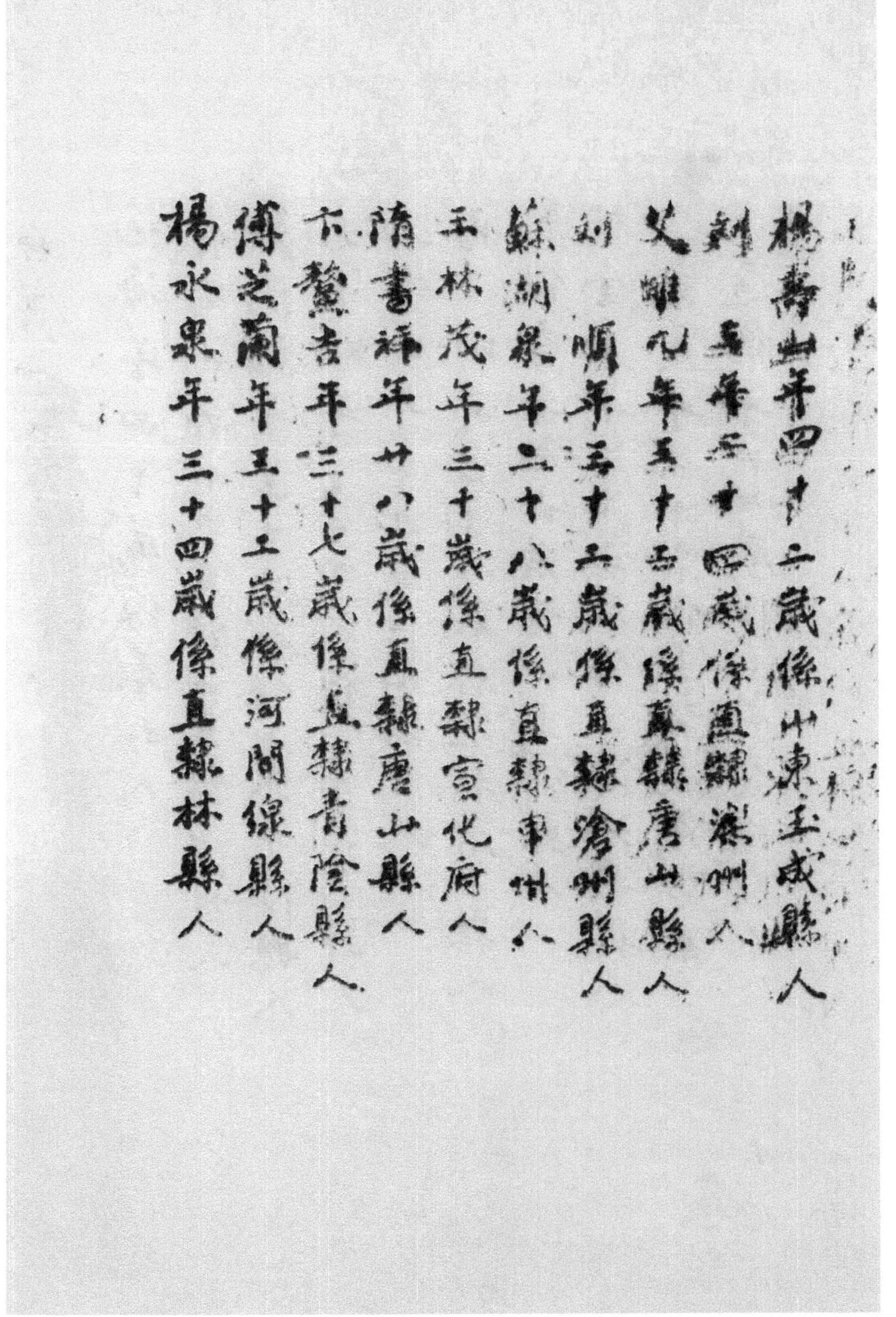

楊壽山年四十二歲係山東玉成縣人
劉[illegible]年五十四歲係直隸灤州人
艾雕凡年五十五歲係直隸唐山縣人
劉[illegible]順年五十三歲係直隸滄州縣人
蘇湖泉年二十八歲係直隸東州人
王林茂年三十歲係直隸宣化府人
隋書祥年卅八歲係直隸唐山縣人
卞鰲吉年三十七歲係直隸青陰縣人
傅芝蘭年五十三歲係河間縣人
楊永泉年三十四歲係直隸林縣人

范海年四十歲係奉天人
崔海山年廿九歲係山東寧海州人
蘇德福年三十五歲係山東平陰縣人
米卜順年五十四歲係山東昌邑縣人
王富山年十九歲係山海關人
馬財年三十二歲係直隸唐山縣人
毛維言年廿六歲係山東維縣人
魏金中年三十五歲係山東洛安縣人
辛萬義年三十歲係直隸榮成縣人
曲道德年廿七歲係直隸豐陰縣人

張五

郝錫金年三十六歲係直隸東大沽人

陳 山年五十六歲係山東濟南人

吳芝馬年五十五歲係山東離咸人

刘卜理年四十三歲係山東蓬萊人

萬 容年五十歲係山東太安縣人

蘇明理年三十歲係奉天通化縣人

李 福年三十五歲係山東官頭縣人

勞萬臣年五十二歲係奉天人

米千大年四十七歲係直隸保德縣人

楊德山年五十五歲係山東文登縣人

請願苗向新等回國僑民名單（一紙）

苗向新 三十六歲 直隸人

滿壽 四十歲 直隸永平縣人

方殿元 三十五歲 直隸人

張賛魁 三十八歲 山東人

包成林 四十五歲 天津人

陳興金 五十一歲 順天府人

刘玉琢 三十五歲 直隸永平府人

王西南 三十七歲 濟南府人

張福金 廿九歲 關外新民屯人

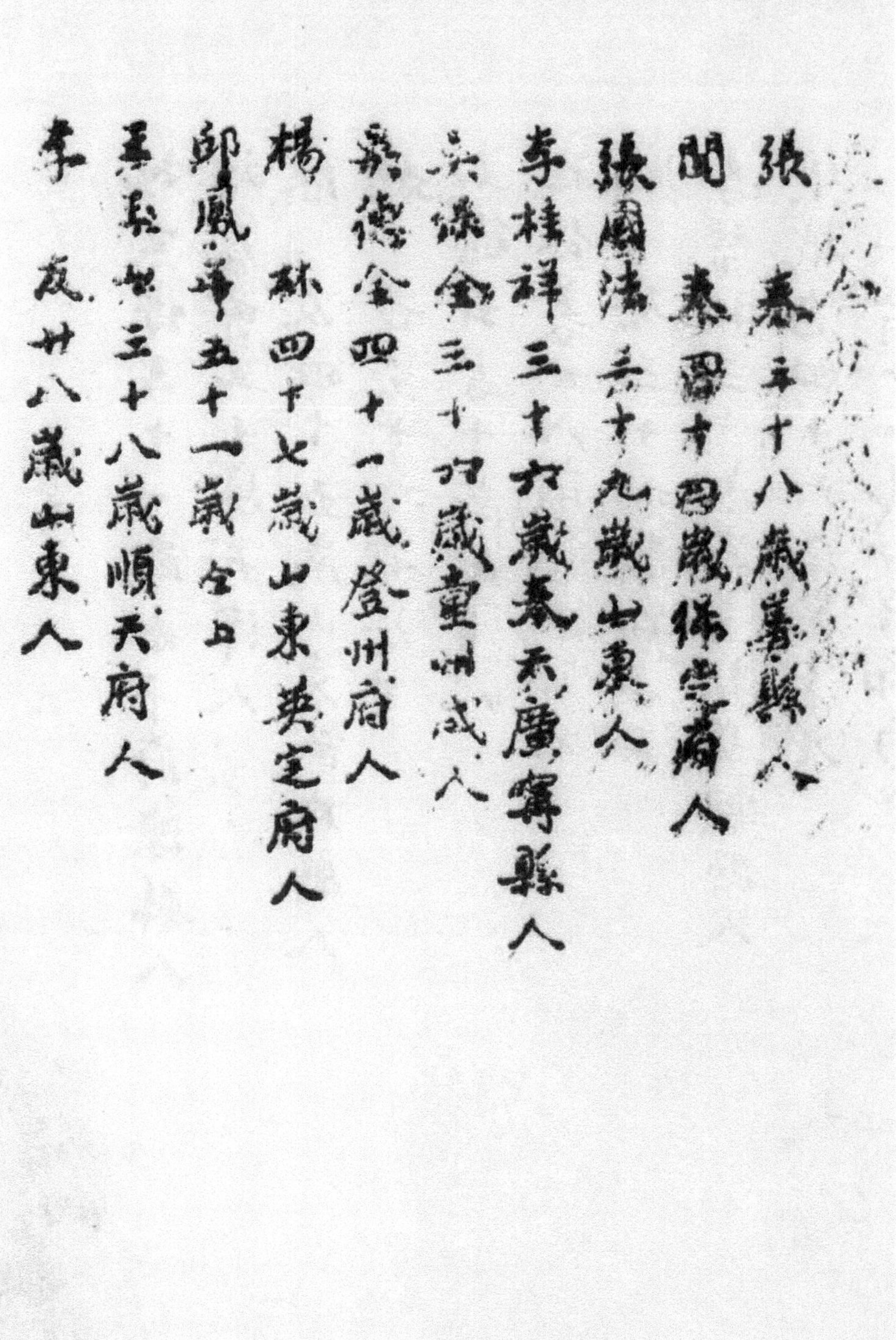
張　泰　年十八歲　蓋縣人
閻　泰　四十四歲　保定府人
張國清　五十九歲　山東人
李桂祥　三十六歲　奉天廣寧縣人
吳繼金　三十四歲　蓋州城人
孫德全　四十一歲　登州府人
楊　林　四十七歲　山東泰安府人
郎鳳華　五十一歲　仝上
[illegible]　三十八歲　順天府人
李　發　廿八歲　山東人

劉寀條　五十一歲　永平府灤縣人

劉春霄　五十歲　天津人

陳　友　四十五歲　山東武城縣人

趙　吉　五十一歲　仝上

王德云　五十歲　天津人

孫保善　廿八歲　仝上

鳳　友　三十六歲　仝上

李習林　三十七歲　直隸豐潤縣人

張振海　四十六歲　天津人

王玉清　廿八歲　山東濟南人

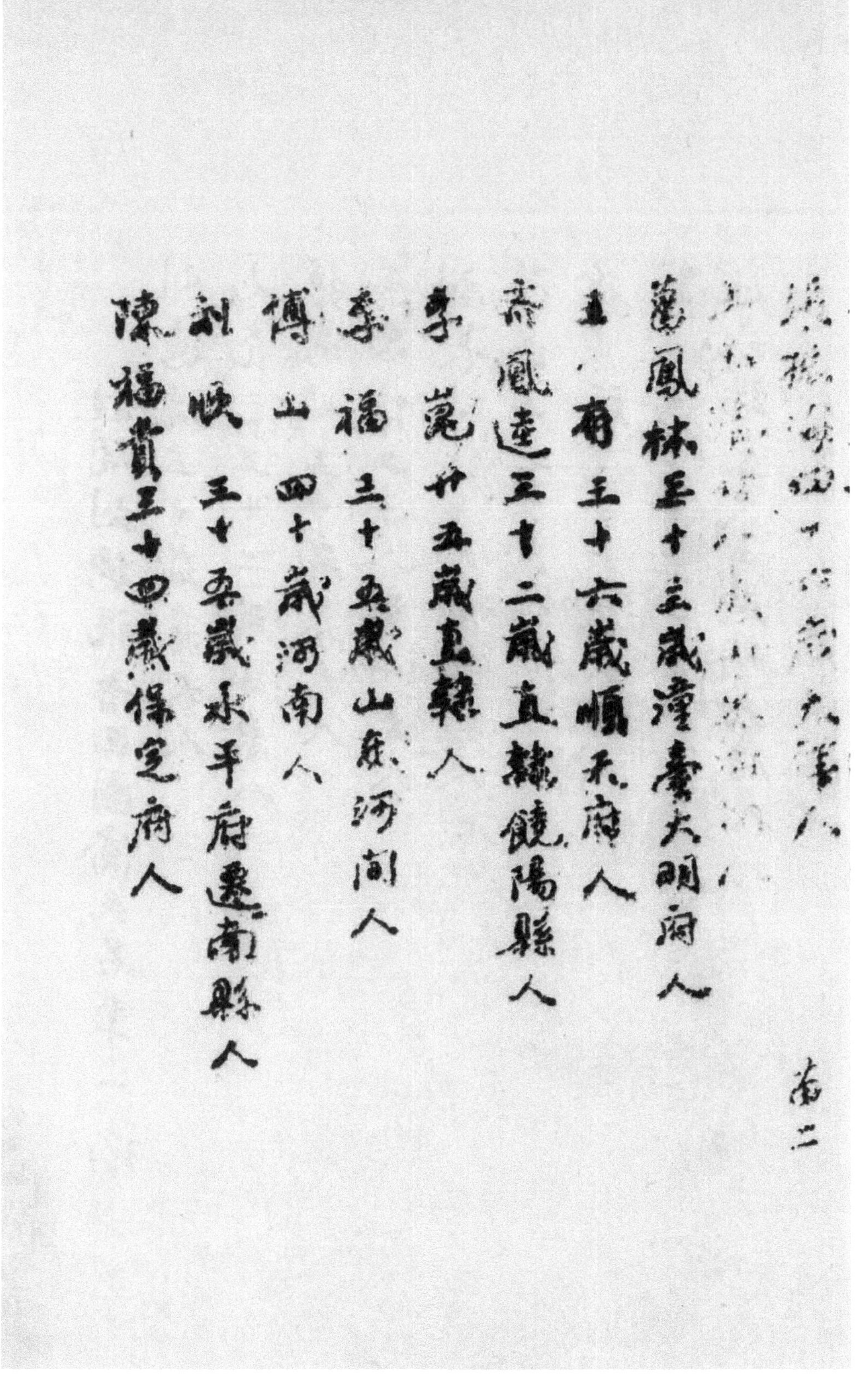

吳振海四十[illegible]歲大名人

[illegible]

藺鳳林三十三歲澶臺大明府人

王有三十六歲順天府人

齊鳳遠三十二歲直隸饒陽縣人

李蘭廿五歲直隸人

李福三十五歲山東河間人

傅山四十歲河南人

劉順三十五歲永平府遷安縣人

陳福貴三十四歲保定府人

南二

謹開劉德福等四國傭民名单一紙

劉德福 三十歲 奉天人
毛克己 五十二歲 山東人
張鳳岐 五十歲 奉天人
王忠信 五十八歲 山東人
劉長凌 二十九歲 順天人
孫玉山 廿四歲 保府人
徐 福 三十六歲 天津人
宋士忠 三十歲 山東人
康永福 三十三歲 順天府人

刋一

有　發　四十二歲　永平府人
吳萬海　四十五歲　山東人
姜　三　四十五歲　天津人
劉　有　五十一歲　奉天人
韓鳳昌　五十五歲　永平府人
孫成公　五十一歲　山東人
周炳九　三十六歲　永平府人
韓炳義　五十一歲　山東人
張小昌　三十二歲　山東人
姜有仁　三十三歲　仝上

一二八 奉天教育厅为凡在学潮中有阴谋及嫌疑的教职人员概不予荐举任用事给盖平县公署的训令（一九二二年九月二十五日）

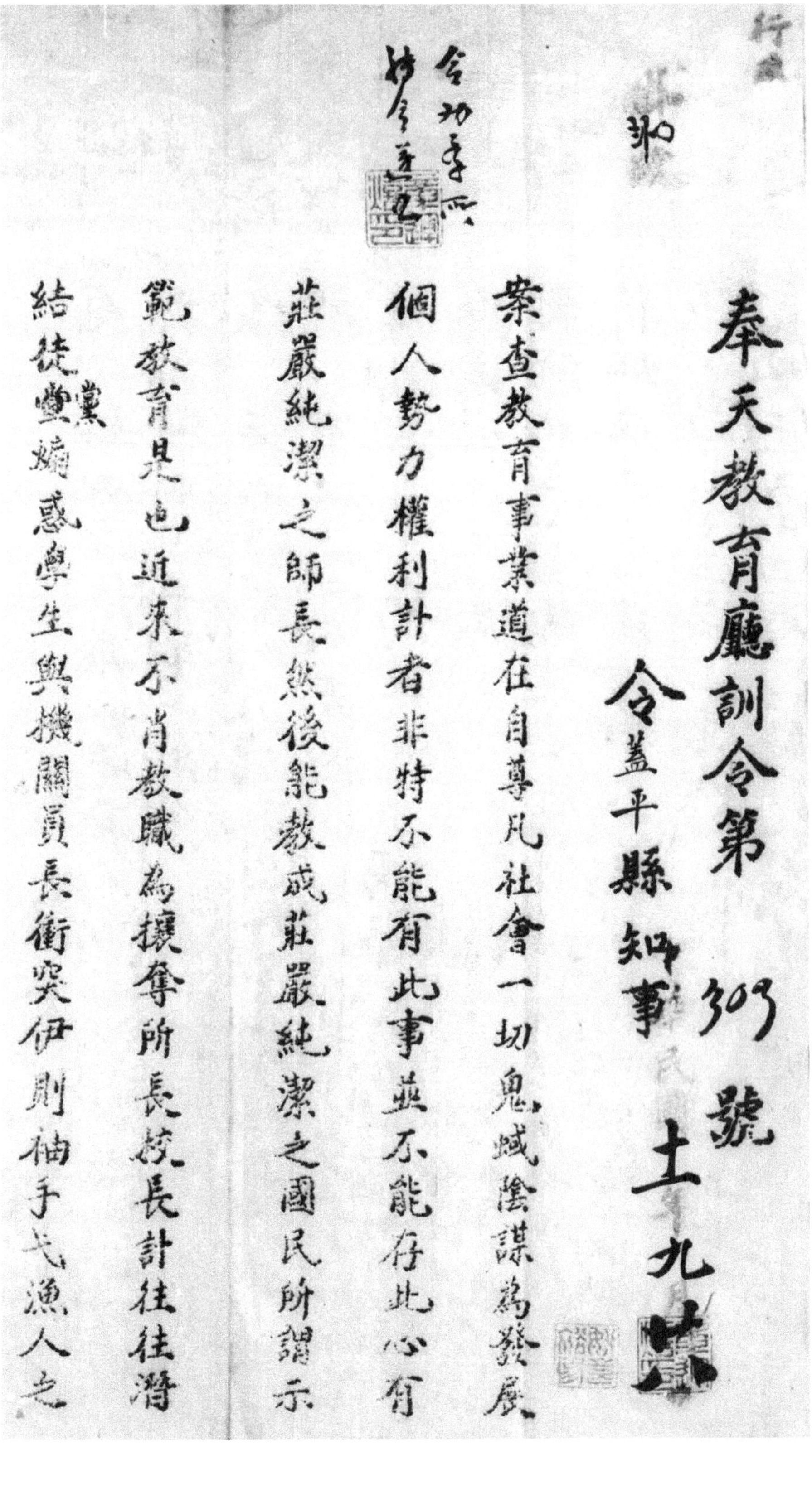

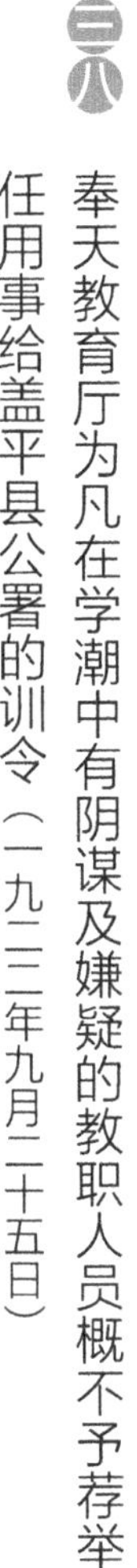

奉天教育廳訓令第303號

令蓋平縣知事

案查教育事業道在自尊凡社會一切鬼蜮陰謀為發展個人勢力權利計者非特不能有此事並不能存此心有莊嚴純潔之師長然後能教成莊嚴純潔之國民所謂示範教育是也近來不肖教職為攘奪所長校長計往往潛結徒黨煽惑學生與機關員長衝突伊則袖手弋漁人之

利其結果學生斥革解散犧牲無數青年學業之前途而伊之位置依然甚且因是而進步夫青年學子血氣方剛澤之以詩書和之以禮樂尤恐不及而乃導之為裂冠毀冕之圖即使其計果售舊機關長吞聲引退取而代之學學生固能發而不能收可動而不可靜者也社會上之位置較優耽耽者尤大有人在攻我之盾勢必仍以我之矛作俑之人終有入甕之日一身成敗不足惜以一念之私而令數十百學子習於紛擾叫囂迄無寧歲如社會國家前

途何現時教育領袖人員本廳亦非絕對認爲良善苟能
洞燭其弊及有所不慊於心可挺身依法訴之於縣縣不
直可訴之於廳廳再不直可訴之於省況有省縣視學周
巡各處其間豈盡營私植黨者何必鼓弄無知青年爲政
爭之武器欲杜其弊有治本治標二道治本之道在各勸
學所長用人行政一秉大公學校機關既非政黨機關用
人亦何必盡用同學同學亦何必盡用同科同級同學者
與所長校長有交誼與學生無感情用之過多或稍偏倚

他系教員必利用學生之不平而起反抗罷非自擾其前
長之卑鄙無恥者更有以學校之公職爲各項選舉之交
換條件此等敗類一日不驅除則教育一日不清明學潮
亦一日不平息省縣視學對於此弊不知檢舉一經告發
查實同予處分則根本清矣治標之道凡遇各處學潮平
息以後其舊機關長因而辭職凡在學潮中有陰謀及嫌
疑款者無論具何等學問資望廳縣概不予薦舉任用此項
規定似近於苛然一二人暫因嫌疑而受屈抑數十百學

子終以無倖獲而慶安寧社會行險徼幸之人漸知個人地位之底鈔當求正軌一切詭謀秘計俱無所施或有窮而思返之日事變上之糾紛能杜而後事業上之整理可言學界人員須知

省長此次籌款興學備極艱辛非為各個人謀權利之擴張乃為全社會謀智德增進負志協力永息機牙教育前途庶其有豸除通行外合行訓令該知事轉令遵照此令

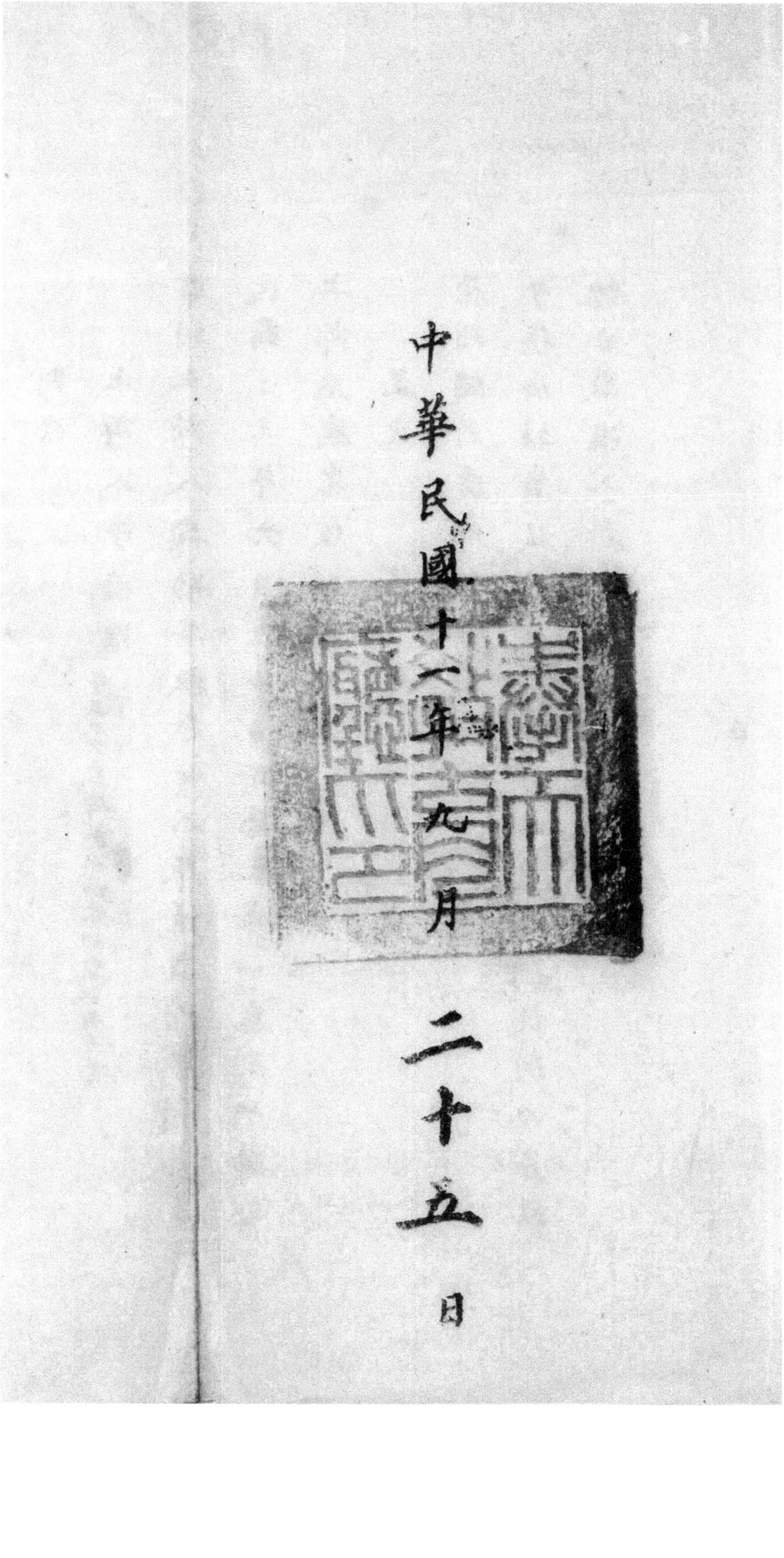

中華民國十一年九月二十五日

奉天錦縣地方審判廳刑事判決 上字第　號

判決

上訴人于德海 年五十六歲錦縣人住本関業靴行手藝

右列上訴人因妨害秩序謀不服本廳刑事簡易庭
民國十三年六月三十日所為之第一審判決聲明
上訴本廳審理判決如左

主文

原判關於處刑部分撤銷
于德海妨害秩序之所為處五等有期徒刑四月羈
押日數准予折抵

一二九 锦县地方审判厅为锦县靴行争取增加工资集体罢工案给靴行代表于德海的刑事判决书（一九二四年七月三十一日）

上訴費用歸上訴人負担

事實

緣于德海充靴行工頭歷有年所本年舊歷三月十五日各工因值休歇日期在東關祖師廟集會議决一律罷工要挾各行增派工資并舉于德海為代表出頭接洽各行遞呈由商會函請警察所將于德海傳獲轉送同級檢察廳訴經本廳簡易庭判决後于德海不服聲明上訴略稱民充代表係由衆工公舉非民召集使之罷工原審處民四等徒刑失之太重請予減輕等語質之工人董恩九等均稱民等議决

罷工公舉于德海為代表要求加工價他即承認云云事實已明爰予判決

理由

上訴人充當工頭有年既已自為承認則當衆工議決罷工之際即應力為阻止乃轉允為代表承認加價之後再行上工自不能謂衆人罷工非由上訴人為之倡或原審擬此論罪原無不合惟查上訴人既係本於衆工之意致觸法網則其情尚可原原審乃竟處以重刑究有未當上訴人請予減輕不能謂無理由爰將原判關於處刑部分撤銷依刑律第二百

二十四条第一项改处五等有期徒刑四月未决羁
押日数依刑律第八十条仍予折抵上诉费用依刑
诉条例第四百七十八条由上诉人负担特为判决如主文
本案经同级检察厅检察官倪文藻莅庭执行职务

奉天锦县地方审判厅刑事庭
审判长推事朱卓 印
推事张正言 印
推事姜佐臣 印

中华民国十三年七月二十九日

不服本件判决于送达正本后十日内向奉天高等审判厅声明上诉

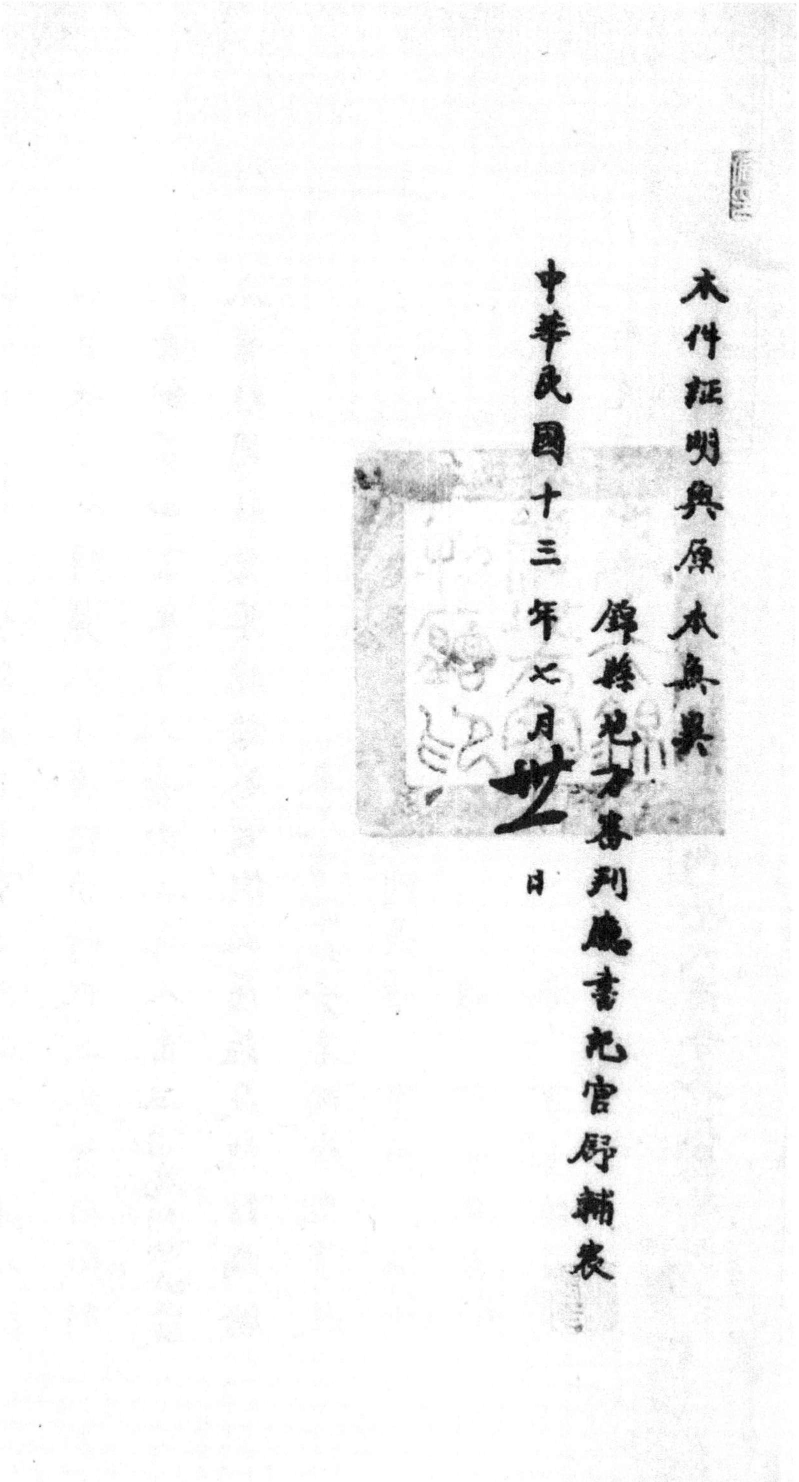

本件証明與原本無異
錦縣地方審判廳書記官廖輔表
中華民國十三年七月廿日